Tratamiento del duelo con EMDR

Roger M. Solomon

Traducción del italiano de
Oriol Rogent Albiol

EDITORIAL ELEFTHERIA

Gracias por comprar este libro.
Estás apoyando el trabajo del autor y permitiendo a la editorial y a toda la cadena de suministro de libros continuar con su trabajo. Cuando compras un libro sostienes la cadena de valor del conocimiento y permites la publicación de libros minoritarios. Cuando pirateas un libro destruyes su valor y amenazas los puestos de trabajo de quienes han trabajado en él.

Aviso importante: Este libro no pretende ser sustituto de un consejo o tratamiento médico. Cualquier persona con una afección que requiera atención especializada debe consultar un profesional cualificado. Las normas de la práctica clínica y los protocolos cambian con el tiempo, y ninguna técnica o recomendación está garantizada como segura o efectiva en todas las circunstancias. Este libro pretende ser un recurso de información general para los profesionales que ejercen en el campo de la psicoterapia y la salud mental y no sustituye a la formación adecuada, la revisión por pares o a la supervisión clínica. Ni Editorial Eleftheria ni el autor pueden garantizar la completa exactitud, eficacia o idoneidad de cualquier recomendación particular en todos los aspectos.

LIBRERÍAS:
THEMA: MKMT Psicoterapia; VFJX Asesorarse sobre la muerte y el duelo
BISAC: PSY075000 PSICOLOGÍA / Trauma psicológico
TEMAS: Tratamiento del duelo/EMDR/Psicología clínica

Título original: *EMDR Treatment of Grief and Mourning*

Publicado por acuerdo con Raffaello Cortina Editore

Barcelona, España
www.editorialeleftheria.com
Primera edición: Marzo de 2025
Traducción: Oriol Rogent Albiol
Diseño de cubierta: Juan Mauricio Restrepo
Imagen de cubierta: Shutterstock.com/Natalia Kolodnikova
Maquetación: Sensi Cuadrado
ISBN: 978-84-128997-7-1
DL: B 6576-2025

AGRADECIMIENTOS

Este libro es el resultado del trabajo de muchas personas que me han inspirado, animado, motivado y, en ocasiones, incluso me han dado el empujón necesario para ponerme en marcha.

En primer lugar, estoy profundamente agradecida por haber tenido a Francine Shapiro en mi vida. Siempre la apreciaré y honraré, pues ha sido una persona que ha influido positivamente en mí y cuya esencia está presente en cada página de este libro.

Quiero expresar mi gratitud a Isabel Fernández, quien me llevó por primera vez a Italia para cada terapia EMDR en 1999, coordinó la publicación de este libro en italiano y me proporcionó valiosos comentarios e inspiración. Su incansable labor en la expansión de la terapia EMDR, no solo en Italia, sino a nivel mundial, es enormemente apreciada.

Marilyn Luber dedicó muchas horas a revisar el manuscrito en distintas fases de su desarrollo, dándome el impulso necesario para articular mi propio modelo, un enfoque integrador basado en el modelo de procesamiento de información adaptativa. Barbara Hensley no solo me motivó a escribir este libro, sino que también dedicó muchas horas a hacerme valiosas sugerencias editoriales. Katy Murray, una verdadera enciclopedia de la terapia EMDR, aportó su destreza editorial, mientras que Naomi Zikmund-Fisher (quien me hizo prometer que escribiría bien su nombre) y Hilary Searles me brindaron ayuda y sugerencias en las primeras etapas de la escritura.

Agradezco a mis compañeros formadores del Instituto EMDR, quienes me proporcionaron orientación y comentarios fundamentales, entre ellos Wendy Freitag, Mark Nickerson y Katy Murray. También quiero destacar el apoyo de Atle Dyregrov, amigo mío desde hace más de 40 años, quien fue de gran ayuda en los primeros borradores del libro.

Mi reconocimiento a Onno van der Hart y Kathy Martin por su colaboración en la redacción del capítulo sobre trauma complejo. Agradezco a Dennis Klass y Margaret Stroebe por revisar las secciones relacionadas con su marco sobre el duelo y por permitirme citarlas. También doy las gracias a Kris White por proporcionarme un ejemplo de caso, y a mis hermanos de EMDR, Elan Shapiro e Ignacio (Nacho) Jarero, por su contribución sobre los protocolos de acontecimientos recientes.

Mi esposa, Maria Fatima Caddia, ha sido mi mayor apoyo y motivación durante los 22 años que llevamos juntos, no solo en la redacción de este libro, sino en todas mis actividades profesionales.

Otras personas que han leído partes de este libro y me han dado su opinión son (por orden alfabético): Sigmund Burzynski, Carol Carr, Helene Delucci, Atle Dyregrov, Jack Harris, Marcus Heinimaa, Sari Honkanen, Antonino Longobardi, Ellen Ma, Kathy Martin, Candice Solomon, Anne Suokas, Tuija Turunen y Naomi Zikmund-Fisher.

CONTENIDO

ABREVIATURAS

BLS	*Bilateral Stimulation* (Estimulación Bilateral)
CIE	Clasificación Internacional de Enfermedades
CN	Cognición Negativa
CP	Cognición Positiva
DSM	*Diagnostic and Statistical Manual of Mental Disorders* (Manual Diagnóstico y Estadístico de los Trastornos Mentales)
EMD	*Eye Movement Desensitization* (Desensibilización por Movimientos Oculares)
EMDR	*Eye Movement Desensitization and Reprocessing* (Desensibilización y Reprocesamiento por Movimientos Oculares)
EMDR-PRECI	*EMDR Protocol for Recent Critical Incidents* (Protocolo EMDR para incidentes críticos recientes y estrés traumático continuo)
EMDR	*Eye Movement Desensitization and Reprocessing* (Protocolo EMDR para incidentes críticos recientes y estrés traumático continuo)
GM	*Guided Mourning* (Duelo Guiado)
ICG	*Inventory of Complicated Grief* (Inventario de Duelo complicado)
LO	*Loss Orientation* (Orientación a la Pérdida)
MPD	Modelo de Procesamiento Dual
NASH	Clasificación de muertes: Natural, Accidental, Suicida, Homicida
PAI	Modelo de Procesamiento Adaptativo de la Información
PAN	Partes de la personalidad aparentemente normales
PE	Partes emocionales

PCBD	*Persistent Complex Bereavement Disorder* (Trastorno de Duelo Complejo Persistente)
PGD	*Prolonged Grief Disorder* (Trastorno de Duelo Prolongado)
RDI	*Resource Development and Installation* (Desarrollo e Instalación de Recursos)
R-TEP	*Recent Traumatic Episode Protocol* (Protocolo de Episodios Traumáticos Recientes en EMDR)
RO	*Restoration Orientation* (Orientación a la Restauración)
SMSL	Síndrome de Muerte Súbita del Lactante
SUD	*Subjective Units of Disturbance* (Unidades Subjetivas de Perturbación)
TCC	Terapia Cognitivo-Conductual
TEPT	Trastorno de Estrés Postraumático
TSDP	*Theory of structural dissociation of the personality* (Teoría de la disociación estructural de la personalidad)
VoC	*Validity of Cognition* (Validez de la Cognición)

PREFACIO

Quienes hayan tenido la oportunidad de escuchar a Roger Solomon impartiendo clases y haciendo presentaciones por todo el mundo estarán de acuerdo conmigo en que es un terapeuta y profesor extraordinario, además de ser una persona talentosa. Le conozco desde hace más de diez años y, tras haber tenido el privilegio de trabajar con él en numerosas ocasiones y en diversos entornos, puedo afirmar rotundamente que Roger demuestra con maestría cómo estar presente con nuestros clientes en los momentos más desafiantes y qué hacer para ayudarles a afrontar sus miedos y dolores más profundos.

Tratamiento del duelo con EMDR ofrece al lector una visión profunda del trabajo que Roger ha desarrollado a lo largo de las últimas décadas en el ámbito del duelo. Abre una ventana a su meticuloso y coherente proceso de reflexión sobre cómo abordar estos recuerdos y experiencias de extrema dificultad. A lo largo del libro, nos guía en el acompañamiento de los clientes en situaciones de profunda angustia, mostrando cómo ayudarles a conectar con sus emociones más complejas y cómo adaptar la terapia EMDR en sus distintas fases para facilitar la sanación del dolor.

El autor se centra específicamente en la aplicación de la terapia EMDR a la cuestión universal del dolor por la pérdida de un ser querido, abordando en primer lugar los diferentes modelos de duelo, el impacto de la pérdida, el desarrollo del duelo traumático y el duelo complicado, junto con un análisis profundo de la terapia EMDR. Se hace especial hincapié en la teoría del apego y en la comprensión de los diferentes estilos de apego. La investigación ha demostrado que el estilo de apego es un factor importante para determinar cómo una persona se enfrenta a la pérdida de conexión con un ser querido, un elemento que constituye una dinámica clínica relevante en el duelo.

Resulta especialmente interesante cómo la terapia EMDR suele propiciar la aparición de recuerdos sinceros y significativos. Estos recuerdos configuran una representación interna adaptativa que brinda al cliente una sensación positiva de conexión con su ser querido fallecido, una experiencia que puede potenciarse aún más con estimulación bilateral adicional.

Personalmente, aprecio mucho cómo sus explicaciones teóricas se combinan con ejemplos de casos prácticos y transcripciones parciales de sesiones de EMDR. A lo largo del libro, se abordan con claridad aspectos clave como la historia clínica, la conceptualización del caso, la selección de objetivos, la preparación y estabilización, y el procesamiento del trauma. Roger subraya la importancia de identificar cómo los disparadores actuales pueden actuar como recordatorios dolorosos de la ausencia del ser querido y de determinar qué aspectos necesitan ser trabajados. Así, integra el protocolo de tres niveles en la aplicación de las distintas fases de la terapia EMDR en el duelo.

Tratamiento del duelo con EMDR es un regalo maravilloso para los psicoterapeutas EMDR y una guía completa para cualquier persona interesada en ayudar a quienes han perdido a sus seres queridos a recorrer el camino de la sanación del dolor de la pérdida y el duelo complicado.

Dolores Mosquera
Instituto de Investigación y tratamiento del trauma
y los trastornos de la personalidad (INTRA-TP)
A Coruña, España

MI VIAJE CON LA TERAPIA EMDR

Mi primer trabajo a tiempo completo fue como psicólogo policial en el Departamento de Policía de Colorado Springs, donde trabajé desde 1979 hasta 1988. Posteriormente, me trasladé a Olympia, Washington, para asumir el cargo de psicólogo en el Departamento de la Patrulla del Estado de Washington, donde estuve hasta 1994.

Escuché hablar de la terapia EMDR por primera vez en 1989, tras leer un artículo de Francine Shapiro en el *Journal of Traumatic Stress* (Shapiro, 1989). La idea de que alguien pudiera reprocesar un recuerdo negativo simplemente siguiendo con la vista los movimientos de los dedos del terapeuta me generó escepticismo, pero a la vez despertó mi curiosidad. Los datos eran interesantes y la teoría sobre la estimulación del sistema de procesamiento de información del cerebro tenía sentido.

En octubre de ese año, asistí en San Francisco al congreso de la *International Society of Traumatic Stress Studies*, donde Francine presentó la terapia EMDR y mostró un vídeo de una sesión con un veterano de Vietnam. De nuevo, sentí la misma mezcla de escepticismo e interés.

Tras el congreso, viajé a Santa Cruz, California, epicentro del terremoto que había sacudido la bahía de San Francisco. Me habían invitado a prestar apoyo psicológico al personal del centro de salud mental y a los voluntarios que ofrecían servicios clínicos. Para mi sorpresa, uno de los voluntarios era el veterano de Vietnam que aparecía en el vídeo de Francine. Además de paciente, era profesional de la salud mental. Le pregunté si la terapia EMDR realmente le había ayudado y su respuesta fue afirmativa. Le pedí que me lo demostrara. Me pidió que pensara en algo negativo, y tras dos series de movimientos oculares de unos 20 segundos cada una, volví a evocar el recuerdo. Me sorprendió darme cuenta de que algo había cambiado: la experiencia ya no me perturbaba como antes.

Ese mismo año, me inscribí en el taller de junio de 1990 y comencé a aplicar la terapia EMDR (entonces llamada EMD). Desde el primer momento, fui testigo de sus increíbles resultados terapéuticos.

Mi vida cambió. En 1993, cuando la terapia EMDR estaba en plena expansión, Francine seleccionó a trece personas para formarlas como entrenadores. Un año después, en 1994, empecé a impartir formación a nivel internacional. Como uno de los primeros formadores de EMDR, tuve la oportunidad de viajar por el mundo y el privilegio de conocer, trabajar y entablar amistad con muchos de los actuales entrenadores, facilitadores y consultores que han hecho de la terapia EMDR lo que es hoy.

Actualmente, sigo siendo profesor sénior en el Instituto EMDR y director del programa, un papel que sigue siendo una parte esencial de mi identidad.

Lamentablemente, Francine falleció el 16 de junio de 2019. La recuerdo con amor y gratitud, por haber desarrollado la terapia EMDR, por su visión de cómo podría transformar vidas en todo el mundo y por el impacto que ha tenido en mi propia vida y en mi carrera, algo que nunca habría imaginado.

EL DESARROLLO DE MI INTERÉS POR EL TRAUMA Y EL DUELO

Poco después de empezar a trabajar como psicólogo policial en el Departamento de Policía de Colorado Springs en 1979, conocí a Jim Horn, un agente del FBI especializado en estrés laboral. Me preguntó qué sabía sobre el «trauma posterior al tiroteo», la respuesta psicológica que experimentan los agentes tras un enfrentamiento armado en acto de servicio.

El FBI había observado que hasta el 80 % de los agentes implicados en un tiroteo terminaban dejando el cuerpo debido a las secuelas del trauma. En aquel momento, apenas se hablaba del tema, y no fue hasta 1980 cuando el *Manual diagnóstico y estadísitco de los trastornos mentales* (*DSM*, siglas en inglés de *Diagnostic and Statistical Manual of Mental Disorders*) reconoció oficialmente el trastorno de estrés postraumático (TEPT).

Jim y yo iniciamos una investigación con agentes de todo Colorado que habían vivido situaciones traumáticas, incluidas muertes en acto de servicio. También trabajamos con las familias de los agentes fallecidos. Con el tiempo, extendí mi colaboración a otras agencias gubernamentales y de seguridad como el Servicio Secreto, la Oficina de Alcohol, Tabaco y Armas de Fuego, el Departamento de Justicia de EE. UU., Seguridad Diplomática, la NASA y el Ejército de los EE. UU. A nivel internacional, colaboré con la *Polizia di Stato* en Italia y con otras unidades de primera intervención.

He prestado apoyo psicológico tras eventos traumáticos y formado equipos de intervención en crisis, cuyos integrantes brindan primeros auxilios psicológicos a compañeros involucrados en incidentes críticos. Entre las situaciones en las que participé se encuentran el atentado de Oklahoma City, los ataques del 11 de septiembre, la tragedia del transbordador *Columbia* y numerosas situaciones con múltiples víctimas.

En 1986, me invitaron a participar en el programa *Concerns of Police Survivors* (COPS), un grupo de apoyo para las familias de policías fallecidos en acto de servicio. Durante treinta años, colaboré con ellos en la organización de talleres y sesiones de apoyo individual. Cada año, del 14 al 16 de mayo, las familias se reúnen en Washington D. C. para asistir a estos encuentros y participar en la ceremonia conmemorativa nacional del 15 de mayo. En 1990, comencé a aplicar la terapia EMDR con familiares y compañeros de agentes fallecidos. Fue entonces cuando nació mi interés por su aplicación en el duelo.

En 1995 conocí a Therese Rando, una reconocida experta en duelo. Juntos publicamos varios artículos sobre la utilidad de la terapia EMDR en este contexto, centrándonos en cómo facilita la asimilación y adaptación a la pérdida a través de los llamados *procesos R*. En 2012, Marilyn Luber, autora de *Scripted Protocols* y gran amiga, me sugirió que profundizara en la relación entre EMDR y duelo, abordándolo desde las ocho fases de la terapia y considerando recuerdos previos activados por la pérdida. Estuve de acuerdo. El estilo de apego y las experiencias infantiles influyen en la manera en que cada persona afronta el duelo (Kosminsky y Jordan, 2016). Para un tratamiento completo, es crucial reprocesar los desencadenantes actuales y establecer patrones de afrontamiento futuro.

El resultado de años de estudio y práctica clínica es este libro, que busca ilustrar cómo distintos enfoques teóricos pueden guiar la aplicación de EMDR en el duelo. Otro aspecto clave en mi desarrollo profesional fue la enseñanza de EMDR en Finlandia, donde el *Trauma Center* de Helsinki reunía a expertos en trauma y disociación. Gracias a la insistencia de Anne Suokas, colaboré con Onno van der Hart para integrar EMDR con la teoría de la disociación estructural de la personalidad (Van der Hart, Nijenhuis y Steele, 2006).

Mi trabajo con Onno, Ellert Nijenhuis, Kathy Steele, Suzette Boon, Dolores Mosquera, Anabel González y Kathy Martin ha sido profundamente enriquecedor. Dado que muchas personas en duelo también sufren trauma complejo y disociación, he incluido un capítulo sobre este tema en el libro.

UNA EXPERIENCIA REVELADORA

Después de completar la formación básica en EMDR en California, volví a Olympia, Washington, y empecé a aplicarla de inmediato. Contacté con algunos de mis antiguos clientes con TEPT y les dije: «Tengo algo que creo que podría ayudarte más».

Uno de ellos fue Sam (nombre ficticio), un agente al que había tratado con éxito el año anterior con un enfoque cognitivo-conductual. Sam patrullaba de noche cuando detuvo un coche por una infracción rutinaria. El conductor salió armado, y Sam, que llevaba una linterna en la mano, lo deslumbró para distraerlo. Luego sacó su arma y disparó. Más tarde descubrió que el sospechoso había intentado accionar su pistola, pero el percutor estaba defectuoso. Comprendió que podría haber muerto, lo que le provocó TEPT. Aplicamos EMDR al incidente y logramos un procesamiento completo del trauma. Le pregunté a Sam qué método le había resultado más útil: la terapia EMDR o el enfoque anterior, basado en exposición y refuerzo de la resiliencia. Su respuesta fue clara: «El EMDR ha sacado el trauma de mi cuerpo. Ahora puedo pensar en el incidente sin alterarme».

Sin embargo, añadió algo que me hizo reflexionar: «Aun así, me gustaba más el método anterior porque, si vuelvo a enfrentarme a otro incidente crítico, sé cómo procesarlo y no tengo que esperar a que vengas con los dedos». Esta experiencia subrayó la importancia de contar con formación y conocimientos específicos sobre los problemas de cada cliente.

La terapia EMDR es una herramienta poderosa, pero debe integrarse dentro de un marco teórico y un enfoque de tratamiento adecuados para la población clínica con la que trabajamos. Por ello, este libro pretende ofrecer al lector un contexto teórico y clínico que sirva como guía en la conceptualización de casos y la aplicación de EMDR en el duelo.

FILOSOFÍA DE LA TERAPIA EMDR

Este libro parte de la premisa de que el lector ha completado la formación básica en terapia EMDR. Aunque se repasarán los conceptos fundamentales, no se profundizará en ellos. Es recomendable leer los manuales sobre EMDR, ya que permitirán familiarizarse con los procedimientos y estrategias que aquí se presentan.

Me considero un purista y minimalista del EMDR. Con esto quiero decir que enseño y practico la terapia tal y como la transmitió Francine Shapiro, aunque siempre con flexibilidad para adaptarla a las necesidades de cada cliente, algo que ella misma recalcaba constantemente. Como decía: «El EMDR no es un molde rígido».

La terapia EMDR y su modelo de ocho fases ofrecen una gran versatilidad, pero siempre deben aplicarse dentro de una relación terapéutica que tenga en cuenta las particularidades de cada persona. Es fundamental respetar su ritmo, permitiendo que su propia respuesta marque el siguiente paso. Existe una sincronía entre cliente y terapeuta, una conexión que también se refleja en el ritmo, la cadencia y el flujo de la estimulación bilateral. A esto lo llamo *el arte de la terapia EMDR*: un proceso dinámico, una especie de danza entre terapeuta y cliente, donde la presencia compasiva del primero es clave para acompañar al segundo en su camino. La relación terapéutica es esencial en cualquier tipo de intervención, pero cobra aún más importancia cuando se trabaja con una persona que ha sufrido una pérdida significativa y está en un estado de vulnerabilidad. El reprocesamiento de un duelo puede ser una experiencia emocionalmente intensa. Si el cliente atraviesa un infierno, el terapeuta debe estar ahí, caminando a su lado, hasta que juntos logren salir del otro lado.

Un principio fundamental del EMDR es que facilita un proceso de sanación intrínseco. Cuando se produce un cambio tras una serie de estimulación bilateral, lo mejor que puede hacer el terapeuta es apartarse y simplemente decir: «Continúa». Sin embargo, si el procesamiento se bloquea, entonces sí debe intervenir y emplear estrategias para ayudar a retomarlo.

Muchos terapeutas tienden a hablar demasiado, interrumpiendo el flujo del proceso. Pero en EMDR, el verdadero protagonista del cambio es el cliente, no el terapeuta. Esto hace que el proceso resulte orgánico y natural: nuestro papel es crear un entorno seguro, proporcionar el apoyo adecuado y permitir que el cliente *tenga un pie en el pasado y otro en el presente*, para así integrar y sanar sus experiencias dolorosas.

ALCANCE Y ENFOQUE DE ESTE LIBRO

Este libro se centra principalmente en la muerte de un ser querido, pero sus contenidos pueden aplicarse a cualquier tipo de pérdida. El duelo es la reacción natural ante una pérdida, y estas pueden adoptar muchas formas. Algunos ejemplos son:

- *Ruptura de una relación.* Aunque una ruptura puede vivirse como una pérdida profunda, similar a una muerte, la diferencia es que la otra persona sigue viva. La muerte es una pérdida definitiva; el ser querido desaparece y nunca volverá a estar físicamente presente. Mientras que una ruptura suele ser una decisión de una de las partes, la muerte escapa al control de quien fallece (excepto en el caso del suicidio).

- *Problemas de salud o enfermedades.* Por ejemplo, la pérdida de la vista o la audición, una lesión grave o cualquier condición que reduzca la calidad de vida.

- *Transiciones vitales.* Situaciones como la marcha de los hijos del hogar, la jubilación o cambios drásticos en el estilo de vida pueden generar un proceso de duelo.

- *Pérdidas materiales o tangibles.* Como la destrucción de una vivienda en un incendio o la desaparición de un objeto con un gran valor sentimental.

- *Pérdidas intangibles.* La pérdida de autoestima, por ejemplo, tras no recibir un ascenso en el trabajo o tras el fracaso de un proyecto importante.

- *Acontecimientos negativos o circunstancias traumáticas.* Cualquier experiencia dolorosa implica algún tipo de pérdida, y toda pérdida conlleva una reacción emocional que requiere un proceso de adaptación a la nueva realidad.

ESTRUCTURA DEL LIBRO

Este libro se divide en cuatro partes. La primera introduce la terapia EMDR y proporciona una visión general del duelo. La segunda aborda los marcos teóricos y modelos de tratamiento que ayudan en la conceptualización del caso y la planificación de la intervención. La tercera parte presenta un modelo de tratamiento integrador de EMDR para el duelo. Finalmente, la cuarta parte examina en profundidad las ocho fases del tratamiento. Además, en los anexos se incluyen diversos recursos: un capítulo sobre la aplicación de la terapia EMDR en la pérdida por covid-19, transcripciones de sesiones, primeros auxilios psicológicos y un resumen de protocolos para el tratamiento de acontecimientos recientes.

PRIMERA PARTE: TERAPIA EMDR Y DUELO

La primera parte se centra en la relación entre la terapia EMDR y el duelo. En el capítulo 1 se presenta una introducción general a la terapia EMDR y su aplicación en el duelo. El capítulo 2 aborda la conceptualización del duelo, sus definiciones, procesos y reacciones asociadas. El capítulo 3 examina el impacto de la pérdida a nivel interno e interpersonal, analizando cómo el sistema de creencias de la persona en duelo se ve alterado, así como las áreas afectadas y los mediadores del duelo. El capítulo 4 explora el duelo traumático, es decir, aquellos casos en los que el dolor se ve intensificado por el trauma asociado a la muerte, considerando factores de riesgo y sus implicaciones en el tratamiento con EMDR. Finalmente, el capítulo 5 trata el duelo complicado.

SEGUNDA PARTE: MODELOS TEÓRICOS PARA GUIAR EL TRATAMIENTO EMDR

La segunda parte presenta los modelos teóricos que ayudan a comprender el duelo, sus posibles complicaciones y cómo guiar la intervención clínica con EMDR. En el capítulo 6 se introduce la teoría del apego y su relación con el duelo complicado, explicando cómo el estilo de apego, desarrollado en la infancia, influye en la manera en que una persona afronta la pérdida en la edad adulta. Comprender esta teoría permite al terapeuta identificar y tratar la información almacenada de forma inadaptada que puede estar interfiriendo en el proceso de duelo. El capítulo 7 expone el modelo de vínculos continuos, que sostiene que el duelo no implica un desapego del ser querido fallecido, sino la construcción de un nuevo vínculo con él a través del recuerdo y la conexión emocional. El capítulo 8 aborda el modelo de procesamiento dual, que describe dos orientaciones en la forma de afrontar la pérdida: la orientación a la pérdida (LO, siglas en inglés de *Loss Orientation*), centrada en el dolor y en el proceso de duelo; y la orientación a la restauración (RO, siglas en inglés de *Restoration Orientation*), enfocada en la adaptación a la nueva realidad. En este sentido, se destaca la importancia de que el terapeuta ayude al cliente a encontrar un equilibrio entre ambos enfoques. El capítulo 9 se dedica al modelo de los procesos R de Terry Rando, que explica los procesos psicológicos necesarios para asimilar y adaptarse a la pérdida. También se examina cómo la terapia EMDR puede facilitar el paso a través de estos procesos cuando el duelo se complica debido a bloqueos en una o varias de estas fases.

Estos modelos teóricos no son excluyentes, sino que se complementan entre sí y ayudan a definir los objetivos del tratamiento con EMDR en casos de duelo. A lo largo del libro también se mencionarán otros enfoques que contribuyen a una comprensión más amplia del duelo y sus implicaciones clínicas.

TERCERA PARTE: MODELO DE TRATAMIENTO INTEGRADOR DE LA TERAPIA EMDR

La tercera parte del libro presenta un modelo de tratamiento integrador de EMDR basado en el Modelo de Procesamiento Adaptativo de la Información (PAI), integrando además los enfoques teóricos previamente mencionados. En el capítulo 10 se describe un modelo general de tratamiento basado en el modelo PAI, que permite conceptualizar el tratamiento y seleccionar objetivos para el reprocesamiento con EMDR. Los capítulos siguientes exploran las tres vertientes clave del tratamiento: el capítulo 11 se centra en el abordaje de los recuerdos del pasado, el capítulo 12 en el tratamiento de los disparadores actuales y el capítulo 13 en la instalación de patrones futuros.

CUARTA PARTE: LAS OCHO FASES DE LA TERAPIA EMDR

La cuarta parte del libro está dedicada a las ocho fases de la terapia EMDR aplicadas al duelo. En el capítulo 14 se analiza la fase 1, que consiste en la historia clínica y la planificación del tratamiento. El capítulo 15 aborda la fase 2, centrada en la preparación y estabilización. En el capítulo 16 se ofrece una introducción a las fases de reprocesamiento. El capítulo 17 trata la fase 3, que corresponde a la evaluación de los objetivos de la terapia, y el capítulo 18 se centra en la fase 4, la desensibilización. A continuación, el capítulo 19 aborda las fases 5 a 8, que incluyen la instalación, la exploración corporal, el cierre y la reevaluación. En esta sección también se incorpora un paso adicional diseñado para mejorar la representación interna adaptativa del ser querido fallecido, lo que facilita la integración de la pérdida y refuerza el afrontamiento. El capítulo 20 presenta un marco para el tratamiento del duelo complicado, con especial atención al trauma complejo y los síntomas disociativos, un tema desarrollado en colaboración con Onno van der Hart y Kathy Martin. Por último, el capítulo 21 recoge algunas reflexiones finales sobre el contenido del libro y la aplicación de la terapia EMDR en el contexto del duelo.

ANEXOS

Finalmente, los anexos incluyen materiales adicionales que complementan el contenido del libro. El primer anexo se centra en la aplicación de la terapia EMDR para el tratamiento del duelo por covid-19. En el segundo anexo se presentan transcripciones de sesiones de terapia EMDR. El tercer anexo ofrece pautas de primeros auxilios psicológicos para situaciones de crisis. El cuarto anexo proporciona un resumen de protocolos de EMDR para incidentes críticos recientes y estrés traumático continuo. Por último, el quinto anexo recopila una serie de recursos adicionales útiles para el trabajo clínico con duelo y EMDR.

INTRODUCCIÓN

> El amor por alguien es la fuente más profunda de alegría en nuestras vidas; la pérdida de alguien a quien amamos, la fuente más profunda de dolor. Por lo tanto, el amor y la pérdida son dos caras de la misma moneda. No podemos tener uno sin arriesgarnos a tener la otra.
>
> ~ Colin Parkes, 2015, p. 1

La muerte de un ser querido puede suponer un sufrimiento inmenso. Perder a alguien a quien amamos y valoramos no solo implica su ausencia, sino también la pérdida de quien nos brindaba seguridad, equilibrio y sentido en la vida. Un ser querido no es solo parte de nuestro mundo exterior, sino también de nuestra identidad y de nuestra realidad interna. Tanto si la relación fue segura o insegura, pacífica o conflictiva, su presencia contribuyó a definir quiénes somos y cómo entendemos el mundo.

Tras una pérdida, especialmente si ha sido traumática, repentina o inesperada, resulta difícil comprender quiénes somos sin esa persona o cómo podremos seguir adelante sin ella. La muerte de alguien a quien amamos transforma por completo nuestra realidad: nada volverá a ser como antes.

Además del impacto de la pérdida en sí, existen pérdidas secundarias, es decir, aquellas que surgen como consecuencia de la ausencia de la persona fallecida y que pueden intensificar el sufrimiento. Por ejemplo, una mujer que pierde a su esposo de forma repentina puede verse obligada a mudarse por falta de recursos económicos. En este caso, las pérdidas secundarias incluyen dejar atrás el hogar y el vecindario, afrontar la adaptación a un nuevo entorno y que sus hijos cambien de colegio, alejándose de sus amigos. Estos cambios pueden generar una profunda alteración en la vida cotidiana.

Neimeyer (2013) concibe el duelo como un proceso de reconstrucción de un mundo que se ha visto alterado por la pérdida. La muerte de un ser querido provoca una crisis de significado en la vida de la persona en duelo, quien debe procesar la historia de su pérdida para encontrarle sentido, incluyendo las repercusiones que esta tiene en su vida. Adaptarse a la ausencia, redefinir la identidad y reconstruir la vida puede ser un desafío complejo. Incluso cuando el duelo no se considera complicado, sus efectos pueden ser significativos a nivel psicológico, conductual, social, físico y económico (Osterweis, Solomon y Green, 1984; Solomon y Rando, 2007, 2012, 2015).

Como terapeutas, nuestra labor es acompañar a los clientes en duelo en el difícil proceso de reconstruir un mundo fragmentado. Esto implica ayudarles a adaptarse a cambios externos, como asumir nuevas responsabilidades, redefinir su identidad («¿Quién soy sin esta persona?») y, sobre todo, afrontar el reto más sutil y profundo: transformar el vínculo y pasar de amar en presencia –como cuando la persona aún estaba viva– a amar en ausencia, aprendiendo a mantener el vínculo desde el recuerdo y la conexión interna.

Este proceso se describe de forma maravillosa en la película *Wind River* (2017). Cory, cuya hija había muerto hacía un tiempo, habla con Martin, cuya hija acaba de ser asesinada:

> Me gustaría decirte que se hace más fácil, pero no es así. Si hay un consuelo, es que te acostumbras al dolor... si te lo permites. [...] Tengo buenas y malas noticias. La mala noticia es que nunca serás el mismo. Nunca volverás a estar completo. Nunca. Lo que te quitaron no puede ser reemplazado. Tu hija se ha ido. Ahora, la buena noticia: en cuanto aceptes eso, en cuanto te permitas sufrir, en cuanto te permitas llorarla... podrás visitarla en tu mente y recordar toda la alegría que te dio. Todo el amor que conoció [...], eso es lo que no aceptarlo te robará. Si rehuyes el dolor, entonces te estás robando todos los recuerdos de ella, amigo mío. Cada uno de ellos. Desde su primer paso hasta su última sonrisa. Los borrarás todos. [...] Toma el dolor... Acéptalo, Martin. Es la única manera de mantenerla contigo.*

*. Traducción literal de la película en inglés.

Aunque discrepo con la última afirmación, considero que la descripción del proceso de duelo es muy acertada. La persona fallecida se ha ido y no regresará, y es necesario reconocer y experimentar el dolor de su pérdida para, posteriormente, integrarlo y darle un significado. El dolor debe ser sentido y reprocesado para permitir que el amor emerja. En este proceso, pueden surgir recuerdos positivos, sinceros y reconfortantes, como se ilustra en *Wind River* («Podrás visitarla en tu mente y recordar toda la alegría que te dio, todo el amor que conoció»). La relación con la persona fallecida se transforma, dando lugar a una representación interna suya, construida a partir de esos recuerdos genuinos y significativos.

Sin embargo, en ocasiones, el dolor puede ser abrumador. El fallecido Giovanni Liotti, cuyo hijo adulto se suicidó tras años de lucha contra una depresión severa, también afirmaba que el sufrimiento debe ser experimentado para poder acceder al amor y darle un sentido:

> El dolor es la otra cara inevitable del amor en un mundo marcado por las enfermedades y la muerte como el nuestro. Por eso, creo que ningún padre desearía realmente no sentir dolor, aunque hayan transcurrido muchos años o toda una vida tras la pérdida de un hijo querido. De hecho, me parece que ese dolor tras una pérdida así aumenta la experiencia del amor y de su significado –nuestra única bondad humana– en nuestra vida. Siempre que, por supuesto, el dolor no sea totalmente insoportable. (Giovanni Liotti, comunicación personal)

Evitar el dolor o, si este resulta demasiado intenso, puede dificultar el proceso de duelo y privar a la persona en duelo de recuerdos positivos («Los borrarás todos», como se dice en el fragmento de *Wind River*). En ocasiones, el sufrimiento puede ser tan abrumador que bloquea el duelo, dejando a la persona atrapada en la angustia de la pérdida e incapaz de adaptarse a una realidad en la que el ser querido ya no está.

La última frase del diálogo de *Wind River* puede ser malinterpretada: «Toma el dolor… Acéptalo, Martin. Es la única manera de mantenerla contigo». Algunas personas creen que deben aferrarse al dolor porque es su única conexión con el fallecido, y que dejarlo ir equivale a perder ese vínculo. Sin embargo, esto no es cierto. Como veremos, la terapia EMDR permite procesar el dolor de la pérdida, transformando la relación con el ser querido a través de evocaciones significativas y sinceras.

La terapia de Desensibilización y Reprocesamiento por Movimientos Oculares (EMDR, siglas en inglés de *Eye Movement Desensitization and Reprocessing*) es un enfoque terapéutico ampliamente reconocido por su eficacia en el tratamiento del trauma psicológico (Shapiro, 1999). También ha demostrado ser útil para abordar el trauma asociado al duelo, facilitando la asimilación y adaptación a la pérdida (Shapiro, 1997; Solomon y Rando, 2007, 2012, 2015).

Una pérdida significativa puede generar un sufrimiento profundo, con múltiples momentos, situaciones y recuerdos que pueden almacenarse de manera disfuncional, especialmente cuando la muerte ha sido repentina, inesperada o violenta. Los recuerdos del momento en que se recibió la noticia (el sonido del timbre, una llamada telefónica, el médico diciendo: «Hicimos todo lo que pudimos») pueden quedar fijados de forma desadaptativa y activarse cada vez que la persona en duelo intenta recordar al ser querido. En algunos casos, la angustia es tan intensa que la persona no consigue acceder a recuerdos positivos, lo que provoca una sensación de desconexión («No puedo conectar»). Cada vez que intenta evocar la imagen de su ser querido, la realidad de su muerte se impone nuevamente.

La terapia EMDR, al centrarse en estos recuerdos de angustia –como el momento de recibir la noticia–, permite procesar el dolor y las emociones asociadas, facilitando la integración de información adaptativa. Esto se traduce en la aparición de recuerdos positivos con una fuerte carga emocional, lo que ayuda a construir una representación interna del ser querido que permite sentir una conexión real y reconfortante. Es decir, el trabajo clínico con EMDR transforma la sensación de «No puedo conectar» en «Puedo conectar», permitiendo que la relación con el ser querido se base en el amor en lugar del dolor.

Superar el proceso de duelo implica aceptar la irreversibilidad de la pérdida y asumir que la persona fallecida no regresará. Para algunas personas, esto resulta extremadamente difícil. En estos casos, el sufrimiento puede verse amplificado por pérdidas previas no resueltas, traumas pasados o estilos de apego inseguros o desorganizados. La terapia EMDR puede ayudar a reprocesar estos factores que complican el duelo, permitiendo integrar los recuerdos del pasado, reducir los desencadenantes en el presente y crear un modelo adaptativo para el futuro (Solomon y Shapiro, 1997; Solomon y Rando, 2007, 2012, 2015).

El propósito de este libro es servir de guía a los terapeutas en la aplicación de EMDR en el contexto del duelo. Para ello, es fundamental que el terapeuta conozca distintos marcos teóricos que le ayuden a comprender el proceso de duelo, identificar los factores que pueden estar complicándolo y desarrollar un plan de tratamiento que alivie el dolor, reduzca la disfunción, resuelva conflictos y facilite la adaptación. Este libro ofrece herramientas para conceptualizar los casos y aplicar la terapia EMDR de manera efectiva en personas en duelo.

PRIMERA PARTE

TERAPIA EMDR Y DUELO

CAPÍTULO 1

TERAPIA EMDR

La terapia EMDR es un enfoque psicoterapéutico integrador que se centra en el sistema de procesamiento de la información inherente al cerebro y en la forma en que se almacenan las experiencias. Se considera que los problemas actuales son el resultado de experiencias perturbadoras que no se han procesado adecuadamente y que han quedado almacenadas en un estado específico y desadaptativo (Shapiro, 2001). El núcleo de la terapia EMDR implica transformar estas experiencias almacenadas disfuncionalmente en una resolución adaptativa que promueva la salud psicológica.

La terapia EMDR se basa en el Modelo de Procesamiento Adaptativo de la Información (PAI), que explica el origen de la patología. Este modelo no solo ofrece resultados clínicos positivos, sino que también guía la formulación del caso y la planificación de estrategias de tratamiento. El modelo PAI sostiene que el cerebro cuenta con un sistema innato de procesamiento de la información, el cual integra nuevas experiencias en redes de memoria preexistentes. Estas redes constituyen la base de la percepción, las actitudes y el comportamiento. Así, la interpretación de una situación está inevitablemente influenciada por las asociaciones almacenadas en la memoria de forma autónoma (Buchanan, 2007). Cuando el sistema innato de procesamiento de la información funciona correctamente, integra y asimila las nuevas experiencias de manera natural, permitiendo su adecuada incorporación en redes de memoria preexistentes. A través de este proceso, las percepciones sensoriales nuevas se conectan con información almacenada previamente, facilitando la construcción de significado en la experiencia. Aquello que resulta útil se aprende, se asocia con las emociones correspondientes y queda disponible para guiar el comportamiento futuro (Shapiro, 2001).

El reprocesamiento en EMDR implica acceder a recuerdos almacenados de forma desadaptativa mientras se aplica estimulación bilateral (movimientos oculares, *tapping* o tonos auditivos). Como resultado, la información adaptativa se integra en las redes de memoria que contenían datos desajustados, permitiendo la formación de nuevas asociaciones. En este sentido, el procesamiento es esencialmente un proceso de aprendizaje. La terapia EMDR puede utilizarse para abordar recuerdos angustiosos, incluso aquellos que, sin cumplir los criterios tradicionales de trauma, pueden afectar significativamente el bienestar emocional y el funcionamiento psicológico (Heim et al., 2004; Mol et al., 2005; Afifi et al., 2012).

Las experiencias infantiles adversas (Felitti et al., 1998) y los recuerdos aparentemente sin importancia (como una mirada de desaprobación en un momento de vulnerabilidad de un niño) pueden generar un impacto profundo en el desarrollo emocional y la percepción de uno mismo. Estos recuerdos pueden reprocesarse mediante EMDR para reducir su influencia negativa en la vida presente (Shapiro, 2018).

La eficacia de la terapia EMDR en el tratamiento del trauma ha sido validada a través de más de cuarenta estudios controlados y aleatorizados (Maxfield, 2019). Además, ha sido reconocida como una intervención efectiva en diversas guías clínicas internacionales, incluidas las publicadas por la Organización Mundial de la Salud (OMS, 2013) y el Departamento de Asuntos de Veteranos y Defensa de los Estados Unidos (DVA/DoD, 2017).

La terapia EMDR consta de ocho fases (descritas más adelante) y se rige por un protocolo de tres niveles:

1. *Procesamiento de los recuerdos del pasado que subyacen a las circunstancias dolorosas actuales.* En el contexto del duelo, esto puede incluir momentos de *shock*, negación, disociación o el instante en que la persona toma conciencia de la pérdida. Esta toma de conciencia suele ocurrir al recibir la noticia, especialmente si no estuvo presente en el momento del fallecimiento. Cuando la persona presencia la muerte, el impacto puede intensificarse dependiendo del contexto (por ejemplo, en un hospital o en la escena de un accidente). La comprensión de la pérdida puede manifestarse antes del fallecimiento («Cuando la vi en el hospital, tres semanas antes de que muriera, supe que íbamos a perderla») o después («Un mes después de que muriera en un accidente de tráfico fui a ver el coche y me di cuenta de que era imposible que nadie hubiera sobrevivido»). Además, la pérdida actual puede

reactivar duelos no resueltos, traumas previos o problemáticas de apego, lo que complica el proceso de duelo.

2. *Procesamiento de los disparadores actuales que perpetúan el sufrimiento y las estrategias de afrontamiento desadaptativas.* Se trabajan las situaciones actuales que perpetúan el sufrimiento, generando síntomas persistentes, bloqueos emocionales o momentos de intenso dolor. Abordar estos disparadores emocionales es fundamental para reducir su impacto y facilitar la adaptación.
3. *Establecimiento de un patrón futuro positivo.* El objetivo es desarrollar estrategias de afrontamiento eficaces ante situaciones estresantes en el presente y en el futuro. Tras procesar un desencadenante actual, se trabaja en la visualización de escenarios futuros, promoviendo respuestas más adaptativas. En algunos casos, la persona puede necesitar aprender nuevas habilidades de afrontamiento antes de integrarlas en su modelo de respuesta futura.

A continuación, se describen brevemente las ocho fases de la terapia EMDR, que serán desarrolladas en los capítulos 14, 15, 16, 17, 18 y 19.

Fase 1: Historia clínica y planificación del tratamiento

En esta etapa, el terapeuta recopila información sobre la historia del cliente, evaluando su funcionamiento actual y las experiencias pasadas que pueden haber contribuido a sus dificultades. Juntos, terapeuta y cliente identifican los objetivos del tratamiento, que incluyen:

- Recuerdos del pasado que subyacen al problema actual.
- Disparadores presentes que perpetúan el malestar.
- Escenarios futuros en los que se requiere una respuesta adaptativa.

Fase 2: Preparación y estabilización

Una vez determinada la idoneidad de la terapia EMDR, el cliente debe ser preparado para el procesamiento de sus recuerdos. En esta fase, se busca:

- Establecer un sólido vínculo terapéutico.
- Explicar el modelo PAI, ayudando al cliente a comprender cómo los problemas actuales derivan de experiencias no procesadas adecuadamente.
- Familiarizar al cliente con el proceso EMDR, sus procedimientos y expectativas.

- Enseñar estrategias de regulación emocional, adaptadas a sus necesidades, para fomentar estabilidad y sensación de control.

Técnicas como la visualización del lugar seguro, en la que el cliente imagina una escena que evoca una sensación de seguridad o calma, potenciada mediante estimulación bilateral (Shapiro, 2001), y la instalación de recursos adaptativos (Korn y Leeds, 2002) pueden ser utilizadas para reforzar el bienestar emocional. En clientes con trauma complejo, esta fase puede prolongarse para garantizar una preparación adecuada.

Fase 3: Evaluación de objetivos

La evaluación es la primera de las fases de reprocesamiento de EMDR. Aquí se identifican los recuerdos que serán reprocesados, denominados «recuerdos objetivo». Para cada uno, se exploran los siguientes elementos:

- *Imagen.* Representación visual o sensorial del momento más perturbador.
- *Cognición negativa (CN).* Creencia desadaptativa sobre uno mismo asociada al recuerdo («Soy impotente», «No valgo»).
- *Cognición positiva (CP).* Creencia adaptativa que se desea instalar («Tengo control», «Soy suficiente»).
- *Validez de la cognición (VoC, siglas en inglés de* Validity of Cognition*).* Escala de 1 a 7 que mide cuán verdadera se siente la CP.
- *Emoción.* Sentimientos asociados al recuerdo.
- *Unidades subjetivas de perturbación (SUD, siglas en inglés de* Subjective Units of Disturbance*).* Escala de 0 a 10 para medir la intensidad del malestar.
- *Sensaciones corporales.* Registro de cualquier tensión física asociada al recuerdo.

Fase 4: Desensibilización

Durante esta fase, se inicia el reprocesamiento del recuerdo objetivo y de otros recuerdos negativos asociados, almacenados de manera desadaptativa. El cliente debe centrarse en la imagen, la cognición negativa y las sensaciones físicas vinculadas al recuerdo perturbador, mientras el terapeuta administra la estimulación bilateral (BLS, siglas en inglés de *bilateral stimulation*). Esta estimulación activa el proceso asociativo, en el que cada serie de movimientos evoca nuevas imágenes, pensamientos, emociones y/o sensaciones relacionadas con el recuerdo objetivo, así como recuerdos de otros eventos almacenados en la red de memoria. Se le indica al cliente que «permita que suceda lo que tenga que suceder». A menos que se quede bloqueado en el proceso de reprocesamiento –lo que requeriría la intervención del terapeuta–, este último simplemente supervisa la evolución del cliente entre cada serie de estimulación bilateral, pidiéndole que observe lo que emerge y que se concentre en ello, continuando con la estimulación hasta que deje de reportarse cualquier cambio a nivel experiencial.

El efecto del reprocesamiento se evalúa mediante la escala SUD, con el objetivo de reducir el nivel de perturbación a 0 (ausencia de malestar o una sensación neutra respecto al evento). No obstante, para que el reprocesamiento sea considerado adaptativo, la resolución del recuerdo debe ser ecológica, es decir, debe evocar emociones apropiadas. Por lo tanto, no todos los recuerdos procesados alcanzarán un SUD de 0. Este aspecto es especialmente relevante en el duelo, ya que pueden persistir emociones normales y apropiadas, como la tristeza, con un SUD de 2 o superior. Por ejemplo, un soldado que atendí en terapia había perdido a un amigo cercano en la guerra. A lo largo del reprocesamiento, su SUD pasó de 8 a 2, pero no lograba reducirse más porque, según él, «quien murió fue un buen amigo, una gran persona».

Fase 5: Instalación

Los estudios de la doctora Shapiro (1989, 2001, 2002) han demostrado que la terapia EMDR genera cambios espontáneos en las creencias negativas que los individuos tienen sobre sí mismos en relación con el recuerdo objetivo, favoreciendo el desarrollo de creencias adaptativas. Dado que durante el reprocesamiento emergen perspectivas nuevas, positivas y adaptativas, la terapia EMDR puede conceptualizarse como un enfoque orientado a fomentar la resiliencia y la coherencia (Solomon y Shapiro, 2013).

La fase de instalación facilita el proceso natural hacia la restauración y la resiliencia, al vincular la cognición positiva con el recuerdo perturbador y potenciar su procesamiento mediante estimulación bilateral.

A medida que avanza el reprocesamiento, se fortalecen las asociaciones entre la información adaptativa y los recuerdos almacenados de manera disfuncional, lo que facilita la generalización dentro de las redes de memoria.

Para evaluar los efectos del tratamiento, se puede utilizar la escala VoC, con el objetivo de alcanzar una puntuación de 7 o un nivel ecológicamente adecuado para el cliente.

Fase 6: Exploración corporal

La terapia EMDR pone un énfasis significativo en la información no verbal, como imágenes, olores, sabores y sonidos, así como en las sensaciones corporales asociadas al recuerdo perturbador.

Cuando el reprocesamiento del recuerdo objetivo parece haber concluido, se le pide al cliente que cierre los ojos, se enfoque en la cognición positiva y dirija su atención a distintas partes de su cuerpo, comenzando por la cabeza y descendiendo gradualmente.

El propósito es identificar cualquier tensión, contracción o sensación inusual. Si surge alguna sensación extraña, se procesa mediante estimulación bilateral hasta que el recuerdo deje de generar malestar físico. Durante esta fase, no es raro que emerjan respuestas emocionales positivas, como una sensación de fortaleza o seguridad. En tales casos, estas experiencias pueden reforzarse mediante estimulación bilateral, consolidando una respuesta más adaptativa.

Fase 7: Cierre

Al finalizar la sesión, es fundamental recordar al cliente que puede recurrir a técnicas de *grounding* o relajación, como el ejercicio del lugar seguro u otras estrategias de estabilización, para recuperar su equilibrio emocional si lo necesita.

Además, se le informa que el reprocesamiento puede continuar entre sesiones, por lo que es recomendable tomar nota de recuerdos, sueños o desencadenantes que puedan surgir a lo largo de la semana, con el fin de abordarlos en la siguiente sesión. También se le recuerda que puede aplicar en cualquier momento las técnicas de autorregulación aprendidas durante la fase de preparación. No se asigna ningún «trabajo para casa» específico.

Fase 8: Reevaluación

En la siguiente sesión, se evalúa el estado psicológico actual del cliente, la permanencia de los efectos terapéuticos de la sesión anterior y la posible aparición de nuevo material (sueños, *flashbacks* u otros recuerdos) desde la última sesión. Además, se exploran posibles cambios en la percepción del recuerdo trabajado, así como en la intensidad emocional asociada. También se indaga si el cliente ha experimentado variaciones en su nivel de malestar o si han surgido nuevos disparadores en su vida cotidiana. El resultado de esta evaluación orientará los próximos pasos de la terapia.

TERAPIA EMDR Y DUELO

Investigación sobre EMDR y duelo

El primer artículo sobre la terapia EMDR y el duelo fue escrito por Solomon y Shapiro (1997). Desde entonces, numerosos estudios empíricos y de caso han demostrado la eficacia del EMDR en el procesamiento del duelo. Meysner, Cotter y Lee (2016), en un estudio controlado aleatorio, compararon la terapia EMDR con la terapia cognitivo-conductual (TCC) integrada y encontraron que ambas intervenciones eran igualmente eficaces. Cotter, Meysner y Lee (2017) presentaron datos de entrevistas del mismo estudio y señalaron que ambos grupos mostraron una mayor comprensión, un cambio positivo en las emociones, una relación «mental» más profunda con el fallecido, así como un aumento en la confianza en sí mismos y en sus niveles de actividad.

Sin embargo, hubo algunos efectos distintivos en cada tratamiento. Los participantes que recibieron TCC destacaron la utilidad del aprendizaje de estrategias de regulación emocional, un componente clave del protocolo. Este efecto no fue descrito por el grupo de EMDR, ya que no se les enseñaron las mismas habilidades de regulación emocional (descritas como un «kit de herramientas» para gestionar la angustia) que al grupo de TCC. Por otro lado, los sujetos tratados con EMDR informaron que los recuerdos angustiosos eran menos claros y más distantes, además de experimentar cambios positivos en la emoción, la confianza en sí mismos y un aumento de la actividad, aunque estos cambios no fueran el objetivo principal de la terapia.

Asimismo, se observó que el grupo tratado con TCC experimentaba una transición desde las emociones características del proceso de duelo hacia un sentimiento de esperanza y alegría por el futuro. Los autores atribuyeron esta diferencia a que, aunque ambos enfoques promovían el bienestar, la TCC fomentaba activamente la construcción de experiencias positivas, mientras que el EMDR trabajaba sobre los obstáculos sin enfocarse en objetivos específicos. Esto resalta la importancia de considerar tanto la manera en que el cliente afronta su vida diaria como los aspectos emocionales de la pérdida, aspectos que se exploran en el modelo de procesamiento dual (Stroebe et al., 1999), desarrollado en el capítulo 8.

Replicando estudios previos que mostraban que los movimientos oculares reducían la emocionalidad de los recuerdos negativos, Hornsveld et al. (2010) investigaron su efecto en el tratamiento de los recuerdos negativos de pérdida. Se observó que evocar el recuerdo negativo junto con movimientos oculares era más efectivo para reducir la emocionalidad y para concentrarse en el recuerdo -lo que, según los autores, puede estar relacionado con la intensidad del recuerdo negativo- que no hacer ningún tipo de estimulación o simplemente escuchar música.

Sprang (2001) demostró la eficacia del EMDR en el duelo al compararlo con el duelo guiado (GM, siglas en inglés de *Guided Mourning*) en el tratamiento del duelo complicado. Los resultados mostraron que ambos tratamientos generaban mejoras significativas en cuatro de las cinco medidas psicosociales de sufrimiento psicológico evaluadas en el estudio (estado de ansiedad, impacto del evento traumático, autoestima y síntomas de TEPT). Sin embargo, los pacientes tratados con EMDR reportaron una mayor reducción de los síntomas de TEPT. Los datos de las medidas conductuales mostraron resultados similares. Además, durante el tratamiento con EMDR surgieron recuerdos positivos del ser querido, lo que no ocurrió en el tratamiento con GM. La terapia EMDR también ha demostrado ser eficaz en combinación con la TCC para el tratamiento del duelo. En un estudio realizado por Lenferink et al. (2017), se ofrecieron ocho sesiones de tratamiento combinado (TCC y EMDR) a 85 personas que habían perdido a un ser querido debido a un homicidio. Los autores plantearon la hipótesis de que este tratamiento sería particularmente beneficioso para la muestra del estudio, ya que los participantes presentaban altas tasas de duelo complicado y síntomas de TEPT (88 % de la muestra). El protocolo incluía dos sesiones introductorias, seguidas de tres sesiones de EMDR y luego tres sesiones de TCC, o bien, en orden inverso: tres sesiones de TCC seguidas de tres sesiones de EMDR.

En comparación con el grupo de control (personas en lista de espera para el tratamiento), los participantes que recibieron este tratamiento mostraron una reducción significativa de los síntomas tanto de TEPT como de duelo complicado. También se observó una disminución notable de los síntomas a la mitad del tratamiento, es decir, después de haber recibido tres sesiones de TCC o de EMDR. El orden de aplicación de las terapias EMDR o TCC no supuso una diferencia en la eficacia para reducir los síntomas. Los resultados de este estudio, similares a los de Meysner, Cotter y Lee (2016), sugieren que la terapia EMDR es tan eficaz como la TCC en el tratamiento del duelo y respaldan la idea de que el EMDR puede integrarse en la terapia general del duelo. El uso del EMDR en el duelo ha sido documentado también a través de estudios de caso realizados por Solomon (2018), Yasar et al. (2017), Murray (2012), Kimiko (2010) y Solomon y Shapiro (1997). Además, Solomon y Rando (2007, 2012, 2015) han explicado cómo la terapia EMDR puede basarse en los procesos descritos por Rando (1993) en el tratamiento del duelo (véase el capítulo 9).

La terapia EMDR es un proceso natural

Dado que el procesamiento se considera un aprendizaje que facilita la integración, la terapia EMDR representa para el cliente un proceso natural que no conlleva la eliminación de respuestas adecuadas ni la privación de aspectos necesarios para la adaptación (Solomon y Shapiro, 1997; Shapiro, 2018). Como afirmó Francine Shapiro:

> La terapia EMDR no elimina ni diluye las emociones sanas y apropiadas, incluido el duelo. Más bien, puede permitir a los clientes hacer el duelo con una mayor sensación de paz interior. (Shapiro, 2018, p. 234)

Y también:

> Sin embargo, quiero insistir en que el procesamiento con EMDR no elimina ni neutraliza las emociones apropiadas, ni tampoco impide el crecimiento personal. En la terapia EMDR, un paciente que atraviesa un duelo comenzará, de forma natural y a su manera, a aceptar su pérdida y, al mismo tiempo, superará los obstáculos para su sanación. (Shapiro, 2018, p. 234)

Por lo tanto, la terapia EMDR puede aplicarse para reprocesar elementos perturbadores, incluso aquellos considerados reacciones «normales» dentro de un duelo no complicado. Es habitual que la persona en duelo experimente imágenes intrusivas del funeral o del hospital, las cuales, aunque comunes, pueden resultar profundamente dolorosas.

La terapia EMDR facilita la integración de estos recuerdos, permitiendo que el dolor se atenúe de manera natural y adaptativa. De este modo, contribuye a desbloquear el proceso de duelo al abordar recuerdos traumáticos o angustiosos que, de no ser procesados, podrían obstaculizar la adaptación emocional. Cabe destacar que la terapia EMDR no proporciona un atajo para atravesar el proceso de duelo ni una vía rápida para resolver los traumas. Las observaciones clínicas muestran que los clientes tratados con EMDR siguen el mismo proceso de elaboración del duelo que aquellos que reciben otros enfoques terapéuticos. Sin embargo, lo hacen de manera más efectiva, ya que la terapia les ayuda a eliminar los obstáculos que dificultan la integración y el procesamiento adecuado de la pérdida. Por lo tanto, más que omitir etapas naturales del duelo o forzar el proceso, neutralizando la experiencia de emociones apropiadas o impidiendo el crecimiento personal, la terapia EMDR facilita una progresión natural en la restauración de la pérdida, al procesar los factores que pueden complicar o bloquear el duelo.

El objetivo de la terapia EMDR aplicada al duelo

Dado que la terapia EMDR facilita un proceso natural, su objetivo en el contexto del duelo es favorecer una adaptación saludable mediante la asimilación de la pérdida. Para ello, se sigue un protocolo estructurado en tres niveles:

1. *Recuerdos pasados.* Se abordan experiencias relacionadas con la muerte, como recibir la noticia del fallecimiento, imágenes o momentos angustiosos, así como antecedentes de trauma, pérdida y apego que influyen en la respuesta actual del cliente.
2. *Disparadores presentes.* Se identifican los estímulos que generan malestar y obstaculizan el proceso de adaptación.
3. *Patrones futuros.* Se trabajan respuestas más adaptativas para cada disparador identificado, promoviendo una integración emocional más sana.

La aparición de recuerdos significativos y el desarrollo de una representación interna adaptativa

Tomar conciencia de la ausencia de un ser querido puede ser una experiencia abrumadora y dolorosa. En algunos casos, la persona en duelo queda atrapada en ese sufrimiento, percibiendo la falta de conexión como insoportable y sintiéndose incapaz de avanzar. Cuando esto ocurre, el acceso a redes de memoria que contienen recuerdos positivos del fallecido suele estar bloqueado, lo que puede generar una profunda angustia y una sensación de desconexión («No puedo conectar»).

La terapia EMDR facilita la expresión y el procesamiento del dolor, permitiendo que otras redes de memoria con información positiva y adaptativa se integren, favoreciendo así una adaptación saludable. Durante el tratamiento, es común que emerjan recuerdos del fallecido junto con las emociones asociadas (Solomon y Rando, 2007, 2012, 2015), un fenómeno también documentado en el estudio de Sprang (2001).

Estos recuerdos significativos generan una sensación de conexión con el ser querido. Según la teoría de los vínculos continuos (Klass, Silverman y Nickman, 1996), una adaptación sana ocurre cuando la persona en duelo logra interiorizar una representación del fallecido en su modelo interno de trabajo, permitiendo que la proximidad psicológica reemplace la proximidad física. Es decir, el proceso de duelo implica transitar del amor en presencia al amor en ausencia (Attig, 2000). En este contexto, los recuerdos que emergen durante la terapia EMDR se convierten en hitos fundamentales en la construcción de una representación interna adaptativa del fallecido.

La representación interna adaptativa según Fairbairn

Fairbairn (1952) destacó la importancia de los recuerdos en la construcción de una representación interna del ser querido fallecido. Esta representación se compone de tres elementos clave:

1. Aspectos del yo que se identifican con el fallecido.
2. Características o recuerdos temáticos del fallecido.
3. Estados emocionales vinculados a esos recuerdos.

Esta representación interna, experimentada a través de los recuerdos y su significado personal, es lo que parece surgir y consolidarse con la terapia EMDR. Son estos recuerdos significativos y sentidos los que permiten comprender el impacto de la relación con el fallecido y su papel en nuestra vida e identidad. Gracias a esta representación interna adaptativa, el fallecido sigue funcionando como una figura de apego y como una fuente de seguridad emocional en momentos de angustia. En términos terapéuticos, el cliente transita desde la sensación de «No puedo conectar», con el consecuente dolor profundo, hacia una experiencia de conexión («Puedo conectar»), promoviendo así un proceso de duelo más sano y adaptativo.

EJEMPLO DE CASO 1

Una mujer de 44 años acudió a consulta tres años después de la muerte de su padre. Seguía teniendo imágenes intrusivas relacionadas con el período de

hospitalización de su padre. Sus objetivos terapéuticos no solo incluían aliviar su sufrimiento, sino también recuperar el acceso a recuerdos positivos de él. Su padre había sufrido mucho antes de morir, y ella se había sentido impotente. Un objetivo importante para ella era poder evocarlo con imágenes positivas.
Durante el proceso terapéutico, la cliente conectó con recuerdos de su padre cuando estaba sano. Recordó, por ejemplo, que a él no le gustaba el perro que tenían cuando ella era niña y que, poco antes de morir, bromeó: «Spot [el perro] está ahora mismo en el cielo diciendo: "Oh, no"».
También recordó todo lo que hizo para ayudarlo a sentirse mejor: colaboró con los enfermeros del hospital para que estuviera más cómodo, le tomó la mano y le leyó libros. Al final de la sesión, se dio cuenta de que había hecho todo lo posible por ayudar a su padre, que sus últimas interacciones habían sido significativas y que, en definitiva, lo había acompañado.
Dado que el objetivo de la sesión era evocar imágenes positivas de su padre, le pedí que volviera a pensar en él. Aparecieron imágenes de su padre sonriendo, recuerdos felices. Estos recuerdos y las emociones positivas asociadas se reforzaron mediante los movimientos oculares.

Este caso muestra cómo el procesamiento de momentos dolorosos puede favorecer la aparición de recuerdos positivos y auténticos. Al finalizar una sesión de reprocesamiento, se recomienda pedir al cliente que piense en la persona fallecida y describa los recuerdos que emergen. Si estos recuerdos son positivos, pueden reforzarse mediante estimulación bilateral para fortalecer la representación interna adaptativa. En cambio, si surgen imágenes negativas, dolorosas o neutras, esto puede indicar la necesidad de un procesamiento adicional.

Es importante destacar que la aparición de emociones positivas no implica que el cliente haya superado el duelo. Más bien, estas emociones parecen equilibrar el dolor, permitiéndole continuar con un proceso de duelo saludable y proporcionándole alivio, una sensación de conexión y un significado positivo (Neimeyer, 2006, 2015).

Perspectivas de adaptación: Encontrar significado y crecer después del trauma

El reprocesamiento del trauma causado por la pérdida puede abrir nuevas perspectivas y ayudar a reconstruir el significado de la muerte. Si bien una pérdida significativa puede derivar en un duelo complicado, también puede fomentar el crecimiento personal y favorecer una adaptación sana.

Una pérdida profunda puede quebrar las creencias fundamentales sobre el mundo y generar una crisis de significado. En su modelo de reconstrucción del significado, Neimeyer et al. (2009, 2013) destacan la importancia de encontrar sentido tras una pérdida y recuperar una autonarrativa que permita asimilar e integrar la experiencia en la realidad de la persona en duelo. Además, el duelo puede dar lugar a un crecimiento postraumático (Tedeschi y Calhoun, 2008), propiciando cambios positivos y nuevas perspectivas que faciliten la adaptación a circunstancias traumáticas.

A continuación, se presentan dos casos que ilustran cómo la terapia EMDR puede ayudar a los clientes a alcanzar estos resultados positivos.

EJEMPLO DE CASO 2

Una soldado murió atropellada por un terrorista suicida en Irak. Su padre, Gilbert, estaba profundamente angustiado. Ocho meses después, inició terapia EMDR, comenzando el tratamiento con el recuerdo del momento en que recibió la noticia. La sesión fue intensamente emocional: Gilbert experimentó una profunda tristeza y una gran rabia por la muerte violenta de su hija. Sin embargo, tras 90 minutos de sesión, la intensidad del malestar asociado al recuerdo (SUD) se redujo a 0, lo que permitió completar la fase de instalación. (Se omitió la exploración corporal, ya que se anticipaba la aparición de otras asociaciones).

El cambio de perspectiva que emergió fue significativo: pasó de pensar «El terrorista le quitó la vida a mi hija» a «Mi hija dio su vida en acto de servicio». Este nuevo significado marcó un punto de inflexión en su recuperación y facilitó su proceso de adaptación a la pérdida.

Neimeyer et al. (2009) destacan la importancia de encontrar un significado en la pérdida y de recuperar «una narración de sí mismo que sea capaz de integrar la realidad del duelo» (p. 2). El caso recién descrito muestra cómo el reprocesamiento de los aspectos traumáticos vinculados a la pérdida facilitó los procesos de asimilación y adaptación, permitiendo a Gilbert adoptar una perspectiva nueva y más adaptativa.

EJEMPLO DE CASO 3

El hijo de 17 años de Trudy murió en un accidente de coche. No llevaba puesto el cinturón de seguridad.

Trudy recibió terapia EMDR diez meses después de la pérdida. Aunque siempre había insistido en la importancia de usar el cinturón de seguridad, se sentía culpable por no haber hecho más para asegurarse de que su hijo lo llevara puesto. Se dedicaron tres sesiones a procesar la pérdida y la profunda tristeza que sentía. Un momento clave en su adaptación fue su decisión de concienciar a otras personas sobre la importancia del uso del cinturón de seguridad en memoria de su hijo. En los meses siguientes, Trudy ofreció charlas en reuniones vecinales y eventos escolares, además de crear videos para difundirlos en redes sociales. Estas actividades le dieron un nuevo propósito y significado a su vida. En sus palabras: «Mi hijo no murió en vano si su pérdida ayuda a que al menos una persona recuerde ponerse el cinturón».

Este caso ilustra cómo la adaptación al duelo puede incluir la participación en actividades conmemorativas y con sentido personal. Muchas personas en duelo encuentran significado en iniciativas que honran a sus seres queridos, como campañas de prevención (como en el caso de Trudy), actividades benéficas en memoria de un familiar, apoyo a personas con pérdidas similares o eventos conmemorativos (torneos deportivos, maratones, etc.). A pesar de su dolor, Trudy pudo seguir participando activamente en la vida, demostrando un proceso de crecimiento postraumático. La terapia EMDR, al reprocesar el trauma de la pérdida, ayuda a las personas en duelo a avanzar en su proceso de sanación y encontrar un nuevo propósito.

RESUMEN

La terapia EMDR es un protocolo estructurado de ocho fases y tres etapas, basado en el modelo de procesamiento adaptativo de la información. Este modelo postula que los problemas actuales están vinculados a recuerdos almacenados de manera desadaptativa. En consecuencia, el tratamiento se centra en procesar los recuerdos subyacentes a los síntomas actuales, los desencadenantes presentes y la instalación de respuestas adaptativas para el futuro. El trauma de una pérdida puede hacer que los recuerdos negativos se almacenen de manera disfuncional, impidiendo su procesamiento. Pensar en la persona fallecida puede evocar imágenes traumáticas y angustia, obstaculizando el proceso de duelo. El objetivo de la terapia EMDR en estos casos es facilitar una progresión adaptativa en el duelo, permitiendo la integración de la pérdida sin eliminar recuerdos significativos ni privar al cliente de su verdad emocional más profunda.

CAPÍTULO 2

DUELO

DEFINICIONES DE DUELO

En inglés, existen varios términos para denominar el duelo que tienen diferentes matices.

Bereavement proviene de un antiguo término inglés que significa «robar» o «privar». Se usa comúnmente para designar el período que sigue a la muerte de un ser querido, durante el cual se experimentan los sentimientos propios del proceso de duelo.

Grief se refiere al dolor con el que reacciona una persona frente a la pérdida. Aquí se incluye:

- Sentimientos ante la pérdida y el vacío que provoca, como pena, tristeza y culpabilidad.
- Reacciones de protesta, como el deseo de revertir la pérdida, la negación de la realidad, la ira, la búsqueda de la persona fallecida y el pensamiento constante en la pérdida.
- Las acciones personales, como el llanto, el retraimiento o el aumento del consumo de sustancias.

Mourning es diferente de la aflicción, y se refiere al proceso por el que se pasa para adaptarse a la muerte (Worden, 2009), es decir, a la asimilación y acomodación a la pérdida. No solo abarca las reacciones emocionales, sino también las estrategias de afrontamiento activas que el individuo emplea para adaptarse a un mundo en el que el fallecido ya no está presente.

Para adaptarse a la pérdida, la persona en duelo debe reorganizar su relación con el ser querido y su propio mundo interno y externo (Rando, 1993). Esto implica:

1. *Transformar la relación con la persona fallecida.* La relación con la persona fallecida debe evolucionar y adaptarse. Este proceso implica pasar de amar en presencia, como se hacía cuando su existencia era tangible y viva, a amar en ausencia, ahora que ya no está (Attig, 2000). Aunque es necesario renunciar a ciertos hábitos relacionales que ya no son viables, dado que la persona ha fallecido y no regresará, adaptarse al duelo no significa «dejarla ir» ni simplemente «seguir adelante». La conexión con la persona perdida perdurará, pero lo hará a través de la construcción de una nueva representación interna, formada por recuerdos cargados de emoción y momentos significativos.

2. *Adaptarse a la pérdida.* La muerte de un ser querido puede tener un impacto profundo en la identidad de quien sobrevive («Ya no sé quién soy») y cuestionar sus creencias fundamentales sobre el funcionamiento del mundo. Cuanto mayor sea el impacto de la pérdida, mayor será la necesidad de redefinir la propia identidad y reconstruir el sistema de creencias en relación con la nueva realidad.

3. *Aprender a vivir de forma adaptativa en el nuevo mundo sin la persona fallecida.* La atención se centra aquí en el mundo exterior y en cómo la persona en duelo se desenvolverá ahora en él. Por ejemplo, una viuda puede tener que criar sola a sus hijos, asumir funciones que antes desempeñaba su cónyuge y adaptarse a un nuevo entorno social.

PROGRESIÓN EN EL PROCESO DE DUELO

Etapas del duelo

Han sido varios los autores que han conceptualizado las etapas o fases del duelo:

- Sigmund Freud (1917) identificó tres etapas:

  1. Negación

  2. Aceptación

  3. Desapego

- John Bowlby (1969) describió cuatro fases:

  1. *Shock* y aturdimiento

  2. Anhelo y búsqueda

  3. Desesperación y desorganización

  4. Reorganización y recuperación

- Elizabeth Kübler-Ross (Kübler-Ross, E. y Kessler, D., 2014) estableció cinco fases:

  1. Negación

  2. Ira

  3. Negociación

  4. Depresión

  5. Aceptación

Sin embargo, las personas no parecen pasar por una secuencia estricta de etapas de duelo (Bonanno et al., 2004), pero existe un acuerdo general en que parecen experimentar un conjunto de reacciones que acompañan al duelo (Pearlman et al., 2014; Rando, 1995; Osterweiss, et al., 1984). Estas reacciones pueden clasificarse en tres grandes fases que describen el desarrollo de las reacciones y la adaptación a la pérdida (Rando, 1993):

- *Fase de* shock *o evitación.* La respuesta inmediata más frecuente tras la muerte de un ser querido es el *shock*, el aturdimiento y la sensación de incredulidad. Estas reacciones, conocidas como fase de *shock* o evitación (Pearlman et al., 2014; Rando, 1993), son especialmente intensas si la pérdida fue repentina. Con el tiempo, el impacto inicial disminuye y da paso al dolor emocional.

- *Fase de toma de conciencia o impacto emocional.* Es el momento en el que se pueden experimentar oleadas de angustia junto con anhelo, añoranza y nostalgia por el ser querido. La tristeza y la desesperación, la culpa, la ira y la ansiedad son reacciones comunes a medida que la persona en duelo se da cuenta de que el ser querido se ha ido para siempre.

- *Fase de acomodación.* Generalmente, con el tiempo, hay una fase de «acomodación» en la que las reacciones de duelo disminuyen gradualmente a medida que la persona acepta la realidad de la pérdida y se adapta a la vida sin el fallecido. Como se ha señalado, se trata de fases generales que pretenden describir la naturaleza evolutiva del duelo.

REACCIONES AL DUELO

Perder a alguien a quien amamos, a quien estábamos unidos y que formaba parte de nuestra vida es muy doloroso. Resulta útil describir las reacciones al duelo como reacciones normales a una situación triste y difícil, no como signos de patología. Las reacciones agudas inmediatamente después de un trauma o una pérdida pueden ser intensas y difíciles de entender, y algunos pueden interpretarlas como signos de locura. Es importante que las personas en duelo sepan que todo lo que están experimentando son reacciones normales a un acontecimiento intenso, y que no están perdiendo la cabeza ni volviéndose «locos». Por ejemplo, hablar con el ser querido fallecido, sentir que responde y continuar el diálogo puede entenderse como otra forma de superar la pérdida en lugar de un signo de negación. Un padre mantuvo una conversación con su hijo fallecido casi todas las noches durante los tres primeros meses tras su muerte. Le preguntaba «¿Estás bien?» y recibía como respuesta «Estoy en paz, estoy bien». Sus amigos le decían que estaba en fase de negación y que tenía que aceptar la muerte. Esos comentarios le angustiaban. Se sintió mejor cuando le expliqué que estaba bien, que era normal tener ese tipo de conversaciones y que, de hecho, podían ser reconfortantes. Como se explicará más adelante, mantener una conversación no significa necesariamente negar que el ser querido haya muerto y que no va a volver; sin embargo, creer que va a volver sí que indica una forma más complicada de duelo.

Las reacciones ante una pérdida significativa pueden ser muy variadas y abarcar una amplia gama de sentimientos y comportamientos. Worden afirma lo siguiente:

El duelo de cada persona es como el duelo de todos los demás; el duelo de cada persona es como el duelo de algunos otros; y el duelo de cada persona no es igual al de ningún otro. (Worden 2018, p. 8)

A continuación, se presentan algunas de las reacciones más comunes, clasificadas en categorías generales de sentimientos, sensaciones físicas, cogniciones y comportamientos (Worden, 2018). No obstante, esta lista no es en absoluto exhaustiva. En general, las reacciones son normales, como se ha descrito anteriormente, pero si persisten durante largos períodos de tiempo –normalmente seis meses (Prigerson et al., 1995, 2009)– y con una intensidad tal que interfieren con el funcionamiento del individuo, podríamos estar ante un trastorno de duelo persistente y complicado (véase el capítulo 5).

Reacciones emocionales

El duelo puede expresarse de muchas maneras. Las siguientes son algunas de las más frecuentes:

- *Shock*. Es común inmediatamente después de una tragedia. El suceso puede ser demasiado intenso para asimilarlo y la persona puede sentirse aturdida, con una sensación de irrealidad e incredulidad.
- *Embotamiento*. Se experimenta al principio del proceso de duelo, normalmente cuando la persona se entera de que su ser querido ha muerto. El embotamiento se produce cuando hay agobio. Sentir todo el impacto emocional sería abrumador, por lo que es una protección contra esa avalancha de emociones.
- *Tristeza*. Es el sentimiento más común y natural. Para describir los efectos del duelo, se suelen referir sentimientos de desesperación, desaliento, vacío y melancolía. Se ha perdido algo valioso, falta algo, se siente un vacío (por ejemplo, «un vacío en el pecho») y la vida puede perder su color y su sentido. La persona en duelo puede perder el deseo de relacionarse con los demás o de participar en las actividades habituales. La tristeza nos arrastra hacia el interior y queremos poner el mundo en suspenso, retraernos y bajar el ritmo.
- *Ira*. Es una reacción frecuente, y puede tener varios orígenes (Worden, 2009). Puede experimentarse como reacción a circunstancias o personas que desencadenan una sensación de vulnerabilidad e impotencia. Puede reflejar los sentimientos de abandono de la persona en duelo («¡Cómo te atreves a morirte y dejarme solo!»). Puede reflejar la frustración que produce la impotencia de no poder evitar la muerte. Una mujer estaba enfadada con su marido, que había muerto tras una larga enfermedad. Se daba cuenta de que él no quería morir y de que había luchado para seguir con vida, pero estaba enfadada con él por haber muerto, dejándola sola para criar a sus hijos y por haberse quedado sin el compañero que había elegido. Las personas pueden hacer una regresión en respuesta a la pérdida, sintiéndose indefensas, vul-

nerables e incapaces de existir sin el ser querido, y luego experimentar ira en respuesta a estos sentimientos de ansiedad (Worden, 2018). La ira se puede desviar o dirigirse a alguna otra persona o circunstancia en un esfuerzo por entender lo que sucedió y sentir que se mantiene el control (en estos casos, es frecuente que la persona en duelo culpabilice a ciertos evento o personas). Por ejemplo, puede ser dirigida hacia el médico que no hizo lo suficiente, hacia la persona que dio la noticia de la muerte, hacia otras personas cercanas al ser querido, o incluso hacia Dios. En tales situaciones, puede ser útil explicar a los clientes que su ira emocional, diferente de la ira racional, es una expresión del sentimiento de vulnerabilidad e impotencia que surge como respuesta a la pérdida irreversible de alguien que desempeñaba un rol importante en sus vidas.

- *Culpa y remordimientos.* La persona en duelo puede sentirse culpable por muchas razones, como no haber sido más amable o haber estado más disponible, no haber hecho lo suficiente, etc., por el ser querido antes de que muriera. Muchas personas se sienten culpables por no haber podido estar presentes en el momento en que el ser querido falleció, o por haber tomado la decisión racional de desconectarle del soporte vital. La persona en duelo puede ser culpable de un acto de omisión o acción que ahora se percibe, en retrospectiva, como algo que pudo influir en la muerte o en el sufrimiento del ser querido. Como seres humanos, queremos sentir que tenemos el control, y sentirnos culpables supone que hay cierto control (podríamos haber hecho algo para evitarlo), lo que puede resultar emocionalmente más cómodo que darse cuenta de la impotencia de la condición humana. De hecho, la culpa puede ser el precio emocional que uno paga por sentir que tiene el control.
- *Ansiedad.* Puede provenir de muchas fuentes, como el miedo a estar solo, la preocupación de cómo será la vida sin el ser querido o la sensación de que uno no puede arreglárselas sin él o ella («No puedo seguir adelante»). Además, la ansiedad puede derivarse de una mayor sensación de vulnerabilidad y de la conciencia de la propia mortalidad («Yo también moriré algún día»).
- *Soledad.* Es comprensible tras la pérdida de alguien que formaba parte de la vida cotidiana y que proporcionaba comprensión, compañía e

intimidad. La intimidad puede entenderse como «privacidad compartida» con alguien en quien se podía confiar con seguridad, y no solo como intimidad «física». Existe una diferencia entre la soledad social y la soledad emocional (Stroebe, Stroebe, Abakoumkin y Shut, 1996). El apoyo social y estar con otras personas puede aliviar la soledad social, pero puede que no disminuya la soledad emocional que conlleva la pérdida de una relación cercana.

- *Añoranza.* La nostalgia es un anhelo intenso por el ser querido. Como dijo un cliente mío: «Me duelen momentos que solo existen en el pasado». O'Connor y Sussman (2014) describen la añoranza como un estado emocional que se experimenta cuando hay una pérdida significativa, con la persona en duelo centrada en un deseo por la persona –o lugar o cosa– que fue «atesorada» en el pasado. El persona en duelo puede estar preocupada por la pérdida, identificándose continuamente con el ser querido y buscando recuerdos suyos en un intento de devolver una cercanía que ya no existe. Worden (2018) señala que la añoranza es una respuesta normal a la pérdida y, cuando disminuye, puede ser una señal de que el duelo está llegando a su fin: la pérdida se ha integrado. Sin embargo, cuando no desaparece, puede indicar un duelo complicado que se analizará más adelante.
- *Fatiga.* Puede ser tanto emocional como física, puede venir acompañada de tristeza y puede experimentarse como apatía o desgana. Esta fatiga es real, y no debe desestimarse como si fuera algo imaginado. El duelo es un trabajo duro.
- *Impotencia.* La muerte puede ser muy estresante por la impotencia y la falta de control que evoca. La muerte de un ser querido, sobre todo en circunstancias traumáticas, puede vulnerar el propio sistema de creencias (que se analiza más adelante), lo que provoca sentimientos de vulnerabilidad y desamparo.
- *Alivio.* Muchas personas sienten alivio tras la muerte de un ser querido, sobre todo cuando ha habido una enfermedad larga o dolorosa. También puede sentirse alivio en situaciones en las que había una relación negativa, pero a menudo se mezcla con la culpa. Por ejemplo, un hombre se suicidó tras años de depresión e intentos previos. Aunque se percibió como una tragedia y su viuda experimentó la tristeza adecuada, también sintió alivio y libertad.

Reacciones físicas

Las sensaciones físicas suelen pasarse por alto, pero son generalmente una parte importante del proceso de duelo. A continuación, se describen algunas de las sensaciones más comunes (Worden, 2009):

- Malestar estomacal y problemas digestivos.
- Opresión en el pecho o en la garganta.
- Hipersensibilidad al ruido.
- Despersonalización o sensación de irrealidad. Por ejemplo, «No me siento yo mismo», «Siento que estoy dentro mirando hacia fuera», «Mi cuerpo me parece algo extraño». Estas reacciones, aunque suelen asociarse a la disociación, son comunes en momentos de *shock* o como reacción a una tragedia significativa.
- Falta de aliento.
- Debilidad muscular.
- Fatiga y falta de energía.
- Boca seca.
- Dolores físicos (cefaleas, tensión muscular, molestias digestivas).
- Aumento o disminución del ritmo cardiaco.

Reacciones cognitivas

El duelo puede ir acompañado de diversos patrones de pensamiento. Ciertas cogniciones son bastante comunes inmediatamente después del duelo y suelen desaparecer al cabo de poco tiempo.

- *Incredulidad.* «No ha ocurrido realmente» o «No parece real».
- *Confusión.* Dificultad para concentrarse, pensamientos confusos u olvidos.
- *Preocupación.* La persona en duelo puede puede estar absorbida por pensamientos sobre el fallecido, las circunstancias en las que falleció, su sufrimiento en el momento de la muerte (especialmente si ocurrió en circunstancias traumáticas), el deseo de anular la pérdida o fantasías de reunirse con la persona perdida.
- *Sensación de presencia.* Worden describe esta sensación como la contrapartida cognitiva de la experiencia de añoranza. Es normal y bastante común que en las primeras fases la persona en duelo pueda ex-

perimentar la presencia del ser querido. Worden (2018) afirma que en el período inmediatamente posterior a una muerte, puede pensar que el ser querido fallecido aún se encuentra en el área actual de tiempo y espacio. De ahí que añorarlo pueda conducir a experiencias ilusorias, como oler su perfume, percibir su rostro entre una multitud, oír su voz o mantener un diálogo con él. Al echarle de menos, es normal estar alerta a las señales de su presencia, querer experimentarla como presente y no estar preparada para darse cuenta de que nunca volverá.

- *Ilusiones o alucinaciones.* Las personas en duelo suelen experimentar alucinaciones visuales y auditivas. Las experiencias ilusorias transitorias («Le vi entre una multitud... Oí su voz») suelen ocurrir durante las primeras semanas tras la pérdida. Grimby (1993) informó de que más del 80% de las personas mayores experimentan fenómenos alucinatorios relacionados con el cónyuge fallecido durante el primer mes tras el evento trágico. Es como si las percepciones de la persona en duelo no estuvieran alineadas con la conciencia de la pérdida. Kamp, et al. (2018) han encontrado que más de la mitad de las personas en duelo reportan algún fenómeno alucinatorio. Sin embargo, las alucinaciones relacionadas con el duelo (especialmente si persisten) podrían ser indicativo de un fuerte estrés psicológico y una señal de que se trata de un duelo complicado.

- *Creencias negativas o autocrítica.* Pueden surgir pensamientos negativos centrados en temas de responsabilidad, seguridad y control. Por ejemplo, la persona puede culpabilizarse por no haber podido evitar la muerte de su ser querido, o por no haber hecho más por él: «Es culpa mía...». También podrían resurgir recuerdos de momentos negativos, en los que la persona en duelo siente que ha hecho algo mal. La pérdida también podría activar un tema de vulnerabilidad, con pensamientos como «No estoy seguro; mis seres queridos no están seguros». Sin duda, tomar conciencia de la propia vulnerabilidad puede ser difícil. El tema de la impotencia y la falta de ayuda podría centrarse no solo en la imposibilidad de prevenir la muerte de la persona amada, o en no haber hecho más por ella, sino también en la vida futura sin ella, con pensamientos como «No puedo vivir sin ella», «Nunca podré ser feliz», «Nunca volveré a encontrar el amor», «No sé cómo afrontar el dolor».

- *Dificultades para acceder a recuerdos positivos.* La angustia de perder a un ser querido puede bloquear el acceso a recuerdos positivos. Al intentar pensar en él o evocar un recuerdo positivo, se desencadena el dolor de la pérdida. Tras perder a su hijo, una cliente dijo: «Intento pensar en la preciosa cara de mi hijo con su pelo rizado y entonces me doy cuenta de que está muerto, y siento que lo he vuelto a perder».

Reacciones conductuales

Hay algunas reacciones de duelo que se reflejan en nuestro comportamiento. Por ejemplo:

- *Trastornos del sueño.* Quizá son la reacción más común ante la angustia del duelo. A veces los trastornos del sueño requieren una consulta médica y un tratamiento farmacológico; sin embargo, en los casos de duelo no complicado, generalmente se resuelven de manera automática después de algunas semanas. Si las dificultades para dormir persisten, es posible que sean indicativos de un estado depresivo o ansioso más grave, por lo que es recomendable evaluarlas más a fondo.
- *Sueños con la persona fallecida.* Los sueños son muy comunes, como soñar que el ser querido está vivo o con las circunstancias de la muerte. Los temas pueden reflejar cuestiones con las que la persona en duelo está lidiando, como el miedo a estar solo, la culpa y la rabia por el abandono. Explorar estos temas en terapia puede ser útil.
- *Suspiros y llanto.* Acompañan de forma natural a la tristeza y la angustia de la pérdida.
- *Hiperactividad inquieta.* Otro signo común de angustia, con agitación y dificultad para permanecer quieto, puede acompañar a la pérdida.
- *Alteraciones del apetito.* Es otra reacción común a la angustia, comer en exceso o no comer, y se puede experimentar en el duelo.
- *Comportamiento distraído.* Tras una pérdida importante, puede resultar difícil centrarse, concentrarse o estar presente, y la persona en duelo puede mostrarse olvidadiza y preocupada.
- *Retraimiento social.* Después de un evento traumático, la persona puede elegir retirarse de los demás. La disminución del estado de ánimo y la falta de deseo de socializar o enfrentar las reacciones de los demás son fenómenos comunes tras una pérdida.

- *Búsqueda de la persona fallecida*. Desde la perspectiva del apego, la pérdida de un ser querido puede desencadenar el mismo tipo de ansiedad por separación que experimenta un niño en ausencia del cuidador (por ejemplo, los padres). Tras la muerte de un ser querido, el sistema de apego se activa, con el objetivo de restablecer la cercanía y motivar a la persona a buscarla. Las personas en duelo, de hecho, suelen adoptar conductas de «búsqueda», que pueden incluir ir a los lugares que solía frecuentar con el ser querido fallecido, visitar el cementerio, comer sus platos favoritos o ver los programas de televisión que más le gustaban en un esfuerzo por sentirse más cerca de él.
- *Porte o uso de objetos que recuerden al fallecido*. Como fotos, joyas o ropa, para sentirse en contacto y mantener fresco el recuerdo. Esta es también una reacción común, y puede proporcionar una sensación de conexión.
- *Atesoramiento de objetos de la persona fallecida*. Guardar recuerdos del ser querido es normal y puede permitir a la persona en duelo mantener un sentimiento de conexión. Cuando doy una conferencia sobre el duelo y me preguntan si es patológico conservar objetos del ser querido, les pregunto qué opinan de guardar la lengua y el hueso de la mandíbula de un ser querido. Después de ver que la gente se estremece, les explico que la lengua y la mandíbula de san Antonio se exponen en la basílica de San Antonio de Padua (Italia) en un relicario de oro (los otros huesos del santo están enterrados en una capilla separada). Aunque no suelen ser tan elaborados como el monumento de san Antonio, la gente suele conservar elementos conmemorativos de sus seres queridos, para recordar y conectar con los sentimientos positivos y honrar los recuerdos más sentidos.
- *Evitación de objetos o situaciones relacionados con la persona fallecida*. Algunas personas evitan objetos o situaciones que les recuerdan al fallecido en el período inmediatamente posterior a la pérdida, ya que esos recuerdos son aún abrumadores; pueden, por ejemplo, evitar lugares específicos o realizar actividades que activan recuerdos y emociones demasiado dolorosas. Generalmente, con el paso del tiempo, dicha evitación disminuye, de manera similar a lo que ocurre con otras reacciones descritas anteriormente. Sin embargo, una evitación prolongada o excesiva es un síntoma importante de duelo complicado.

Tabla 2.1. Resumen de las reacciones al duelo

EMOCIONALES	*Shock*, embotamiento, tristeza, ira, culpa y remordimientos, ansiedad, soledad, añoranza, fatiga, impotencia, alivio.
FÍSICAS	Malestar estomacal y problemas digestivos, opresión en el pecho o en la garganta, hipersensibilidad al ruido, despersonalización o sensación de irrealidad, falta de aliento, debilidad muscular, fatiga y falta de energía, boca seca, dolores físicos, aumento o disminución del ritmo cardiaco.
COGNITIVAS	Incredulidad, confusión, preocupación, sensación de presencia, ilusiones o alucinaciones, creencias negativas o autocrítica, dificultades para acceder a recuerdos positivos.
CONDUCTUALES	Trastornos del sueño, sueños con la persona fallecida, suspiros y llanto, hiperactividad inquieta, alteraciones del apetito, comportamiento distraído, retraimiento social, búsqueda de la persona fallecida, porte o uso de objetos que recuerden al fallecido, atesoramiento de objetos de la persona fallecida, evitación de objetos o situaciones relacionados con la persona fallecida.

La diferencia entre duelo y depresión

Las personas en duelo pueden presentar algunos de los síntomas típicos de la depresión, como alteraciones del sueño, trastornos del apetito, retraimiento y tristeza intensa. Sin embargo, en el duelo no se produce la pérdida de autoestima habitual en la depresión. Freud decía que «en el duelo, el mundo parece pobre y vacío, mientras que en la depresión la persona se siente pobre y vacía» (Freud, 1917). Aunque hay que distinguir entre duelo y depresión, algunas personas desarrollan una depresión mayor tras una pérdida (Zisook y Shuchter, 1993).

En este caso, los síntomas principales son los siguientes:

- Culpa (no solo relacionada con las acciones propias en el momento de la muerte).
- Pensamientos sobre la muerte (que no solo se refieren a la idea de que sería mejor estar muertos, ahora que la persona amada ya no está).
- Sentimiento de inutilidad, retraso psicomotor y marcada incapacidad funcional.

En consecuencia, es necesario tratar la depresión junto con el duelo complicado.

RESUMEN

En este capítulo se describe el duelo como la reacción de una persona ante la pérdida y el proceso de adaptación a la misma. Las personas no pasan por una progresión rígida de etapas para afrontar el duelo, es algo muy individual. Pero parece haber acuerdo en un marco amplio de una fase de *shock*, una fase de confrontación emocional y una fase de adaptación. También se han descrito las reacciones emocionales, físicas, cognitivas y conductuales.

CAPÍTULO 3

IMPACTO DE LA PÉRDIDA: CAMBIOS INTERNOS E INTERPERSONALES

VULNERACIONES DEL SISTEMA DE CREENCIAS

La muerte de un ser querido puede ser una experiencia profundamente traumática. Quienes atraviesan un duelo deben enfrentarse a la ausencia irreversible de alguien que desempeñaba un papel esencial en sus vidas, ya sea como figura de apego o, en el caso de la pérdida de un hijo, como el destinatario de sus comportamientos de cuidado (Shear y Shair, 2005).

Este cambio irreversible en la relación puede resultar demasiado abrumador para ser asimilado dentro de la visión del mundo de la persona en duelo (Janoff-Bulman, 1992; Shear y Shair, 2005; Solomon y Rando, 2007, 2012, 2015). Sin duda, una de las pérdidas secundarias más significativas—siendo la pérdida del ser querido la primaria—es la ruptura del sistema de creencias (Rando, 1993; Solomon y Rando, 2007, 2012, 2015).

El sistema de creencias es una estructura conceptual basada en suposiciones fundamentales sobre el mundo, uno mismo y los demás. Estas suposiciones configuran una visión global que nos ayuda a dar sentido a la realidad y a nuestro rol dentro de ella. Nos permiten sentirnos seguros, competentes y en control de lo que nos sucede («Sé cómo mantenerme a salvo») y de lo que les ocurre a quienes nos rodean («Puedo proteger a las personas que amo»).

Estas creencias pueden ser tan profundas que influyen en nuestros pensamientos y comportamientos de manera automática (Janoff-Bulman, 1989). Mientras no sean desafiadas, contradichas o vulneradas, es posible que ni siquiera seamos conscientes de su existencia.

Cuando un evento traumático quiebra nuestro sistema de creencias, suele generar un profundo sufrimiento emocional y una sensación de fragmentación. Janoff-Bulman sostiene que el trauma puede destruir creencias fundamentales sobre el mundo, como:

1. *El mundo es un lugar benigno*. Se asume que no deberían ocurrir cosas malas («No a mí»).

2. *El mundo tiene sentido y es justo*. Se percibe como predecible y bajo nuestro control.

3. *El yo es digno*. Se cree que a las personas buenas no les suceden cosas malas.

Estas suposiciones no solo son generales, sino que también pueden estar ligadas específicamente al ser querido perdido. Por ejemplo: «Se suponía que íbamos a envejecer juntos», «Se suponía que mi hermano iba a estar siempre cerca para protegerme» o «Se suponía que siempre iba a asegurarme de que no les pasara nada malo a mis hijos».

Colin Murray Parkes lo expresa así:

> Sé adónde voy, y sé quién va conmigo, pero cuando perdemos a un ser querido, ya no sabemos adónde vamos ni quién va con nosotros. (Parkes, 2011, p. 4)

Esta cita ilustra cómo, al perder a alguien a quien amamos, no solo enfrentamos su ausencia, sino que también podemos experimentar la ruptura de una parte significativa de nuestro sistema de creencias. Este impacto puede generar una crisis de significado que hace necesario no solo asimilar y acomodar la pérdida, sino también reconstruir nuestra visión del mundo y nuestro lugar en él.

En 1988, Parkes describió el duelo como una transición psicosocial en la que la persona en duelo debe reajustar su sistema de creencias para integrar la realidad de la muerte. Este proceso implica cuestionar suposiciones previas, redefinir el sentido de seguridad y control, y, en última instancia, encontrar una nueva manera de relacionarse con la memoria del ser querido dentro de su vida. En relación a la muerte de un cónyuge, dice lo siguiente:

> La muerte de un cónyuge invalida suposiciones presentes en muchos aspectos de la vida, desde el momento de levantarse hasta irse a dormir en una cama vacía. Hay que revisar los

> hábitos conductuales (poner la mesa para dos) y de cognición («Tengo que preguntarle eso a mi marido») si la superviviente quiere vivir como viuda». (Parkes, 2011, p. 56)

Cuando el sistema de creencias de un individuo se ve violado, especialmente si esto ocurre debido a una pérdida traumática (Pearlman et al., 2014; Parkes, 1988; Janoff-Bulman, 1989), emergen algunos temas importantes.

Sentido de la pérdida

La persona en duelo podría tener dificultades para darle sentido a lo sucedido. Algunas personas logran encontrar sentido en la muerte a través de creencias, como la idea de que la persona amada ya no está sufriendo o está en un lugar mejor –en el cielo–, o que murió haciendo lo que amaba –en el caso de un policía que muere mientras está de servicio–. Otros desarrollan un nuevo propósito en la vida (por ejemplo, ayudar a quienes perdieron a seres queridos de forma similar) o emergen con una mayor resiliencia como resultado de reprocesar e integrar la pérdida. Sin embargo, para muchas personas que han experimentado una pérdida traumática, la vida pierde su significado. La persona no logra comprender lo que sucedió, cómo pudo ocurrir una tragedia de tal magnitud, ni cómo la persona que amaba pudo haber muerto de esa manera. La pérdida de sentido deja a la persona en duelo con una angustia intensa y prolongada, y sentimientos de impotencia y vulnerabilidad. Como me dijo una mujer cuyo esposo murió luchando en una guerra «Todos los días son oscuros y sé que dentro de mí siempre habrá lugares donde la luz no puede llegar».

Irreversibilidad

Las personas tienen dificultades para aceptar la pérdida, para comprender completamente su irreversibilidad y lo que esto implica. Por ejemplo, una mujer cuyo hijo murió en un accidente de alpinismo dijo «Sé que está muerto, pero por dentro siento que sigue vivo».

Causalidad, responsabilidad y culpa

La persona en duelo puede verse absorbida por temas relacionados con la causalidad, la responsabilidad y la culpa: pensar en cómo sucedió, por qué sucedió, quién debería ser considerado responsable, si se podría haber hecho algo para evitar que la tragedia ocurriese, son solo algunas de las preguntas que pueden consumir a quien ha sufrido una pérdida traumática.

Algunas personas intentan aprender todo lo que pueden sobre lo ocurrido, leyendo todos los documentos o mirando todas las fotografías. Un cliente mío, que leía afanosamente cualquier artículo que pudiera encontrar sobre el accidente en el que murió su ser querido, una me dijo «Todavía no puedo aceptarlo y sigo intentando entenderlo». En los casos en los que hay un responsable identificado, la persona en duelo podría concentrarse en temas relacionados con la justicia y el castigo. He conocido a muchas personas (por ejemplo, familiares de agentes de policía asesinados mientras estaban de servicio) cuyo principal foco de atención se convirtió en el juicio y la condena del asesino, lo cual, en muchos casos, puede llevar años. Después de la sentencia, estas personas pueden sentirse vacías, preguntarse «¿Y ahora qué?», y de nuevo tienen que enfrentarse al dolor y la pena que conlleva darse cuenta de la pérdida.

Culpabilidad intensa

La persona en duelo puede experimentar un fuerte sentimiento de culpa. Se trata de una reacción común, especialmente en el caso de los padres que podrían sentirse altamente responsables por la muerte traumática de sus hijos, y tal sensación a menudo termina transformándose en culpa (Worden, 2009). Al querer sentir que tienen el control, una persona puede culparse a sí misma por factores que estaban fuera de su control. Por ejemplo: «Por lo que hice (o dejé de hacer), esto es lo que pasó... Si hubiera hecho algo diferente, no habría pasado». Para los supervivientes puede resultar psicológicamente más fácil, a pesar del dolor emocional, culparse a sí mismos por un acto de omisión o acción que darse cuenta de lo impotentes que son en realidad. Mi primera lección en este sentido llegó al principio de mi carrera. Un hombre y su mujer iban en moto cuando esta pasó por encima de una pequeña roca y rebotó ligeramente. La mujer cayó de la moto y murió en el impacto. Hablé con el esposo durante tres horas y me dijo que había sido él quien mató a su esposa. Le pedí que me contara qué había sucedido: repasamos toda la secuencia de eventos, momento a momento, y yo señalé cómo cada uno de los momentos más significativos estaba fuera de su control (nadie había visto esa piedra en el camino, el hombre había intentado por todos los medios evitar que la motocicleta se volcara, y así sucesivamente). Me miró con angustia y me dijo, en tono triste pero seguro: «Lo que dices es lógico, pero ahora mismo estoy muy sensible..., he matado a mi mujer». Entonces caí en la cuenta de que, justo en ese momento, necesitaba culparse a sí mismo para comprender lo sucedido y, tal vez, para sentir que tenía el control. Todo lo que pude hacer fue asentir con la cabeza y decir: «Lo entiendo». En las semanas siguientes, fue capaz de ver que fueron circunstancias imprevistas las habían causado la muerte y no algo que él hubiera hecho.

Crisis de fe

Una pérdida traumática puede llevar a la persona en duelo a cuestionarse su fe. Las creencias religiosas o espirituales pueden ayudar a las personas a afrontar la pérdida y reducir la sensación de falta de sentido (Park y Halifax, 2011). Sin embargo, un acontecimiento que destroza el propio sistema de creencias puede desencadenar una crisis de fe («¿Cómo pudo Dios permitir que esto sucediera?»). Una madre de un bebé fallecido era muy religiosa y siempre había creído en un Dios benigno y amoroso. Tras la muerte de su bebé, se encontró en un dilema: o Dios la estaba castigando, o no era tan compasivo como ella siempre había creído.

Preocupación por el sufrimiento del ser querido

La persona en duelo puede estar preocupada por el sufrimiento del fallecido. Especialmente cuando la muerte es repentina, inesperada y traumática, puede preocuparse por saber cuánto sufrió su ser querido. ¿Fue doloroso? ¿Tuvo miedo? ¿En qué pensaba cuando murió? Todos queremos creer que nuestro ser querido murió en paz. A menudo, con la esperanza de mitigar el dolor, se dice: «Fue una muerte instantánea», «No tuvo tiempo de darse cuenta de lo que estaba sucediendo» o «No sintió nada, todo ocurrió demasiado rápido». Sin embargo, hay ocasiones en las que el fallecido realmente sufrió, y asumirlo puede ser traumático. Muchas personas en duelo pueden sufrir profundamente al pensar en cómo murió su ser querido. Por ejemplo, los familiares de víctimas de homicidio suelen estar presentes en los juicios, donde se escuchan descripciones explícitas de cómo ocurrió la muerte. En el intento de comprender lo sucedido, muchas personas pueden identificarse profundamente con el fallecido y, como consecuencia, traumatizarse.

He descubierto que la terapia EMDR es bastante útil en estas situaciones, ya que ayuda a que la persona en duelo pase de «Sufrió» a «Ahora no sufre» o «Ahora está en paz». El 1 de febrero de 2003, el transbordador Columbia se desintegró al regresar en la Tierra. En un principio se pensó que los astronautas murieron instantáneamente. Sin embargo, durante la investigación se descubrió que fueron conscientes de lo que estaba ocurriendo durante aproximadamente treinta segundos antes de la explosión. Saber esto fue devastador para sus seres queridos. Trabajé con uno de ellos utilizando la terapia EMDR, enfocándonos en el momento exacto en que esos hombres se dieron cuenta de lo que iba a suceder y pidiéndole a mi cliente que centrara su atención en la persona que conocía. Supe que habíamos llegado a la restauración del recuerdo cuando lo escuché decir «Probablemente estaba muy enfadado y concentrado en hacer todo lo posible para evitar la explosión». Pensar que el ser querido tenía una respuesta activa, en lugar de una resignación pasiva, fue reconfortante para el cliente.

IMPACTO DEL DUELO EN DISTINTAS ÁREAS DE LA VIDA

Una pérdida importante puede afectar todos los aspectos de la vida de la persona en duelo. El terapeuta no solo debe centrarse en el impacto emocional de la pérdida, sino en cómo afecta a la vida cotidiana. Pearlman et al (2014) describen cinco áreas principales.

Relaciones interpersonales

Impacto en la vida familiar

La muerte de un ser querido, especialmente cuando ocurre de manera repentina, puede generar un impacto profundo en la dinámica familiar. Cuando el fallecimiento es precedido por una enfermedad prolongada, la familia tiene cierto tiempo para prepararse emocional y logísticamente, algo que no sucede en una pérdida inesperada, lo que puede intensificar el *shock* y la sensación de descontrol.

Si la persona fallecida era la principal fuente de ingresos del hogar, los miembros de la familia pueden enfrentar dificultades económicas antes desconocidas. La reducción de ingresos puede generar desafíos adicionales, como la necesidad de replantearse el lugar de residencia, ajustar la administración del dinero y reorganizar otros aspectos financieros.

Además, lidiar con trámites legales, impuestos, seguros y otras gestiones burocráticas puede hacer que la pérdida sea aún más estresante, exacerbando el dolor en un momento de gran vulnerabilidad. El cónyuge sobreviviente, en particular, suele verse obligado a asumir nuevas responsabilidades familiares, tanto en la crianza de los hijos como en la gestión económica del hogar, ocupando roles que antes desempeñaba la persona fallecida.

La pérdida de un hijo

La pérdida de un hijo es una de las experiencias más devastadoras que puede vivir una persona y, en muchos casos, pone a prueba el matrimonio. Algunos estudios han mostrado un aumento en las tasas de divorcio tras este tipo de pérdida (Murphy et al., 2003). Sin embargo, la idea de que el divorcio es una consecuencia inevitable es un mito. De hecho, muchas parejas que permanecen juntas después de la pérdida logran fortalecerse y encontrar un mayor sentido de conexión y satisfacción en su relación, especialmente en el caso de los hombres (Dyregrov, Gjestad y Dyregrov, 2020).

El duelo también puede afectar la vida sexual de la pareja, manifestándose tanto en una disminución del deseo como, en algunos casos, en un aumento del mismo. Para algunas personas, la intimidad se convierte en una forma de reconexión emocional y reafirmación de la vida. Como expresó un cliente que perdió a su hijo: «Desde que Joseph murió, necesito más intimidad con mi esposa… porque mi esposa representa la vida, y yo quiero la vida».

Duelo y parentalidad

Un padre o una madre en duelo puede tener dificultades para responder a las necesidades emocionales y físicas de sus hijos. Además, cada miembro de la pareja puede afrontar la pérdida de manera diferente: mientras que uno puede sentir la necesidad de hablar sobre lo sucedido y expresar sus emociones, el otro puede tender a reprimirlas.

La muerte de un hijo o de un cónyuge también supone desafíos en el ejercicio del rol parental. Un padre o madre viudo, por ejemplo, tendrá que asumir funciones que antes correspondían a la pareja. Como explicó un cliente: «Tuve que aprender a peinar a mi hija». Asimismo, la pérdida de un hijo y el dolor profundo que conlleva pueden dificultar que los padres sean emocional y físicamente accesibles para sus otros hijos. El duelo puede afectar la forma en que los progenitores cuidan y responden a las necesidades de los niños (Liotti, 1992). En algunos momentos, el padre o la madre puede parecer calmado, pero luego verse abrumado por la desesperación, reaccionando de manera incongruente ante el comportamiento de su hijo.

Los conflictos familiares también pueden intensificarse, ya que cada miembro de la familia procesa el duelo de manera diferente en función de su relación con el fallecido.

Los niños, dependiendo de su edad, experimentan el duelo de distintas formas. Un niño pequeño puede no comprender la irreversibilidad de la pérdida, mientras que un hermano mayor puede sentirse desorientado, sin un modelo a seguir o sin su figura de apego. Además, los niños también reaccionan de forma intensa ante la pérdida de un hermano y los cambios familiares que esta conlleva. El duelo infantil y sus manifestaciones son un tema extenso que excede los objetivos de este libro. Para los terapeutas interesados en profundizar en este tema, existen numerosas publicaciones especializadas (véase Dyregrov, 2008).

Impacto en la familia extensa

La pérdida de un ser querido también afecta las relaciones con la familia extensa. Un problema frecuente es que algunos miembros de la familia pueden tener dificultades para reconocer su propio dolor o para hablar abiertamente sobre la persona fallecida.

Asimismo, pueden surgir conflictos entre el cónyuge que sobrevive y los familiares de la persona fallecida. Estos desacuerdos pueden originarse porque los familiares brindan consejos no solicitados, intervienen demasiado o, por el contrario, se mantienen demasiado distantes. En estos casos, es necesario negociar nuevos límites y formas de relación dentro del núcleo familiar.

Estructura de la vida cotidiana

Tras la pérdida de un ser querido, la vida cotidiana puede volverse abrumadora y difícil de gestionar. Es necesario atender responsabilidades como la economía familiar, el hogar y las tareas diarias, lo que puede resultar desgastante en medio del duelo. Además, el impacto emocional de la pérdida puede afectar significativamente la capacidad para trabajar. La intensidad del dolor puede interferir con la concentración, la memoria y la motivación profesional, dificultando el desempeño laboral. Las actividades recreativas y placenteras también pueden verse afectadas, especialmente aquellas que solían compartirse con la persona fallecida. Viajes, celebraciones y festividades pueden transformarse en momentos de profundo dolor, marcados por la ausencia del ser querido.

Cuando la muerte ha sido precedida por una enfermedad prolongada, la familia puede enfrentar dificultades para recuperar la normalidad. Durante meses o incluso años, la rutina ha estado centrada en el cuidado del ser querido, por lo que reestructurar el día a día sin esa dinámica puede ser un desafío emocional y logístico.

Comunidad espiritual o religiosa

Una muerte traumática puede generar una crisis de fe, producir un sentimiento de desilusión o llevar a la persona en duelo a alejarse de su práctica religiosa o espiritual.

Sin embargo, en otros casos, la pérdida puede generar una mayor conexión con la espiritualidad. Como expresó un hombre viudo: «Al estar más cerca de Dios, puedo sentirme más cerca de mi mujer».

Sistema judicial

Si la muerte de un ser querido está relacionada con un crimen, la familia puede verse obligada a interactuar con el sistema judicial, lo que suele ser una experiencia extremadamente estresante. Ya sea un juicio penal o una demanda civil, estos procesos pueden durar años, y las continuas prórrogas pueden generar frustración y desilusión. Los familiares de una víctima de homicidio suelen exigir justicia, lo que puede llevarlos a implicarse intensamente en los procedimientos judiciales.

Cuando el culpable es absuelto o recibe una sentencia menor a la esperada, las personas en duelo pueden experimentar un trauma secundario y un profundo sentimiento de injusticia. Por ejemplo, un hombre que causó un accidente fatal al conducir en estado de ebriedad podría declararse culpable y recibir solo un año de libertad condicional, lo que generaría ira y desesperanza en la familia de la víctima.

Además, participar en un juicio como testigo, ser interrogado por los abogados y escuchar detalles explícitos sobre la muerte del ser querido puede ser extremadamente doloroso. Un caso ilustrativo es el de una madre cuyo hijo, un oficial de policía, fue asesinado mientras estaba en servicio. Durante el juicio, tuvo que escuchar descripciones detalladas de su muerte, lo que le generó un trauma vicario, agravando aún más su duelo.

Apoyo social

El apoyo social es un recurso fundamental al enfrentar cualquier experiencia de vida angustiosa, y el duelo es una de ellas. Las interacciones en las que recibimos apoyo generan un efecto calmante, nos hacen sentir cuidados, valorados y fortalecen nuestro sentido de pertenencia y seguridad.

Por el contrario, la falta de apoyo social constituye un factor de riesgo para el desarrollo de un duelo complicado.

Los estudios sugieren que existen tres razones principales por las cuales una persona en duelo puede experimentar una falta de apoyo social:

1. *Las personas cercanas también están en duelo.* Algunas personas que podrían brindar apoyo también han sido afectadas por la pérdida, por lo que pueden sentirse incapaces de ofrecer ayuda, ya que están atravesando su propio proceso de duelo.

2. *Retiro social por parte de la persona en duelo.* Es común que quienes atraviesan una pérdida elijan aislarse, reduciendo o evitando el contacto con los demás. Esto puede deberse a diferentes motivos:

   - Sentirse demasiado impotente para pedir ayuda.
   - Sentir vergüenza por necesitar apoyo.
   - Sentirse demasiado triste para aceptar las invitaciones de los demás.
   - Sentir que los otros no comprenden su dolor.
   - Sentirse fuera de lugar o como una «carga» en reuniones sociales.

3. *Dificultades relacionales en el entorno.* Según Dyregrov (2003, 2004), existen tres tipos de dificultades relacionales que pueden interferir en el apoyo social:

   - *Expectativas no cumplidas.* La persona en duelo espera apoyo de su entorno, pero este nunca llega o es insuficiente. Amigos o familiares que inicialmente dicen «Si necesitas algo, llámame» pueden distanciarse después o incluso no responder a las llamadas.

   - *Incomodidad ante la muerte.* Algunas personas evitan cualquier tipo de contacto con quien está en duelo porque la muerte les genera ansiedad o incomodidad. Un ejemplo de esto son las viudas de policías, quienes a menudo reciben poco apoyo de otras viudas, ya que estas últimas eluden el contacto para no recordar de sus propias tragedias.

   - *Comentarios o acciones poco útiles.* Muchas personas, con la intención de ayudar, hacen comentarios que pueden parecer banales o insensibles, lo que provoca que la persona en duelo se aleje aún más. Ejemplos de frases comunes que pueden resultar hirientes incluyen-

son: «Sé cómo te sientes», «Siempre puedes encontrar otra pareja» o «Dios le necesitaba más que tú». En un caso particular, un cliente que había perdido un hijo por un aborto espontáneo recordó cómo su pareja, tratando de consolarlo, le dijo «Sabías que esto podía pasar, ¿verdad?». Además, muchas personas ofrecen consejos no solicitados sobre cómo seguir adelante, criar a los hijos o volver al «ritmo de antes», lo que, en lugar de ayudar, puede aumentar la sensación de incomprensión y aislamiento.

VARIABLES QUE INFLUYEN EN EL DUELO

Hay diversas variables importantes afectan al duelo (Worden, 2018; Pearlman et al., 2014).

Relación del fallecido con el superviviente

El parentesco identifica la relación del fallecido con el superviviente (cónyuge, padre, hijo, hermano, amigo, etc.). El duelo por abuelo que muere pacíficamente por causas naturales será muy diferente al de un niño fallecido en un accidente de tráfico. La pérdida de un viejo amigo al que no se ha visto en años conllevará un duelo distinto al de un padre que vivía muy cerca y con el que se mantenía contacto diario. Por ejemplo, la pérdida de un hijo genera un dolor más intenso y prolongado que la pérdida de un cónyuge, hermano o padre (Cleiren, 1991, 1994; Nolen-Hoeksema, Larson, 1999). Además, Cleiren (1993) descubrió que la relación familiar era el factor más importante para determinar la adaptación de la persona en duelo, y que eran las madres del fallecido las que mostraban el peor resultado. Murphy et al. (2003) descubrieron que los padres de niños asesinados presentaban más síntomas de trastorno de estrés postraumático (TEPT) que los padres de niños que se suicidaron o murieron en accidentes. Por lo demás, había muy pocas diferencias derivadas de la forma en la que murió el ser querido. Dyregrov et al. (2003), al estudiar a los padres que perdieron a sus hijos por suicidio, accidente o síndrome de muerte súbita del lactante (SMSL) observaron que todos ellos experimentaban una angustia grave. Además, concluyeron que los padres de niños que murieron por suicidio o accidente experimentaron significativamente más problemas que los que perdieron a sus hijos por SMSL. La pérdida por suicidio no fue peor que las demás. Estos estudios indican que la muerte súbita y traumática de un hijo provoca una angustia duradera en los padres, independientemente del modo de muerte.

Naturaleza de la relación

La fuerza del apego

La intensidad con la que se experimenta el duelo por alguien es directamente proporcional a la intensidad del amor y la conexión emocional con la persona fallecida. Por ello, es fundamental preguntarse: «¿Quién era la persona fallecida y qué papel desempeñaba en la vida de quien está en duelo?».

La seguridad del apego

Cuanto mayor haya sido la importancia del fallecido en la sensación de seguridad y bienestar del individuo, más difícil puede resultar enfrentar su pérdida. Algunos estudios han demostrado que las viudas que tenían una relación afectuosa e íntima con su esposo presentan mayores dificultades de adaptación en comparación con aquellas cuya relación de pareja era conflictiva (Carr, 2008; Carr et al., 2000).

Asimismo, un análisis de los datos realizado por Pearlman et al. (2014) sugiere que las personas que mantenían una relación sana y afectuosa con el fallecido podrían tener un mayor riesgo de experimentar la pérdida como un evento traumático.

Ambivalencia y conflictos en la relación

Las relaciones ambivalentes son aquellas en las que los sentimientos negativos y positivos coexisten en igual o mayor medida. En este tipo de vínculo, la muerte de la persona puede generar en el individuo en duelo un profundo sentimiento de culpa.

Sin embargo, en algunos casos, las personas que tenían una relación conflictiva con el fallecido pueden llegar a experimentar cierto alivio tras su muerte, ya que sienten que esa persona ha desaparecido de su vida (Atle Dyregrov, comunicación personal).

Conflictos con el fallecido

En una relación conflictiva de larga duración, a menudo hay asuntos pendientes que nunca llegan a resolverse o a cerrarse antes de la muerte. La muerte de alguien con quien existían conflictos no resueltos puede provocar sensaciones encontradas: por un lado, un sentimiento de alivio por la desaparición del conflicto, pero, por otro, un peso emocional debido a los aspectos no resueltos de la relación.

Discusiones sin cerrar, rabia residual, sentimientos negativos o problemas no solucionados pueden seguir afectando a la persona en duelo y, en muchos casos, necesitar ser trabajados en terapia para lograr una adecuada elaboración de la pérdida.

Relaciones de dependencia

Los procesos de adaptación pueden ser más complicados si la persona en duelo dependía del fallecido para afrontar cuestiones prácticas, recibir apoyo emocional, resolver problemas o fortalecer su autoestima.

Circunstancias de muerte

La forma en que murió la persona, como se describió anteriormente en la sección sobre muerte traumática, tiene un impacto en el duelo. Tradicionalmente, las muertes se catalogan bajo las categorías NASH: natural, accidental, suicida y homicida (Worden, 2018). Pearlman et al. (2014) añadieron una quinta categoría: desastres (naturales o provocados). A continuación, se describen brevemente algunas causas comunes de muerte. La causada por covid-19 podría incluirse en la categoría de desastre natural, aunque la pandemia ha representado un fenómeno único que merece una categoría aparte. Se abordará de manera breve aquí y con mayor profundidad en el anexo 1.

Muerte natural

La muerte natural puede ocurrir por diversas causas médicas, como un ataque al corazón, una enfermedad congénita o un cáncer. En algunos casos, el hecho de haber presenciado el sufrimiento del fallecido, verlo dependiente de máquinas para sobrevivir o experimentar su deterioro físico puede generar imágenes intrusivas y recuerdos dolorosos. Esto es especialmente cierto cuando se trata de la muerte de un padre o una madre. Tomar la decisión de interrumpir el tratamiento médico puede desencadenar un profundo sentimiento de culpa, con la creencia de que se podría haber hecho más para aliviar su dolor o que se debió pasar más tiempo con la persona antes de su muerte.

Muerte accidental

Esta categoría incluye muertes por accidentes de tráfico, caídas, ahogamientos, incendios o asfixia. Una muerte repentina e inesperada puede ser particularmente traumática, especialmente cuando la persona fallecida es un niño o un adolescente, ya que suelen morir por causas accidentales con mayor frecuencia que los adultos. Los accidentes suelen considerarse evitables, lo que aumenta la angustia y el sentimiento de injusticia en quienes sobreviven. Además, este tipo de muertes pueden ser violentas y provocar lesiones graves o mutilaciones, lo que puede generar en la persona en duelo imágenes mentales recurrentes sobre el sufrimiento de la víctima.

Las experiencias relacionadas con la hospitalización, como las largas esperas en urgencias, la noticia del fallecimiento o la visión del cuerpo deteriorado, pueden ser extremadamente angustiantes. Cuando la muerte ha sido causada por negligencia del propio fallecido –por abuso de sustancias o conducción imprudente–, la persona en duelo puede experimentar culpa por no haber hecho más para evitarlo. Si la muerte ocurrió debido a una acción del propio sobreviviente –un niño que muere mientras jugaba con un arma o un accidente de tráfico en el que el responsable era el cuidador–, el impacto psicológico puede ser profundamente traumático.

Desastres

Los desastres pueden ser naturales (huracanes, terremotos, incendios forestales) o provocados por el ser humano (atentados terroristas, explosiones, accidentes industriales). En eventos de gran magnitud, los supervivientes pueden tardar mucho tiempo en saber qué ocurrió con sus seres queridos. Además, la recuperación de los cuerpos puede ser difícil o incluso imposible, lo que impide la realización de ritos funerarios tradicionales. A menudo, no solo se pierde a una persona querida, sino también el hogar y la comunidad. Los desplazamientos forzados a refugios temporales pueden durar semanas o meses, afectando el sentido de seguridad y pertenencia. Lidiar con seguros, organismos gubernamentales y trámites burocráticos puede generar un estrés adicional, convirtiendo la pérdida en un duelo múltiple y complejo (Pearlman et al., 2014).

Suicidio

Existe la creencia de que la muerte por suicidio genera un duelo más difícil que otras formas de pérdida. Aunque algunas investigaciones (Dyregrov et al., 2003; Murphy et al., 2003; Sveen y Walby, 2008) no han encontrado diferencias significativas en cuanto a síntomas como depresión, ansiedad o ira, otros estudios (Young et al., 2012) sugieren que los sobrevivientes de una muerte por suicidio tienen mayor riesgo de desarrollar pensamientos o comportamientos suicidas.

Sveen y Walby (2008) encontraron que quienes han perdido a un ser querido por suicidio experimentan niveles más altos de vergüenza, estigma y rechazo social. En muchos casos, intentan ocultar la causa de la muerte o buscan culpar a alguien más. El suicidio puede generar en los dolientes un intenso sentimiento de culpa y vergüenza por no haber hecho lo suficiente para evitarlo. También puede ser interpretado como un acto de rechazo o traición, lo que provoca emociones contradictorias:

- Rabia hacia el fallecido, por haber elegido el suicidio como una forma de escape.
- Sensación de abandono, al sentirse dejado atrás por la persona amada.
- Prolongación del duelo, con una mayor carga de preguntas sin respuesta: «¿Por qué lo hizo? ¿Cómo pudo hacerme esto? ¿Cómo no me di cuenta?».

El suicidio puede ser visto como un intento desesperado de controlar una situación percibida como insoportable, pero para quienes sobreviven, a menudo representa un fracaso y una pérdida sin sentido.

Homicidio

El homicidio es repentino, inesperado y violento, factores de riesgo en sí mismos. La idea de que alguien mató deliberadamente a un ser querido puede generar una profunda ira y un deseo de venganza. El sentimiento de impotencia de la persona en duelo no solo al pensar en lo que experimentó su ser querido, sino también al no poder ayudar, puede ser realmente traumatizante. El asesinato vulnera las creencias básicas sobre la seguridad y el control en este mundo, y puede provocar TEPT entre las personas en duelo, que pueden volverse hipervigilantes y preocuparse excesivamente por sus seres queridos vivos. Cuando se identifica al culpable, el proceso judicial puede resultar frustrante, con demoras en los juicios y procedimientos impersonales. Si no se encuentra al responsable, el trauma se agrava con la sensación de que no se puede seguir adelante y un fuerte sentimiento de injusticia. Además, la cobertura mediática de estos eventos puede percibirse como intrusiva e insensible.

Pandemia de covid-19

La muerte causada por covid-19 cumple muchos de los criterios de una muerte traumática (véase el capítulo 4). Además, la pandemia ha complicado aún más el duelo, debido a restricciones en los funerales y rituales de despedida; dificultad para recibir apoyo presencial de familiares y amigos; aislamiento obligatorio en hospitales y residencias, impidiendo que los seres queridos estuvieran con el cliente en sus últimos momentos; o alteraciones en la vida cotidiana, con cambios no deseados en la rutina y el entorno social. Todos estos factores pueden intensificar la angustia emocional y exacerbar problemas previos, que deben abordarse junto con el propio duelo.

Proximidad

La proximidad geográfica es otro factor que puede influir en el proceso de duelo. ¿A qué distancia vivía el ser querido? Cuando la persona fallecida residía lejos y las visitas eran poco frecuentes, al principio la muerte puede resultar difícil de asimilar, ya que la falta de contacto era lo habitual. En estos casos, no es extraño que la pérdida parezca irreal durante un tiempo, dado que su ausencia no supone un cambio inmediato en la vida cotidiana. Como consecuencia, la toma de conciencia de la realidad puede tardar más en producirse.

Antecedentes históricos personales

La historia de pérdidas, traumas y problemas de salud mental previos de la persona en duelo influye directamente en su proceso de adaptación a la pérdida. Este aspecto se abordará con más detalle en los capítulos siguientes.

Género de la persona en duelo

En general, los hombres parecen tener más dificultades que las mujeres para afrontar la muerte de su cónyuge. Los estudios indican que los viudos tienen una mayor probabilidad de desarrollar depresión en comparación con las viudas (Cleiren, 1993; Pearlman et al., 2011). Una posible explicación es que los hombres tienden a depender principalmente de sus esposas como principal fuente de apoyo social, mientras que las mujeres suelen contar con una red más amplia de amistades íntimas. Además, se ha observado que los viudos, con el tiempo, reducen su actividad social y encuentran mayores dificultades para mantener y construir relaciones tras la muerte de su esposa. Otro aspecto relevante es el papel que las mujeres suelen desempeñar en la supervisión de la salud de sus maridos, ocupándose de aspectos como las citas médicas, la toma de medicación y la alimentación. Por ello, es fundamental hablar con los viudos sobre sus redes de apoyo y la gestión de su bienestar físico y emocional.

En el caso de la pérdida de un hijo, la investigación muestra que, aunque tanto padres como madres experimentan un profundo sufrimiento psicológico, las madres tienden a presentar niveles aún más altos de angustia. Tras la pérdida de un hijo, las madres obtienen puntuaciones más elevadas que los padres en diversos indicadores de salud mental, como depresión, ansiedad, síntomas somáticos o deterioro del funcionamiento cognitivo general (Murphy et al., 2003).

También existen diferencias en las estrategias de afrontamiento más eficaces para cada género. Shut et al. (1997) encontraron que las viudas se beneficiaban más de un asesoramiento centrado en la gestión de las actividades cotidianas, mientras que los viudos respondían mejor a un asesoramiento enfocado en la expresión emocional.

Esto podría deberse a que las mujeres suelen afrontar el duelo buscando apoyo y compartiendo sus emociones, por lo que encuentran más útil el desarrollo de estrategias para afrontar las tareas diarias. Por el contrario, los hombres tienden a reprimir o contener su dolor, lo que hace que las intervenciones que facilitan la expresión y gestión de sus emociones sean más beneficiosas para ellos.

Variables de personalidad

Diferentes aspectos de la personalidad pueden influir en la manera en que una persona afronta situaciones adversas. Uno de los factores clave es la autoestima, ya que un nivel alto de esta se asocia con una mayor capacidad para afrontar un duelo traumático (Murphy et al., 2002). Por el contrario, la baja autoestima y las creencias negativas sobre uno mismo pueden dificultar la adaptación a la pérdida (Boelen, Van den Hout y Van den Bout, 2006).

Otro factor relevante es el optimismo disposicional, que hace referencia a la tendencia estable a interpretar la realidad desde una perspectiva positiva (Nolen-Hoeksema, 2001). Las personas con un alto nivel de optimismo suelen experimentar una disminución más rápida de los síntomas de duelo tras la pérdida de un ser querido.

El estilo de afrontamiento también juega un papel fundamental. Se define como el conjunto de estrategias cognitivas y conductuales que una persona emplea para gestionar situaciones estresantes. Según Lazarus y Folkman (1984), los estilos de afrontamiento más eficaces en el duelo son la resolución de problemas (centrado en la acción) y el afrontamiento emocional activo (expresión y validación de emociones). En cambio, el afrontamiento evitativo, caracterizado por la supresión emocional y la evasión, se ha identificado como el menos eficaz.

Estilos de apego

El estilo de apego de una persona influye significativamente en su reacción ante la pérdida de un ser querido. La muerte de alguien cercano puede activar respuestas emocionales similares a las experimentadas en la infancia, especialmente en personas con un apego inseguro. Comprender los estilos de apego y cómo influyen en la elaboración del duelo es esencial para el tratamiento del duelo complicado. Este tema se abordará con mayor profundidad en el capítulo 6.

Variables sociales

El apoyo social desempeña un papel clave en la adaptación al duelo. Diversos estudios han demostrado que la percepción de apoyo actúa como amortiguador del estrés, incluyendo el estrés asociado al duelo (Stroebe et al., 1999). Sin embargo, una red social inadecuada o conflictiva puede dificultar el proceso. Stroebe, Schut y Stroebe (2005), tras analizar cuatro estudios longitudinales, concluyeron que las personas con mayor apoyo social presentan tasas más bajas de depresión. No obstante, los resultados no indicaron que el apoyo social acelerara la adaptación a la pérdida, sino que aliviaba el impacto emocional, sin necesariamente reducir la duración del proceso de duelo (Worden, 2018).

Algunas variables sociales clave en este proceso incluyen la satisfacción con el apoyo recibido, y la religión y las creencias espirituales.

Satisfacción con el apoyo recibido

Más que la mera presencia de una red social, lo que realmente influye en el proceso de duelo es la satisfacción con el apoyo recibido. En algunos casos, las interacciones sociales pueden ser contraproducentes, especialmente cuando familiares o amigos formulan comentarios poco empáticos, como «Es hora de seguir adelante» o muestran poca disposición para escuchar el dolor de la persona en duelo. Estas respuestas pueden aumentar el sentimiento de soledad y aislamiento, dificultando la elaboración de la pérdida.

Religión y creencias espirituales

Numerosos estudios han demostrado que las creencias y prácticas religiosas pueden favorecer una mejor adaptación a la pérdida (Becker et al., 2007; Wortman y Park, 2008). La religión y la espiritualidad pueden proporcionar múltiples recursos para afrontar el duelo, entre ellos:

- Oración (permite mantener un vínculo simbólico con el ser querido que ha fallecido).
- Apoyo social a través de la comunidad religiosa.
- Presencia de figuras de guía.
- Significado y propósito en la experiencia de pérdida.
- Rituales funerarios y de despedida, que facilitan la elaboración emocional del duelo.

Sin embargo, no todas las personas en duelo encuentran consuelo en la religión. Algunas pueden experimentar una crisis de fe, sintiéndose enfadadas con Dios, abandonadas o castigadas. En ocasiones, la pérdida puede generar un profundo sentimiento de vacío existencial, haciendo que la persona en duelo perciba que la vida ha perdido sentido. De hecho, la crisis religiosa se ha identificado como un factor de riesgo que puede dificultar la adaptación tras la muerte de un ser querido. Aun así, estudios sobre el crecimiento postraumático (Tedeschi y Calhoun, 2006, 2008) han demostrado que, en algunos casos, superar una crisis religiosa puede llevar a una espiritualidad más profunda y a una vida con mayor sentido.

Ventajas secundarias

Bill Worden señala que las ventajas secundarias pueden desempeñar un papel facilitador en la elaboración del duelo:

> El individuo podría obtener muchas ventajas dentro de su red social como resultado del duelo, lo que influirá en la duración del proceso de elaboración. (Worden 2018, p. 75)

Presencia de factores estresantes simultáneos en la vida de una persona en duelo

La pérdida de un ser querido no solo implica un impacto emocional, sino que también puede desencadenar importantes trastornos en la vida cotidiana. Las pérdidas secundarias derivadas de la muerte de un ser querido, como cambios en la situación económica, la necesidad de mudarse o reajustes en la rutina diaria, pueden agravar la dificultad de adaptación y hacer que el proceso de duelo sea aún más complejo.

Resumen

En este capítulo se ha explorado cómo la pérdida de un ser querido puede alterar la estructura de creencias de la persona en duelo, provocando una crisis de significado que dificulta la aceptación de la realidad. Se ha analizado cómo esta crisis puede generar preocupaciones sobre las causas de la muerte, sentimientos de culpa, crisis de fe y angustia por el sufrimiento del fallecido, afectando a todos los ámbitos de la vida. El duelo es un proceso individual y, aunque cada persona lo afronta de manera distinta, existen factores que influyen en su desarrollo. Entre ellos, el modo en el que se produjo la muerte (natural, accidental, por desastre natural, suicidio u homicidio) juega un papel clave en la manera en que la pérdida es procesada y elaborada.

CAPÍTULO 4

DUELO TRAUMÁTICO

DEFINICIONES DE DUELO TRAUMÁTICO

Según Pearlman et al. (2014), el duelo traumático ocurre cuando el dolor por la pérdida de un ser querido se combina con el estrés traumático derivado de las circunstancias específicas de la muerte. Un trauma es un acontecimiento abrumador, que se produce cuando una persona enfrenta la muerte, una amenaza de muerte o lesiones graves. En otras palabras, se trata de un suceso que desborda su sentido de control y seguridad.

Las muertes repentinas e inesperadas pueden tener un efecto altamente desestabilizador, dando lugar a un duelo traumático. Este tipo de duelo se caracteriza por la persistencia de síntomas de trauma y ansiedad por separación. Entre los síntomas asociados al trauma se incluyen embotamiento emocional y *shock*, alteración del sistema de creencias o síntomas de hiperactivación fisiológica, similares a los del TEPT.

La ansiedad por separación se manifiesta como un dolor emocional intenso ante la pérdida de un vínculo significativo, provocando sentimientos profundos de soledad y nostalgia, necesidad intensa de recuperar la presencia del fallecido o síntomas intrusivos y evitación, relacionados con la pérdida.

IMPACTO DE UNA MUERTE TRAUMÁTICA

Existen cinco razones principales por las cuales una muerte súbita y traumática resulta más devastadora que una muerte por causas naturales (Wortman y Pearlman, 2016):

1. *Desestabilización.* El impacto inicial de la pérdida es más intenso y puede resultar abrumador, desestabilizando la vida de la persona en duelo.
2. *Síntomas del TEPT.* Quienes han sufrido una pérdida traumática pueden presentar, además de tristeza y añoranza, síntomas propios del trastorno de estrés postraumático (TEPT), tales como:
   - *Flashbacks* y pesadillas.
   - Evitación de los recuerdos y negación de la muerte.
   - Hiperactivación fisiológica (dificultades para dormir, ansiedad). En estos casos, la persona enfrenta una doble carga: el duelo por la pérdida y el trauma asociado a las circunstancias de la muerte.
3. *Evitación.* El trauma puede hacer que la persona evite recordar o hablar sobre el fallecido, lo que interfiere con el proceso de adaptación. Para integrar la pérdida, es necesario recordar al ser querido de forma saludable. Sin embargo, si las imágenes perturbadoras de la muerte invaden la mente de la persona en duelo, puede optar por bloquear cualquier pensamiento relacionado, lo que dificulta la elaboración del duelo.
4. *Consecuencias de la pérdida.* En los casos de muerte natural, el dolor tiende a disminuir con el tiempo (Jordan y Litz, 2014). Sin embargo, quienes sufren una pérdida traumática pueden experimentar poca mejoría con el paso de los años, quedando atrapados en un duelo prolongado que afecta su calidad de vida (Pearlman et al., 2014).
5. *Ruptura del sistema de creencias.* Una muerte traumática puede destruir las creencias fundamentales sobre el mundo, generando la sensación de que este ya no es un lugar seguro, predecible o justo.

FACTORES DE RIESGO DE LAS MUERTES TRAUMÁTICAS

Existen numerosos factores de riesgo que pueden influir en la manera en que una persona afronta la muerte de un ser querido, afectando tanto su proceso de duelo como la intensidad del sufrimiento experimentado (Pearlman et al., 2014; Worden, 2018). Cuando la pérdida ocurre de forma repentina e inesperada, estos factores pueden agravar el impacto traumático. Cuantos más de ellos estén presentes, más difícil será comprender y procesar lo sucedido. Sin embargo, la respuesta ante la pérdida no solo depende de las circunstancias externas, sino también de características individuales como la percepción del evento, la historia previa de traumas y pérdidas y la capacidad de afrontamiento de la persona en duelo.

Principales factores de riesgo

Muerte inesperada y falta de preparación

Cuando la muerte ocurre de manera repentina, el impacto es mucho mayor. La pérdida de un ser querido siempre es dolorosa, incluso cuando se ha anticipado. Sin embargo, en los casos en los que no hay tiempo para asimilar la proximidad de la muerte, despedirse o hacer las paces, el duelo puede volverse más complejo. Las muertes repentinas desafían nuestra capacidad de comprender lo sucedido. La persona en duelo puede quedar en estado de *shock*, luchando por asimilar algo que, en ese momento, parece inconcebible.

Muerte antinatural

El impacto emocional de una muerte por causas naturales (como una enfermedad en la vejez) es muy distinto al de una muerte por causas violentas o inesperadas, como un asesinato o un accidente de tráfico. Cuanto más brutal o grotesca sea la muerte (por ejemplo, si el cuerpo ha quedado mutilado o irreconocible), más difícil será dar sentido al suceso, lo que aumenta su carga traumática.

Muerte violenta y sus consecuencias

Las muertes violentas suelen generar horror y una sensación de descontrol, afectando profundamente la percepción de seguridad y estabilidad, En la mayoría de los casos de suicidio u homicidio, la víctima muere sin la presencia de sus seres queridos (Rynearson y Salloum, 2011). Esto puede hacer que la persona en duelo reconstruya mentalmente los últimos momentos del fallecido, imaginando su sufrimiento y experimentando una traumatización vicaria.

Sufrimiento físico o emocional

Muchas personas en duelo desean creer que su ser querido no sufrió antes de morir. Sin embargo, cuando existe la certeza o la sospecha de que el fallecido experimentó dolor, miedo o angustia, la persona en duelo puede obsesionarse con esa idea, desarrollando sentimientos de culpa e impotencia por no haber podido evitar su sufrimiento.

Muertes evitables

Una diferencia clave en el impacto emocional de una muerte es si se percibe como evitable o inevitable. Las muertes por desastres naturales (como terremotos o huracanes) suelen ser difíciles de procesar, pero al ser percibidas como inevitables, generan menos ira e indignación que las provocadas por negligencia o descuido humano. Cuando la persona en duelo considera que la muerte podría haberse prevenido, pueden aparecer sentimientos de rabia, frustración y una sensación de injusticia, lo que complica la elaboración del duelo.

Muerte intencionada

Las muertes causadas con intención de hacer daño (asesinatos, actos terroristas, suicidios o agresiones mortales) son especialmente devastadoras. Estos eventos pueden generar una pérdida de confianza en los demás y en el mundo, aumentando la sensación de impotencia, vulnerabilidad y desesperanza.

Muertes aleatorias

Una muerte aleatoria -ocurrida por estar en el lugar equivocado en el momento equivocado- puede generar una profunda sensación de miedo, ya que se percibe como un evento incontrolable, desafiando la creencia de que el mundo es predecible y seguro. A menudo, se trata de situaciones imposibles de anticipar y de las que no es posible protegerse.

Este tipo de eventos trágicos pueden llevar a la persona en duelo a caer en pensamientos contrafácticos, del tipo «Si tan solo...»: «Si hubiera esperado unos segundos más antes de subir al coche...» o «Si hubiera salido un minuto antes...».

Es común que los supervivientes se culpabilicen por sucesos aleatorios, ya que resulta más fácil creer que tenemos cierto control sobre nuestra vida que aceptar la realidad de que algunos eventos son completamente impredecibles. Como señalan Pearlman et al. (2016, p. 73): «En circunstancias como estas, asumir la responsabilidad del evento y la culpa que ello conlleva representa el precio a pagar para mantener la percepción de que el mundo es un lugar controlable».

Siguiendo esta misma lógica, también es frecuente culpar a la víctima. Centrarse en lo que la persona fallecida «debería» o «no debería haber hecho» permite que el evento parezca menos aleatorio: «Si se hubiera puesto el cinturón de seguridad...» o «Si no hubiera salido sola tan tarde...». Sin embargo, este tipo de razonamiento ignora muchos otros factores que influyeron en la tragedia.

Los pensamientos de este tipo, en los que la responsabilidad se atribuye a la víctima, refuerzan la ilusión de control, llevando a la persona a creer: «A mí no me puede pasar, porque yo nunca cometería ese error». No obstante, estos mecanismos de afrontamiento pueden ser fuente de una mayor traumatización, facilitando la aparición de sentimientos de ambivalencia y culpa en la persona en duelo.

Muertes múltiples

Cuando varias personas queridas fallecen en un mismo evento (como un accidente de tráfico o un desastre natural), la persona en duelo puede experimentar una sobrecarga emocional que dificulta la elaboración de cada pérdida de manera individual (Rando, 1993, 2013). En estos casos, es común que la persona en duelo desarrolle culpa del superviviente, sintiendo que de algún modo debería haber sido él quien muriera.

Haber estado en peligro de muerte o presenciar la muerte de otros

Si la persona en duelo fue testigo de la muerte de su ser querido o estuvo en peligro en el mismo evento, es posible que sufra un trastorno de estrés postraumático (TEPT). Las imágenes traumáticas pueden quedar grabadas en la memoria, generando recuerdos recurrentes, pesadillas y un alto nivel de angustia. Además, si la persona no pudo despedirse de su ser querido o impedir la tragedia, puede experimentar una intensa culpa por no haber hecho más.

Muerte prematura

Cuando una persona joven muere de manera prematura, el impacto emocional suele ser mayor, ya que vulnera el orden natural de la vida. Las muertes prematuras pueden percibirse como especialmente injustas, lo que genera sentimientos de rabia e impotencia. El duelo puede ser aún más complejo si la muerte ocurre poco antes de un evento significativo, como una boda, el nacimiento de un hijo o la graduación universitaria.

Muertes ambiguas

Cuando no se recupera el cuerpo (como en accidentes aéreos o catástrofes), la persona en duelo puede quedar atrapada en una fase de negación, preguntándose si su ser querido sigue vivo. La falta de certeza puede generar una sensación de espera interminable, impidiendo que la persona inicie el proceso de duelo.

Muertes estigmatizadas

Las muertes por suicidio, sobredosis o VIH suelen estar rodeadas de estigma social, lo que puede dificultar que la persona en duelo reciba apoyo y comprensión. Este tipo de pérdidas pueden generar vergüenza y aislamiento, aumentando la carga emocional del duelo.

Muerte de un hijo

Todas las pérdidas son dolorosas, pero la muerte de un hijo se considera una de las más devastadoras. Las investigaciones han demostrado que la pérdida de un hijo tiene un impacto más profundo y duradero en la salud mental de los progenitores que cualquier otra forma de pérdida (Pearlman et al., 2014). El duelo por un hijo no solo supone la pérdida de una vida, sino también la destrucción de un futuro esperado, lo que agrava el sufrimiento y prolonga el proceso de duelo.

Otros factores que agravan el impacto emocional

Notificación de la muerte

El trato que reciben los supervivientes por parte de la policía, la ambulancia y el personal médico también marca la diferencia. Una notificación de defunción insensible, un trato impersonal en el hospital o la descortesía en la funeraria pueden intensificar la angustia y hacer que la pérdida resulte aún más traumática.

Visión del cuerpo

La visualización del cadáver puede ser una experiencia extremadamente angustiosa, especialmente si hay signos de desfiguración o daños severos. Tener que identificar el cuerpo puede ser una experiencia dolorosa y agravar el impacto emocional de la pérdida. Sin embargo, lo que suele generar aún más sufrimiento es la imposibilidad de ver el cadáver. En algunos casos, las restricciones pueden deberse a una investigación penal, mientras que en otros, son familiares o amigos bienintencionados quienes deciden impedir el contacto, creyendo que así protegen a la persona en duelo. Sin embargo, negar esta opción puede dificultar la aceptación de la muerte y el proceso de despedida. Es fundamental que la persona en duelo pueda elegir. De hecho, las investigaciones sugieren que lo realmente determinante en estos casos es si la persona tuvo la opción de decidir y si se sintió apoyada en su elección (Wortman et al., 2016).

Cuando la persona en duelo opta por ver el cadáver, el personal médico debe procurar prepararlo adecuadamente, limpiando la sangre o retirando tubos y otros elementos médicos. En casos de mutilaciones graves, puede ser útil permitir a la persona en duelo ver solo una parte del cuerpo (por ejemplo, una mano o un pie), como una forma de prepararla para la realidad de la pérdida. Es importante que el personal sanitario explique con sensibilidad lo que la persona verá, para reducir el impacto del *shock*, y que permanezca disponible para responder cualquier pregunta. Muchas personas en duelo sienten la necesidad de pasar un tiempo con el cuerpo de su ser querido, ya sea sosteniéndolo, abrazándolo o hablándole. Estos gestos de despedida deben ser respetados y facilitados en la medida de lo posible.

Espera prolongada para la confirmación de la muerte o ausencia del cuerpo

La incertidumbre sobre el destino de un ser querido puede multiplicar el sufrimiento y hacer que la pérdida sea aún más difícil de procesar. Tener que esperar mucho tiempo para la confirmación de la muerte, o no disponer de un cuerpo para enterrar, puede bloquear el proceso de duelo. En casos de atentados terroristas o accidentes aéreos, es posible que nunca se recupere el cuerpo, lo que impide realizar los rituales de despedida y dificulta la aceptación de la pérdida. Como expresó una viuda tras los atentados del 11 de septiembre: «¿Murió de verdad? ¿Está vagando por alguna parte porque ha perdido la memoria? ¿Está vivo y sufriendo?». A pesar de que racionalmente sabía que su esposo probablemente había fallecido, en el fondo de su corazón seguía albergando dudas, lo que hacía que su dolor fuera aún más profundo y difícil de sobrellevar.

IMPLICACIONES DE LA TERAPIA EMDR EN EL TRATAMIENTO

Una pérdida inesperada, repentina y violenta puede resultar altamente traumática. En estos casos, la persona en duelo puede presentar síntomas tanto de estrés postraumático (TEPT) como de ansiedad por separación, lo que hace necesario abordar ambos aspectos en el tratamiento.

El trauma de la pérdida, que suele ser más agudo e intenso, puede bloquear el proceso natural de elaboración del duelo, por lo que es fundamental tratarlo en primer lugar. Como se explorará en el capítulo 10, los primeros objetivos de la elaboración con EMDR suelen centrarse en los momentos de mayor *shock* y toma de conciencia de la pérdida, como el instante en que la persona recibió la noticia y las imágenes o escenas perturbadoras que presenció.

Además, es clave trabajar los síntomas de ansiedad por separación, que pueden manifestarse en momentos de profundo sufrimiento por la ausencia del ser querido, dificultades para adaptarse a la vida sin la persona fallecida o sensación de estar atrapado en el dolor y la imposibilidad de avanzar.

RESUMEN

El duelo traumático se produce cuando el dolor de la pérdida se ve eclipsado por el impacto del trauma. En estos casos, el trauma interfiere en la capacidad de procesar la pérdida, y a su vez, la pérdida impide la superación del trauma. Las muertes repentinas, inesperadas y traumáticas suelen ser mucho más devastadoras que aquellas que ocurren por causas naturales. A lo largo del capítulo, se han analizado los factores de riesgo del duelo traumático, así como otros elementos que pueden agravar el proceso, tales como el modo en que se comunica la muerte, la visión del cadáver, las largas esperas para recibir la confirmación del fallecimiento o la imposibilidad de recuperar el cuerpo.

Una de las principales implicaciones en el tratamiento es que el trauma de la pérdida debe abordarse en primer lugar, ya que suele ser el primer obstáculo que impide el proceso de duelo y la adaptación a la nueva realidad.

CAPÍTULO 5

DUELO COMPLICADO

El duelo es una experiencia universal que puede tener efectos adversos en la salud mental y física. La pérdida de un ser querido es muy dolorosa, pero en las semanas y meses siguientes los síntomas empiezan a disminuir. En el duelo no complicado, también llamado «duelo normal», las investigaciones han demostrado que a los seis meses la mayoría de las personas en duelo superan la sensación inicial de incredulidad que conlleva sentirse abrumados y son capaces de aceptar la pérdida como una realidad, seguir adelante con su vida y continuar con las tareas cotidianas (Prigerson et al., 2009, 2021). La mayoría de las personas acaban restableciendo un nuevo equilibrio tras la pérdida sin desarrollar ningún deterioro prolongado (Wortman y Silver, 1989; Jordan y Litz, 2014).

No obstante, algunos estudios muestran que entre el 10 y el 20 % de las personas en duelo sufren un duelo grave e incapacitante durante un período más prolongado (Prigerson et al., 2009). Según un metaanálisis reciente, casi la mitad de los adultos en duelo sufrían trastorno de duelo prolongado (PGD, siglas en inglés de *Prolonged Grief Disorder*) tras una pérdida no natural (Djelantik et al., 2020). Los estudios sugieren que las reacciones de duelo complicado pueden durar varios años y actuar como factores predictivos del desarrollo de otros trastornos (por ejemplo, ideación y comportamientos suicidas, infartos cardíacos y trastornos cardiovasculares), así como del desarrollo de comportamientos dañinos para la salud (por ejemplo, aumento del consumo de tabaco y alcohol) y un empeoramiento general de la calidad de vida (por ejemplo, pérdida de energía) (Boelen, Prigerson, 2013). El duelo complicado también afecta a la salud física, con consecuencias médicas como hipertensión, cardiopatías y dificultades para dormir (Gallagher-Thompson et al., 1993; Germain, Buysse y Shear, 2005).

Por consiguiente, es importante que las personas en duelo que sufran PGD sean evaluadas y tratadas.

DEFINICIÓN DE TÉRMINOS PARA EL DUELO COMPLICADO

Definir el duelo complicado es, bueno, complicado. Existen diferentes términos para referirse a este trastorno en la bibliografía sobre el tema, entre los cuales encontramos duelo persistente, duelo complicado, duelo traumático y duelo patológico. La CIE-11 (Clasificación Internacional de Enfermedades) reconoce el diagnóstico de trastorno de duelo prolongado. En 2020, la Asociación Americana de Psiquiatría aprobó la inclusión del PGD en el DSM-5 TR.

Los criterios diagnósticos del CIE-11 y *DSM-5 TR* se superponen en gran medida, con la excepción, destacable, de que para el CIE-11 el diagnóstico puede hacerse después de seis meses de la pérdida del ser querido, mientras que en el *DSM-5 TR* es necesario que haya pasado un año –seis meses para niños y adolescentes–, con el objetivo de no «patologizar» el duelo normal y evitar diagnósticos apresurados.

Con una terminología tan variada, por brevedad y para evitar confusiones, utilizaré principalmente la expresión *duelo complicado*, que es la que más se usa en la literatura científica. Ocasionalmente, sin embargo usaré expresiones ligeramente distintas –por ejemplo, duelo no resuelto– para describir de qué manera algunas expresiones pueden interferir con el proceso de adaptación a la pérdida, o para citar a un autor que tiene una terminología particular.

LA PÉRDIDA EN SÍ PUEDE SER TRAUMÁTICA Y COMPLICAR EL DUELO

El duelo complicado adopta muchas formas, pero en todas ellas se produce cuando la persona en duelo intenta negar, reprimir o evitar aspectos de la pérdida, su dolor y la plena comprensión de las implicaciones de la muerte; o aferrarse y evitar renunciar al ser querido perdido (Rando, 1993). Aceptar la realidad de la pérdida puede ser abrumador; la persona sabe que el ser querido ha muerto, pero no puede resignarse a esa verdad. En estos casos, es la pérdida misma la que constituye un evento traumático, dando lugar a un duelo complicado.

Bowlby (1980) utilizó el término «sistemas segregados» para describir cómo la persona en duelo puede oscilar entre saber que el ser querido se ha ido definitivamente y otro estado mental en el que no puede aceptar esta realidad de la muerte. Intentar aferrarse al fallecido es también una forma de negación, de no querer aceptar que el ser querido se ha ido de verdad y que nunca volverá. La persona en duelo puede seguir visitando la tumba, conservar sus pertenencias, no cambiar nada relacionado con el fallecido o celebrar continuamente funerales y rituales. Aunque es una forma normal y positiva de conectar con el ser querido cuando acepta que ha muerto y no va a volver, estos comportamientos son signos de duelo complicado cuando sirven para aferrarse al fallecido y evitar entender plenamente la muerte en todas sus vertientes. Además, la persona en duelo puede mostrar una reticencia general a adaptarse a la vida en ausencia del ser querido (Prigerson, 2009).

ANSIEDAD POR SEPARACIÓN

El duelo complicado se caracteriza por un intenso anhelo y añoranza del ser querido que ha fallecido; es decir, ansiedad por separación. La persona en duelo puede desear que la vida volviera a la época en que el ser querido estaba vivo. Sin él, se siente vacía, tiene pocas esperanzas para el futuro y puede estar atormentada por el dolor y los remordimientos relacionados con la pérdida. Al rumiar la muerte y tener dificultades para concentrarse en otras cosas que no sean la pérdida, la persona en duelo puede desconectarse de los demás, lo que crea una sensación de alienación y aislamiento. Los pensamientos recurrentes, intrusivos y angustiosos sobre la ausencia del ser querido dificultan que se supere el estado de duelo agudo y le hacen sentir que la vida carece de propósito y significado. A quienes sufren un duelo complicado les resulta difícil seguir adelante con su vida y participar en otras relaciones interpersonales y actividades potencialmente gratificantes y significativas. Como describió cliente, dos años después de la muerte de su esposa, «Cuando Sally murió, también murió una parte de mí. La vida se volvió vacía. Ya no siento alegría ni entusiasmo». Tales sentimientos son normales después de la muerte, pero si la intensidad no disminuye y está interfiriendo con el desempeño después de seis meses, es un signo de duelo complicado.

EL DUELO COMPLICADO ES DIFERENTE DE LA DEPRESIÓN O EL TRASTORNO DE ESTRÉS POSTRAUMÁTICO

Las reacciones de duelo complicado pueden ser muy similares a la depresión; sin embargo, existen diferencias importantes. Jordan y Litz (2014) señalan que la principal diferencia entre el duelo complicado (específicamente el PGD) y la depresión es el grado en que los síntomas se refieren específicamente a la pérdida de un ser querido (PGD) frente a una tristeza más generalizada y sin causa aparente (depresión). Los trastornos depresivos se suelen asociar a un estado de infelicidad generalizada y a rumiaciones pesimistas, mientras que la disforia que caracteriza al PGD se centra más en la separación de la persona amada y el principal síntoma cognitivo está constituido por estar centrado en la pérdida (Jordan y Litz, 2014). En la depresión, hay una amplia pérdida de interés en la vida y la incapacidad de imaginar que podría ser placentera o gratificante, mientras que con PGD hay un interés continuo en el ser querido fallecido y la creencia de que su regreso traería satisfacción. Además, la culpa global o la sensación de inutilidad personal, que forman parte de la depresión, no forman parte de la PGD, aunque puede haber una autoinculpación inapropiada con respecto a la muerte. Las personas con PGD evitan los estímulos que les recuerdan la realidad de la pérdida, en comparación con una evitación y un retraimiento más generales típicos de la depresión.

Jordan y Litz (2014) también señalan que el PGD es conceptualmente diferente del TEPT. El TEPT se caracteriza por el miedo, el horror, la impotencia, la culpa y la vergüenza, junto con la hiperactivación y la reactividad exagerada. Sin embargo, el PGD, aunque comparte algunas de estas mismas reacciones, se caracteriza principalmente por la añoranza, la pérdida o el vacío. En el TEPT, los pensamientos e imágenes intrusivos se fijan en el acontecimiento de la muerte e implican reacciones de amenaza y miedo, lo que hace que las personas en duelo eviten recordar interna y externamente la muerte. En cambio, en el PGD los individuos pueden experimentar pensamientos tanto voluntarios como intrusivos (no voluntarios) sobre la relación, incluidos los contenidos positivos sobre el fallecido, y la evitación se limita sobre todo a aquellos disparadores que le recuerdan la realidad o permanencia de la pérdida. Sin embargo, se observa cierta similitud de los síntomas del PGD y del TEPT. De hecho, los resultados de un análisis factorial (O'connor, et al, 2010) sugieren que el componente intrusivo del TEPT puede explicar en gran medida el constructo de duelo complicado.

Por lo tanto, la terapia EMDR, un tratamiento basado en la evidencia para el TEPT, está indicada también para el tratamiento del duelo complicado.

DUELO COMPLICADO Y ESTILO DE APEGO

El duelo complicado puede tener sus raíces en un apego inseguro o desorganizado. Zhang et al. (2006) señalaron que el duelo complicado es fundamentalmente una alteración del apego. Entre los factores de riesgo para su desarrollo se encuentran algunas variables, como la presencia de abusos o negligencia parental durante la infancia, trastornos de ansiedad por separación en la infancia, estilos de apego inseguros y el nivel de cercanía percibida dentro de la relación conyugal (Shear, Simon, et al., 2011; Zhang et al., 2006). En consecuencia, el tratamiento EMDR no solo debe abordar el trauma relacionado con la muerte y sus circunstancias, sino también las interacciones niño-cuidador que subyacen al estilo de apego inseguro. En el capítulo 6 se tratarán con más detalle los estilos de apego y cómo influyen en el duelo.

MÚLTIPLES FORMAS DEL DUELO COMPLICADO

Bill Worden (2018) presenta un paradigma para describir las reacciones del duelo complicado, agrupándolas en cuatro categorías:

1. Reacciones de duelo crónico o prolongado
2. Reacciones de duelo diferido
3. Reacciones de duelo exagerado
4. Reacciones de duelo enmascarado

Reacción de duelo crónico o prolongado

El duelo crónico o prolongado se caracteriza por un duelo que se extiende en el tiempo de manera excesiva y no llega a una resolución satisfactoria. La persona en duelo es consciente de que su sufrimiento es intenso y persistente, y que no logra superarlo. Es habitual que busque tratamiento varios años después del fallecimiento, al notar que sigue sufriendo o que no ha conseguido adaptarse a la pérdida. Para algunas personas, el tratamiento implica enfrentarse al hecho de que su ser querido ha desaparecido de manera irrevocable. Para otras, resulta clave explorar y aclarar sentimientos confusos y ambivalentes hacia el fallecido. Cuando la relación con la persona fallecida estuvo marcada por el conflicto o asuntos no resueltos, el duelo puede verse obstaculizado por discusiones pendientes, resentimientos o sentimientos de culpa que continúan atormentando a la persona en duelo. En otros casos, la pérdida puede reactivar duelos anteriores o traumas previos, que necesitan ser identificados y reprocesados.

Las personas que eran altamente dependientes del fallecido pueden enfrentarse a un doble desafío: trabajar las experiencias del pasado que originaron su dependencia y aprender nuevas habilidades para desenvolverse en su nueva realidad sin la persona fallecida.

Como se detallará más adelante, la pérdida de una figura de apego significativa puede activar respuestas emocionales similares a las experimentadas en la infancia ante una separación temprana. Por ello, el estilo de apego de la persona ofrece un marco fundamental para comprender sus reacciones ante la pérdida.

Reacción de duelo diferido

El duelo diferido o retardado, también denominado duelo inhibido, suprimido o pospuesto, se caracteriza por una mínima respuesta emocional en el momento de la pérdida, con una reacción de duelo que aparece mucho después, a menudo desencadenada por otra pérdida o un evento estresante. Por ejemplo, una persona puede haber experimentado una reacción mínima ante la muerte de un progenitor, pero, años después, manifestar un duelo intenso tras la muerte de un primo lejano. En estos casos, la muerte inicial pudo haber sido demasiado abrumadora en su momento, por lo que el duelo quedó bloqueado o evitado, hasta que un nuevo suceso lo reactiva.

El rasgo distintivo del duelo retardado es que, cuando finalmente se manifiesta, las emociones son muy intensas, como si la persona estuviera experimentando la pérdida por primera vez. Este tipo de reacción suele estar relacionado con duelos previos no resueltos o traumas pasados. Algunos factores que pueden provocar un duelo retardado:

- *Excesiva implicación en tareas externas.* En el momento de la pérdida, la persona puede haber estado ocupada con los preparativos del funeral, apoyando a otros familiares o resolviendo cuestiones legales, lo que la llevó a centrarse en lo práctico y postergar su propio proceso de duelo. Una vez finalizadas estas tareas, las emociones reprimidas emergen, dando lugar a una reacción tardía. Un ejemplo ilustrativo es el caso de una mujer cuyo esposo fue asesinado y cuyo proceso judicial se prolongó durante 14 meses. Durante ese tiempo, asistió a todas las audiencias y centró su energía en obtener justicia. Cuando finalmente el culpable fue condenado a cadena perpetua, experimentó un breve sentimiento de alivio, pero poco después fue invadida por una profunda tristeza y depresión. En su caso, el proceso judicial había sido una distracción, permitiéndole evitar el impacto emocional de la pérdida. Solo cuando el juicio terminó pudo comenzar realmente su duelo.

- *Estilo de apego evitativo.* Algunas personas tienen un estilo de afrontamiento que se basa en evitar pensamientos y emociones dolorosas. Este patrón se observa en personas con apego evitativo, quienes tienden a minimizar la importancia de la pérdida y el impacto emocional del duelo. En estos casos, la ausencia de reacciones de duelo no significa necesariamente que la persona no esté afectada, sino que está utilizando mecanismos de supresión emocional.
- *Falta de vínculo emocional con el fallecido.* En algunas ocasiones, la reacción de duelo es mínima porque no existía un lazo afectivo profundo con la persona fallecida. Por ejemplo, una mujer puede sentir tristeza por la muerte de su madre, pero no experimentar un duelo intenso si su relación fue distante y carente de apego. En este caso, el impacto de la pérdida es limitado, ya que la persona fallecida no formaba parte de su red de apoyo emocional.
- *Resiliencia y afrontamiento interno.* Como señala Bonanno et al. (2002), en algunos casos la ausencia de una reacción de duelo visible no implica que la persona no esté experimentando dolor, sino que está utilizando estrategias de afrontamiento internas y silenciosas. En estos casos, la persona puede estar experimentando tristeza y angustia, pero sin manifestarlo externamente, afrontando la pérdida de manera privada y efectiva.

Reacción de duelo exagerado

El duelo exagerado se manifiesta cuando la persona en duelo experimenta una reacción intensa y abrumadora, que afecta gravemente su funcionamiento diario o se expresa a través de conductas desadaptativas. A diferencia de otros tipos de duelo complicado, en este caso, la persona reconoce que su sufrimiento está directamente relacionado con la pérdida y busca ayuda porque su experiencia le resulta incapacitante.

Como señala Worden, el duelo exagerado puede estar asociado con el desarrollo de trastornos psiquiátricos graves tras la pérdida, tales como depresión clínica, trastorno de ansiedad, trastorno de estrés postraumático (TEPT), fobias relacionadas con la muerte –como un miedo extremo a morir– o abuso grave de sustancias como mecanismo de afrontamiento.

Reacción de duelo enmascarado

En el duelo enmascarado, la persona en duelo experimenta síntomas intensos que interfieren en su vida, pero no es consciente de que estos síntomas están relacionados con la pérdida. Según Parkes (1972, 2006), los síntomas del duelo enmascarado pueden ser interpretados como equivalentes afectivos del duelo, ya que se ocultan tras síntomas físicos o conductas desadaptativas. Cuando la pérdida resulta demasiado abrumadora y la persona no puede experimentarla directamente, pueden surgir síntomas psicosomáticos o trastornos médicos, como dolores físicos inexplicables, trastornos somatomorfos (síntomas médicos sin una causa física clara) o problemas de salud simbólicos del duelo no expresado.

Tanto el duelo exagerado como el enmascarado pueden llevar a un diagnóstico psiquiátrico o médico formal, pero con una diferencia clave: en el duelo exagerado, la persona sabe que sus síntomas comenzaron tras la muerte y que están vinculados a la pérdida, mientras que, en el duelo enmascarado, la persona no asocia sus síntomas físicos o emocionales con el fallecimiento, lo que puede dificultar su tratamiento.

Como señala Worden, cuando los terapeutas ayudan a la persona en duelo a hacer la conexión entre sus síntomas y la pérdida, los síntomas físicos y emocionales tienden a mejorar.

INDICIOS DE DUELO COMPLICADO

Worden (2018) identifica doce pistas que pueden indicar que una persona en duelo no ha procesado correctamente su pérdida:

1. Incapacidad para hablar del fallecido sin experimentar un dolor intenso y presente.

2. Una reacción de duelo desproporcionada ante un evento menor, lo que sugiere que la emoción reprimida está emergiendo en otro contexto.

3. Temas de pérdida que aparecen recurrentemente en la terapia, incluso cuando el motivo de consulta es otro.
4. Dificultad para deshacerse de las pertenencias del fallecido, incluso muchos años después.
5. Desarrollo de síntomas físicos tras la pérdida, especialmente si son similares a los que sufrió el fallecido antes de morir o si aparecen en fechas significativas (aniversarios, cumpleaños, festividades).
6. Cambios drásticos en el estilo de vida tras la pérdida, como aislamiento social, alejamiento de familiares y amigos, o abandono de actividades relacionadas con el fallecido.
7. Historia prolongada de depresión subclínica, acompañada de sentimientos persistentes de culpa y baja autoestima. Curiosamente, Worden señala que el efecto contrario también puede ser una señal de duelo no resuelto: algunas personas experimentan una euforia inusual tras la muerte, como una forma de evasión emocional.
8. Compulsión por imitar al fallecido, incluso cuando la persona en duelo no tiene un deseo consciente ni la capacidad natural para hacerlo. En algunos casos, esto puede ser un intento de compensar la pérdida al identificarse con la persona fallecida, llegando a adoptar su forma de hablar, sus gestos o hábitos, incluso si en vida los rechazaban.
9. Impulsos autodestructivos, que pueden estar motivados por un duelo no resuelto.
10. Tristeza inexplicable en determinadas épocas del año, como aniversarios, cumpleaños del fallecido o fechas significativas.
11. Fobia a la muerte o a enfermedades, que puede estar relacionada con la causa de fallecimiento del ser querido.
12. Comportamientos extremos en el momento de la muerte o después de ella:
    - Si una persona ha vivido una pérdida significativa, es importante preguntarle cómo fue el momento de la muerte.
    - Reacciones extremas o inusuales –fenómenos disociativos, evitación total del funeral o del contacto con otros allegados– pueden ser indicativos de un duelo complicado.

HERRAMIENTAS DE EVALUACIÓN

Existen diversas herramientas para evaluar el duelo complicado. La más utilizada es el Inventario de Duelo Complicado (ICG, siglas en inglés de *Inventory of Complicated Grief*), desarrollado por Prigerson et al., que consta de diecinueve ítems.

Posteriormente, se creó una versión ampliada de treinta y cuatro ítems, denominada ICG-R (Prigerson y Jacobs). Ambos instrumentos han demostrado una alta validez, aunque no incluyen algunos de los criterios del Trastorno de Duelo Complejo Persistente (PCBD, siglas en inglés de *Persistent Complex Bereavement Disorder*), tales como dificultad para recordar al fallecido de manera positiva, valoraciones desadaptativas sobre uno mismo en relación con la muerte o el fallecido, o deseo de morir para reunirse con la persona fallecida. Para abordar estos aspectos, Lee introdujo el Inventario de Duelo Complejo Persistente, diseñado específicamente para la evaluación del PCBD.

Más recientemente, Prigerson et al. (2021) presentaron datos de validación de un nuevo inventario de trece ítems, denominado PG-13, orientado a evaluar el Trastorno de Duelo Prolongado (PGD, siglas en inglés de *Prolonged Grief Disorder*).

IMPLICACIONES TERAPÉUTICAS DE LA TERAPIA EMDR

El duelo complicado se caracteriza por una intensa ansiedad por separación, en la que la propia pérdida se vive como un acontecimiento traumático. Este tipo de duelo es más probable cuando la muerte se percibe como repentina e inesperada, violenta o prematura, o evitables o con sensación de injusticia (Holland y Neimeyer, 2011; Shear, Boelen y Neimeyer, 2011).

Al igual que en el duelo traumático, el duelo complicado tiene dos componentes fundamentales que deben ser abordados en terapia:

1. *Estrés postraumático*, derivado del impacto de la pérdida.
2. *Ansiedad por separación*, ligada a la dificultad para aceptar la ausencia del fallecido.

Como se detallará en el capítulo 10, el tratamiento puede beneficiarse de la conceptualización de la pérdida como un evento traumático, centrándose en las primeras fases en los momentos de mayor impacto emocional. Estos pueden incluir el instante en que la persona recibió la noticia del fallecimiento y las imágenes o escenas perturbadoras asociadas a la pérdida. En este sentido, la terapia EMDR puede resultar especialmente útil para el tratamiento tanto del duelo complicado como de la ansiedad por separación, abordando los desencadenantes actuales que agravan el sufrimiento.

Dado que las distintas respuestas a la pérdida pueden explicarse en función del estilo de apego (Kosminsky y Jordan, 2016), la terapia EMDR también puede ayudar a reprocesar recuerdos infantiles relacionados con la ansiedad por separación, así como las interacciones tempranas entre el cuidador y el niño que influyen en la experiencia de la pérdida en la edad adulta.

RESUMEN

El duelo complicado puede manifestarse de diferentes formas, pero en su raíz se encuentra la incapacidad para asumir plenamente la pérdida y su carácter irreversible.

La persona en duelo puede negar o evitar ciertos aspectos del dolor, o aferrarse emocionalmente al vínculo con el fallecido, resistiéndose a dejarlo ir. Si bien el duelo complicado es un fenómeno distinto de la depresión y el TEPT, comparte síntomas con ambos trastornos.

A lo largo del capítulo, se han analizado las diferentes manifestaciones del duelo complicado, así como las señales que indican que una persona puede estar sufriéndolo. Dado que el duelo complicado puede incluir tanto síntomas de estrés postraumático como ansiedad por separación, ambos pueden tratarse eficazmente con terapia EMDR, ayudando a la persona en duelo a procesar el impacto de la pérdida y avanzar en su proceso de adaptación.

SEGUNDA PARTE

MODELOS TEÓRICOS PARA GUIAR EL TRATAMIENTO EMDR

CAPÍTULO 6

TEORÍA DEL APEGO

Una de las principales dinámicas clínicas del duelo gira en torno a la pérdida del vínculo con el ser querido. La investigación ha demostrado que el estilo de apego es un factor esencial para determinar cómo se afrontará el duelo (Kosminsky y Jordan, 2016; Mikulincer y Shaver, 2016), por lo que conocer y comprender los distintos estilos de apego es fundamental para los terapeutas.

En la primera parte de este capítulo, ofreceremos una introducción básica a la teoría del apego. Aquellos lectores familiarizados con esta pueden optar por una lectura rápida o saltarse esta sección. En la segunda parte, abordaremos una perspectiva más detallada sobre cómo el estilo de apego de un individuo influye en su relación con el duelo.

NOCIONES BÁSICAS SOBRE LA TEORÍA DEL APEGO

Los estilos de apego se forman en la infancia a través del vínculo afectivo entre padres e hijos. Los bebés nacen con una necesidad innata de apegarse a sus cuidadores para obtener protección física y una sensación de seguridad psicológica (Bowlby, 1960). Cuando perciben amenaza o inseguridad, los niños manifiestan sus reacciones instintivas mediante tres tipos de comportamiento:

- *Búsqueda y vigilancia.* Intentan mantener la proximidad con una figura de apego protectora mediante el llanto, llamados, aferramientos y desplazamientos hacia el cuidador (Wallin, 2007).
- *Exploración desde una base segura.* Utilizan al cuidador como referencia de seguridad para explorar entornos desconocidos y participar en nuevas experiencias.
- *Refugio en la figura de apego.* Huyen hacia el cuidador cuando perciben peligro y buscan consuelo en momentos de alarma. Una vez calmados, pueden retomar la exploración y otras actividades no guiadas por el apego.

En la infancia, los cuidadores principales (generalmente los padres, pero también los abuelos, hermanos mayores o personal de guardería) desempeñan el papel de figuras de apego. En la adolescencia y la adultez, estas figuras pueden ampliarse e incluir parientes, parejas, amigos, entrenadores, profesores, terapeutas y compañeros de trabajo cercanos. Como señalan Holmes y Slade (2018), una figura de apego puede ser cualquier persona con la que exista una relación íntima basada en la regulación emocional y la corregulación de las emociones, tanto positivas como negativas.

CLASIFICACIÓN DE LOS ESTILOS DE APEGO

Mary Ainsworth realizó una contribución fundamental al estudio del apego con su investigación sobre la "situación extraña" (Ainsworth, Blehar, Waters y Wall, 1978). En este experimento de laboratorio, se observaba a madres y bebés de entre doce y dieciocho meses en un entorno controlado. Se les exponía a una serie de episodios de tres minutos que incluían la exploración del niño en presencia de la madre, separaciones y reencuentros, y la interacción con un extraño. A partir de este estudio, se identificaron tres patrones de apego: seguro, inseguro evitativo e inseguro ambivalente o resistente. Posteriormente, Main y Solomon (1990) añadieron un cuarto patrón: el apego desorganizado. A continuación, describimos los estilos de apego y su equivalencia en la adultez.

Estilo de apego seguro

Los bebés con apego seguro pueden explorar su entorno con confianza cuando se sienten tranquilos y, en momentos de angustia, buscan consuelo en su figura de apego. Si se separan de su cuidador, muestran señales de malestar, pero al reencontrarse con él, lo buscan activamente, se calman rápidamente y reanudan el juego con facilidad. Las madres de estos bebés suelen ser receptivas y sensibles a sus señales y formas de comunicación. Responden con rapidez cuando sus hijos lloran, los recogen en brazos y los abrazan con ternura, pero solo durante el tiempo que ellos desean ser consolados. Estas madres, descritas como «suficientemente buenas» por Winnicott (1965), logran sintonizar con sus hijos: los aceptan en lugar de rechazarlos, cooperan en vez de controlarlos y están emocionalmente disponibles (Wallin, 2007; Ainsworth et al., 1978). Como resultado, la mayoría de los bebés (60 %) desarrollan un apego seguro (Ainsworth et al., 1978).

En la adultez, quienes han desarrollado un apego seguro suelen relacionarse con los demás sin dificultad para la cercanía emocional y muestran flexibilidad en sus vínculos (Bartholomew y Horowitz, 1990). Se sienten seguros en sus relaciones interpersonales, confían en la disponibilidad de los otros y no experimentan una preocupación constante por la aceptación ni el temor a la soledad.

Estilo de apego evitativo

Los bebés con apego evitativo exploraban de manera incesante y mostraban una marcada indiferencia ante la marcha o el regreso de la madre. Sin embargo, no se encontraban tranquilos: su frecuencia cardíaca era tan elevada durante los episodios de separación como la de sus compañeros, quienes, a pesar de mostrarse visiblemente angustiados, se sentían seguros. Además, el incremento de su nivel de cortisol, tanto antes como después de los procedimientos, era significativamente mayor que en los bebés con apego seguro. Aunque aparentaban tranquilidad, experimentaban un mayor nivel de angustia. Parecía como si estos bebés hubieran concluido que sus intentos de buscar consuelo y cuidado no resultaban eficaces para atraer la atención de la madre. En cierto sentido, se habían rendido, pues permanecían inmóviles cuando la madre los recogía en brazos, en lugar de intentar obtener un abrazo.

Las madres de los bebés con apego evitativo rechazaban activamente los intentos de conexión de sus hijos. La inhibición de la expresión emocional, la aparente aversión al contacto físico y la brusquedad constituían características de un estilo de crianza que parecía propiciar el desarrollo de este tipo de apego. En el estudio de Ainsworth et al. (1978), el 20 % de los bebés presentaba un apego evitativo.

El equivalente en adultos se denomina «despectivo». Estos adultos pueden temer la intimidad o carecer de interés o motivación para mantener relaciones íntimas (Bartholomew y Horowitz, 1990). Por consiguiente, dichos autores distinguen entre un estilo despectivo-evitativo y un estilo temeroso-evitativo. El primero enfatiza la independencia y la autosuficiencia, restando importancia a las relaciones cercanas e íntimas. Por otro lado, el estilo temeroso-evitativo se caracteriza por la tensión y el temor ante el contacto cercano con los demás; aunque desean el contacto, pueden experimentar desconfianza y miedo hacia otras personas, lo que dificulta que confíen en ellas. Este estilo presenta similitudes con el apego desorganizado (véase más adelante).

Estilo de apego ambivalente-resistente

Los bebés con apego ambivalente-resistente parecían abandonar por completo la exploración en favor de buscar una conexión con la madre. Permanecían continuamente preocupados por el paradero de la figura materna y se mostraban enfadados, pasivamente inconsolables o resistentes al consuelo al reunirse con ella. Tras el reencuentro, los bebés enojados alternaban entre la búsqueda activa de conexión y manifestaciones de rechazo (por ejemplo, apartándose del abrazo o teniendo fuertes rabietas). Los lactantes pasivos parecían capaces de realizar peticiones débiles o implícitas de consuelo y conexión, pero su impotencia y desconsuelo limitaban su capacidad para acercarse directamente a la madre. El reencuentro no parecía aliviar la angustia ni disipar la preocupación por el paradero materno; era como si buscaran a una madre ausente, a pesar de estar presente. Estos niños contaban con madres cuya disponibilidad era impredecible y se hacía efectiva solo ocasionalmente; aunque no los rechazaban verbal ni físicamente, su respuesta a las señales del bebé resultaba insensible. Además, las madres parecían desalentar la autonomía del infante, lo que podía contribuir a la inhibición de la exploración que los caracterizaba.

El equivalente en adultos se denomina «preocupado-ansioso» (Bartholomew y Horowitz, 1990). Los adultos con este estilo se preocupan por mantener la cercanía emocional y el contacto, y pueden sentirse indignos o inseguros si no logran una conexión estrecha con otras personas (Zvelc, 2010).

Estilo de apego desorganizado

Los bebés que no encajaban en las clasificaciones anteriores fueron asignados posteriormente a la categoría de apego desorganizado (Main y Solomon, 1990). Estos autores analizaron las grabaciones realizadas durante la «situación extraña» y descubrieron que la mayoría de los no clasificados exhibían respuestas breves (de entre diez y treinta segundos) en presencia de los padres, respuestas que resultaban inexplicables, contradictorias o extrañas. Por ejemplo, algunos bebés retrocedían, permanecían inmóviles, se desplomaban en el suelo, gateaban hacia la madre sin detenerse al alcanzarla o parecían caer en un estado de aturdimiento y trance. Se observó que estos infantes carecían de una estrategia coherente y consistente para afrontar el estrés de la separación, alternando entre comportamientos evitativos y ambivalentes. Main y Solomon (1990) sostenían que el apego desorganizado se produce cuando la figura de apego es, a la vez, fuente de seguridad y de peligro. Es decir, el niño está programado para acudir al cuidador en momentos de alarma, pero se encuentra atrapado entre impulsos contradictorios: acercarse y, al mismo tiempo, evitarlo. El resultado de esta paradoja biológica (Wallin, 2007) es la desorganización. Además, se observó que, durante la «situación extraña», las madres de los bebés con apego desorganizado asustaban a sus hijos (por ejemplo, acercando demasiado su rostro al del niño, hablando en voz excesivamente alta, aproximándose demasiado rápido o incluso amenazándolos o maltratándolos). Asimismo, parecían temer a sus propios hijos, ya que se las veía paralizadas, retrocediendo asustadas o mostrándose insensibles e inexpresivas. De hecho, como señala Wallin (2007), es probable que aquellas madres que parecían asustadas ante las señales de malestar del niño hubieran sido abusadas o descuidadas durante su infancia; tales reacciones pueden ser, en efecto, consecuencia de un trauma o de una pérdida no procesada. La combinación de un comportamiento materno en el que el objeto de proximidad y seguridad se convierte también en fuente de miedo deja al bebé en el conflicto continuo de tener que acercarse y evitar simultáneamente a su figura de apego. Main denominó este estado psicológico conflictivo «miedo sin solución». A diferencia de las estrategias más organizadas de los bebés con apego seguro, evitativo y ambivalente, el apego desorganizado refleja un colapso de la estrategia (Wallin, 2007), lo que puede ser precursor de un trauma complejo y del trastorno disociativo (Liotti, 1992).

Como ya se ha mencionado, el equivalente en adultos es un estilo temeroso-evitativo, en el que, a pesar de desear el contacto, el individuo teme la intimidad. Este deseo se ve comprometido por la desconfianza y el miedo hacia otras personas.

Por razones de brevedad, los términos empleados para describir los estilos de apego serán: seguro, ansioso (que abarca también el apego ambivalente y preocupado), evitativo y desorganizado..

CALIDAD DE LA COMUNICACIÓN ENTRE EL BEBÉ Y EL CUIDADOR

Un elemento decisivo para diferenciar el estilo de apego seguro del inseguro es la calidad de los intercambios comunicativos entre el niño y el cuidador (Ainsworth et al., 1978). Para comprender este aspecto resulta fundamental destacar la relevancia de la comunicación no verbal y cómo momentos aparentemente insignificantes pueden tener un gran impacto. En las relaciones de apego seguras, el bebé puede expresar su necesidad de consuelo tras la separación, su alivio por haber sido calmado durante el reencuentro y su disposición a reanudar el juego. La comunicación es colaborativa y armónica. Wallin lo describe así:

> El niño emite señales y el cuidador responde con comportamientos que comunican al hijo: «Yo también puedo sentir lo que sientes, y sé cómo responder adecuadamente a tus necesidades». (Wallin, 2007, p. 21).

En el estilo de apego inseguro, la calidad de los intercambios comunicativos entre el cuidador y el niño es muy diferente a la descrita anteriormente. En el momento de la separación de la madre, los niños evitativos no expresan señales de malestar, aunque estas son evidentes al observar el ritmo cardíaco y los niveles de cortisol. De manera similar, durante el reencuentro no manifiestan la necesidad de recibir consuelo. En esencia, los bebés con apego evitativo inhiben prácticamente toda comunicación que invite a la conexión; no parecen desear la proximidad y tienden a ignorar las muestras de afecto de la madre. Lo contrario ocurre con los bebés con apego ambivalente. Estos parecen amplificar las expresiones de apego y, prácticamente desde el inicio de la separación, muestran preocupación por la disponibilidad de la madre. Están muy angustiados tras la separación y experimentan poco alivio en el reencuentro. La comunicación de la necesidad de apego persiste a un alto nivel, independientemente de los intentos de la madre por calmarlos (Ainsworth, 1969; Main, 1990, 1995).

La relevancia de la terapia EMDR radica en la valoración de aquellas interacciones sutiles, aparentemente insignificantes pero sumamente impactantes, entre el cuidador y el bebé, las cuales determinan el estilo de apego. La sintonía entre el cuidador y el bebé (por ejemplo, la mirada cariñosa entre el padre y el bebé) es crucial para el desarrollo de un apego seguro. Por el contrario, las interacciones negativas –como cuando la madre adopta una expresión de enfado o el padre desvía la mirada en un momento de angustia– tienen gran importancia para el desarrollo de estilos de apego inseguros, pudiéndose tratar con EMDR. Aunque estas experiencias preverbales de la primera infancia no se almacenan como memorias semánticas, generan un eco en la vida mental del cliente y pueden reactivarse dentro de redes mnemónicas formadas posteriormente (Corrigan, 2019).

DESARROLLO DE LOS ESTILOS DE APEGO

Los estilos de apego reflejan la necesidad del bebé de adaptarse al carácter de sus padres, lo que lo lleva a hacer lo necesario para establecer el mejor vínculo posible con el cuidador. Cuando un bebé o niño se encuentra angustiado, se activa su sistema de apego y busca la proximidad del cuidador. Si este es capaz de reconfortar, calmar y satisfacer sus necesidades, el sistema se desactiva y restablece, permitiendo que el niño se prepare para la exploración, el juego y la interacción con los demás (Bowlby, 1960). Esta es la base de un apego seguro.

Pero si, por el contrario, las señales iniciales de angustia del niño (por ejemplo, el llanto) se responden con rechazo, enfado o impaciencia, o bien se ignoran, surgen estrategias secundarias para reducir la angustia (Bowlby, 1982; Mikulincer y Shaver, 2016). Dichas estrategias implican, a su vez, la hiperactivación o la desactivación del sistema de apego.

Estrategias hiperactivadoras

Las estrategias hiperactivadoras se caracterizan por una escalada en la intensidad de la protesta. El niño puede llorar más fuerte, agitarse físicamente, revolverse e intensificar las señales de angustia para captar la atención del cuidador. Puede intentar mantener la proximidad aferrándose, llorando, protestando y mostrando ansiedad cuando percibe una separación inminente. Esta estrategia es frecuente en relaciones en las que la figura de apego es impredecible, ya que a veces responde y a veces no. El objetivo es lograr que la figura, percibida como poco fiable, preste mayor atención y proporcione protección y apoyo. Las estrategias hiperactivadoras son precursoras de un estilo de apego ansioso.

Estrategias de desactivación

Las estrategias de desactivación responden a la escasa disponibilidad de la figura de apego, es decir, a cuidadores que suelen reaccionar de forma punitiva y desaprobatoria ante las solicitudes de proximidad y las expresiones de necesidad y vulnerabilidad del niño. Estas estrategias implican la represión de las conductas de búsqueda y protesta de la afectividad del infante (Mikulincer y Shaver, 2016). El niño que recurre a ellas tiende a eliminar de su conciencia el sufrimiento que experimenta, así como las conductas y señales dirigidas a obtener la proximidad del cuidador. De este modo, no solo deja de expresar su malestar, sino que también pierde la conciencia del mismo. El objetivo principal es modular el sistema de apego para evitar advertir el sufrimiento y la frustración derivados de la falta de disponibilidad del cuidador. El uso de estas estrategias constituye un precursor del estilo de apego evitativo, convirtiéndose en la forma más eficaz para que el niño restablezca o mantenga la proximidad con el cuidador (Mikulincer y Shaver, 2002; Kosminsky y Jordan, 2016).

Como forma de hacer frente a la angustia de apego, el niño evalúa y aprende acerca de la disponibilidad del cuidador, su tolerancia emocional y la capacidad para satisfacer sus necesidades. Si el cuidador no está disponible, lo rechaza o lo castiga, la estrategia más eficaz para sobrevivir es desactivar las necesidades de apego. En cambio, si el cuidador se muestra disponible de forma intermitente y es capaz de satisfacer las necesidades, una estrategia de hiperactivación para mantener la proximidad y la seguridad resulta ser la opción de supervivencia más adecuada.

La identificación de las interacciones niño-cuidador que originaron las estrategias de hiperactivación o hipoactivación es fundamental para abordar los problemas actuales del adulto en cuanto a la regulación de las emociones, la autoestima y la vinculación. Muchas de estas experiencias negativas no encajan en la definición de trauma del TEPT, pero continúan teniendo un impacto emocional significativo. Tal es el caso que, según comentó un cliente con estilo evitativo: «siempre sentí que se esperaba de mí que resolviera los problemas por mí mismo», y recordaba que, a los 5 años, se sentía impotente ante situaciones sociales negativas en la guardería. Otro cliente, con estilo de apego ansioso, declaró: «Siempre me he sentido inseguro a la hora de tomar decisiones por mí mismo», y recordó que, a los 4 años, su madre fruncía el ceño ante sus elecciones y le sugería cuál sería una mejor opción.

Experiencias de pérdida durante el desarrollo

Duelo en la infancia

La pérdida de una figura de apego puede ser un acontecimiento devastador que desencadena una angustia intensa y generalizada, lo que Bowlby (1969, 1980) denominó «ansiedad por separación». Según Bowlby, los niños pequeños que se separan de sus cuidadores principales durante períodos prolongados atraviesan tres estados predecibles: protesta, desesperación y desapego.

La protesta es la respuesta inicial del niño a la separación y se caracteriza por la resistencia a distanciarse de la principal fuente de seguridad, protección y consuelo. Se observan comportamientos como llorar, llamar y aferrarse en un intento de restablecer el contacto, acompañados de ansiedad y enfado; reacciones adaptativas orientadas a evitar la pérdida.

Si la protesta no logra restablecer la proximidad, sus reacciones disminuyen y el niño experimenta desesperación, manifestada a través de un estado de ánimo deprimido, disminución del apetito, trastornos del sueño y expresiones de dolor. Bowlby (1980) sostenía que esta fase de desesperación es consecuencia del fracaso de la protesta para restaurar la sensación de seguridad.

Con el tiempo, la desesperación se va atenuando y da paso a una tercera fase, denominada inicialmente por Bowlby como desapego. Aunque en esta etapa se observa una recuperación aparente, acompañada de un interés gradual por otras actividades y relaciones, el desapego no constituye una terminación neutral del vínculo de apego; más bien, refleja la supresión de pensamientos y emociones relacionados con la figura de apego perdida.

Duelo en la edad adulta

Bowlby (1980) planteó que los adultos que pierden o se separan de figuras de apego duraderas, como la pareja, experimentan reacciones similares a las de los bebés ante la separación de su figura de apego (Kosminsky y Jordan, 2016). Asimismo, los adultos pueden reaccionar ante la pérdida de un ser querido mediante intensas protestas: ansiedad, ira, añoranza, preocupación por la persona desaparecida y falta de interés en otras actividades. Sin embargo, en el caso del duelo en adultos –considerado aquí como parte del proceso de adaptación– Bowlby (1980) denominó a la fase final de la ansiedad por separación como reorganización en lugar de desapego, dado que los adultos no se separan defensivamente del ser querido ni suprimen de forma total sus sentimientos, pensamientos y recuerdos respecto al fallecido. En lugar de ello, se observa una transformación de la relación y una reorganización de la representación tanto del yo como del ser querido fallecido, de modo que el difunto pueda funcionar como una fuente simbólica de consuelo y amor mientras la vida continúa. Esta reorganización implica dos grandes tareas psicológicas: en primer lugar, aceptar la muerte; y en segundo lugar, que la persona en duelo mantenga alguna forma de apego simbólico con el fallecido, integrando la pérdida en una nueva realidad. La jerarquía de las figuras de apego cambia, permitiendo que el apego (por ejemplo, la búsqueda de proximidad) se oriente hacia personas o actividades presentes que ofrezcan seguridad, protección y consuelo.

Teoría del apego y cuidados

Además de describir el apego como el sistema de motivación innato del niño para establecer un vínculo con un cuidador, la teoría del apego destaca otro sistema: el sistema de cuidado. Estamos programados para proporcionar cuidados al niño, es decir, para protegerlo, consolarlo y apoyarlo en momentos de angustia, garantizando su bienestar físico. Aunque los padres son los principales cuidadores durante la lactancia y la primera infancia, en la edad adulta se proporciona y se recibe cuidado en las relaciones de apego. Ser un buen cuidador puede ser tan importante como recibir cuidados, ya que produce una sensación de bienestar (Shear et al., 2007).

Mikulincer y Shaver (2016) señalan las diferencias en una relación interrumpida: la persona que experimenta apego anhela la presencia del apoyo de la figura de apego perdida, capaz de ofrecer consuelo y seguridad; mientras que el cuidador que sufre una pérdida, como la de un hijo, tiende a desear seguir teniendo la oportunidad de cuidarlo, intentando compensar fracasos previos en la provisión de cuidados adecuados.

En consecuencia, la muerte de una figura de apego también puede experimentarse como un fracaso en el cuidado, lo que puede generar sentimientos de fracaso, autoculpabilidad y lo que se conoce como «culpa del superviviente». Es frecuente que una persona en duelo se reprenda a sí misma por no haber podido evitar la muerte o por no haberla aligerado (Shear et al., 2007).

TEORÍA DEL APEGO Y DUELO COMPLICADO

Cuando un individuo no logra aceptar la pérdida de un ser querido y retomar las actividades cotidianas, a menudo nos enfrentamos a un duelo complicado (Bowlby, 1980). La persona en duelo puede intentar negar, reprimir o evitar aspectos de la pérdida, su dolor y la comprensión completa de las implicaciones de la muerte; o, por el contrario, aferrarse al ser querido perdido, evitando renunciar a él (Rando, 1993). Asimismo, Kosminsky y Jordan (2016) afirman que el duelo puede complicarse cuando la persona es incapaz de aceptar que la conexión con el fallecido es irreversible. La dinámica clínica de «no puedo conectar» puede resultar abrumadora y, en gran medida, estos pensamientos están profundamente arraigados en la historia de apego de cada individuo.

La explicación que ofrecen Kosminsky y Jordan (2016) sobre la dificultad prolongada para aceptar la pérdida se fundamenta en la teoría del apego. El sufrimiento experimentado por la persona en duelo se asemeja a la preocupación que los niños manifiestan ante la posibilidad de restablecer un nivel tolerable de cercanía con su cuidador. La pérdida activa el sistema de apego, haciendo que la persona en duelo desee conectar y restablecer la proximidad, experimentando desregulación emocional junto con el anhelo y la añoranza del ser querido (Shear et al., 2007). En gran medida, el duelo evoca las mismas reacciones que acompañan la separación de una figura de apego en la infancia (Kosminsky y Jordan, 2016); por ello, el estilo de apego individual es un factor determinante en cómo se vive y se reacciona ante el duelo (Wayment y Vierthaler, 2002; Wijngaards-de Meij et al., 2007; Parkes y Prigerson, 2010; Burke y Neimeyer, 2014; Kosminsky y Jordan, 2016).

Una dinámica clínica fundamental en el duelo radica en la pérdida de conexión con el ser querido. Este puede haber representado un espejo que reflejaba la identidad, el significado y la seguridad, y su repentina ausencia puede resultar demasiado intensa para ser soportada. Especialmente en el caso de figuras de apego inseguras, la muerte puede evocar emociones conflictivas y la ansiedad asociada a traumas de apego, tanto de gran como de menor intensidad. La forma en que respondemos a la muerte de una figura de apego depende de la activación de partes muy profundas de nuestro ser y, en cierto sentido, se configura desde la infancia. Cada pérdida puede reactivar las mismas emociones y respuestas que se manifestaban en la separación del cuidador en los primeros años de vida. Dado que el estilo de apego resulta de las interacciones entre el cuidador y el niño, la teoría del apego orienta al terapeuta de EMDR en la identificación y tratamiento de recuerdos negativos relacionados con problemas de apego.

Estilo de apego y respuesta al duelo

Las personas con un apego seguro se ven afectadas y entristecidas por la pérdida de un ser querido, pero es probable que encuentren mayor facilidad para adaptarse en comparación con quienes presentan un estilo de apego inseguro (Mikulincer y Shaver, 2008). El apego seguro favorece la reorganización de los modelos internos del yo y de los demás, lo que incrementa la probabilidad de adaptación a la pérdida (Mikulincer y Shaver, 2011). Los individuos con apego seguro son capaces de recordar y reflexionar sobre la pérdida sin experimentar dificultades extremas, pudiendo reconocer su dolor y hablar de la pérdida de forma coherente. Se aplica el antiguo refrán de que "el tiempo cura todas las heridas". Por el contrario, los individuos con apego inseguro pueden experimentar un duelo más intenso y prolongado.

Aunque no se puede generalizar en exceso, y reconociendo la gran individualidad y variabilidad, la investigación ha demostrado que las personas con un estilo de apego ansioso son más propensas a mostrar síntomas de hiperactivación, a rumiar sobre la pérdida y a experimentar un profundo sentimiento de soledad, junto con otras emociones negativas abrumadoras, lo que puede complicar el proceso de duelo (Wayment y Vierthaler, 2002; Kosminsky y Jordan, 2016; Mikulincer y Shaver, 2016). En particular, quienes tienen un estilo de apego ansioso y antecedentes de dependencia tienden a sufrir una ansiedad intensa, ira, tristeza, añoranza, dificultad para aceptar la pérdida y problemas para establecer una nueva estructura vital (Mikulincer y Shaver, 2011).

En cuanto al apego evitativo, su papel en el duelo es menos claro. Fraley y Bonanno (2004) descubrieron que las personas en duelo con un estilo de apego despectivo-evitativo mostraban un cuadro sintomático similar al de aquellas con apego seguro. Es posible que este estilo impida el establecimiento de un vínculo estrecho, lo que podría disminuir el impacto de la pérdida; en tal caso, la aparente ausencia de duelo podría reflejar, en realidad, una falta de implicación profunda con el fallecido. No obstante, la aparente falta de ansiedad también puede derivar de minimizar la necesidad de apoyo de los demás, en consonancia con la actitud característica de este estilo, y de la creencia de que «pedir ayuda no ofrece beneficios significativos» (Parkes, 2013).

Las defensas evitativas inhiben tanto la ansiedad como la tristeza, de modo que la persona con un estilo de apego evitativo puede minimizar la importancia de la pérdida, negar su impacto emocional e intentar distanciarse de los recuerdos del fallecido (Mikulincer y Shaver, 2011). Estas personas, que emplean estrategias hiporreguladoras, tienden a mostrarse insensibles y desconectadas; sin embargo, cuando se activan, pueden sentirse inundadas por emociones no deseadas y angustiosas (Meier et al., 2013). Aunque en apariencia parezca que gestionan bien la situación, en realidad pueden experimentar una angustia interna considerable (Parkes, 2013; Parkes y Prigerson, 2010). Además, las actividades cotidianas que antes disfrutaban junto al ser querido pueden transformarse en recordatorios dolorosos y no deseados de la pérdida, lo que desencadena ansiedad y fomenta la evitación o represión de pensamientos y sentimientos, complicando el proceso de duelo.

Fraley y Bonanno (2004) hallaron que las personas con un estilo de apego temeroso-evitativo (equivalente al estilo de apego desorganizado en la infancia) enfrentan mayores dificultades para adaptarse a la pérdida, en comparación con quienes presentan estilos de apego seguro o despectivo-evitativo. Parece que aquellas personas que han sufrido malos tratos o abandono durante la infancia desarrollan, en la edad adulta, un estilo de apego temeroso-evitativo o desorganizado, lo que incrementa la probabilidad de experimentar un duelo traumático tras una muerte repentina o la pérdida de un ser querido importante.

IMPLICACIONES PARA LA TERAPIA EMDR

Los estilos de apego se desarrollan en el contexto de las interacciones entre el niño y su cuidador y pueden entenderse como redes de memoria organizadas en torno a dichas interacciones, almacenadas como recuerdos que guían las relaciones y proporcionan una base de información emocional sobre uno mismo y sobre los demás. La pérdida de un ser querido evoca muchas de las mismas reacciones que se experimentaron ante la separación de una figura de apego en la infancia. Por ello, el tratamiento del duelo complicado implica no solo abordar el trauma y la angustia de la pérdida actual, sino también identificar y procesar aquellos recuerdos pasados almacenados de forma desadaptativa que han influido en el desarrollo del estilo de apego individual y que subyacen a las dificultades presentes. Los estilos de apego ansioso, evitativo y desorganizado se configuran no únicamente por las principales experiencias angustiosas (por ejemplo, maltrato o negligencia), sino también por momentos aparentemente insignificantes pero impactantes, como «mamá no me miraba cuando estaba enfadado» o «papá se enfadaba conmigo cuando le pedía algo».

En consonancia con Bowlby, la terapia EMDR facilita dos tareas psicológicas fundamentales para la adaptación a la pérdida: la aceptación de la muerte y el desarrollo de un apego simbólico al fallecido. En primer lugar, la terapia EMDR ayuda a procesar el trauma asociado a la pérdida, permitiendo su integración y aceptación. En segundo lugar, favorece la aparición de recuerdos sinceros que posibilitan la construcción de una representación interna adaptativa, proporcionando un apego simbólico al fallecido. Según la teoría del apego, las dificultades para abordar estas tareas pueden superarse identificando y procesando los recuerdos del pasado relacionados con interacciones problemáticas entre el niño y el cuidador.

EJEMPLOS DE CASOS

Apego seguro

Zelda, quien estuvo casada durante ocho años y tenía dos hijos, acudió a terapia un año después de la muerte de su marido, quien falleció dos meses después de sufrir un accidente de coche debido a complicaciones. Aunque el periodo fue muy difícil, Zelda manifestó que poco a poco se estaba adaptando a la pérdida. Dedicaba la mayor parte de su tiempo al cuidado de sus hijos, quienes, pese a estar afectados por la pérdida, seguían rindiendo bien en la escuela y mantenían relaciones cercanas con familiares y amigos. Cuatro meses después de la muerte de su esposo, Zelda volvió al trabajo y, en los últimos tres meses, había retomado aficiones como jugar al tenis con amigos los domingos y salir a cenar o almorzar al menos dos veces por semana.

No obstante, la imagen de su marido en el depósito de cadáveres continuaba atormentándola; cada vez que veía una ambulancia o pasaba frente al hospital, la recordaba. Zelda relató que había tenido una infancia normal, con padres que la querían y cuidaban, y que siempre había tenido amigos. Conoció a su marido en la universidad y la pareja había disfrutado de una relación feliz.

En la primera sesión, Zelda demostró estabilidad y respondió positivamente a un ejercicio de lugar seguro. En la sesión siguiente, tras recopilar información de su historia clínica y explicar el proceso del EMDR, se identificó como primer recuerdo objetivo la imagen de su marido en el depósito de cadáveres. Durante las primeras sesiones de estimulación bilateral, Zelda lloró mientras relataba cómo había visto a su marido en ese lugar; además, describió el regreso a casa, la reunión con la familia y amigos, y el funeral. Posteriormente, le vinieron a la mente recuerdos de su marido vivo, como la celebración reciente de su cumpleaños, en la que salieron a cenar y luego a bailar, llegando a expresar que casi podía sentir su abrazo al bailar. Al final de la sesión, la imagen de su marido en el tanatorio se había desvanecido, y ahora recordarlo le provocaba una sonrisa. Zelda decía sentirse bien y agradecida por el tiempo compartido.

Esta clienta, con apego seguro, cumplió los criterios tras dos sesiones para iniciar el procesamiento de la memoria mediante EMDR. El procesamiento se llevó a cabo sin contratiempos y concluyó con la aparición de recuerdos positivos y significativos. Aunque Zelda no presentaba criterios de TEPT y se desempeñaba de forma adaptativa, el tratamiento con EMDR fue útil para procesar la angustiosa escena del depósito de cadáveres. La terapia EMDR no interfiere en el proceso de duelo, sino que lo facilita al procesar recuerdos dolorosos y superar obstáculos que podrían complicarlo. Como es habitual en la aplicación del EMDR en el duelo, surgieron recuerdos positivos y se estableció una representación interna adaptativa.

Apego ansioso

Un hombre de 34 años acudió a terapia poco después de perder a su padre. El cliente se mostraba muy alterado, asustado e incluso parecía desesperado. Al centrarse en el recuerdo de la noticia del fallecimiento de su padre, el procesamiento se estancó debido a una intensa ansiedad. Mediante la técnica de regresión, el terapeuta indujo la evocación de recuerdos relacionados con su madre y el miedo que esta le inspiraba. Aunque la madre representaba una figura aterradora para él, se sentía seguro con su padre. La muerte de este último provocó la reactivación de miedos infantiles, complicando su duelo e interfiriendo en el procesamiento. Tras trabajar y procesar los recuerdos relacionados con su madre, el cliente logró adaptarse a la pérdida de su padre (contribución de Kris White).

Apego evitativo

Una mujer de 25 años inició un proceso terapéutico dos años después de la muerte de su padre, quien había padecido una enfermedad degenerativa que lo dejó postrado en cama desde que ella tenía 8 años. Desde el fallecimiento, la clienta notó que experimentaba menos emociones y se distanciaba de los demás; acudió a consulta a instancias de sus amigos. Relató que, aunque su padre era un hombre inteligente y en sus últimos años disfrutaba conversando con él, ella experimentaba sentimientos contradictorios: por un lado, le echaba de menos, pero, por otro, siempre se había sentido desconectada. Desde su muerte, pensar en su padre o que se le recordara le provocaba una sensación de embotamiento y aislamiento. Aunque sus recuerdos de la infancia eran escasos –algo habitual en un estilo de apego evitativo– mencionó que su padre era brusco y la criticaba. Intentaba ayudarlo cuando era necesario, pero, en general, procuraba mantenerse alejada. Dado que su enfermedad representaba una de las principales preocupaciones de su madre, la clienta a menudo se sentía sola y desamparada. Tras varias sesiones de historia clínica, el tratamiento se centró inicialmente en el recuerdo de su último día junto a su padre. Durante el procesamiento, se produjo un bloqueo y la clienta manifestó insensibilidad.

El terapeuta le preguntó si deseaba retomar el recuerdo objetivo y, para comprender mejor la función de ese bloqueo, indagó sobre la utilidad de impedir la aparición de sus emociones. Al explorar esta cuestión, la clienta se percató de que estaba evitando rememorar lo duro, crítico e impaciente que había sido su padre durante su infancia, y que distanciarse emocionalmente de él era una estrategia para enfrentar su comportamiento negativo. Al retomar el objetivo y continuar con el reprocesamiento, el recuerdo de estar junto a la cama de su padre presentó una baja puntuación en la escala de malestar subjetivo (SUD), aunque se volvió más consciente de los recuerdos negativos de su infancia. La sesión quedó incompleta y se concluyó con ejercicios de enraizamiento. Las sesiones posteriores se dedicaron al reprocesamiento de los recuerdos dolorosos relacionados con su padre, así como a los disparadores presentes y futuros pertinentes.

El estilo de apego desorganizado se tratará en el capítulo sobre trauma complejo (capítulo 20).

RESUMEN

Los estudios han demostrado que el estilo de apego determina la manera en que se afronta la pérdida de un ser querido y explica las diferencias individuales (Kosminsky y Jordan, 2016). Los estilos de apego se configuran a partir de las interacciones con los cuidadores. En términos del modelo PAI, pueden conceptualizarse como redes de memoria organizadas en torno a las interacciones niño-cuidador, que guían las relaciones y proporcionan una base de información emocional sobre uno mismo y sobre los demás. La pérdida de un ser querido importante en la edad adulta puede evocar muchas de las mismas emociones y respuestas que acompañaron la separación de una figura de apego durante la infancia. El tratamiento del duelo complicado no solo implica abordar el trauma y la angustia de la pérdida (por ejemplo, centrarse en el momento del *shock* o en la toma de conciencia de la pérdida), sino también identificar y procesar aquellos recuerdos pasados almacenados de forma desadaptativa que han contribuido al desarrollo del estilo de apego individual y que subyacen a las dificultades actuales. Además, resulta necesario identificar y procesar los disparadores presentes e instalar un patrón futuro para cada uno de ellos.

CAPÍTULO 7

TEORÍA DE LOS VÍNCULOS CONTINUOS

Otro modelo importante de duelo es el de los vínculos continuos (Klass, Silverman y Nickman, 1996). Estos autores cuestionaron los modelos de duelo en los que el resultado final es la desvinculación con el fallecido, el «cierre» o el «seguir adelante». Por ejemplo, Freud, en su célebre obra Duelo y melancolía (1917), consideraba el trabajo de duelo como el mecanismo mediante el cual la persona en duelo renuncia al vínculo con el ser querido fallecido. A través de la exposición repetida a estímulos que le recuerdan la irreversibilidad de la pérdida, la persona en duelo llega a aceptar la realidad de la muerte y a retirar su libido (energía de apego), liberándola para invertirla en otras relaciones.

Sin embargo, desde el punto de vista del apego, el objetivo del trabajo de duelo no consiste en el desapego del ser querido, sino en una reorganización o transformación de la relación que se acomoda a la realidad de la muerte y da lugar al desarrollo de un vínculo continuo que perdura a lo largo de la vida. La persona en duelo mantiene una conexión psicológica con el ser querido fallecido (Marwit y Klass, 1996). Este vínculo continuo se expresa tanto a nivel conductual como social, por ejemplo, al hablar del ser querido, recordarlo (tanto de manera informal como en rituales más formales) y compartir el dolor. Inicialmente, los comportamientos orientados a la creación de un vínculo duradero buscan cierta cercanía con el fallecido: la persona en duelo puede pensar en él, soñarlo, hablarle o visitar lugares en los que siente una mayor proximidad. No obstante, al realizar estas acciones, también toma conciencia de que su ser querido ya no está y, con el tiempo, llega a aceptar la realidad de la pérdida. Aun así, el vínculo continúa. Los rituales, las conmemoraciones, las ceremonias, la participación en actividades significativas que honran al ser querido, la continuación de su legado y la narración de recuerdos entrañables aportan consuelo y mantienen una conexión permanente. La teoría de los vínculos continuos muestra que el duelo es un proceso en constante evolución; no es algo que termina, sino un camino de transformación continua que permite que el ser querido siga formando parte de nuestra vida a través del recuerdo. La relación con el fallecido no es estática, sino que cambia junto con la persona en duelo: la forma en que nos relacionamos con quienes hemos perdido varía a medida que envejecemos y la perspectiva desde la que afrontamos una pérdida es muy distinta a los veinte, treinta o cuarenta años.

MODELO INTERNO DE TRABAJO

El concepto de *modelo interno de trabajo* se emplea para describir y analizar las experiencias de un niño con su cuidador, resultando igualmente útil para comprender lo que sucede durante el duelo. A través de interacciones repetidas con el cuidador y de la consolidación de información sobre su disponibilidad y capacidad de respuesta, el niño desarrolla un modelo interno de trabajo (MIT) que le permite sentir el apego sin necesidad de proximidad física. Por ello, el MIT proporciona una conexión con las figuras de apego en situaciones de separación. Según Bowlby (2005, 2008), estos modelos internos de trabajo tienen un efecto duradero e influyen en las expectativas relativas a las relaciones, incluyendo la forma en que reaccionamos cuando muere alguien a quien estamos profundamente unidos. Así como el niño aprende a tolerar la separación del cuidador interiorizando la relación, la persona en duelo desarrolla un nuevo modelo interno de la relación con el fallecido, lo que le permite adaptarse a la separación permanente causada por la muerte. El ser querido interiorizado puede seguir siendo una fuente de seguridad y de consuelo, además de servir como base para explorar un nuevo mundo y encontrarle sentido a la vida. De este modo, la relación con el fallecido se transforma mediante el desarrollo de un nuevo modelo interno en el que se experimenta una conexión significativa a través de los recuerdos más sentidos. Este proceso ocurre a menudo durante el reprocesamiento de la memoria mediante la terapia EMDR.

Sin embargo, una adaptación sana requiere reconocer la muerte e integrar en los modelos internos de trabajo la permanencia de la pérdida. Para algunas personas, aceptar esta realidad puede resultar insoportable o incluso traumatizante. La persona en duelo puede sentirse atrapada en el dolor, pues no logra conectar con el ser querido que se ha ido para siempre.

Además, el propio dolor profundo puede representar, paradójicamente, la conexión con el ser querido, haciendo que la persona en duelo tema (consciente o inconscientemente) que perder ese dolor signifique perder la conexión (véanse las transcripciones en el anexo 2). Algunas personas intentan forzar deliberadamente un vínculo manteniendo inalteradas las posesiones del fallecido, visitando lugares que frecuentaba o manteniendo conversaciones imaginarias para sentirse reconfortadas, como si el fallecido estuviera vivo, sin darse cuenta de que ya no volverá. Sin embargo, los estudios (Fields, Gao y Paderna, 2015) han demostrado que tales intentos conductuales o imaginarios deliberados de conectar con el ser querido no parecen favorecer un afrontamiento a largo plazo. Existe una diferencia entre estas manifestaciones forzadas de un vínculo continuo y tener una sensación interna de conexión, la cual puede ser simbólica. Por ejemplo, se puede recordar al fallecido como un modelo positivo, una fuente de sabiduría, un compañero cariñoso o alguien que estuvo presente en momentos importantes de la vida. Esta sensación de conexión, experimentada a través de recuerdos significativos y emocionalmente ricos, puede integrarse en la identidad de la persona en duelo y permitir que el ser querido continúe desempeñando un papel en su vida personal. En este sentido, la representación mental del fallecido puede seguir evolucionando y convertirse en una parte significativa e integral de la vida del individuo (Neimeyer et al., 2002).

EL VÍNCULO CONTINUO PUEDE SER NEGATIVO

Los recuerdos que emergen durante la terapia EMDR y que conforman la representación interna pueden ser negativos. Dennis Klass afirma:

> El vínculo continuo sigue existiendo, es decir, muchas de las mismas dinámicas en la relación pueden persistir. Por lo tanto, las dificultades o patologías permanecen, aunque la muerte pueda dar a la persona viva más espacio para modificar el vínculo o, en algunas culturas como la nuestra, para tomar distancia de una relación tóxica [...]. Creo que a menudo cometemos el error de hablar de los vínculos continuos como si siempre fueran positivos. Si algo sabemos desde hace un siglo de psicología moderna, es que el amor es algo complejo. (Comunicación personal, fechada el 15 de abril de 2020)

Este libro contiene numerosos casos clínicos que ejemplifican cómo el vínculo con la persona amada puede persistir incluso después de su muerte, como se ha descrito al mencionar la aparición de recuerdos positivos que contribuyen al desarrollo de una representación interna adaptativa del fallecido. Veamos uno de estos casos.

EJEMPLO DE CASO

Portia, una joven embarazada de gemelos, paseaba por el centro de su ciudad cuando fue víctima de un atentado terrorista. Se encontraba muy cerca de un punto de explosión; mientras intentaba protegerse, sintió un impacto en el abdomen y se llevó inmediatamente las manos al vientre para resguardarlo. Perdió a sus bebés. Veinte años después, Portia inició un tratamiento con EMDR. Ya había realizado un proceso psicoterapéutico previo por su trastorno de estrés postraumático, pero la muerte del general del ejército responsable del atentado reactivó en ella ciertos recuerdos traumáticos, lo que la llevó a buscar ayuda nuevamente. Durante los dos primeros años de terapia se trabajaron experiencias vividas durante la guerra; sin embargo, en una sesión de EMDR se abordó específicamente la pérdida de sus hijos. Portia experimentaba una culpa profunda por no haber podido protegerlos y atribuía lo ocurrido al gesto que realizó al rodear su vientre con los brazos durante la explosión. Mediante la reelaboración con EMDR, ese gesto se transformó en un momento simbólico en el que intentaba abrazar a los gemelos, un instante de conexión. Tras esa sesión, Portia fue capaz de recordar a sus bebés desde la perspectiva de ese abrazo y de sentir el vínculo con ellos.

IMPLICACIONES PARA LA TERAPIA EMDR

Una persona en duelo puede experimentar una angustia significativa por haber perdido la conexión con el ser querido. El dolor de una pérdida irrevocable puede resultar insoportable. Suponiendo que el cliente cumpla los criterios de preparación para el procesamiento de los recuerdos, la terapia EMDR permite reprocesar el dolor emocional inherente a darse cuenta de que el ser querido se ha ido para siempre. El reprocesamiento de la emoción inicial posibilita la vinculación de información adaptativa, incluida la aparición de recuerdos positivos y sinceros. Estos recuerdos permiten la formación de una representación interna adaptativa (como se explica en el capítulo 1), caracterizada por la percepción de un vínculo duradero con el fallecido. Por tanto, una dinámica clínica importante consiste en que el cliente pase de «no puedo conectar» a «puedo conectar», construyendo un puente a través de los recuerdos positivos y emocionales que conserva del ser querido.

No obstante, el vínculo continuo puede estar constituido también por recuerdos negativos que subyacen a creencias negativas sobre uno mismo y a problemas de identidad, lo que puede complicar el proceso de duelo. El tratamiento EMDR se orienta a identificar y reprocesar estos recuerdos negativos. Por ejemplo, tras la muerte de su padre, un cliente sostenía la convicción de «ahora nunca podré demostrarle que soy lo bastante bueno». El tratamiento para el duelo se inició reprocesando los recuerdos negativos de la infancia subyacentes a la creencia de «no soy lo suficientemente bueno». El objetivo era distanciar a la persona en duelo de la identidad derivada de la información desadaptativa almacenada. La terapia EMDR conduce a la individuación y diferenciación de la figura de apego que originó la identidad negativa, permitiendo al cliente afirmar, tal y como concluyó él mismo: «Mi padre tenía sus propios problemas. No soy responsable de su comportamiento ni de la forma en que me trataba. Puedo separar quién soy de cómo me trató. Soy lo bastante bueno».

RESUMEN

La teoría de los vínculos continuos se centra en que el apego con fallecido continúa. Con la terapia EMDR, el vínculo continuo se muestra con la aparición de recuerdos positivos que forman una representación interna adaptativa. Sin embargo, los recuerdos negativos también forman parte del vínculo continuo y deben reprocesarse para promover un duelo sano y un desempeño adaptativo general.

CAPÍTULO 8

EL PROCESAMIENTO DUAL

Stroebe y Schut (1999, 2010) conceptualizan un modelo de procesamiento dual (MPD) en el que la adaptación sana a la pérdida implica oscilar entre dos orientaciones: afrontar el dolor asociado al duelo (orientación a la pérdida, LO) y evitar dicho dolor mientras se afrontan las tareas cotidianas y se intenta construir una vida sin la persona amada (orientación a la restauración, OR).

La LO engloba todos los intentos que realiza la persona para confrontar y experimentar sus reacciones emocionales relacionadas con el duelo. Cuando se orienta hacia la pérdida, el individuo se compromete a buscar un sentido de cercanía con la persona fallecida, a sentir nostalgia por ella, a mantenerla viva en el recuerdo, a entablar conversaciones imaginarias con ella, a intentar percibir su presencia de alguna manera y a enfrentarse a situaciones y estímulos que lo confrontan con la realidad de la pérdida de la relación (Zech, 2016).

Por el contrario, la OR incluye aquellos comportamientos caracterizados por el distanciamiento del sufrimiento y orientados a afrontar ciertos factores estresantes secundarios, es decir, los cambios que resultan de la pérdida. Esta orientación se centra en la resolución de problemas relacionados con la modificación de la situación financiera, la gestión del hogar, la asunción de nuevas responsabilidades y las transformaciones identitarias provocadas por una pérdida importante (como el paso de marido a viudo, por ejemplo).

En el modelo de procesamiento dual, la experiencia de afrontamiento se configura en un patrón oscilatorio: la persona en duelo alterna intervalos de enfrentamiento directo al dolor (LO) con momentos de alejamiento en los que se dedica a atender los cambios de la vida, es decir, los estresores secundarios (OR). De este modo, se permite entrar y salir de un duelo intenso, afrontando los cambios vitales que exige la pérdida. Esta oscilación resulta esencial para un ajuste psicológico óptimo, siendo crucial la flexibilidad para manejar los factores estresantes tanto de la LO como de la OR.

Este modelo puede entenderse también en términos de la teoría del apego. La LO implica la activación del sistema de apego, haciendo que la persona en duelo se enfrente a los aspectos emocionales de la pérdida. En cambio, la OR supone la desactivación del sistema de apego, lo que permite que el individuo deje a un lado temporalmente el sufrimiento para ocuparse de las demandas de la vida cotidiana. Cuando muere un ser querido, la pérdida es irreversible y este ya no puede proporcionar seguridad ni consuelo, por lo que las estrategias primarias de búsqueda de apego dejan de ser pertinentes; en su lugar, deben emplearse estrategias secundarias, es decir, la activación y la desactivación del sistema de apego. Según Mikulincer y Shaver (2017), experimentar el profundo dolor de la pérdida (a través de estrategias de activación) estimula los recuerdos del ser querido y la comprensión de que la persona se ha ido para siempre, lo que impulsa al individuo a explorar y apreciar el significado de la relación perdida, a reorganizar sus vínculos –pasando del amor en presencia al amor en ausencia– e integrar la pérdida. Por otra parte, las estrategias de desactivación, que consisten en un distanciamiento momentáneo, compartimentación y alejamiento del duelo, facilitan el proceso de reorganización al permitir al individuo centrarse en sus funciones, responsabilidades y en la situación vital cambiante.

Por lo tanto, un duelo sano implica oscilar entre afrontar la pérdida (LO) y periodos de evitación o respiro (OR). En determinados momentos, la persona en duelo confrontará directamente la pérdida, y en otros, la obviará para centrarse en las tareas cotidianas y las necesidades prácticas. Por ejemplo, una profesora que estaba de duelo por la pérdida de su madre relató lo difícil que resultaba enfrentar sus sentimientos en casa, pero descubrió que ir a trabajar y concentrarse en la enseñanza le ayudaba a gestionar mejor el dolor. Este es un buen ejemplo de oscilación entre la LO y la OR.

La oscilación se rompe cuando la persona en duelo se centra excesivamente en estrategias activadoras o desactivadoras. El individuo que emplea estrategias activadoras (propias del estilo de apego ansioso) puede llegar a creer –o tener la esperanza– de que, si protesta lo suficiente y durante mucho tiempo, el ser querido volverá. Las complicaciones de centrarse demasiado en la LO incluyen el desarrollo de un duelo crónico, caracterizado por una pena intensa, rumiación y preocupación constante por el fallecido, lo que impide el progreso hacia la aceptación de la pérdida. Por otro lado, la persona que utiliza estrategias de desactivación (propias del estilo de apego evitativo) se esfuerza por evitar recordatorios del ser querido, negando o suprimiendo fuertes sentimientos acerca de la pérdida. Sin embargo, los sentimientos dolorosos relacionados con el ser querido, aunque se mantengan fuera de la conciencia, no se pueden ignorar y seguirán afectando el funcionamiento del individuo, pudiendo reactivarse violentamente ante ciertos estímulos. En casos extremos, estos individuos muestran un duelo inhibido, ausente o retardado (véase el capítulo 5), negando la necesidad de llorar la pérdida y prefiriendo aislarse, lo que deja la pérdida desintegrada, fragmentada, y a la persona en duelo sufriendo en silencio.

IMPLICACIONES PARA LA TERAPIA EMDR

El modelo de procesamiento dual ilustra la importancia de adoptar una visión amplia de la intervención, explorando no solo cómo el cliente enfrenta el impacto emocional de la pérdida (LO), sino también si es capaz de dejar de lado el duelo para atender a los cambios en la vida –por ejemplo, al asumir nuevas funciones y responsabilidades derivadas de la muerte (OR)–. Dicho de otro modo, es crucial evaluar la oscilación entre la LO y la OR.

Orientación excesiva hacia la pérdida

Algunos clientes, especialmente aquellos con un estilo de apego ansioso, que se centran excesivamente en la LO pueden beneficiarse de la reelaboración de momentos o imágenes traumáticas relacionadas con la muerte, como aquellos asociados al instante en que se enteraron del fallecimiento, o episodios ocurridos en el hospital o durante los funerales, que irrumpen en la vida mental y pueden obstaculizar su funcionamiento. Tal reelaboración puede ayudar al cliente a orientarse hacia la restauración, distinguiéndose de la pérdida y afrontando mejor los cambios que esta implica.

Sin embargo, para ciertos clientes la añoranza, la tristeza y el impacto de la pérdida resultan tan intensos que pueden quedar «ahogados» por las emociones. Empezar el trabajo emocional demasiado pronto puede incrementar la angustia, la rumiación y la depresión. Para poder suspender temporalmente la angustia y aliviar el dolor del duelo, el cliente debe, antes que nada, desarrollar suficientes habilidades de regulación emocional y alcanzar un nivel adecuado de estabilización; solo así podrá mantenerse en un estado que le permita enfrentar sus tareas cotidianas. Para facilitar el cambio de enfoque hacia la restauración, en algunos casos será preferible trabajar en el desarrollo de dichas habilidades, por ejemplo, a través del desarrollo e instalación de recursos (RDI, siglas en inglés de *Resource, Development and Installation*; Korn y Leeds, 2002).

En estos casos, resulta importante ayudar al cliente a adquirir nuevas estrategias para resolver problemas, encontrar formas efectivas de distraerse de las emociones negativas (por ejemplo, dedicándose a actividades de ocio o pasando tiempo con amigos) y aprender nuevas estrategias para afrontar los cambios provocados por la pérdida (estresores secundarios). El cliente podría también necesitar desarrollar habilidades más generales que le permitan asumir nuevos roles y gestionar los cambios cotidianos. Margaret Stroebe afirmó:

> Hacer frente a los estresores secundarios, los cambios que se producen como consecuencia de la pérdida, es algo que tiene que tratarse, así como hacer frente a la propia pérdida. Estas tareas de orientación a la restauración son arduas y forman parte del afrontamiento específico de la experiencia del duelo: hay que enfrentarse a ellas. (Comunicación personal, fechada el 11 de septiembre de 2020)

El terapeuta puede identificar los obstáculos que dificultan el afrontamiento de las tareas de OR y centrarse en los disparadores actuales que generan la dificultad. Como se explicará con mayor detalle en el capítulo 15 (fase 2), tras una adecuada preparación y estabilización, el procesamiento del trauma de la pérdida (por ejemplo, el impacto emocional inicial) puede ayudar al cliente a funcionar de forma más adaptativa. Posteriormente, reprocesar los disparadores presentes y proporcionar patrones futuros para cada uno de ellos facilitará que el cliente enfrente los cambios y retos nuevos. Los recuerdos anteriores, por ejemplo, aquellos basados en el apego, pueden subyacer a las dificultades actuales y deben explorarse con cuidado y reelaborarse cuando el cliente sea capaz de mantener la atención dual.

EJEMPLO DE CASO

El marido de Teresa murió en casa a causa de un infarto. La mujer decidió emprender un proceso psicoterapéutico aproximadamente seis meses después de su fallecimiento; haberlo presenciado directamente la llevó a experimentar algunos síntomas propios del trastorno de estrés postraumático. Teresa, que tenía dos hijos (de 8 y 11 años), siempre estaba ocupada cuidándolos; sin embargo, la pérdida de su marido y las dificultades relacionadas con la gestión del hogar la hacían sentirse abrumada. Al principio, el tratamiento se centró en la regulación de las emociones, el desarrollo de habilidades para la resolución de problemas (por ejemplo, priorizar y planificar el día) y en la gestión del tiempo. A Teresa le resultaba difícil pedir ayuda a amigos y familiares, ya que no se sentía merecedora de recibir apoyo. Sus padres se divorciaron cuando ella tenía 5 años y vivió con su madre, quien solía molestarse cada vez que Teresa le pedía ayuda y, aunque la asistía, parecía enfadada mientras lo hacía. Este tipo de interacciones la llevó a consolidar la creencia negativa: «No soy digna». Durante los primeros dos meses, nos dedicamos al desarrollo de sus habilidades de regulación emocional, utilizando el ejercicio del lugar seguro, el desarrollo e instalación de recursos y ejercicios de respiración. Posteriormente, pasamos a la reelaboración de los recuerdos mediante EMDR, empleando como primer objetivo el momento en que Teresa vio morir a su marido. Más adelante, el objetivo principal de la terapia se convirtió en lograr que Teresa pudiera moverse de forma flexible entre la orientación a la restauración (OR) y la orientación a la pérdida (LO). Se identificaron recuerdos de la infancia relacionados con el «no valgo nada», como el enfado de su madre cuando la necesitaba, y se reprocesaron. A continuación, se trabajaron los disparadores actuales, como la dificultad para pedir ayuda a amigos o familiares con los niños (a pesar de saber que la apoyarían), y después se abordaron los patrones futuros que le permitieran solicitar ayuda. Tras estas sesiones, Teresa fue capaz de pedir apoyo a sus amigos y familiares. Gracias a la reelaboración de sus recuerdos de apego, sus habilidades de regulación emocional mejoraron notablemente, al igual que su autoestima («Soy digna»); además, saber que podía contar con el apoyo de las personas que quería contribuyó a mejorar su organización del tiempo. A medida que avanzaba la terapia, Teresa se volvió cada vez más capaz de apartar momentáneamente su dolor para afrontar los desafíos que implicaba el proceso de adaptación.

Teresa se encontraba atrapada en la orientación a la pérdida (LO) y le resultaba difícil apartar su duelo para oscilar hacia la orientación a la restauración (OR) y hacer frente a los estresores secundarios. Un obstáculo importante era su incapacidad para pedir ayuda. Las estrategias de regulación emocional y la RDI reforzaron su capacidad de adaptación para mantener la conciencia dual, fundamental para el procesamiento de los recuerdos mediante EMDR.

Tras reprocesar el trauma de la pérdida, las sesiones se centraron en ayudarla a afrontar los estresores secundarios, siendo prioritario lograr que pudiera pedir ayuda. Con el reprocesamiento de los recuerdos basados en el apego que contribuían al «no soy digna», Teresa pudo oscilar con mayor fluidez entre las tareas de OR y las de LO.

Orientación excesiva hacia la restauración

Los clientes atrapados en la OR (como suele ocurrir en el apego evitativo) tienen dificultades para afrontar el impacto emocional de la pérdida y pueden necesitar entrar en contacto con los pensamientos y emociones vinculados a la muerte de su ser querido de forma lenta y gradual. Es recomendable, ante todo, enseñarles estrategias de regulación emocional, atendiendo siempre a las necesidades individuales. La exploración de la historia relacional con el difunto, de los recuerdos asociados a él y de emociones como la nostalgia y el dolor debe realizarse respetando los tiempos del cliente. Además, es importante identificar y reelaborar aquellos recuerdos de apego que han conducido al desarrollo de un estilo evitativo, cuando esté presente. Por ejemplo, de niño, el cliente pudo haber aprendido que cerrarse en sí mismo –evitando entrar en contacto con sus propias emociones y necesidades y expresarlas libremente– era la mejor estrategia de supervivencia, situación que suele ocurrir cuando en la historia de un individuo se repiten interacciones en las que el cuidador se mostró reacio o negligente. En las primeras fases de la terapia, en ocasiones es preferible no pedirle al cliente que se concentre en estímulos que le recuerden a la persona amada y que provoquen reacciones emocionales dolorosas, ya que podría no estar preparado para tolerarlos. Solo cuando haya desarrollado unas buenas habilidades de regulación emocional será posible reelaborar dichos estímulos que desencadenan sufrimiento emocional e instalar un patrón futuro positivo para promover comportamientos más adaptativos.

EJEMPLO DE CASO

La madre de Jeff falleció tras una larga enfermedad. Cinco meses después, Jeff, de 27 años, acudió a terapia conmigo. Jeff tenía dificultades para experimentar y expresar sus sentimientos; me comentó que se mantenía ocupado con la herencia, incluida la preparación de su casa para la venta y la gestión de asuntos legales. Cada vez que pensaba en su madre, se ponía triste y rápidamente encontraba algo que hacer. No obstante, observó que presentaba dolores físicos que parecían intensificarse y se asociaban con pensar en su madre o al ser recordado. Jeff explicó que sus padres enfatizaban que debía ser independiente y encontrar soluciones por sí mismo, lo que le llevó a sentirse solo durante su crecimiento; cuando estaba angustiado, aprendió a arreglárselas por sí mismo y, además, comía en exceso cuando estaba estresado. Afirmó que siempre tuvo dificultades para expresar sus emociones, lo que afectaba sus relaciones, y que a menudo las mujeres con las que salía rompían con él por parecer poco profundo emocionalmente. Las sesiones se centraron inicialmente en que Jeff describiera la enfermedad de su madre, su muerte y sus reacciones; la exploración de sus emociones fue pausada, y el terapeuta validó su nivel de respuesta. En las sesiones iniciales se le enseñó el ejercicio del lugar seguro y ejercicios de respiración para manejar la tensión. Al cabo de tres meses, Jeff pudo describir los aspectos dolorosos de su infancia: de niño, intentaba resolver sus problemas por sí mismo, como se esperaba de él, pero en muchas ocasiones se sentía incapaz y solo, por lo que aprendió a mantenerse ocupado para sobrellevar su angustia. Un momento crucial de la terapia se produjo cuando Jeff conectó con un doloroso recuerdo de cuando tenía 10 años, en el que su entrenador de fútbol le dijo a su madre que tenía un problema de peso. Él reaccionó preguntándose: «¿Por qué no pudo ser mi madre la que se diera cuenta y me ayudara?». Al contármelo, rompió a llorar. En la siguiente sesión, nos dedicamos a reelaborar este recuerdo mediante EMDR. Con el avance terapéutico, Jeff se volvió cada vez más capaz de contactar con sus propias emociones, incluida la tristeza por la pérdida de su madre, y de expresarlas a los demás. Utilizamos el EMDR para reelaborar también algunos episodios estresantes relacionados con la muerte de su madre (por ejemplo, aquellos en los que la vio sufrir, el momento en que Jeff se dio cuenta de que ella estaba a punto de morir y cuando realmente falleció). Durante el proceso, nos centramos primero en reelaborar algunos recuerdos infantiles mediante EMDR, luego recuerdos recientes perturbadores, y finalmente trabajamos con los disparadores actuales e instalamos patrones futuros positivos para cada uno. Así, Jeff pasó a sentirse más cómodo experimentando y expresando sus emociones, lo que se reflejó también en su vida social, al comunicarse con mayor facilidad y mantener relaciones interpersonales más satisfactorias. Este ejemplo ilustra cómo un estilo de apego evitativo puede interferir en la oscilación entre la LO y la OR. Jeff estaba atrapado en la orientación a la restauración, excesivamente centrado en las tareas asociadas a la muerte de su madre, y siempre le había resultado difícil expresar y experimentar emociones;

lo mismo ocurrió con la muerte de su madre. El tratamiento se centró en explorar de forma gradual sus reacciones ante el fallecimiento y sus experiencias infantiles. Tras entrar en contacto con un recuerdo angustioso de la infancia, se inició el tratamiento EMDR, que le permitió experimentar y expresar progresivamente más emociones, incluido el duelo por su madre.

RESUMEN

El modelo de procesamiento dual subraya la importancia de oscilar entre el afrontamiento de los estresores relacionados con la pérdida (orientación excesiva a la pérdida) y los estresores derivados de la adaptación a los cambios resultantes de dicha pérdida (orientación excesiva a la restauración). Una persona en duelo necesita alternar entre ocuparse del impacto emocional de la pérdida y, dejando el duelo en suspenso, atender los asuntos prácticos. Un cliente atascado en la orientación a la pérdida (LO) puede requerir estrategias de regulación emocional para disminuir la activación y, cuando esté preparado, reprocesar el trauma de la pérdida, los disparadores presentes e instalar patrones futuros. Asimismo, puede ser útil reprocesar los recuerdos de la primera infancia relacionados con un estilo de apego ansioso para mejorar la capacidad de transitar hacia la orientación a la restauración (OR) y afrontar los nuevos retos de la vida. Por otro lado, un cliente atascado en la OR puede necesitar acercarse lentamente a las emociones y recuerdos del fallecido, para lo cual pueden ser útiles las estrategias de regulación emocional. Cuando el cliente es capaz de mantener la conciencia dual y permanecer presente con sus emociones, es posible reprocesar los recuerdos relacionados con la muerte junto con los disparadores actuales e instalar patrones futuros. Además, reprocesar los recuerdos de la primera infancia asociados a un estilo de apego evitativo puede favorecer que el cliente oscile hacia la LO.

CAPÍTULO 9

PROCESOS R DE TERRY RANDO

Rando (1993) definió seis procesos de duelo, denominados procesos R. Es importante atravesar estos procesos durante el duelo para alcanzar una adaptación sana a la pérdida. Los procesos R resultan útiles para ayudar tanto al cliente como al terapeuta a comprender en qué punto del proceso de duelo se encuentra y qué debe hacerse para facilitar la asimilación de la pérdida. Dentro de este modelo, el duelo complicado se define como la incapacidad para llevar a cabo dichos procesos.

Los procesos R proporcionan orientación clínica sobre lo que es fundamental para la asimilación y la acomodación de la pérdida, ofreciendo un marco teórico que ayuda a identificar dónde puede estar bloqueada la persona en duelo y tienen importantes implicaciones para el procesamiento. Dichos procesos se dividen en tres fases –evitación, confrontación y acomodación– y constan de seis procesos independientes (véase la tabla 9.1).

La fase de evitación se caracteriza por reacciones como el *shock*, el entumecimiento y la incredulidad, que a menudo acompañan una pérdida repentina, inesperada o particularmente dolorosa. Con el tiempo, el *shock* inicial disminuye y el individuo comienza a enfrentarse a los aspectos emocionales de la pérdida (fase de confrontación). Poco a poco, la persona suele adaptarse, entrando en la fase de acomodación. Cada fase está marcada por procesos psicológicos específicos, u «operaciones», que resultan cruciales para la asimilación y la adaptación a la pérdida.

Cabe destacar que los procesos R no constituyen una teoría por etapas; más bien, ofrecen orientación clínica y consideraciones para el terapeuta. Durante el tratamiento, es habitual que los procesos R se sucedan de forma secuencial –si bien, en la práctica, el recorrido no es lineal– y que las primeras fases constituyan un requisito previo para avanzar a las siguientes.

Tabla 9.1. Los seis procesos R del duelo

FASE DE EVITACIÓN	**Reconocer** la pérdida
	• Tomar conciencia de la muerte de la persona querida. • Comprender las circunstancias de la muerte de la persona querida.
FASE DE CONFRONTACIÓN	**Reaccionar** ante la separación
	• Vivir el dolor. • Sentir, identificar y aceptar todas las reacciones psicológicas ante la pérdida, dándoles alguna forma de expresión. • Identificar las pérdidas secundarias y experimentar sus consecuencias.
	Recordar y revivir al ser querido y el vínculo que se mantenía con él
	• Recordar de forma realista. • Revivir y reexperimentar las emociones asociadas a los recuerdos.
	Renunciar a los antiguos apegos al fallecido y al viejo sistema de creencias
FASE DE ACOMODACIÓN	**Readaptarse** al nuevo mundo sin olvidar el antiguo
	• Revisar el sistema de creencias. • Desarrollar una nueva relación con el fallecido. • Adoptar nuevas formas de estar en el mundo. • Formar una nueva identidad.
	Reinvertir

No obstante, cada individuo vive el duelo de manera diferente, por lo que es posible que el cliente deba regresar a una fase anterior, reelaborando ciertos aspectos relacionados con un proceso ya transitado, para superar definitivamente elementos que actúan como bloqueos. En consecuencia, el terapeuta debe evaluar continuamente el avance del cliente a través de los procesos R, identificando en cuál puede estar bloqueada la persona en duelo y, en ese caso, reprocesar los recuerdos pasados relevantes, los disparadores presentes y establecer patrones futuros para superar dichos bloqueos.

Este modelo teórico enfatiza lo esencial para la asimilación y la acomodación de la pérdida, pero no aborda en profundidad aquellos aspectos del desarrollo que pueden complicar el duelo y comprometer la ejecución de los procesos R. Por ello, este marco puede complementarse tanto con la teoría del apego como con el modelo PAI. Dado que las interacciones pasadas entre el cuidador y el niño determinan el estilo de apego, el modelo PAI se centra en la importancia de los recuerdos almacenados de forma desadaptativa en relación con los síntomas presentes –incluida la respuesta a la pérdida–. La teoría del apego, a su vez, ofrece una perspectiva del desarrollo que ayuda a entender la respuesta de la persona en duelo y las posibles causas de bloqueo en un proceso R. Por ello, es importante que el terapeuta comprenda que un reprocesamiento bloqueado de un recuerdo que encapsula un "punto de bloqueo" puede deberse a pérdidas previas, traumas o recuerdos vinculados al estilo de apego. Dichos recuerdos subyacentes deben identificarse y reprocesarse junto con los disparadores actuales y la instalación de patrones futuros.

LOS PROCESOS R

Fase 1: Evitación

El primer proceso R: Reconocer la pérdida

- Tomar conciencia de la muerte de la persona querida.
- Comprender las circunstancias de la muerte de la persona querida.

En primer lugar, la persona en duelo debe tomar conciencia de la muerte de la persona querida. Esto contraviene el impulso natural de negar la realidad de la muerte y de evitar enfrentarse a ella. Generalmente, el individuo tendrá que ser confrontado en varias ocasiones con la realidad de lo ocurrido antes de poder reconocer y asimilar completamente la pérdida. Por ejemplo, puede suceder que sienta el impulso de llamar a la persona querida y, al hacerlo, se enfrente nuevamente con la dolorosa realidad de que ya no está; en tales casos, puede ser necesario transcurrir cierto tiempo hasta que, a nivel emocional, comprenda que ha sufrido una pérdida permanente.

En segundo lugar, es importante que el cliente entienda la muerte: qué ocurrió, cómo ocurrió y cuáles fueron las razones. Comprender estos aspectos le permite asimilar su realidad, aunque resulte especialmente difícil en casos de muerte traumática –un suicidio, situaciones en las que no se encuentra el cadáver (como en accidentes aéreos) o circunstancias en las que existan lagunas de información–, ya que muchas personas en duelo experimentan una angustia considerable si no disponen de estos datos.

Implicaciones para la terapia EMDR

Reconocer la muerte y comprender todas sus implicaciones (por ejemplo, que la pérdida es permanente) puede resultar muy perturbador y traumatizante. Al inicio, la persona en duelo podría tener serias dificultades para comprender la pérdida en su totalidad y experimentar un estado de entumecimiento emocional o de irrealidad; sin embargo, el impacto emocional del duelo tenderá a manifestarse de forma gradual. Para muchas personas, asimilar la pérdida es demasiado duro y doloroso, de modo que, al comienzo del proceso de duelo, cuando la pérdida resulta inaceptable, puede ser adecuado ofrecer apoyo emocional, primeros auxilios psicológicos, psicoeducación acerca del dolor y el duelo, y enseñar al cliente habilidades de afrontamiento y métodos para la reducción del estrés, según sea necesario. La terapia EMDR puede centrarse en reprocesar la pérdida como un acontecimiento traumático, siempre que el cliente cumpla los criterios de preparación, con el objetivo de integrar el trauma de la pérdida y permitirle avanzar a través de los siguientes procesos R. El punto de partida puede ser el momento del *shock* o la toma de conciencia de la pérdida (por ejemplo, al recibir la noticia). Estas sesiones pueden resultar muy dolorosas, ya que la persona en duelo experimenta intensas emociones al darse cuenta de que la pérdida es real y permanente.

EJEMPLO DE CASO

La esposa de Matti murió en un accidente de coche. Matti, varón de 34 años, llevaba casado dos años con su mujer y la pareja no tenía hijos. Matti acudió a terapia tres meses después de perder a su esposa. Tras cuatro sesiones dedicadas a la historia clínica, la preparación y la estabilización, la terapia EMDR se centró en reprocesar el trauma asociado a la notificación de la muerte, cuando la policía acudió a su puesto de trabajo y se lo comunicó. Reprocesar ese momento fue muy angustioso, ya que Matti se enfrentó emocionalmente a la muerte de su mujer; relató que, con lágrimas en los ojos, fue al hospital, vio el cuerpo de su esposa y se despidió de ella. Al finalizar la sesión, pudo evocar la risa de su mujer, algunos de los chistes que le gustaba contar y otros momentos positivos de su vida. De este modo, el reprocesamiento EMDR inició el paso hacia la respuesta a la separación (segundo proceso R), ya que la aparición de recuerdos positivos es esencial para adaptarse a la pérdida.

Fase 2: Confrontación

Esta fase abarca el segundo, tercer y cuarto proceso R:

- Reaccionar ante la separación.
- Recordar y revivir al ser querido y el vínculo que se mantenía con él.
- Renunciar a los antiguos apegos al fallecido y al viejo sistema de creencias.

El segundo proceso R: Reaccionar ante la separación

- Vivir el dolor.
- Sentir, identificar y aceptar todas las reacciones psicológicas ante la pérdida, dándoles alguna forma de expresión.
- Identificar las pérdidas secundarias y experimentar sus consecuencias.

La persona en duelo debe vivir el dolor derivado de la ausencia del difunto. Aunque es natural evitar sentirlo, es fundamental reconocerlo y aceptarlo. De acuerdo con el modelo de procesamiento dual, hay momentos en los que es necesario apartar el dolor para afrontar la vida cotidiana, para luego retomar la experiencia del mismo. El reprocesamiento de los recuerdos de la pérdida puede ser muy intenso, ya que el cliente experimenta la «emoción sentida en carne viva» que acompaña a la comprensión de que el ser querido se ha ido para siempre. Esto es crucial, pues las emociones no reconocidas y no expresadas son factores de riesgo en el desarrollo de un duelo complicado. Asimismo, resulta esencial identificar y procesar las pérdidas secundarias. Si bien el ser querido constituye la pérdida principal, a su consecuencia se producen otras: las rutinas diarias que se daban por descontadas pueden cambiar, y la sensación de seguridad y previsibilidad que proporcionaba el fallecido desaparece. Actividades cotidianas, como ir al trabajo en compañía del ser querido, pueden adquirir un gran significado ahora que esa posibilidad ya no existe.

Implicaciones para la terapia EMDR en esta fase

El reprocesamiento del trauma asociado a la pérdida suele provocar emociones intensas y profundas. Asimismo, es importante abordar los disparadores actuales que evocan imágenes dolorosas de la muerte, ya sean personas, lugares o situaciones, que pueden generar una ansiedad por separación muy aguda. Igualmente relevante es identificar y reelaborar dichos disparadores y las situaciones actuales que inducen a experimentar las pérdidas secundarias.

EJEMPLO DE CASO

La vida cotidiana de Matti estaba llena de momentos dolorosos; uno de los peores era tener que cocinar solo. A menudo se reunía con amigos o familiares para salir a comer, pero en muchas ocasiones terminaba cenando solo. La imposibilidad de cocinar junto a su esposa representaba, para Matti, una pérdida secundaria significativa. Se utilizó como objetivo terapéutico un recuerdo en el que estaba cocinando una receta que le gustaba mucho a su mujer. Fue una sesión emocionalmente intensa en la que Matti volvió a experimentar el dolor de la repentina muerte de su esposa y la angustia de sentirse solo y echarla de menos. Como resultado del reprocesamiento, su cognición negativa cambió de «no puedo arreglármelas» a «puedo arreglármelas», y se estableció un patrón futuro basado en la comprensión de que tenía múltiples opciones para hacer frente a su pérdida y que podía vivir incluso cocinando solo. El tratamiento se centró también en adaptarse a la vida sin su mujer, fomentando la participación en actividades significativas –por ejemplo, jugar al tenis, jugar al ajedrez en línea– y en mantener sus relaciones sociales.

Este ejemplo ilustra cómo se puede intervenir sobre los disparadores actuales –las situaciones que provocan ansiedad– e instalar patrones futuros positivos para cada uno.

El tercer proceso R: Recordar al ser querido y la relación él

- Recordar de forma realista.
- Revivir y reexperimentar las emociones asociadas a los recuerdos.

Para adaptarse a la pérdida y a la nueva realidad que esta implica, la persona en duelo deberá transformar su vínculo de apego con el ser querido y evolucionar su viejo sistema de creencias. Deberá, por tanto, recordar de manera realista al fallecido y la relación que mantuvo con él, incluyendo todos los aspectos que caracterizaban el vínculo de apego (como necesidades, emociones, pensamientos, comportamientos, sueños y expectativas); y, asimismo, tendrá que revivir y reexperimentar las emociones asociadas a los recuerdos.

Durante esta primera operación es necesario rememorar todos los aspectos del ser querido y de la relación mutua –lo positivo, lo negativo y lo neutro–. Para evitar que permanezcan emociones problemáticas, es importante recordar al fallecido de forma realista; de lo contrario, se podría quedar atrapado en algunos aspectos de la relación que no se han resuelto adecuadamente. Los problemas importantes que surgieron no desaparecen necesariamente con la muerte, por lo que es imprescindible abordar los recuerdos dolorosos, perturbadores o conflictivos relacionados con el fallecido. Cuando estos recuerdos provienen de la figura de cuidado y subyacen a una autoestima negativa y a problemas de identidad –dando lugar a vínculos inseguros–, pueden interferir en el proceso de duelo. El vínculo continuo o la representación interna que evoluciona con el fallecido se compone de los recuerdos y del significado que les atribuimos (Fairbairn, 1952). Esta representación interna debe reflejar al fallecido como una persona real, ya que es con ello con lo que la persona en duelo interactúa al recordar al difunto. Si se construye una representación idealizada e inexacta, que excluya o niegue algunos elementos, será más probable que ciertos estímulos activen la información almacenada de manera desadaptativa, lo que puede ser la base de los problemas y dificultades actuales para adaptarse a la pérdida.

También es fundamental que se experimenten los sentimientos vinculados a los recuerdos. Estos sentimientos actuaban como el «pegamento» subyacente a los lazos de apego o vínculos que la persona en duelo tenía con el fallecido mientras aún vivía (Solomon y Rando, 2008, 2012; Rando, 1995). El reprocesamiento de los recuerdos que encapsulan estos sentimientos ayuda a la persona en duelo a experimentar, reconocer e integrar las emociones, de modo que disminuyan en intensidad y, en última instancia, se facilite la integración de información adaptativa. Esto allana el camino para el siguiente proceso R: renunciar a los lazos con el ser querido y al viejo sistema de creencias, permitiendo que uno nuevo pueda evolucionar.

Implicaciones para la terapia EMDR

La terapia EMDR suele dar lugar a la aparición de recuerdos significativos y positivos, que conforman una representación interna adaptativa, como se ha ilustrado en sesiones anteriores con Matti. Sin embargo, también es necesario reprocesar aquellos recuerdos conflictivos que continúan atormentando a la persona en duelo.

EJEMPLO DE CASO

Cuando Matti pensaba en su esposa, podía evocar numerosos recuerdos positivos, asociados habitualmente a un sentimiento de afecto y calidez. Sin embargo, no podía dejar de sentirse culpable por todas las ocasiones en que, durante una discusión, había perdido los papeles. Al final de dichas peleas, aunque siempre se reconciliaban, Matti no lograba perdonarse por haberle gritado, y le resultaba insoportable no poder hacer nada para remediar su comportamiento, ahora que la vida de su esposa había sido arrebatada prematuramente. La reestructuración de esos recuerdos de las discusiones hizo aflorar numerosas emociones en él. No obstante, finalmente pudo concentrarse en el momento en que ambos se reconciliaban, reviviendo nuevamente el calor asociado a ese recuerdo. Matti contaba con muchos recuerdos positivos de su esposa, aspecto fundamental para desarrollar una representación interna adaptativa. Durante la terapia se trabajó, además, en la reestructuración de algunos recuerdos conflictivos que seguían obstaculizando el proceso de elaboración del duelo. Lograr ver esa conflictividad de manera holística –integrando, por ejemplo, el recuerdo de las discusiones con el de las reconciliaciones– resultó un elemento fundamental en la elaboración del duelo para Matti.

El cuarto y el quinto proceso suponen una transición de la fase de confrontación a la fase de acomodación. Estos procesos se refieren, respectivamente, a la renuncia al antiguo vínculo, que ya no es válido por la muerte (cuarto proceso R), y a la adaptación a la nueva realidad sin olvidar la anterior (quinto proceso R). Estos dos procesos corresponden a fases diferentes en el esquema de Rando: fase 2 (confrontación) y fase 3 (acomodación). Afrontar los sentimientos que acompañan a la renuncia a vínculos que ya no son válidos resulta doloroso; de ahí que el cuarto proceso R forme parte de la etapa de confrontación. Sin embargo, esa toma de conciencia permite que la persona en duelo haga la transición a la nueva realidad sin olvidar la anterior. Como se mencionó al principio de este capítulo, los procesos se suceden unos a otros; esto se aplica especialmente a los procesos cuarto y quinto. Como se explicará más adelante, la utilización del EMDR para abordar las dificultades en la renuncia al vínculo (cuarto proceso R) conduce naturalmente a una asimilación y acomodación de la pérdida, favoreciendo un movimiento adaptativo hacia la nueva realidad (quinto proceso R).

El cuarto proceso R: Renunciar al antiguo vínculo con el fallecido y al viejo sistema de creencias

Una adaptación sana a la pérdida requiere transformar los antiguos vínculos tanto con el fallecido como con la antigua realidad, que ha quedado obsoleta tras la muerte. En caso contrario, el duelo se complica y la persona en duelo queda atrapada en un sistema de creencias poco realista. Los apegos y vínculos que la persona en duelo mantenía con el ser querido fallecido pueden haber sido numerosos e involucrar sentimientos, pensamientos, creencias, necesidades, comportamientos, pautas de socialización, recuerdos, esperanzas, dramas, suposiciones y expectativas. Estos vínculos constituyen, a menudo, el núcleo de la identidad y de la visión del mundo de la persona en duelo, y el ser querido, ahora fallecido, ya no puede satisfacer estas interacciones vitales y mutuamente definitorias.

El dolor no se debe únicamente a la pérdida, sino también a la constatación de que el propio mundo ha cambiado significativamente. La muerte de un ser querido destruye elementos del sistema de creencias que se basaban en la existencia de esa persona y puede vulnerar aspectos más globales. Por ejemplo, la muerte de un niño puede hacer que la persona en duelo se pregunte si Dios es todo amor o si es posible controlar las cosas malas que ocurren. Dado que el sistema de creencias influye enormemente en la forma en que una persona vive y da sentido a su vida, tener que dejar ir o revisar elementos de este puede resultar desorientador y traumatizante. La persona se ve obligada a enfrentarse a un mundo nuevo, no deseado y, a menudo, irreconocible.

Por ello, no es de extrañar que a menudo exista una gran resistencia a renunciar a los apegos anteriores, aquellos que aún se fundamentan en la creencia de que el ser querido está vivo. Renunciar a lo que ha proporcionado una sensación de control y previsibilidad en la vida desencadena sentimientos de vulnerabilidad e impotencia. No es infrecuente temer la pérdida total de la conexión con el ser querido. En ocasiones, el dolor de la pérdida se convierte en la única conexión que se tiene con el fallecido, de modo que se cree que perder el dolor equivale a perder el vínculo. Otras veces, la persona en duelo se resiste porque esos vínculos han definido partes de su identidad (por ejemplo, «mi hijo ha muerto, ya no puedo ser madre») o porque no cree que sea posible renunciar al vínculo y vivir en un mundo sin el fallecido o sin el antiguo sistema de creencias. La pérdida resulta demasiado intensa para poder soportarla.

En tales casos, resulta útil explorar el apego identificando el significado o los significados de la relación con el fallecido. Esto incluye especificar qué es lo que se perdió cuando murió ese ser querido. Preguntarse qué es lo que más se echa de menos puede ayudar a comprender la pérdida y a identificar la creencia irracional negativa que la acompaña, tanto a nivel personal como global. Por ejemplo, en la muerte de un cónyuge, no solo desaparece un compañero de vida («Estoy solo y no estoy seguro»), sino también el mundo estable que ello ofrecía («No estoy seguro en el mundo»). Estas son las mismas cuestiones que hay que explorar cuando el ser querido se encuentra atrapado en cualquiera de los procesos R. Tras reconocer la muerte, reaccionar ante ella y recordar al fallecido y la relación, la persona en duelo podrá apreciar mejor las diferencias en su mundo, lo que extraña y lo que se ha ido para siempre, y, en consecuencia, podrá seguir modificando su sistema de creencias y adaptarse a la pérdida.

Cabe subrayar que renunciar a los lazos anteriores no implica olvidar al fallecido ni dejar de quererlo, sino que significa que esos vínculos se transforman para asimilar y acomodarse a la nueva realidad: la del ser querido que ha muerto y que ya no puede devolver el afecto ni satisfacer las necesidades como antes.

Implicaciones para la terapia EMDR

La terapia EMDR puede centrarse en momentos (disparadores presentes y patrones futuros) que encapsulan las dificultades y obstáculos para dejar atrás el antiguo mundo y la relación que existían.

EJEMPLO DE CASO

Tras aproximadamente un año desde la pérdida de su esposa, Matti logró adaptarse a su nueva vida. Su trabajo iba bien y mantenía contactos frecuentes y significativos con familiares y amigos. Sin embargo, el primer aniversario de la desaparición de su mujer reactivó en él un sufrimiento psicológico considerable. Se sentía solo y extrañaba enormemente a su esposa; no lograba imaginarse

enamorándose de otra persona. Utilizamos el EMDR para reelaborar un recuerdo específico y representativo de su sensación de soledad (mientras tomaba el café por la mañana, tres días antes). La reelaboración llevó a Matti a una mayor conciencia de la pérdida de su esposa y a la necesidad de seguir adelante sin ella. Aunque ya lo sabía, en esta ocasión desarrolló una comprensión más profunda y logró aceptar la irreversibilidad de la pérdida. Con el reprocesamiento, Matti pudo decir: «Echo de menos a mi mujer, pero sé que la vida no ha terminado. Algún día tendré a alguien a quien cogerle la mano»
Matti, al decir «algún día tendré a alguien a quien cogerle la mano», ilustra cómo el reprocesamiento de aquellos elementos que representan un obstáculo para renunciar a un antiguo vínculo ayuda al individuo a adaptarse a la nueva realidad sin olvidar la anterior. Matti no había olvidado a su esposa; a través de la reelaboración, había aceptado más profundamente su pérdida, logrando mirar al futuro y convencerse de que «la vida no se ha acabado». Se imaginaba, por ejemplo, en un futuro tomando su café matutino con optimismo, convencido de que su vida aún estaba llena de oportunidades.

Fase 3: Acomodación

La fase 3 del modelo de Rando consiste en los procesos R quinto y sexto, aunque ambos están estrechamente relacionados: readaptarse al nuevo mundo sin olvidar el antiguo y reinvertir la energía emocional.

El quinto proceso R: Readaptarse al nuevo mundo sin olvidar el antiguo

- Revisar el sistema de creencias.
- Desarrollar una nueva relación con el fallecido.
- Adoptar nuevas formas de estar en el mundo.
- Formar una nueva identidad.

Aunque la persona en duelo desee mantener el mundo tal como era antes de la muerte de su ser querido, poco a poco se da cuenta de que esto no es posible. Con cada recuerdo, aumenta la conciencia de que la pérdida es permanente. Normalmente, se percibe que una parte significativa del mundo y de la propia identidad ha desaparecido, lo que genera un profundo vacío en un universo que ahora parece impredecible. Estos momentos angustiosos –como la sensación de vacío– pueden ser objeto de reprocesamiento terapéutico.

A través del reprocesamiento de los momentos dolorosos y la integración de recuerdos positivos y auténticos, la persona en duelo llega a comprender e interiorizar el significado del apego, adaptándose al nuevo mundo sin olvidar el anterior. A medida que se liberan los vínculos antiguos e insostenibles –los trabajados en el cuarto proceso R– se facilita una adaptación gradual a la pérdida mediante cambios tanto internos como externos. Este proceso culmina en el quinto proceso R, que implica desarrollar un nuevo mundo sin borrar el pasado.

La muerte, especialmente si es repentina, inesperada o violenta, puede sacudir los cimientos del sistema de creencias de una persona (Neimeyer, 2017). Adaptarse a la pérdida y reconstruir el sentido de la vida requiere modificar, reemplazar o integrar las creencias vulneradas con nueva información. Una de las creencias más desafiantes de revisar es la certeza de que el ser querido estaba vivo. Tras la muerte de una pareja, por ejemplo, la persona en duelo ya no puede recurrir a ella para sentirse segura, acompañada o comprendida. Este proceso de adaptación puede estar marcado por miedo y resistencia, lo que convierte en un objetivo terapéutico los momentos en los que la persona se siente incapaz de avanzar.

Es común que el duelo genere nostalgia, añoranza y tristeza, así como desesperación ante la sensación de perder la conexión con el ser querido y la creencia de que avanzar implica romper todos los lazos con él. Sin embargo, aunque la muerte pone fin a la vida, no termina la relación. Esta se transforma en una representación interna basada en recuerdos significativos y sinceros, los cuales sostienen un sentido de conexión emocional. No obstante, la conexión interna con el fallecido también puede ser negativa y generar una lucha interna que debe abordarse.

En este contexto, la terapia EMDR puede desempeñar un papel clave en el tratamiento, centrándose en recuerdos relacionados con conflictos, luchas emocionales y asuntos pendientes. Es importante aclarar que esta terapia no busca eliminar la emoción apropiada ni modificar la verdad de lo ocurrido. Por ejemplo, no eximirá al cliente de la culpa o responsabilidad que pueda sentir en una relación conflictiva con el fallecido, sino que le ayudará a procesar y resignificar su experiencia.

La muerte de un ser querido obliga a aprender a vivir en un mundo transformado. Cuanto más fuerte era el vínculo, más difícil será la adaptación a esta nueva realidad. La persona en duelo debe encontrar nuevas formas de satisfacer sus necesidades y asumir las funciones y responsabilidades que antes desempeñaba el fallecido. Esto puede implicar aprender nuevas habilidades, adoptar nuevos roles, fortalecer el sistema de apoyo social y buscar otras fuentes de contención emocional –como amigos y familiares de confianza– para facilitar el proceso de ajuste.

Este proceso de adaptación también conlleva una transformación en la identidad. Como expresó una madre tras la muerte de su bebé: «No sé quién soy ahora que no puedo ser madre». Un hombre que perdió a su esposa describió su duelo de manera similar: «Estaba casado con una mujer que era como un espejo, y me veía a través de ella. Ese espejo se ha ido y no sé quién soy; parte de mí murió con ella».

Con el tiempo, la persona en duelo desarrolla una perspectiva más clara sobre lo que ha cambiado y lo que permanece, sobre lo que ha perdido y lo que ha ganado. Es crucial reconocer y llorar estos cambios, pues forman parte del proceso de reconstrucción. A medida que se adapta al nuevo mundo, la persona también desarrolla nuevos aspectos de sí misma, los cuales deben ser afirmados tanto por ella como por su red de apoyo.

Implicaciones para la terapia EMDR

Se pueden utilizar como objetivos momentos (disparadores presentes y patrones futuros) que encapsulen las dificultades y los obstáculos para dejar atrás el antiguo mundo y la relación previa.

EJEMPLO DE CASO

Durante una de nuestras últimas sesiones, trabajamos un aspecto que aún resultaba difícil para Matti: ir a una fiesta. Tenía miedo de sentirse fuera de lugar sin alguien a su lado y de echar demasiado de menos a su esposa. La reelaboración de este disparador llevó a Matti a expresar toda la tristeza que aún sentía por la muerte de su esposa, así como la nostalgia por la presencia de alguien a su lado. Sabía que estaba preparado para una nueva relación y era consciente de que su esposa habría querido que él fuera feliz. Revivió recuerdos llenos de amor y entró en contacto con la gratitud que sentía por el tiempo compartido; ya estaba preparado para salir con alguien nuevo. Creamos, entonces, un escenario futuro en el que Matti se imaginaba invitando a una mujer a tomar un café sin dificultad.

El hecho de que se sintiera preparado para salir con una persona nueva es representativo de cómo había sido capaz de revisar su sistema de creencias. Además, el sentir que su esposa habría querido que él fuera feliz indicaba que, poco a poco, Matti se reajustaba al nuevo mundo después de la pérdida, sin olvidar el anterior, como lo demostraba la aparición de más recuerdos positivos de su esposa, acompañados de un sentimiento de gratitud por su relación. Estaba encontrando nuevas formas de enfrentar su vida y, en su rol de soltero, se mostraba dispuesto a buscar una nueva relación; estaba, por tanto, listo para reinvertir.

El sexto proceso R: Reinvertir

El sexto y último proceso R implica la capacidad de reinvertir la energía emocional en la nueva vida sin el ser querido. La energía emocional que antes se invertía en el ser querido debe canalizarse hacia otras áreas, como nuevas relaciones, actividades, roles y objetivos actualizados. La reinversión no tiene por qué reproducir lo que se perdió (por ejemplo, un viudo no tiene que volver a casarse); más bien, se trata de canalizar esa energía en direcciones satisfactorias. Seguir adelante con la propia vida no significa olvidar al ser querido ni restarle importancia a la pérdida, sino que implica que la persona en duelo es ahora capaz de amar en ausencia o que ha hecho las paces con el pasado (ha reprocesado traumas, pérdidas y conflictos previos con el fallecido) y puede continuar de forma adaptativa con una vida plena y con sentido.

EJEMPLO DE CASO

Cinco meses después de nuestra última sesión, Matti me llamó para programar una cita. Había comenzado a salir con una mujer que le agradaba y con quien se sentía a gusto; sin embargo, el hecho de estar disfrutando de una nueva relación le generaba cierta incomodidad. Me dijo que no sentía culpa, pero que le parecía que había algo incorrecto en salir con alguien después de haber estado casado, como si estuviera abandonando a su esposa.

Utilizamos como objetivo un episodio en el que había experimentado esa sensación, mientras hablaba por teléfono con su nueva pareja, una semana antes. Al finalizar la sesión, Matti me comentó que ahora sabía que su esposa siempre formaría parte de su vida y que era plenamente consciente de todo lo que ella le había dado, cosas que llevaría consigo para siempre. Sentía que no había nada malo en seguir adelante con su vida. Instalamos, entonces, un modelo futuro positivo en el que Matti se imaginaba hablando con su nueva pareja sin experimentar ninguna sensación de malestar.

Este ejemplo ilustra cómo utilizar un disparador actual como objetivo terapéutico para abordar la reticencia del cliente a reinvertir su energía emocional. Al principio, el hecho de seguir adelante con su vida le hacía sentir que estaba olvidando a su esposa; sin embargo, gracias al reprocesamiento con EMDR, tomó conciencia de lo valiosa y enriquecedora que había sido su relación con ella y de cómo podía reinvertir su energía en nuevas direcciones sin perder todo lo que ella le había dado.

RESUMEN

Los procesos R proporcionan una guía clínica clara y concisa para que el terapeuta comprenda y oriente al cliente a través del proceso de duelo, lo cual puede facilitarse con la terapia EMDR. Empezando por el *shock* inicial o la comprensión de la muerte, el cliente es más capaz de reconocer la pérdida (primer proceso R) y empieza a comprender que es permanente. Al hacerlo, puede comenzar a experimentar el dolor emocional que acompaña a la comprensión de que se trata de algo irreversible (segundo proceso R). Surgen recuerdos relativos al ser querido, incluidos recuerdos positivos y sinceros, que permiten la formación de una representación interna adaptativa, integrando la pérdida y facilitando la transformación de la relación de amar en presencia a amar en ausencia. Los recuerdos conflictivos desencadenados por la pérdida deben reprocesarse para abordar tanto la pérdida en sí como la relación (tercer proceso R). La persona en duelo comienza a adaptarse a la vida sin el ser querido, renunciando a los vínculos que mantenía y al antiguo sistema de creencias (cuarto proceso R). Los elementos de bloqueo pueden reprocesarse para permitir la transición al nuevo mundo sin olvidar el anterior (quinto proceso R). De este modo, se prepara el terreno para que la persona en duelo reinvierta en su nueva vida (sexto proceso R).

TERCERA PARTE

MODELO DE TRATAMIENTO INTEGRADOR DE LA TERAPIA EMDR

CAPÍTULO 10

CONCEPTUALIZACIÓN DEL CASO, SELECCIÓN DE OBJETIVOS Y PLANIFICACIÓN DEL TRATAMIENTO

En el protocolo de Francine Shapiro (2018) para el duelo complicado, se señala que el reprocesamiento debe comenzar únicamente cuando el *shock* inicial y el entumecimiento causados por la pérdida hayan desaparecido. Es fundamental destacar que este proceso solo debe iniciarse cuando el cliente sea capaz de experimentar el impacto emocional de la pérdida y tenga la capacidad de «mantener una conciencia dual y permanecer presente con el dolor emocional» (p. 253). Una vez alcanzado este punto, se puede proceder con la selección de objetivos y el reprocesamiento a través de la terapia EMDR.

Según Shapiro, los objetivos que se pueden abordar incluyen:

1. El momento en que se toma conciencia de la pérdida.
2. Otros eventos específicos relacionados, como el sufrimiento del ser querido o los acontecimientos dolorosos que suceden tras la muerte.
3. Imágenes intrusivas.
4. Pesadillas.
5. Disparadores actuales.
6. Cuestiones de responsabilidad personal o pérdidas previas sin resolver.

Este capítulo y los siguientes desarrollan el protocolo para el duelo complicado de Francine Shapiro, integrando las tres fases del proceso de duelo -evitación, confrontación y acomodación–, los seis procesos R de Rando, el modelo de procesamiento dual -orientación a la pérdida y orientación a la restauración– y la teoría de los vínculos continuos.

Tabla 10.1. Conceptualización de casos y planificación del tratamiento del duelo

1. **Muerte de un ser querido (angustia traumática y ansidedad por separación)**
2. **Fases iniciales del tratamiento**
   - Primera fase: Historial del cliente y planificación del tratamiento.
   - Segunda fase: Preparación y estabilización.
3. **Objetivos de la terapia EMDR (fases 3-8 de la terapia EMDR)**

Pasado	Disparadores presentes	Patrón futuro
Comenzar con el recuerdo más angustiante o intrusivo, y continuar con el resto: • Momentos de *shock* o el primer contacto con la noticia del fallecimiento. • Otros recuerdos dolorosos (imágenes del sufrimiento, escenas del funeral y otros momentos que generan malestar). • Síntomas intrusivos, como pesadillas, *flashbacks* e imágenes ficticias. • Pérdidas secundarias. • Recuerdos relacionados con el fallecido (conflictos no resueltos, recuerdos previos).	• Situaciones que evocan ansiedad por separación. • Situaciones que dificultan el proceso de adaptación de la antigua realidad a la nueva. • Situaciones que bloquean o dificultan la reintegración en actividades significativas (*reinversión*).	Establecer un patrón para cada disparador actual identificado.

4. **Si el procesamiento está bloqueado o el cliente presenta reacciones de duelo complicado**, es importante considerar:
   - Recuerdos subyacentes que influyen en la respuesta ante el duelo actual.
   - Traumas o pérdidas previas.
   - Recuerdos relacionados con la historia de apego o con el desarrollo emocional.
   - Recuerdos vinculados a cuestiones como la responsabilidad personal, la propia mortalidad (sensación de seguridad), el control y el sentido de pertenencia.

Modelos para la conceptualización de casos y la selección de objetivos

1. **Procesos R**: Reconocer, Reaccionar, Recordar, Renunciar, Reajustar, Reinvertir. La secuencia de los procesos no es rígida, sino fluida. Un cliente puede transitar de un proceso a otro de manera no lineal.
2. **Modelo de procesamiento dual**: orientación a la pérdida u orientación a la restauración.
3. **Teoría de los vínculos continuos**: desarrollo de una representación interna adaptativa, que permita mantener la continuidad del vínculo con el ser querido; y promoción de la adaptación a la nueva realidad sin perder la conexión emocional.
4. **Teoría de los estilos de apego**: seguro, evitativo, ansioso y desorganizado.

El objetivo de este capítulo es ofrecer una visión integradora de la conceptualización de casos y la identificación de objetivos, basándose en la perspectiva del Procesamiento Adaptativo de la Información (PAI) del pasado, presente y futuro, así como en los modelos mencionados. En la cuarta parte se profundiza en las ocho fases del tratamiento.

La tabla 10.1 resume un modelo integrador que destaca la aplicación de la terapia EMDR en el tratamiento del duelo, complementado por otros marcos teóricos y orientado hacia la conceptualización del caso y la planificación del tratamiento. Es importante señalar que no se trata de un proceso lineal, sino de un flujo centrado en el procesamiento EMDR (pasado, presente y futuro), el cual se ve enriquecido por otros enfoques teóricos. La selección de objetivos y marcos conceptuales dependerá de las necesidades específicas del cliente y de su experiencia única de duelo. A continuación, se amplía el contenido de la tabla.

MUERTE DE UN SER QUERIDO

La muerte de un ser querido puede representar una pérdida significativa que conduzca a un duelo traumático o complicado. En estos casos, la persona puede experimentar:

- Angustia traumática, derivada de circunstancias abrumadoras como una muerte repentina, inesperada, violenta o intencionada.
- Ansiedad por separación, que implica el sufrimiento emocional resultante de la pérdida de una persona con la que se tenía un vínculo estrecho.

La terapia EMDR puede abordar ambos aspectos del duelo, facilitando su procesamiento adaptativo.

FASES INICIALES DEL TRATAMIENTO EMDR

Las dos primeras fases de la terapia EMDR se centran en:

- Historial clínico del cliente y planificación del tratamiento.
- Preparación y estabilización.

Estos aspectos se abordan en los capítulos 14 y 15. Una vez que el cliente cumple con los criterios de preparación (alcanzando un nivel «suficientemente bueno»), se puede proceder al procesamiento de la memoria (fases 3-8 de EMDR)

OBJETIVOS DE LA TERAPIA EMDR

Recuerdos del pasado

Como se refleja en el gráfico, la terapia EMDR puede centrarse inicialmente en el impacto traumático de la pérdida, ya que este suele dominar la experiencia del cliente e impedir su adaptación. Sin embargo, otros momentos angustiosos pueden resultar más significativos, como escenas en el hospital o el funeral. Si otros recuerdos relacionados con el fallecido –incluidos traumas o pérdidas previas, o recuerdos vinculados al apego– predominan en el cuadro clínico, estos deben procesarse primero.

Los objetivos pueden incluir:

- El impacto inicial de la pérdida (momento del *shock* o toma de conciencia).
- Otros momentos angustiosos relacionados con la muerte.
- Sueños y *flashbacks* asociados con la pérdida.
- Pérdidas secundarias.
- Recuerdos previos que, activados por la pérdida, contribuyen a la angustia actual o a patrones de afrontamiento desadaptativos (por ejemplo, traumas previos, pérdidas anteriores y recuerdos de apego).

Una vez abordados los recuerdos del pasado pertinentes, se debe avanzar en el procesamiento de lo siguiente:

Disparadores actuales

Se deben identificar momentos, acontecimientos y bloqueos actuales que reflejen dificultades para afrontar la situación y obstaculicen el proceso de duelo.

Patrón futuro

Para cada disparador actual, se debe establecer un patrón de afrontamiento adaptativo. Sin embargo, algunos clientes pueden requerir entrenamiento en estrategias de regulación emocional antes de avanzar hacia la instalación de patrones futuros.

Es importante destacar que el trabajo con recuerdos del pasado, disparadores presentes y patrones futuros no sigue un orden rígido ni lineal. En muchos casos, resulta beneficioso reprocesar recuerdos pasados significativos antes de avanzar a los disparadores actuales y los patrones futuros. Posteriormente, puede ser necesario regresar a recuerdos previos para completar el procesamiento.

Sin embargo, dependiendo de la respuesta del cliente, el terapeuta puede ajustar el orden del tratamiento para optimizar la adaptación del cliente. En algunos casos, puede ser preferible comenzar con estrategias de regulación emocional y reprocesar los disparadores actuales antes de abordar los recuerdos más dolorosos (ver Shapiro, 2018).

ENFRENTAR BLOQUEOS EN EL PROCESAMIENTO O UN DUELO COMPLICADO

Si el procesamiento se encuentra bloqueado o el duelo se complica, es recomendable trabajar prioritariamente en:

- Pérdidas anteriores no resueltas.
- Traumas y recuerdos vinculados al apego.
- Recuerdos del desarrollo que influyen en respuestas desadaptativas ante la pérdida (como aquellos que contribuyen a un estilo de apego inseguro o desorganizado).
- Creencias desadaptativas relacionadas con la responsabilidad personal, la propia mortalidad (sensación de seguridad), el control y el sentido de pertenencia.

OTROS MODELOS TEÓRICOS PARA LA CONCEPTUALIZACIÓN DEL CASO Y LA ELECCIÓN DE LOS OBJETIVOS

Procesos R

Los procesos R delinean los pasos clave para la adaptación a la pérdida y ofrecen un marco útil para evaluar en qué punto un cliente puede estar bloqueado en su proceso de duelo. Estos procesos incluyen: *Reconocer*, *Reaccionar*, *Recordar*, *Renunciar*, *Reajustar* y *Reinvertir*.

No se trata de un modelo lineal en el que cada proceso esté separado de los demás. Durante la terapia EMDR, estos procesos tienden a entrelazarse, como se explicará más adelante.

Modelo de procesamiento dual

Este modelo ayuda al terapeuta a evaluar la capacidad del cliente para:

- Enfrentar sus reacciones emocionales hacia la pérdida (orientación a la pérdida).
- Afrontar los factores estresantes derivados de la muerte y continuar con su vida cotidiana (orientación a la restauración).

Teoría de los vínculos continuos

La teoría de los vínculos continuos sostiene que el vínculo con el ser querido fallecido no desaparece, sino que se transforma y continúa de una manera distinta.

Durante la terapia EMDR, suelen emerger recuerdos profundamente significativos que, tras el reprocesamiento, generan una representación interna adaptativa, permitiendo una conexión emocional continua con el fallecido.

Es esencial que los recuerdos negativos también sean abordados y reprocesados, de modo que se genere una representación equilibrada y realista del vínculo con el fallecido. Esto facilita la adaptación emocional y la resolución de posibles complicaciones en el proceso de duelo.

Teoría de los estilos de apego

La teoría del apego explica cómo los estilos de apego se desarrollan a partir de las primeras interacciones entre el niño y su cuidador. Este concepto está alineado con el modelo PAI, según el cual los problemas actuales son el resultado de recuerdos almacenados de manera disfuncional.

El estilo de apego juega un papel determinante en la respuesta a la pérdida, influyendo en las dificultades que pueden surgir durante el duelo. En consecuencia, los recuerdos relacionados con el apego en la infancia pueden ser fundamentales para comprender y tratar las complicaciones del duelo en la terapia EMDR.

Este marco teórico será ampliado en los dos capítulos siguientes.

CAPÍTULO 11

PROTOCOLO DE TRES NIVELES. PRIMERA FASE: RECUERDOS DEL PASADO

Este capítulo se centra en la primera fase del protocolo de tres niveles de la terapia EMDR, que aborda los recuerdos del pasado. Aquí se proponen sugerencias sobre la selección y secuenciación de los objetivos terapéuticos. Los disparadores actuales y los patrones futuros se tratarán en el próximo capítulo.

SELECCIÓN DE OBJETIVOS: ELECCIÓN Y FLEXIBILIDAD

Al seleccionar y ordenar los objetivos del reprocesamiento EMDR, es fundamental mantener la flexibilidad, ya que estos deben adaptarse a las necesidades y respuestas individuales del cliente ante la pérdida. Aunque, generalmente, el punto de partida suele ser el trauma relacionado con la pérdida –como el momento del *shock* o la toma de conciencia de la misma–, esta secuencia puede modificarse si traumas o pérdidas pasadas están influyendo en el cuadro clínico actual.

Por ejemplo, imaginemos que una clienta pierde a su marido en un accidente de tráfico. Este evento puede activar recuerdos de su infancia relacionados con la muerte de su padre, quien, días antes de suicidarse, le había expresado su intención de quitarse la vida. En este caso, se pueden plantear dos enfoques:

- Comenzar con el trauma actual, es decir, la muerte del marido (por ejemplo, el momento en que recibió la noticia).
- Comenzar con el trauma infantil, relacionado con la pérdida de su padre (por ejemplo, la conversación previa al suicidio).

Dado que la muerte de su marido estaba más presente en su mente, este fue el primer objetivo de la terapia EMDR. No obstante, si los recuerdos de su padre hubieran sido más dolorosos e intrusivos, podrían haber sido el punto de partida (Worden, 2018; Solomon y Rando, 2007, 2012, 2015).

INICIO DE LA TERAPIA EMDR

La muerte de un ser querido puede resultar traumática debido a las circunstancias del fallecimiento –si fue repentina, inesperada o violenta–, o bien porque la persona fallecida desempeñaba un rol fundamental en la vida del doliente. En muchos casos, el cliente experimenta conmoción y entumecimiento, sintiendo la muerte como algo irreal. Este estado se denomina fase de evitación (Rando, 1993).

Durante el periodo inmediatamente posterior a la muerte, el cliente necesita primeros auxilios psicológicos, apoyo, información sobre el duelo y estrategias de afrontamiento (véase el capítulo 15 sobre preparación y estabilización y el anexo 3 sobre primeros auxilios psicológicos). En esta etapa, el cliente debe comenzar a reconocer la pérdida (primer proceso R), lo que implica dos subprocesos:

- Reconocer que la muerte es real (aceptar su veracidad).
- Comprender lo sucedido (entender qué ocurrió y por qué).

Con el paso de las semanas y los meses, la persona en duelo empieza a experimentar gradualmente el impacto emocional de la pérdida. Así, la fase de evitación da paso a la fase de confrontación, en la que se involucra en el segundo proceso R: reaccionar a la separación, y experimentar y expresar el dolor.

Estos dos subprocesos suelen ocurrir simultáneamente, en lugar de ser consecutivos. (El tercer subproceso, identificar y llorar las pérdidas secundarias, se abordará más adelante).

Durante el reprocesamiento EMDR, el cliente puede experimentar emociones intensas y desgarradoras, ya que esta terapia accede a niveles emocionales, físicos y sensoriales que las palabras no siempre alcanzan. Los cambios se producen primero a nivel sensorial y emocional antes –o al mismo tiempo– de manifestarse a nivel cognitivo. Por ello, es fundamental que el cliente cumpla con los criterios de preparación antes del procesamiento de la memoria (véase el capítulo 2 sobre la fase de preparación y estabilización).

La terapia EMDR puede iniciarse centrándose en la pérdida como un acontecimiento traumático, con el objetivo de integrar el trauma y permitir al cliente avanzar en los siguientes procesos R. Desde el modelo de procesamiento dual, abordar la angustia o el trauma de la pérdida permite enfrentar los factores estresantes de la orientación a la pérdida, facilitando la capacidad del cliente para gestionar los estresores secundarios generados por la pérdida (orientación a la restauración).

Dependiendo de los síntomas y reacciones del cliente ante la pérdida, puede ser relevante procesar:

- Traumas pasados no resueltos.
- Pérdidas previas.
- Recuerdos que subyacen a respuestas desadaptativas ante la pérdida (por ejemplo, recuerdos vinculados al apego infantil).

OBJETIVOS INICIALES DE LA TERAPIA EMDR

Recuerdos relacionados con la toma de conciencia o el *shock* inicial

Cuando se conceptualiza la pérdida como un acontecimiento traumático (Solomon y Rando, 2007, 2012, 2015; Rando, 2000), el procesamiento de la memoria mediante EMDR puede iniciarse en el «punto 0», es decir, en el impacto inicial o el momento en que la muerte del ser querido se hizo real para el cliente. Este momento suele ser el de mayor carga emocional, convirtiéndose en un recuerdo intrusivo o en el instante en que la muerte se percibe como definitiva.

Si el cliente estuvo presente en el momento de la muerte, este puede ser:

- El instante del fallecimiento («mi mujer exhaló su último suspiro»).
- Imágenes de sufrimiento.
- Ver el cadáver.
- Escenas del funeral.

Si el cliente no estuvo presente, el recuerdo puede ser:

- El momento de recibir la noticia.
- Una conversación previa al fallecimiento, como cuando un médico informa: «Ya no se puede hacer nada más».

- Un momento previo en el que el cliente percibió la inminencia de la muerte, como el testimonio de un cliente: «Tres semanas antes de la muerte de mi padre, lo vi tumbado en la cama del hospital y supe que íbamos a perderlo».
- Un momento posterior a la muerte, como cuando una mujer ve el coche en el que su marido falleció en un accidente y piensa: «Nadie podría haber sobrevivido».
- Eventos previos negativos (el sufrimiento del ser querido o escenas angustiosas del hospital).
- Eventos posteriores a la muerte (escenas del funeral, reacciones de otras personas o la gestión de trámites administrativos y legales).

Momento del impacto inicial y la comprensión

EJEMPLO DE CASO 1

Recibir la noticia

El padre de Gary murió de un ataque al corazón. Aunque pasó un tiempo con el cuerpo de su padre para despedirse, Gary se sintió culpable por no haber llegado al hospital antes de su fallecimiento. El momento más doloroso fue cuando recibió la noticia por teléfono de la voz de su hermano, lo que se convirtió en el objetivo inicial del procesamiento con EMDR. Durante la sesión, surgió el recuerdo de la despedida de su padre, el cual experimentó como un momento de paz y consuelo.

EJEMPLO DE CASO 2

Recibir la noticia

Doreen, madre de una adolescente fallecida en un accidente, solicitó terapia EMDR cinco meses después de la muerte de su hija. El objetivo inicial fue el momento en que llamaron a su puerta a las 3 de la mañana y un policía y un sacerdote le entregaron la notificación de defunción. La sesión de reprocesamiento fue intensa, pero, al finalizar, Doreen sintió que la pérdida se había vuelto más real, como algo que efectivamente había sucedido.

EJEMPLO DE CASO 3

Antes del fallecimiento

La madre de Teresa murió a causa de un fallo cardíaco. Para Teresa, el momento más doloroso ocurrió ocho meses antes, durante una hospitalización previa. En ese momento, vio a su madre «sufrir realmente» y comprendió que aquello era el principio del fin. Este recuerdo fue el objetivo inicial de la terapia EMDR.

EJEMPLO DE CASO 4

Después del fallecimiento

La esposa de Franco murió en un accidente de tráfico. Acompañado por su hermano, acudió al hospital, identificó el cuerpo de su mujer y luego regresó a casa, donde familiares y amigos se reunieron para acompañarlo en su dolor. Ocho días después, se celebró el funeral.

Al día siguiente, mientras intentaba retomar su rutina, Franco llamó a su esposa a la hora de comer, como lo había hecho cada día desde que comenzaron a salir juntos. Cuando el teléfono sonó y saltó el contestador automático, la realidad lo golpeó de lleno: su esposa ya no volvería.

Ocho meses después, al iniciar el tratamiento con EMDR, este recuerdo se había convertido en el más intrusivo y angustioso, por lo que se estableció como el objetivo inicial del procesamiento terapéutico.

Recuerdos angustiosos

EJEMPLO DE CASO 5

Recibir la noticia y otras imágenes intrusivas

Doreen, mencionada en el caso 2, también estaba atormentada por imágenes de su hija fallecida en el hospital y de la despedida durante el funeral. Estos recuerdos fueron procesados posteriormente con terapia EMDR.

EJEMPLO DE CASO 6

Escena en el depósito de cadáveres de un hospital

La terapia EMDR de Kelly se llevó a cabo siete meses después de la muerte de su padre en un accidente. Tras su fallecimiento, la familia acudió al tanatorio del hospital para identificar el cuerpo. El momento más angustiante para Kelly fue cuando su madre se tumbó sobre el cadáver de su padre llorando. Junto con sus hermanos, Kelly consoló a su madre, pero no tuvo tiempo para despedirse de su padre.

El recuerdo de su madre sobre el cadáver fue el objetivo inicial del tratamiento EMDR. Al reprocesar este recuerdo, Kelly pudo imaginarse despidiéndose de su padre en el tanatorio.

Pesadillas, flashbacks e imágenes negativas vicarias

Las personas en duelo pueden experimentar:

- Pesadillas relacionadas con la muerte.
- Recuerdos angustiosos de momentos traumáticos.
- Imágenes negativas vicarias, es decir, escenas imaginadas del sufrimiento del ser querido.

Estos recuerdos pueden resultar extremadamente perturbadores e intrusivos. Una vez procesados los peores momentos del pasado o cuando la persona en duelo toma conciencia de la muerte, se puede intervenir sobre estos sueños, *flashbacks* o imágenes vicarias. Sin embargo, si estos fenómenos son muy invasivos y dominan el cuadro clínico (por ejemplo, si la persona en duelo no puede pensar en el ser querido sin que estas imágenes la atormenten), podrían ser tratados en primer lugar.

EJEMPLO DE CASO 7

Pesadilla

El padre de Roger falleció dos años después que su madre. Durante los primeros dos meses tras la muerte de su padre, Roger se sintió aturdido, como si estuviera bajo una niebla emocional, con episodios esporádicos de tristeza. Cuatro meses después, Roger soñó con su madre, quien le decía que acudiera rápidamente porque su padre estaba enfermo. En el sueño, Roger volvió a su casa y encontró a su padre muerto en la cama. Se giró hacia su madre y la vio muerta, momento en el que despertó muy angustiado.

Este sueño se trató como parte de un plan de tratamiento global (después de haber tratado el recuerdo de haber estado presente cuando su padre murió). La sesión fue muy intensa y, al final, Roger aceptó con mayor profundidad que la pérdida era real e irreversible, lo que facilitó su adaptación.

EJEMPLO DE CASO 8

Imagen intrusiva

Vera acudió a terapia nueve semanas después de perder a su hermana. Estaba angustiada por una imagen recurrente de su hermana sufriendo, que la invadía no solo cuando pensaba en ella, sino también en «los momentos más extraños, mientras realizaba actividades o pensaba en otras cosas». Debido a que esta imagen dominaba su cuadro clínico, se convirtió en su primer objetivo de EMDR. A menudo, cuando una persona no estuvo presente en el momento de la muerte, construye imágenes negativas vicarias del sufrimiento de su ser querido, imaginando cómo debió haber sido o cómo se sintió. La identificación excesiva con el sufrimiento del ser querido puede resultar traumatizante. En estos casos, la terapia EMDR es muy útil y eficaz, ya que permite comprender que el sufrimiento ha terminado y que el ser querido ya está en paz.

EJEMPLO DE CASO 9

Imagen negativa indirecta

En el atentado de Oklahoma City, un bebé de nueve meses falleció. A su madre, Loretta, le informaron que su hijo había muerto debido a una herida en la cabeza. Durante los dos meses siguientes, la única imagen en su mente era la de su bebé con la herida en la cabeza. Parecía incapaz de acceder a otros recuerdos y la imagen se activaba fácilmente, perturbando su vida diaria. Durante la terapia EMDR, la imagen vicaria de su hijo fue el objetivo inicial. Tras la primera serie de movimientos oculares, Loretta recordó otros momentos con su bebé, hasta que evocó un recuerdo de despedirse de él al dejarlo en la guardería. Este recuerdo le proporcionó paz, y al final de la sesión, la imagen de su hijo en la guardería se consolidó, llevando consigo una sensación de serenidad.
Este caso ilustra cómo, en ocasiones, una imagen vicaria puede ser tan poderosa que se convierte en el objetivo principal del tratamiento. El reprocesamiento de esta imagen permitió que Loretta accediera a otros recuerdos, lo que le

otorgó una sensación de paz. Esto demuestra cómo la terapia EMDR puede transformar la relación con el ser querido, facilitando el proceso de duelo. Sin embargo, es importante entender que el reprocesamiento del trauma de la pérdida es solo el principio del proceso de duelo. El tratamiento con la madre continuó, y la terapia EMDR se utilizó nuevamente para ayudarle a trabajar la rabia que sentía hacia el autor del atentado.

Pérdidas secundarias

También es fundamental identificar y procesar las pérdidas secundarias, que constituyen el tercer subproceso dentro del proceso de reaccionar ante la separación. Estas pérdidas ocurren como consecuencia directa de la pérdida primaria del ser querido y requieren atención. La terapia EMDR puede centrarse en momentos clave en los que se experimentó alguna de estas pérdidas secundarias.

EJEMPLO DE CASO 10

Pérdida secundaria

Coleen, de 38 años y madre de dos hijos, comenzó su tratamiento seis meses después de la muerte de su marido en un accidente de coche. A lo largo de este tiempo, su dolor se vio agravado porque su marido era también su compañero de baile. Ambos solían asistir al club de baile todos los fines de semana y participaban en concursos. El primer paso en su tratamiento fue procesar el trauma de la muerte inesperada y repentina de su marido, centrándose en el momento en el que recibió la noticia. En la siguiente sesión, se trabajó un recuerdo doloroso en el que Coleen escuchaba su canción favorita de baile y sentía el dolor de perder a su compañero de vida y de baile. A lo largo del reprocesamiento, experimentó un profundo sufrimiento, pero también emergieron recuerdos positivos de momentos compartidos bailando con su marido. El tratamiento no se completó de inmediato, pero culminó con imágenes de lugares seguros, junto con la sensación de abrazar esos recuerdos positivos.

En la semana siguiente, el trabajo continuó y Coleen aceptó que su vida como bailarina había terminado. Como ella misma expresó: «Bailar nunca volvería a ser lo mismo. Aunque esa parte de mi vida se ha terminado, todavía puedo participar en actividades significativas». En los meses siguientes, las sesiones se centraron en situaciones cotidianas que desencadenaban sentimientos de pérdida. Coleen se involucró más en actividades escolares y comunitarias de sus hijos, lo que le permitió sentirse equilibrada y conectada con la vida. Este ejemplo muestra cómo las pérdidas secundarias pueden agravar la carga del duelo y cómo es necesario abordar también estos aspectos. La pérdida de un ser querido puede implicar la pérdida de otros elementos importantes de la vida, por lo que cada pérdida puede requerir un proceso de duelo distinto.

Recuerdos relacionados con el fallecido

Recordar y revivir la relación con el ser querido fallecido es una parte crucial del duelo. Este es el tercer proceso R. Durante el procesamiento de los recuerdos vinculados a la pérdida, emergen emociones intensas que, al integrarse con información adaptativa, facilitan la reorganización emocional. Estos recuerdos, generalmente positivos y significativos, actúan como un puente entre el mundo con y sin la persona fallecida, proporcionando una sensación de conexión continua. A través de este proceso, se construye una representación interna adaptativa, que permite a la persona en duelo avanzar del «no puedo conectar» al «puedo conectar», transformando la relación en un vínculo interno que perdura más allá de la ausencia física.

Para que este vínculo sea saludable, es fundamental recordar de manera realista, enfrentando tanto los recuerdos agradables como los negativos o conflictivos. Los asuntos pendientes pueden seguir afectando emocionalmente, y los recuerdos dolorosos no desaparecen con la muerte del ser querido. Por el contrario, deben ser abordados, procesados e integrados para evitar que interfieran en el bienestar. En este sentido, la terapia EMDR juega un papel clave en la revisión de recuerdos conflictivos y experiencias dolorosas. A través del procesamiento terapéutico, la persona en duelo puede transformar su relación con esos recuerdos, logrando una representación interna más realista y adaptativa que le permita seguir adelante sin renunciar al vínculo emocional con su ser querido.

EJEMPLO DE CASO 11

Recuerdo conflictivo

Carl solicitó tratamiento tres meses después de la muerte de su esposa debido al cáncer. Estuvieron casados durante diecisiete años, y Carl destacó que los últimos ocho años fueron muy satisfactorios, a pesar de los problemas iniciales.

Al principio de su matrimonio, Carl tuvo una aventura y se marchó cuando su mujer estaba embarazada de su hijo. Con el tiempo, superaron sus diferencias y reconstruyeron su relación. Sin embargo, tras la muerte de su esposa, Carl no podía dejar de sentirse perseguido por su pasado.

En las primeras sesiones de EMDR, se centraron en procesar su culpa por la aventura y su abandono en un momento tan crucial. Tras cuatro sesiones de reprocesamiento EMDR, Carl pudo afrontar su culpa, aceptar su papel en los problemas conyugales y expresar el remordimiento por sus acciones.

Gracias a los recuerdos positivos, Carl pudo finalmente reconocer que los últimos años de su matrimonio fueron satisfactorios y plenos.

Este ejemplo ilustra cómo la terapia EMDR no elimina el sentimiento de culpa, pero sí permite a la persona en duelo asumir la responsabilidad adecuada y adoptar una visión más amplia de sus propias acciones.

Cuando Carl pudo experimentar y expresar su dolor y su culpa, también fue capaz de ver su matrimonio desde una perspectiva más comprensiva, entendiendo que ambos superaron dificultades y vivieron juntos momentos felices en sus últimos años.

EJEMPLO DE CASO 12

Recuerdo doloroso

Beatricia tuvo una discusión con su marido el Día de la Madre. Esa noche, en contra de su deseo, no quiso tener relaciones sexuales. Sin embargo, pasaron un rato abrazados. Al día siguiente, su marido falleció en un accidente.

A pesar de haber trabajado muchos temas relacionados con su pérdida durante los meses siguientes, Beatricia seguía atormentada por el recuerdo de aquella última noche. Se sentía culpable por no haber tenido más intimidad física con su marido.

A través de la terapia EMDR, se abordó y reprocesó ese momento tan doloroso. Fue una sesión llena de tristeza y culpa, pero, durante el reprocesamiento, Beatricia revivió espontáneamente la sensación de bienestar que experimentó al estar abrazados.

Al finalizar la sesión, el recuerdo de esos abrazos se convirtió en el dominante, proporcionando una sensación de intimidad y cercanía que antes no había reconocido.

Los recuerdos dolorosos que siguen invadiendo a la persona pueden complicar el duelo, por lo que es necesario reprocesarlos.

A veces, esto ofrece la oportunidad de descubrir aspectos de la situación que antes no se reconocían, dando lugar a un nuevo significado.
En este caso, Beatricia seguía lamentando no haber tenido relaciones sexuales con su marido aquella noche, pero pudo redescubrir la importancia de los abrazos, lo que le permitió encontrar una restauración en su dolor.
La terapia EMDR puede llegar a esos rincones donde las palabras no pueden, ayudando a encontrar una nueva perspectiva emocional a través de la reexperimentación de las sensaciones vinculadas a un recuerdo.

EJEMPLO DE CASO 13

Discusiones no resueltas

A lo largo de su matrimonio, John y Peggy tuvieron numerosas discusiones sobre cuestiones económicas. Tras la muerte repentina de John por un infarto, Peggy quedó profundamente preocupada por esas peleas. Dos años después, aún no lograba superar las discusiones que habían tenido. Tras varias sesiones de historia clínica y exploración, se identificaron recuerdos clave de sus desacuerdos para ser intervenidos con EMDR. Después de reprocesar tres recuerdos en tres sesiones, Peggy pudo entender que su matrimonio fue mucho más que esas discusiones y recordó con cariño los momentos positivos de su relación. Como ella misma dijo: «Hubo cosas buenas y malas, y eso es la vida».
Este caso ilustra cómo reprocesar conflictos no resueltos permitió a Peggy ver sus discusiones desde una perspectiva más amplia, integrando tanto lo positivo como lo negativo en el contexto de su vida y matrimonio.

Si se bloquea el reprocesamiento o se complican las reacciones

Cuando el reprocesamiento EMDR se ve bloqueado o los síntomas del duelo persisten -por ejemplo, cuando el cliente cumple los criterios del trastorno de duelo prolongado después de seis meses–, es necesario que el terapeuta adopte un enfoque integral en el tratamiento. El modelo de procesamiento adaptativo de la información sostiene que los problemas actuales son consecuencia de recuerdos almacenados de forma desadaptativa. Por su parte, la teoría del apego explica cómo las interacciones entre el niño y el cuidador conducen al desarrollo de estilos de apego, los cuales influyen en las reacciones de duelo de una persona. El terapeuta puede evaluar y tratar:

- Traumas previos.
- Pérdidas pasadas.
- El apego y los recuerdos desadaptativos relacionados con el desarrollo.

Estos factores pueden haberse desencadenado o agravado debido a la pérdida, o ser la causa subyacente de un reprocesamiento bloqueado.

Traumas o pérdidas anteriores

En ocasiones, un trauma o pérdida del pasado puede ser activado y dificultar el procesamiento de la pérdida actual. En estos casos, resulta fundamental procesar esa pérdida anterior.

EJEMPLO DE CASO 14

Pérdida anterior

El hermano de Robert fue asesinado. Robert, de 32 años, comenzó el tratamiento catorce meses después de la muerte de su hermano, pues estaba constantemente atormentado por su fallecimiento. Se sentía triste, impotente y experimentaba sentimientos alternados de agitación y entumecimiento. Le perturbaba la sensación de no poder hacer nada al respecto.

Su historial reveló que su padre había muerto de cáncer dieciséis años antes. Aunque esa había sido una época difícil, Robert pensaba que había superado la pérdida de su padre y que, en general, se encontraba bien.

Después de dos sesiones de historia clínica, preparación y estabilización (por ejemplo, el ejercicio del lugar seguro), el reprocesamiento EMDR se centró en el momento en que Robert recibió la noticia de la muerte de su hermano.

Sin embargo, el reprocesamiento se bloqueó, y Robert sentía una tensión que no disminuía.

A través de la exploración emocional, se indagó en experiencias anteriores de tensión, y Robert recordó los sentimientos de impotencia que había experimentado cuando su padre murió de cáncer.

De adolescente, Robert había evitado enfrentarse a la angustia y a la sensación de impotencia que le generaba no poder hacer nada en esa situación.

El reprocesamiento continuó centrándose en la muerte de su padre, y, tras dos sesiones más, Robert logró procesar la muerte de su hermano, comenzando por el momento en que recibió la noticia.

El tratamiento continuó durante otros cuatro meses, trabajando tanto los temas de la infancia como la adaptación a la muerte de su hermano.
Desde la perspectiva del procesamiento adaptativo de la información, la muerte del hermano de Robert desencadenó sentimientos de culpa no resueltos derivados de la muerte de su padre.
Abordar primero esta culpa permitió a Robert procesar el trauma de la muerte de su hermano y avanzar en su proceso de duelo.

Recuerdos relacionados con el apego

En algunos casos, puede ser útil reprocesar primero los recuerdos relacionados con el apego de la infancia. Por ejemplo, una persona con alta ansiedad puede haber vivido experiencias en su niñez asociadas a la falta de seguridad, o alguien que tiende a sentirse culpable o a autoculpabilizarse fácilmente puede haber desarrollado creencias como «todo es culpa mía» a partir de interacciones angustiosas con uno de sus padres. Cuando estos recuerdos se vuelven dominantes e intrusivos, el cliente puede beneficiarse más al reprocesar primero estos recuerdos infantiles antes de abordar la pérdida actual.

De manera similar, si el reprocesamiento de recuerdos más recientes vinculados a la pérdida se bloquea, puede ser útil centrarse en recuerdos más tempranos.

EJEMPLO DE CASO 15

Recuerdos infantiles relacionados con el apego

Seis años después de la muerte de su madre por cáncer, Sonja, de 47 años, seguía sintiéndose culpable y deprimida por su fallecimiento. Sentía que debería haberse portado mejor con ella y haberla apoyado más. Su peor recuerdo era estar con su madre cuando el médico les dijo que seguir con el tratamiento no serviría de nada. De camino a casa, pararon en un restaurante y charlaron, pero Sonja deseaba haber hablado más abiertamente con su madre sobre lo que les había dicho el médico y haberla animado a compartir sus sentimientos. Pensaba que esto les habría permitido vivir un momento de cercanía en lugar de evitar la conversación. Sonja, que mostraba un estilo de apego ansioso, contó que había crecido con un padre alcohólico que era muy crítico con ella, y una madre que intentaba ser comprensiva, pero que a menudo se sentía sobrepasada por el comportamiento de su marido.

El reprocesamiento EMDR del peor recuerdo (el de evitar hablar del pronóstico del médico) se bloqueó. Entonces, se utilizó una exploración emocional, retrocediendo en el tiempo a los sentimientos negativos, y surgió un recuerdo de su padre siendo muy crítico con ella, mientras su madre mostraba enfado por la actitud de su marido hacia su hija. En esa sesión, Sonja reconoció que, cuando era niña, no solo estaba angustiada por lo que decía su padre, sino que también se sentía culpable por el disgusto de su madre.

Durante las tres sesiones siguientes, se reprocesaron este y otros recuerdos (como momentos en los que se sintió sola o impotente). Se produjo un efecto de generalización en el tratamiento, y el peor recuerdo (el que ocurrió en el restaurante con su madre) se resolvió de manera espontánea. Sonja pudo empezar a experimentar recuerdos sinceros de su madre y a sentir una conexión positiva con ella, sin seguir cargando con más culpa. El reprocesamiento de estos recuerdos angustiosos de la infancia le permitió integrar mejor la pérdida de su madre.

En este caso, cuando el reprocesamiento del peor recuerdo se bloqueó, la exploración emocional reveló un recuerdo relacionado con el apego. Tras procesar este y otros recuerdos similares, el tratamiento produjo un efecto más generalizado y resolvió los problemas de duelo de Sonja.

Dificultades de regulación emocional

Las dificultades persistentes de apego en la infancia, que subyacen al trauma complejo (véase el capítulo 20), afectan la autoestima, la regulación emocional y las relaciones, e interfieren en la adaptación al trauma y a la pérdida. Por tanto, el plan de tratamiento debe contemplar:

Una estabilización adecuada a las necesidades del cliente. El tratamiento de las experiencias previas que subyacen a las dificultades actuales de funcionamiento y adaptación a la pérdida. Los disparadores actuales y los patrones futuros asociados a cada uno de esos disparadores.

EJEMPLO DE CASO 16

Dificultades de regulación emocional

El hijo de Danny, quien había enfrentado graves problemas médicos, falleció a los doce años, lo que supuso una experiencia sumamente dolorosa para toda su familia. Tras la muerte de su hijo, Danny se sintió profundamente solo y comenzó a alejarse de su familia, buscando con frecuencia espacios en los que pudiera aislarse para llorar.

Durante la terapia familiar, se le recomendó asistir a sesiones individuales, donde su historia personal emergió, revelando que sus padres se habían divorciado cuando él era joven y que había vivido principalmente con su madre. A menudo se sentía solo y asustado, y su madre reaccionaba de forma negativa cuando él expresaba sus emociones. Esto llevó a Danny a esconderse y alejarse cuando sentía miedo o angustia, tratando de ocultar sus sentimientos ante ella.

En el tratamiento, el enfoque se centró en el momento de la muerte de su hijo, cuando la familia estaba reunida a su lado. Danny describió la escena y verbalizó tanto las cogniciones negativas como las positivas que experimentaba en ese momento: «Soy impotente, soy un mal padre por no haber podido hacer más» e «Hice todo lo posible por mi hijo, soy un buen padre».

Sin embargo, le resultaba difícil expresar lo que sentía. Aunque podía identificar la tensión física, no encontraba las palabras adecuadas para describir sus emociones.

Tras varias sesiones combinando la regulación emocional con el trabajo sobre recuerdos, Danny pudo conectar con experiencias de su infancia, cuando se sentía solo y asustado y se refugiaba en el armario de su habitación.

A lo largo de los siguientes cuatro meses, esos recuerdos fueron reprocesados, comenzando con su sexto cumpleaños, en el que experimentó sentimientos de abandono y miedo. Solo entonces Danny pudo experimentar y verbalizar el impacto emocional de la muerte de su hijo, lo que permitió que el duelo fuera reprocesado mediante la terapia EMDR. El tratamiento continuó durante catorce meses más, abordando tres aspectos clave:

- Los recuerdos dolorosos de la infancia y los traumas relacionados con sus problemas emocionales actuales.
- Los disparadores presentes que generaban un dolor emocional significativo debido a la muerte de su hijo.
- Los patrones futuros asociados con cada uno de esos disparadores.

Este caso ilustra cómo ciertos aspectos culturales, como la creencia de que «debes guardar tus sentimientos para ti mismo», pueden dificultar la capacidad de una persona para experimentar toda la gama de emociones asociadas a la pérdida de un ser querido.

Estas restricciones emocionales pueden resultar en una contención o desregulación emocional.
El proceso de adaptación al duelo puede requerir un enfoque terapéutico integral que aborde tanto las dificultades emocionales generales del cliente como aquellas relacionadas específicamente con la muerte.

Evitación de los recuerdos conflictivos

Es común que una persona en duelo desee conservar los buenos recuerdos de su ser querido y, al mismo tiempo, se resista a reconocer los aspectos negativos de la relación. Cuando la relación fue problemática o estuvo marcada por experiencias dolorosas, la ambivalencia emocional puede ser intensa, ya que resulta difícil aceptar sentimientos positivos hacia alguien que, en ciertos momentos, fue cruel, negligente o abusivo.

Es fundamental comprender que todas las relaciones humanas tienen luces y sombras. Por ejemplo:

- El padre cariñoso puede haber sido, en ocasiones, negligente o excesivamente punitivo.
- El progenitor maltratador también pudo haber tenido momentos de apoyo o de amabilidad.

La ambivalencia puede bloquear el reprocesamiento emocional, lo que impide que la persona en duelo integre adecuadamente su experiencia. En estos casos, puede ser necesario ayudarla a adoptar una visión más objetiva, reconociendo que tanto los recuerdos positivos como los negativos forman parte de la relación y que ambos deben ser procesados para alcanzar una comprensión más equilibrada.

EJEMPLO DE CASO 17

Recuerdos conflictivos

El padre de Silvio falleció a causa de una enfermedad. Siete meses después de su muerte, Silvio, de 38 años, acudió a terapia. Relató que su madre había sido muy violenta con él, mientras que su padre representaba una fuente de seguridad. Sin embargo, también recordó que su padre se ausentaba de la familia durante semanas sin explicación y que, en muchas ocasiones, no intervenía cuando su madre era cruel con él y sus hermanos.

El tratamiento comenzó con el reprocesamiento de la ansiedad que le generaba la muerte de su padre, enfocándose en la expresión de su rostro al fallecer. Durante este proceso, emergió su ambivalencia: sentía rabia hacia su padre, pero no quería reconocerla por temor a arruinar los buenos recuerdos que tenía de él.

A través de la integración cognitiva, el terapeuta le ofreció una nueva perspectiva, ayudándole a entender que tanto los aspectos positivos como los negativos eran válidos y que ambos formaban parte de su historia con su padre. Finalmente, Silvio logró comprender los problemas personales de su padre y la conflictiva relación conyugal que ambos compartían. Fue capaz de verlo de manera más completa, no solo como la fuente de seguridad que recordaba, sino también como un hombre con fallas y limitaciones. Con el tiempo, logró reconciliar ambos aspectos de su recuerdo y comprendió que los momentos negativos no anulaban los positivos.

EJEMPLO DE CASO 18

Recuerdos conflictivos

Lilly, de 44 años, llegó a terapia ocho meses después de la muerte de su padre, quien había fallecido a causa de una enfermedad. Durante los últimos meses de su vida, Lilly y sus hermanos se encargaron de cuidarlo, un acto que la familia consideraba un deber filial y valoraba profundamente. Sin embargo, la realidad era que su padre había sido una figura violenta y aterradora.

El reprocesamiento comenzó con un recuerdo infantil en el que su padre le dijo que, después de su nacimiento, habría sido mejor si la hubieran arrojado al río. Con el tiempo, surgieron más recuerdos negativos, pero también comenzaron a aparecer recuerdos positivos. Lilly recordó que, a pesar de vivir en la pobreza, su padre le compró un vestido que a ella le gustaba, un gesto que contrastaba con su imagen de hombre frío y agresivo.

Estos dos ejemplos ilustran diferentes formas en las que las personas en duelo pueden enfrentar la ambivalencia emocional. En el caso de Silvio, había una resistencia a reconocer los aspectos negativos de su padre, por miedo a empañar los recuerdos positivos. Y, en el caso de Lilly, su apego a la imagen del «deber filial» le dificultaba aceptar el impacto de los recuerdos dolorosos.

El proceso terapéutico permitió a ambos clientes integrar tanto los recuerdos positivos como los negativos, construyendo una representación interna más equilibrada y realista de su relación con sus padres. Esto les permitió procesar su duelo con mayor claridad, dejando atrás la lucha interna entre idealización y resentimiento, y logrando una comprensión más profunda y saludable de su historia.

Recuerdos relacionados con la responsabilidad personal, la mortalidad (seguridad) y la conexión y pertenencia

Estos temas clínicos subyacentes son fundamentales tanto para las cogniciones negativas como positivas del cliente. Pueden usarse para comprender los problemas de la persona y servir de guía en el tratamiento de las dificultades asociadas al duelo complicado. La identificación de estos temas puede ayudar al terapeuta a:

- Comprender las razones del bloqueo en el reprocesamiento.
- Estructurar una integración cognitiva adecuada.
- Aplicar técnicas como el *floatback* o la exploración emocional, que permiten identificar los recuerdos previos que alimentan este bloqueo.

Los ejemplos de este libro también pueden clasificarse según el tema clínico central de cada cliente. Estos temas no solo se manifiestan en las reacciones actuales ante la pérdida, sino que también están relacionados con el propio desarrollo del cliente.

Según la teoría del apego y el modelo PAI, las interacciones negativas entre el niño y el cuidador pueden dar lugar a estilos de apego inseguros o desorganizados, lo que genera temas centrales como:

- «No soy lo suficientemente bueno» (responsabilidad).
- «No estoy seguro» (seguridad).
- «Soy incapaz» (control).
- «Estoy solo» (conexión y pertenencia).

Estos temas son cruciales en el tratamiento del duelo complicado, ya que guían al terapeuta para identificar los recuerdos fundamentales que deben ser reprocesados. Las cogniciones negativas y positivas se detallarán en el siguiente capítulo, pero a continuación se presentan algunos ejemplos de cómo los temas clínicos subyacentes pueden orientar al terapeuta hacia los recuerdos clave que requieren reprocesamiento.

Responsabilidad

Este tema está relacionado con el sentimiento de ser defectuoso o de que las dificultades que enfrenta la persona son causadas por sí misma. Se puede manifestar como una falta de autoestima, por ejemplo, con pensamientos como «soy malo», «no me quieren», «no soy lo suficientemente bueno» o «no importo». También puede involucrar sentimientos de culpa por acción u omisión, como «es culpa mía» o «debería haber hecho algo más».

EJEMPLO DE CASO 19

Responsabilidad

La hija de Rhonda, de 7 años, falleció debido a una grave enfermedad tras seis meses de lucha. Aunque el reprocesamiento del trauma de la pérdida fue útil, el tema de «soy una mala madre» y «es culpa mía» continuó dominando su situación emocional. Rhonda había crecido con recuerdos de una madre crítica, que a menudo le regañaba por sus errores o se negaba a hablarle. Esto le dejó una creencia profundamente negativa en sí misma, pensando «soy mala» o «no soy lo suficientemente buena». A través del reprocesamiento de estos recuerdos centrales, junto con el abordaje de los disparadores actuales y los patrones futuros relacionados con cada uno, Rhonda experimentó una mejora clínica significativa.

Seguridad en el presente (mortalidad)

Este tema se refiere a la sensación de inseguridad en el presente, especialmente en relación con la mortalidad. Implica la toma de conciencia de la vulnerabilidad propia, algo que puede desencadenar un sentimiento de angustia o miedo.

EJEMPLO DE CASO 20

Seguridad y mortalidad

La esposa de Ken, de 44 años, falleció debido a la COVID-19 después de cuatro semanas de enfermedad. Las circunstancias traumáticas de su muerte acentuaron los sentimientos de aislamiento y la sensación de inseguridad que Ken ya experimentaba debido a las restricciones impuestas por la pandemia. Aunque hasta entonces había logrado sobrellevar la situación, la pérdida de su esposa intensificó su soledad y su falta de seguridad. Aún más angustiante fue el profundo miedo a la muerte que comenzó a experimentar. Aunque racionalmente entendía que era una posibilidad inherente a la vida, su temor se manifestó de manera intensa y visceral.

La historia clínica reveló que Ken había sufrido ansiedad desde la infancia. Su madre, adicta a los analgésicos, dejaba con frecuencia a Ken y a sus dos hermanos solos –siendo él el hijo mediano–, lo que le generaba una sensación constante de angustia y miedo, especialmente cuando la veía bajo los efectos de la medicación.

Después de varias sesiones dedicadas a la historia clínica y la estabilización –incluyendo la creación de un lugar seguro y tranquilo, la instalación de recursos y el desarrollo de estrategias para reducir el estrés–, se decidió enfocar el tratamiento con EMDR en el trauma asociado a la muerte de su esposa. Se trabajaron recuerdos clave, como el momento en que enfermó, su hospitalización, la despedida y su fallecimiento.

Durante el proceso, emergieron los temores sobre la mortalidad que Ken había desarrollado en su infancia. Sintió un alivio significativo al aceptar su vulnerabilidad y reconocer que la muerte es parte de la condición humana. A pesar de la ausencia de su esposa –quien había sido su principal fuente de apoyo–, Ken logró procesar su sensación de inseguridad de una manera más adaptativa.

Las sesiones posteriores combinaron varias estrategias terapéuticas:

- Instalación de recursos, reforzando recuerdos en los que Ken experimentaba competencia y confianza.
- Fomento del compromiso social, ayudándolo a fortalecer sus vínculos con familiares y amigos.
- Reprocesamiento de recuerdos de apego, trabajando momentos en los que su madre, debido a su adicción, no estaba emocionalmente disponible.
- Abordaje de disparadores actuales y patrones futuros, con el objetivo de mejorar su capacidad para afrontar situaciones difíciles en el presente y futuro.

Con el tiempo, Ken comenzó a experimentar una mayor sensación de seguridad en sí mismo, lo que le permitió enfrentar la pérdida de su esposa con más resiliencia.

Una alternativa hubiera sido iniciar el reprocesamiento con los recuerdos de su infancia relacionados con la negligencia de su madre y, posteriormente, abordar los recuerdos traumáticos de la muerte de su esposa. Probablemente, esta estrategia también habría resultado efectiva. Sin embargo, en este caso, la urgencia de los recuerdos más intrusivos y apremiantes del presente –la muerte de su esposa– determinó el enfoque inicial del tratamiento.

Control

Este tema está estrechamente relacionado con la sensación de impotencia, la falta de control y el desamparo. En el siguiente caso, el fortalecimiento de la autoeficacia y la confianza en sí misma de la clienta precedió al tratamiento, facilitando su capacidad de integración y adaptación al duelo.

EJEMPLO DE CASO 21

Control

El padre de Linda falleció tras sufrir un derrame cerebral. Linda, de 23 años, se sintió completamente impotente al no poder hacer nada para ayudarlo. Siete meses después de su muerte, buscó tratamiento, ya que la sensación de impotencia seguía siendo persistente y afectaba su bienestar emocional.

Desde su infancia, su padre había sido su principal fuente de apoyo. Dependía de él para resolver cualquier problema y, aunque con el tiempo se volvió más autosuficiente, nunca dejó de sentir que no podía enfrentarse a las dificultades por sí sola. Su muerte no solo representó una pérdida afectiva, sino también un golpe a su confianza en sí misma y a su capacidad para manejar la vida de manera independiente.

El plan de tratamiento se estructuró en tres fases clave:

- Desarrollo e instalación de recursos (Korn y Leeds, 2002) para fortalecer su sensación de autoeficacia y confianza en sí misma.
- Reprocesamiento de recuerdos de la infancia en los que Linda se sentía inútil, como aquellos momentos en los que sus padres hacían cosas por ella, reforzando la creencia de que no era capaz de enfrentarse a los desafíos sola.
- Tratamiento de los disparadores actuales, abordando situaciones que generaban inseguridad y estableciendo patrones futuros más adaptativos.

Tras trabajar en su autoeficacia, las sesiones de reprocesamiento EMDR se enfocaron en los recuerdos más angustiantes relacionados con la muerte de su padre, como el momento en que sufrió el ictus, su estancia en el hospital y su fallecimiento.

Después de cinco meses de tratamiento, Linda logró su objetivo de sentirse más segura de sí misma y fue capaz de afrontar de manera más adaptativa la muerte de su padre. Su sensación de control sobre su propia vida aumentó, permitiéndole manejar las dificultades con mayor confianza y autonomía.

Conexión y pertenencia

Este tema fue añadido a la formación básica del Instituto EMDR (*EMDR Institute Training Manuals*, 2021) y hace referencia a clientes que han interiorizado un trato social o interpersonal negativo, lo que les lleva a sentirse alienados y desconectados. Sin embargo, la sensación de soledad, aislamiento y ansiedad por separación tras la muerte de un ser querido puede ser particularmente intensa debido a la pérdida de conexión que genera.

EJEMPLO DE CASO 22

Conexión y pertenencia

Lucía perdió a su esposa tras treinta años de matrimonio debido a un cáncer. Poco tiempo después, también fallecieron su padre y su hermano. Este cúmulo de pérdidas se vio agravado por las restricciones de la pandemia, que intensificaron su sensación de soledad y aislamiento. Siete meses después de la muerte de su esposa, Lucía decidió buscar tratamiento.

Inicialmente, la terapia se centró en procesar la dolorosa pérdida de su mujer. Sin embargo, pronto emergió un temor profundo: el miedo a perder por completo el vínculo con ella. Cuando el terapeuta le explicó que la integración cognitiva no la alejaría de ese vínculo esencial, sino que le permitiría encontrar una nueva forma de conexión, el reprocesamiento continuó. A medida que avanzaba la terapia, comenzaron a aflorar recuerdos positivos, lo que permitió a Lucía experimentar una renovada sensación de cercanía con su esposa. En la siguiente sesión, el trauma de la pérdida comenzó a aliviarse parcialmente.

A pesar de ello, Lucía aún arrastraba una profunda sensación de soledad. Temía que al superar su dolor, estuviera renunciando también a la conexión con su esposa. Al explorar más a fondo este sentimiento, surgió un recuerdo de su infancia: el aislamiento y el miedo que sintió al descubrir su identidad sexual. Durante su niñez, no tenía con quién hablar de su orientación y temía compartirlo con sus padres o amigos debido al estigma social.

En su vida adulta, Lucía logró aceptar su identidad y disfrutó de un matrimonio feliz con su esposa. Sin embargo, tras su muerte, resurgieron aquellos sentimientos de aislamiento y miedo, como si estuviera reviviendo la misma soledad de su infancia.

El tratamiento se enfocó en reprocesar estos recuerdos infantiles, especialmente aquellos en los que se sentía sola y sin apoyo. Paralelamente, se trabajaron los disparadores actuales y se establecieron patrones futuros para fortalecer su bienestar emocional. A medida que avanzaba el proceso, Lucía comenzó a involucrarse en más actividades sociales, lo que le permitió aliviar su depresión y reducir la sensación de aislamiento.

RESUMEN

El primer nivel del protocolo de tres niveles en EMDR se centra en los recuerdos del pasado. En muchos casos, se inicia con el reprocesamiento de los recuerdos directamente relacionados con la pérdida, especialmente si la muerte ha sido vivida como un evento traumático.

Sin embargo, es crucial reconocer que traumas previos, pérdidas anteriores y recuerdos vinculados al apego pueden influir significativamente en la reacción de duelo. Estos elementos subyacentes pueden abordarse después de procesar el impacto inicial del *shock* o la toma de conciencia de la pérdida. No obstante, si estos recuerdos resultan intrusivos, deben tratarse primero para evitar que interfieran con el proceso de adaptación.

CAPÍTULO 12

PROTOCOLO DE TRES NIVELES. SEGUNDA FASE: DISPARADORES ACTUALES

La segunda fase del protocolo de tres niveles se centra en el reprocesamiento de los disparadores actuales, es decir, aquellas situaciones, lugares o personas que generan angustia y dificultan la adaptación de la persona en duelo.

DISPARADORES DE LA ANSIEDAD POR SEPARACIÓN

En el contexto del duelo, los disparadores actuales suelen ser recordatorios dolorosos de la ausencia del ser querido. Situaciones como un aniversario, escuchar una canción o participar en actividades compartidas pueden generar una profunda sensación de pérdida y reactivar la ansiedad por separación.

Es importante comprender que la asimilación de la pérdida no ocurre en una única sesión de terapia EMDR, sino que es un proceso gradual. Con el tiempo, la persona en duelo recuerda al fallecido en distintos momentos cotidianos («Hoy Janet habría hecho pan casero»), lo que puede provocar una nueva oleada de dolor al reafirmar su ausencia.

Un ejemplo ilustrativo es el de Jane, madre de un adolescente de 16 años fallecido en un accidente de tráfico. Cada vez que intentaba evocar la «hermosa cara sonriente» de su hijo, se veía abrumada por la angustia de su muerte, sintiendo que lo perdía de nuevo.

Estos momentos, en los que la ansiedad por separación se reactiva intensamente, deben ser abordados en terapia EMDR para facilitar su procesamiento.

DISPARADORES QUE REPRESENTAN OBSTÁCULOS PARA LA ADAPTACIÓN

Además de la ansiedad por separación, otros disparadores pueden actuar como barreras en el proceso de adaptación a la nueva realidad sin el ser querido. Estos suelen estar vinculados a la orientación a la restauración (OR) y reflejan dificultades para avanzar en la vida tras la pérdida, como la sensación de soledad en eventos sociales o la dificultad para asumir nuevos roles («Es difícil pensar en mí mismo como soltero» o «No sé cómo cuidar de mis hijos solo»). El reprocesamiento de estos disparadores permite a la persona en duelo moverse con mayor flexibilidad entre la orientación a la pérdida (OP) y la orientación a la restauración (OR). No obstante, en algunos casos, el cliente también requiere estrategias psicosociales y el desarrollo de habilidades para afrontar de manera efectiva los desafíos de su nueva realidad. La muerte de un ser querido obliga a la persona en duelo a enfrentarse a un mundo que no desea. La transición desde su antigua vida hacia esta nueva realidad puede ser un proceso complejo, marcado por miedo y resistencia. En términos del modelo de los procesos R, es necesario que la persona en duelo pueda:

- Renunciar a los antiguos apegos al fallecido y a la vida previa (cuarto proceso R), lo que implica aceptar que el mundo que conocía ha cambiado irreversiblemente.
- Adaptarse al nuevo mundo sin olvidar el antiguo (quinto proceso R).

Cuando una persona tiene dificultades para desprenderse de los vínculos que han quedado obsoletos debido a la muerte, la terapia EMDR puede centrarse en situaciones específicas donde se experimenta esta resistencia. El reprocesamiento facilita la transformación del apego hacia el ser querido y la reconfiguración del sistema de creencias, permitiendo un avance más sano hacia la nueva realidad. Dentro del quinto proceso R, se incluyen cuatro subprocesos clave:

- Revisión del sistema de creencias (aceptación de que la realidad ha cambiado).
- Desarrollo de una nueva relación con el ser querido (redefinición del vínculo en ausencia).
- Adaptación a nuevas formas de estar en el mundo (aceptar nuevos roles y experiencias).

- Construcción de una nueva identidad (integración del cambio en la autopercepción).

La superación de estos obstáculos prepara a la persona en duelo para el sexto proceso R: la reinversión en la vida.

Revisión del sistema de creencias

Los disparadores actuales pueden manifestarse en situaciones y momentos en los que la persona en duelo desea recuperar su antiguo mundo, es decir, la forma en que percibía la vida antes de la muerte del ser querido, y se resiste a entrar en la nueva realidad. Uno de los aspectos a trabajar en terapia es la resistencia a aceptar la nueva realidad. En estos casos, la persona expresa pensamientos como «El mundo es diferente, no me gusta y no quiero vivir en él». Otra área importante son las dificultades cotidianas que intensifican el anhelo del pasado. Actividades rutinarias pueden convertirse en recordatorios constantes de la ausencia del ser querido, lo que genera nostalgia y resistencia al cambio. Frases como «Cuando estaba recogiendo después de cenar, me di cuenta de lo difíciles que son las cosas ahora... Quiero recuperar mi antigua vida» ilustran este tipo de pensamientos. Asimismo, la persona en duelo puede experimentar la pérdida no solo como la ausencia física del fallecido, sino también como la desaparición del apoyo emocional o práctico que brindaba. Expresiones como «Mi hermano ya no está aquí para hablar de mis problemas» reflejan la percepción de que el fallecido ya no puede satisfacer una necesidad importante, lo que puede agravar la sensación de desamparo.

En la terapia EMDR, el reprocesamiento de estos disparadores puede ayudar a la persona a aceptar la nueva realidad sin sentirse abandonada, reformular su conexión con el fallecido de manera adaptativa y desarrollar estrategias para afrontar los cambios y necesidades sin sentirse desamparada. De este modo, el objetivo terapéutico no es olvidar o superar la pérdida, sino integrarla de una manera saludable que permita a la persona seguir adelante sin perder el significado de su relación con el fallecido.

EJEMPLO DE CASO 1

Revisión del sistema de creencias

Giorgio acudió a terapia once meses después del fallecimiento de su esposa por cáncer. En un primer momento, el tratamiento con EMDR se centró en reprocesar recuerdos altamente angustiantes, como el sufrimiento de su esposa, el momento de su muerte y el funeral. Sin embargo, su principal disparador presente era un acto cotidiano: pasear a su perro. Esta actividad, que antes compartía con su esposa, se había convertido en un recordatorio doloroso de su ausencia. En sus palabras, «pasear al perro me recuerda que está muerta, y es difícil renunciar a ella». Giorgio sentía que su vida carecía de sentido sin su esposa y que simplemente estaba «pasando por la vida».

Durante el reprocesamiento con EMDR, trabajó con la cognición negativa «no puedo seguir adelante», transformándola en «puedo seguir adelante». A lo largo de la sesión, tomó conciencia de la magnitud de su pérdida y de cómo había dado por sentado que su esposa siempre formaría parte de su vida. También reconoció que su vínculo con ella estaba presente incluso en los pequeños momentos cotidianos, como lavar los platos juntos o decidir qué ver en la televisión. Al final del reprocesamiento, pudo experimentar una sensación de conexión con su esposa y sentir que podía seguir disfrutando de lo que compartían juntos, incluso en su ausencia. Se instaló con éxito un patrón futuro en el que podía pasear a su perro con la sensación de que su esposa seguía presente de otra manera.

Este caso ilustra cómo el reprocesamiento de disparadores presentes permite transformar el duelo. Para Giorgio, pasear al perro dejó de ser un recordatorio doloroso de la pérdida y se convirtió en una afirmación de su conexión con su esposa. A través de la terapia EMDR, logró reformular su apego al mundo pasado, facilitando su adaptación al presente sin olvidar el vínculo con su esposa. Así, pudo transitar de «amar en presencia» a «amar en ausencia», avanzando en su proceso de duelo y reinversión en la vida.

EJEMPLO DE CASO 2

Dificultad para adaptarse al nuevo mundo

La esposa de Sam, trabajadora del servicio de emergencias, falleció el 11 de septiembre de 2001 en el atentado contra el *World Trade Center*. A pesar de recibir un gran apoyo de amigos y familiares y de mantener un desempeño exitoso en su trabajo, experimentó síntomas de ansiedad y depresión de intensidad leve a moderada. La ausencia de su esposa le generaba la sensación de que el mundo había cambiado de forma drástica y que ya no era predecible. Trece meses después de su muerte, decidió iniciar un tratamiento con terapia EMDR.

El atentado del 11 de septiembre representó un trauma para Sam en múltiples niveles. Su creencia en un mundo estable y predecible se vio desmoronada, lo que acentuó su estado de inseguridad y desamparo. Tras tres sesiones dedicadas a la historia clínica, la exploración de las circunstancias del fallecimiento de su esposa y la creación de un lugar seguro o tranquilo, se inició el reprocesamiento con el momento en que recibió la noticia de su muerte. Este trabajo no solo se centró en la pérdida de su esposa, sino también en la magnitud del horror y la devastación provocada por el atentado terrorista.

Las cuatro sesiones siguientes se focalizaron en otros recuerdos dolorosos y en momentos difíciles vinculados a la muerte repentina de su esposa. Durante el proceso, Sam enfrentó su sensación de impotencia y desilusión ante la transformación de su mundo. En una sesión en particular, se abordó un episodio reciente en el que experimentó con gran intensidad la percepción de que su mundo había cambiado «demasiado». Mientras cuidaba el jardín, una actividad que solía compartir con su esposa, se vio abrumado por su ausencia. Su cognición negativa era «No puedo arreglármelas», mientras que la positiva hacia la que se trabajó fue «Puedo arreglármelas».

Durante el reprocesamiento, Sam llegó a una conclusión clave: «El mundo no ha cambiado, es el mismo... Mi mundo ha cambiado, y soy yo quien tiene que adaptarse». Tras esta sesión, comenzó a sentirse más capaz de seguir adelante sin ella. La jardinería, en lugar de ser un recordatorio doloroso de la pérdida, se transformó en una manera positiva y significativa de honrar la memoria de su esposa. La visualización de la jardinería junto con los sentimientos positivos asociados se instaló como un patrón futuro.

En este caso, Sam no solo enfrentaba el duelo por la pérdida de su esposa, sino también el trauma del atentado del 11 de septiembre. Su dificultad radicaba en la creencia de que el mundo había cambiado de manera irreversible, lo que le impedía encontrar su lugar en esta nueva realidad. Fue necesario revisar los lazos con su antigua vida, como la jardinería compartida con su esposa, así como reestructurar sus creencias globales sobre el funcionamiento del mundo, su seguridad y la justicia.

El proceso de reprocesamiento le permitió tomar conciencia de que, si bien pueden ocurrir tragedias, lo que había cambiado eran sus circunstancias personales y no el mundo en sí mismo. Este cambio de perspectiva le proporcionó las bases para adaptarse, ayudándolo a desprenderse de su antigua percepción del mundo y a construir una nueva realidad sin su esposa, pero sin perder el significado de su vínculo con ella.

Desarrollo de una nueva relación con el ser querido

Por lo general, la persona en duelo, que añora al ser querido, experimenta la angustia que conlleva la ausencia de conexión. La vida que imaginaba y esperaba compartir con el fallecido se desmorona, y debe enfrentarse a una nueva realidad que ni deseaba ni anticipaba. El reprocesamiento de estos momentos dolorosos, almacenados de manera desadaptativa en la memoria, permite integrar nueva información adaptativa. Esto amplía la perspectiva del doliente y, con frecuencia, surgen recuerdos positivos del fallecido que son significativos y sinceros, proporcionando una sensación de conexión que la persona puede llevar consigo en el futuro.

En algunos casos, la conexión con el fallecido se mantiene a través del dolor, lo que genera el temor de que, si este se atenúa, la conexión también se debilitará. Sin embargo, la terapia EMDR no elimina emociones legítimas ni borra la realidad de la pérdida. El dolor de extrañar a alguien que fue una parte esencial de nuestra vida no desaparece, pero el procesamiento de los momentos más difíciles permite desarrollar una sensación de conexión más serena y significativa. Esto, a su vez, fortalece el valor y la motivación para adaptarse a la nueva realidad. Algunos ejemplos de situaciones que pueden generar bloqueos en el duelo incluyen:

- Cuando la persona en duelo se siente atrapada en la transición de amar en presencia a amar en ausencia, lo que dificulta la aceptación total de la muerte del ser querido («Sé que mi esposa ha muerto, pero no quiero aceptar que se haya ido»).
- Cuando percibe que el fallecido ya no puede satisfacer una necesidad específica en su vida, lo que le resulta insoportable («Es demasiado doloroso pensar que mi padre ya no está aquí para ayudarme con los problemas del coche»).
- Cuando experimenta un intenso miedo y ansiedad asociados a la pérdida de la conexión con el ser querido («No puedo vivir sin él o ella»).

EJEMPLO DE CASO 3

Miedo a perder la conexión

Rifca había perdido a su marido y, durante el reprocesamiento de la escena en el hospital en la que él falleció, surgió un bloqueo. Al explorar la causa, Rifca se dio cuenta de que, si dejaba ir el dolor, temía perder también la conexión con su esposo.

En una integración cognitiva, el terapeuta le explicó que no perdería nada de lo que realmente necesitaba y que, muy probablemente, el reprocesamiento del dolor le permitiría acceder a recuerdos más positivos y significativos, reforzando su sensación de conexión. A medida que el proceso avanzaba, comenzaron a emerger recuerdos entrañables, y Rifca expresó con alivio: «Él siempre estará conmigo y seguirá formando parte de mi vida». Para fortalecer esta nueva percepción, el terapeuta la guió en una integración cognitiva centrada en la conexión y le preguntó: «¿Hay alguna forma de que este sentimiento se vaya alguna vez?». Rifca respondió con seguridad: «Nunca». Para reforzar esta sensación de conexión positiva, se aplicó estimulación bilateral adicional.

Este caso ejemplifica cómo, en ocasiones, el dolor se convierte en el único vínculo aparente con el ser querido fallecido, y la persona teme que, al aliviarlo, también perderá la conexión. A través de la integración cognitiva, se le ayudó a comprender que el amor y la conexión no dependen del sufrimiento. El aumento progresivo de la sensación de conexión con su esposo permitió a Rifca continuar con el reprocesamiento sin miedo a perder ese vínculo.

Además, la integración cognitiva con preguntas como «¿Hay alguna manera de que este sentimiento pueda desaparecer alguna vez?» ha demostrado ser particularmente útil en personas en duelo, ya que refuerza la certeza de que la conexión con el fallecido sigue presente de una manera diferente, basada en el amor y los recuerdos compartidos en lugar del sufrimiento.

Adaptación a nuevas formas de estar en el mundo

La adaptación a una pérdida requiere encontrar nuevas maneras de satisfacer las necesidades y asumir las funciones que antes desempeñaba el fallecido. Navegar por la vida sin esa persona supone un desafío que exige al doliente involucrarse en la vida de formas diferentes. En este proceso, los disparadores actuales que requieren atención incluyen:

- Situaciones o momentos que generan culpa, ambivalencia, resistencia, miedo o enfado al asumir nuevos roles y comportamientos o al adaptarse a una nueva vida («Me siento incómodo cuando empiezo a regar las plantas, que era algo que hacía Leslie y no yo»).
- La resistencia a realizar cambios como una forma de negar las implicaciones de la pérdida, dificultando la participación en nuevas activi-

dades o la asunción de nuevos roles, ya que esto significaría aceptar que la muerte es real y definitiva.

- La dificultad para adoptar nuevos comportamientos debido a la creencia de que los antiguos son los únicos vínculos que quedan con el ser querido.

EJEMPLO DE CASO 4

Rabia y tristeza por tener que adaptarse a una nueva vida

Janet inició tratamiento seis meses después de la muerte de su marido a causa de un cáncer. Había atravesado un duelo intenso y se veía constantemente inundada por imágenes de su sufrimiento, hasta el punto de experimentar molestias al respirar, una sensación que había asociado al dolor de su esposo en sus últimos días. Este tipo de síntomas, en los que la persona en duelo siente en su propio cuerpo las experiencias del fallecido, no son infrecuentes.

Además de su dolor, Janet estaba profundamente enfadada con su marido por haber muerto y haberla dejado sola con dos hijos, uno en la universidad y otro en el instituto. Como expresó en terapia: «No me casé con él para criar a nuestros hijos sola. Esto no debería estar pasando, él debería estar aquí».

Tras cuatro sesiones dedicadas a la historia clínica, la preparación y la estabilización, el tratamiento con EMDR se centró en su recuerdo más angustioso: un momento en el que su marido experimentaba un dolor intenso y ella se sentía impotente. Al finalizar el reprocesamiento, pudo pensar en su esposo con más serenidad y recordar momentos en los que no estaba enfermo.

En la sesión siguiente, se abordaron sus sentimientos de abandono y la sensación de injusticia por verse sola criando a sus hijos. Para ello, se trabajó con un recuerdo reciente: dos semanas antes, mientras preparaba el desayuno para sus hijos antes de que fueran a clase, sintió una intensa rabia y tristeza. Expresó que esa no era la vida que ella había elegido y que no debía haber ocurrido. A medida que avanzaba el reprocesamiento y se aplicaban más series de estimulación bilateral, su emoción se intensificó hasta que pudo decir: «Ha muerto y ya no está aquí para nosotros».

Con el proceso de EMDR, comenzó a enlazarse información del presente. Janet reconoció que, a pesar de las dificultades, sus hijos estaban bien: avanzaban en sus estudios, mantenían su vida social y colaboraban en las tareas del hogar. Se dio cuenta de que ellos se habían beneficiado enormemente de la presencia de su padre y que contaban con una base sólida gracias a su relación con él. Sintió consuelo al notar la presencia de su esposo reflejada en sus hijos y empezó a tener esperanza en el futuro.

Las sesiones posteriores se centraron en afrontar situaciones en las que se sentía sola y resentida. Con el tiempo, Janet comenzó a adaptarse a su rol como madre soltera. Además, amplió su red social, reforzando sus vínculos con amigos y familiares que podían brindarle apoyo cuando lo necesitaba.

En este ejemplo, Janet enfrentaba una angustia comprensible al tener que adaptarse a una vida sin su marido. El tratamiento se centró primero en reprocesar el trauma de la muerte, ya que las imágenes intrusivas del sufrimiento de su esposo le impedían abordar otros aspectos de su duelo, como la responsabilidad de criar a sus hijos sola.

Una vez que procesó el trauma de la pérdida, se pudo trabajar con un recuerdo reciente que representaba su dificultad para aceptar su nueva realidad (por ejemplo, preparar el desayuno para sus hijos sin su marido). Como es habitual en la terapia EMDR, la emoción intensa –en este caso, la ira y la tristeza– fue seguida de conexiones con información adaptativa, lo que permitió a Janet ampliar su perspectiva y darse cuenta de que sus hijos estaban sobrellevando la pérdida y seguían beneficiándose de la presencia de su padre en sus vidas.

Este cambio en su percepción le dio esperanza para el futuro. La representación interna adaptativa que emergió durante el procesamiento EMDR se manifestó en recuerdos de su marido sano y en la constatación de su influencia en sus hijos. Esto le permitió avanzar en su adaptación al nuevo mundo sin olvidar el antiguo, facilitando su proceso de duelo.

EJEMPLO DE CASO 5

Resistencia a adaptarse al nuevo mundo

Dorothy comenzó terapia un año después del fallecimiento de su marido en un accidente de tráfico. Habían estado casados más de veinte años y, a lo largo de su matrimonio, él había sido su mayor fuente de apoyo y aliento. Aunque Dorothy era una profesional competente, con la muerte de su esposo se sintió incapaz de cuidar de sí misma y de seguir adelante. Su inseguridad le impedía asumir nuevos proyectos, ya que temía fracasar sin su compañero a su lado.

La exploración de su historia reveló que, durante la infancia, había sido una niña muy insegura debido a una madre excesivamente crítica. Su marido, en contraste, la había apoyado y ayudado a superar esas inseguridades, contribuyendo a que desarrollara un fuerte sentido de autoestima y competencia en su vida académica y profesional. La terapia EMDR comenzó con el reprocesamiento del momento en que recibió la noticia de la muerte de su esposo. Una vez procesado el impacto inicial, Dorothy pudo reflexionar sobre la importancia que su marido había tenido en su vida. A través de más series de estimulación bilateral, se dio cuenta de que tenía miedo de sentirse competente porque eso significaba que no le necesitaba y que, de alguna manera, tendría que dejarle marchar. Comprendió que su sentimiento de incapacidad y su resistencia a cuidar de sí misma eran, en realidad, una forma de mantener el vínculo con su esposo. Con una mayor comprensión de su inseguridad y del miedo que sentía ante la posibilidad de seguir adelante sin él, pudo afirmar: «Cuidar de mí misma no significa dejarle marchar». Con más sesiones de EMDR, logró transformar su creencia en una cognición positiva: «Puedo cuidar de mí misma». Las sesiones posteriores se centraron en el procesamiento de los problemas de apego relacionados con su madre, así como en su proceso de duelo. También se trabajaron los disparadores actuales y se instalaron patrones futuros que le permitieron asumir nuevos proyectos y desarrollar hábitos de autocuidado.

En este ejemplo, el marido de Dorothy había sido una fuente crucial de apoyo y validación en su vida. Su resistencia a avanzar y su inseguridad tras la pérdida no eran simplemente resultado del duelo, sino una manifestación de su miedo a perder la conexión con su esposo. Dorothy intentaba mantener el vínculo con él al no asumir nuevas responsabilidades y seguir dependiendo de su apoyo emocional, incluso en su ausencia. A través del reprocesamiento con EMDR, pudo reconocer que cuidar de sí misma no significaba olvidar a su marido, sino honrar lo que él le había enseñado. También fue necesario abordar recuerdos relacionados con su infancia, especialmente con la crítica de su madre, ya que estas experiencias previas contribuyeron a su sensación de incompetencia tras la pérdida. Este caso ilustra cómo las dificultades del pasado relacionadas con el apego pueden reactivarse con una nueva pérdida. La muerte de su esposo hizo aflorar inseguridades no resueltas, lo que bloqueó su capacidad de adaptación. El procesamiento de estos recuerdos subyacentes fue esencial para que pudiera recuperar su autonomía y avanzar en su vida personal y profesional.

Construcción de una nueva identidad

Abandonar el antiguo mundo y entrar en el nuevo implica un proceso de transformación de la identidad. El fallecido puede haber sido un punto de referencia clave en la construcción de la identidad de la persona en duelo y, con su ausencia, la persona puede sentirse perdida, sin saber quién es en este nuevo contexto. El reto, entonces, es redefinirse sin la presencia física del ser querido.

Los objetivos terapéuticos en este ámbito pueden incluir:

- *Explorar la pregunta central de identidad.* La persona en duelo puede sentirse desorientado respecto a su lugar en el mundo tras la pérdida. Por ejemplo, una madre que ha perdido a su hijo podría decir: «Yo era la madre de un niño de 10 años, y ahora ya no lo soy. No sé dónde encajo». Un hombre que ha enviudado podría expresar: «Ahora que soy viudo, me siento muy diferente a como era antes».
- *Trabajar las dificultades en la transición de un «nosotros» a un «yo».* Enfrentar situaciones en las que la persona percibe su identidad de manera diferente sin el fallecido («Cuando fui a la fiesta sola, me di cuenta de que no sé quién soy sin él»).
- *Procesar el miedo, la culpa, la ambivalencia o la resistencia a participar en el nuevo mundo.* Esto ocurre cuando la persona siente que, al adaptarse, está traicionando de alguna manera la memoria del fallecido o renunciando a su antigua identidad («Mi mundo ha cambiado y ahora no sé quién soy»).

EJEMPLO DE CASO 6

Pérdida de identidad

El marido de Susan era policía y murió en acto de servicio. Llevaban cinco años casados, pero su relación había comenzado cuando ella tenía 16 años. Describía su amor como «intenso y apasionado, como solo un amor adolescente puede serlo». Para Susan, su mundo giraba en torno a su esposo, y cuando se casaron a los 18 años, él se convirtió en el eje central de su vida.

Tras la muerte de su marido, Susan se sintió completamente perdida. Aunque tenía buenas relaciones familiares, amigos cercanos y una carrera profesional satisfactoria, la ausencia de su esposo le hizo experimentar un vacío profundo. Sentía que su identidad se había construido en torno a su relación y que, sin él, ya no sabía quién era.

Para afrontar su dolor, se apoyó en su fe religiosa, el ejercicio físico y la conexión con personas importantes en su vida. Sin embargo, un año después de la muerte de su esposo, seguía sumida en la depresión y en una sensación de vacío existencial.

Decidió iniciar terapia EMDR y, tras varias sesiones de historia clínica, establecimiento de un lugar seguro e instalación de recursos, comenzó el reprocesamiento de recuerdos. Se trabajaron, en primer lugar, los momentos más traumáticos, como el instante en que recibió la noticia del fallecimiento de su marido y la visita al hospital. Después de dos sesiones centradas en estos eventos, sus sentimientos de pérdida de identidad seguían siendo muy intensos.

Se identificó un momento reciente especialmente doloroso: una excursión a un lugar que solía visitar con su marido. Este evento se convirtió en un objetivo de reprocesamiento con EMDR. Durante las primeras sesiones, Susan experimentó una gran tristeza y confusión. No sabía quién era sin su esposo y no comprendía cómo podía seguir adelante en un mundo sin él.

A medida que avanzaba el reprocesamiento, surgieron recuerdos de su vida antes de conocer a su marido. Recordó quién era en su adolescencia, sus aspiraciones, sus intereses y su deseo de estudiar. Por primera vez en mucho tiempo, se sintió conectada con su identidad previa a su matrimonio.

También emergieron recuerdos con su esposo en los que se sentía segura y enraizada en sí misma, lo que le permitió reencontrarse con una identidad propia, independiente de su relación. En las siguientes sesiones, Susan tomó la decisión de volver a estudiar y retomar sus intereses vocacionales, algo que había dejado de lado al casarse. La terapia continuó durante otros tres meses y se realizaron sesiones de seguimiento durante los tres años siguientes.

La muerte del esposo de Susan supuso la pérdida no solo de su compañero de vida, sino también de la identidad que había construido a su lado. Su sentido del yo estaba profundamente ligado a su matrimonio, y la viudez la dejó sin una referencia clara de quién era.

El reprocesamiento de los recuerdos traumáticos permitió primero aliviar la angustia por la pérdida. Posteriormente, se trabajaron situaciones recientes en las que Susan se sentía desconectada de sí misma y del mundo. Durante el proceso de EMDR, su mente encontró un camino para reconstruir su identidad, reactivando recuerdos de su juventud y conectándola con sus valores y objetivos personales previos a la relación.

Este caso ilustra la importancia de permitir que la persona en duelo forme una nueva identidad en el mundo sin el fallecido, sin que ello implique olvidar o desvincularse emocionalmente de la relación pasada. Susan pudo integrar su historia con su esposo en su nueva identidad, lo que le permitió seguir adelante con su vida con mayor seguridad y propósito.

RESUMEN

En este capítulo se aborda la segunda fase del protocolo de tres niveles en la terapia EMDR, centrada en el reprocesamiento de los disparadores actuales. Estos son situaciones, lugares o recuerdos que generan angustia y dificultan la adaptación de la persona en duelo a la nueva realidad sin el ser querido.

Se explica cómo ciertos disparadores pueden reactivar la ansiedad por separación, como aniversarios, actividades compartidas o recuerdos inesperados. También se analizan los obstáculos para la adaptación, como la resistencia a asumir nuevos roles o la sensación de que el mundo ha cambiado irreversiblemente tras la pérdida.

Un elemento clave en esta fase es la revisión del sistema de creencias, ya que muchas personas en duelo experimentan pensamientos desadaptativos que dificultan el proceso de aceptación. A través del reprocesamiento con EMDR, pueden transformar el dolor en una sensación de conexión serena con el fallecido, sin que ello implique olvidarlo o desvincularse emocionalmente.

Cabe destacar también la importancia de la adaptación a la vida sin el ser querido, un proceso que puede estar marcado por miedo, culpa o resistencia. La terapia EMDR ayuda a la persona en duelo a reprocesar estos sentimientos y a fortalecer su capacidad para afrontar los cambios, integrando la pérdida de una manera más saludable.

Por último, hay que resaltar la necesidad de reconstruir la identidad tras la pérdida. Muchas personas sienten que su identidad estaba profundamente ligada al fallecido, por lo que el duelo puede generar un sentimiento de vacío y desorientación. A través del reprocesamiento, la persona puede encontrar nuevas formas de verse a sí misma y de reinvertir en su vida sin perder el significado de la relación con el fallecido.

La segunda fase del protocolo de EMDR permite a la persona en duelo integrar la pérdida de manera adaptativa. Al reprocesar los disparadores actuales y trabajar en la instalación de patrones futuros, se facilita la transición hacia una nueva etapa, en la que la conexión con el fallecido se mantiene de forma positiva y la persona puede avanzar en su proceso de duelo con mayor equilibrio y propósito.

CAPÍTULO 13

PROTOCOLO DE TRES NIVELES. TERCERA FASE: PATRONES FUTUROS

Durante la tercera fase de la terapia EMDR, se trabaja en la instalación de patrones futuros. Una vez que cada disparador presente ha sido reprocesado con éxito, se invita al cliente a imaginarse enfrentando la misma situación (o una similar) con una respuesta adaptativa. Este enfoque permite:

- Reprocesar ansiedades anticipatorias.
- Identificar y reforzar habilidades necesarias para afrontar situaciones desafiantes.
- Potenciar respuestas adaptativas en el futuro.

Los patrones futuros actúan como un puente entre los logros terapéuticos y su aplicación en la vida real. Además, facilitan la oscilación de la persona en duelo entre la orientación a la pérdida (OP) y la orientación a la restauración (OR), fortaleciendo su capacidad de adaptación.

Es fundamental que la persona cuente con los recursos necesarios para afrontar los desafíos de su nueva vida. En algunos casos, esto puede requerir un trabajo complementario de aprendizaje de estrategias de afrontamiento. Por ejemplo, si un cliente ha perdido a su esposa y tiene dificultades para socializar o asumir el rol de cuidador único de sus hijos, será importante dedicar parte de la terapia a desarrollar herramientas para gestionar estos retos.

Reincorporarse a la vida

La muerte de un ser querido puede desmoronar la percepción del mundo, generar un vacío profundo en la identidad y sembrar miedo e incertidumbre donde antes había estabilidad y seguridad. En los ejemplos anteriores, la terapia EMDR se centró en las dificultades para desprenderse de los apegos y supuestos que habían dejado de ser válidos tras la muerte, con el objetivo de facilitar la adaptación al nuevo mundo sin el fallecido, sin olvidar lo anterior. Este trabajo prepara el camino para el sexto y último proceso R: la reinversión en la vida.

Nadie puede sustituir a la persona que ha fallecido, pero la vida puede seguir teniendo sentido y propósito. Con la revisión del sistema de creencias y la transformación del vínculo con el fallecido, la persona en duelo puede encontrar formas de reconectarse con la vida, un proceso que Rando denomina «Reinversión». En muchos casos, este cambio se traduce en un crecimiento postraumático (Tedeschi y Calhoun, 2004), en el que la persona en duelo desarrolla una nueva comprensión de sí misma y del mundo. Sus valores pueden evolucionar, y la vida deja de darse por sentada.

No obstante, pueden surgir obstáculos para reincorporarse a la vida. Para superar estas dificultades, es fundamental explorar e identificar los factores que impiden un ajuste adaptativo. El terapeuta debe evaluar si hay recuerdos del pasado que interfieren con el presente, reconocer los disparadores actuales y determinar qué nuevas habilidades necesita desarrollar el cliente. Parte del tratamiento implica proporcionar formación y entrenamiento para que la persona en duelo adquiera herramientas que le permitan afrontar nuevas situaciones con mayor seguridad.

Desde la perspectiva del modelo de procesamiento dual, la terapia EMDR puede centrarse en los obstáculos actuales (disparadores presentes) que dificultan la adaptación a la nueva realidad, facilitando así la orientación a la restauración. Algunos ejemplos incluyen momentos de miedo o ansiedad ante la posibilidad de emprender nuevas actividades, establecer nuevas relaciones o retomar proyectos de vida. Frases como «He conocido a alguien con quien quiero salir, pero siento que estoy traicionando a mi difunto marido» o «Quiero volver a la universidad, pero tengo miedo» reflejan los conflictos internos que pueden surgir en este proceso. Además de trabajar con los recuerdos del pasado y los disparadores del presente, el desarrollo de habilidades, la instalación de recursos y la proyección de patrones futuros son aspectos clave para facilitar la adaptación.

Los dos primeros ejemplos de casos proceden del trabajo con viudas de policías cuyos maridos fallecieron en acto de servicio. Estas mujeres se reunían en grupo una vez al año e individualmente cuando lo necesitaban. Aproximadamente tres años después de la pérdida, varias de ellas comenzaron a plantearse la posibilidad de tener nuevas relaciones, pero mostraban resistencia debido al temor de olvidar a sus maridos o de ser desleales.

El tercer ejemplo ilustra dificultades más generales en la reincorporación a la vida y demuestra cómo el tratamiento debe abordar el trauma de la pérdida, los recuerdos del pasado que influyen en los conflictos actuales, los disparadores presentes que interfieren con la adaptación, el aprendizaje de nuevas habilidades y la instalación de patrones futuros.

EJEMPLO DE CASO 1

Miedo a una nueva relación

Tres años después del asesinato de su marido, una viuda sentía que estaba preparada para iniciar una nueva relación, pero le angustiaba la idea de que hacerlo significara olvidarlo. Se identificó como objetivo terapéutico un momento en el que experimentó ansiedad ante la idea de salir con alguien nuevo, específicamente mientras veía un programa de televisión en el que una pareja tenía una cita. Durante el reprocesamiento, surgió un recuerdo de la infancia relacionado con la muerte del perro de la familia. Varios meses después de la pérdida, la familia adoptó un nuevo perro. La mujer recordó que, a pesar de encariñarse con su nueva mascota, el afecto que sentía no eliminaba el amor que siempre guardaba por su anterior perro. Esta conexión le permitió comprender que podía amar a una nueva persona sin que eso implicara olvidar a su marido. A través del reprocesamiento con EMDR, internalizó la idea de que el amor por su esposo fallecido y la posibilidad de una nueva relación no eran excluyentes.

EJEMPLO DE CASO 2

Miedo a una nueva relación

De manera similar, otra viuda se sentía culpable al comenzar una nueva relación. Se trabajó con un momento específico en el que sintió esta culpa, permitiéndole explorar sus emociones y creencias subyacentes. El resultado fue una nueva comprensión de su situación: «Mi marido fue el amor de mi pasado, Joe es el amor de mi presente». Esta reformulación le permitió avanzar sin la sensación de traicionar la memoria de su esposo fallecido.

EJEMPLO DE CASO 3

Tratamiento integral necesario para seguir adelante

María, otra viuda de policía, acudió a terapia cuatro meses después del fallecimiento de su marido en un accidente de helicóptero. Había estado de baja durante seis meses y tenía previsto reincorporarse al trabajo en un mes. Tras dos sesiones dedicadas a la historia clínica y al aprendizaje de la técnica del lugar seguro/tranquilo, se inició el reprocesamiento del trauma de la muerte de su esposo. Se abordaron momentos clave como la notificación del fallecimiento, la visión de su cuerpo en el hospital y recuerdos del funeral. También se trabajaron disparadores presentes, como irse a la cama sola por la noche y otros momentos en los que sentía su ausencia.

Al regresar al trabajo, descubrió que tenía dificultades para mantener su ritmo habitual debido a la disminución de su capacidad de concentración y al aumento de la fatiga. Es común experimentar una especie de niebla mental tras un evento traumático (Brico, 2018). Esta reducción en su eficacia laboral le generó ansiedad y sentimientos de incompetencia e inadecuación. Además, nunca antes había gestionado las facturas del hogar, ya que su marido se encargaba de ello, lo que aumentó su ansiedad sobre el futuro.

El tratamiento se centró en estructurar su regreso al trabajo con un horario más flexible y expectativas realistas (por ejemplo, reduciendo la carga de trabajo y los proyectos). Se implementaron estrategias para el manejo del estrés y se elaboró un plan para que María aprendiera a gestionar las finanzas del hogar. Esto incluyó el control de cuentas bancarias, la programación de pagos y la organización de los gastos. También se puso en contacto con su banco para revisar las cuentas familiares y establecer un sistema para llevar sus finanzas con mayor seguridad.

Para fortalecer su confianza, se trabajó con el desarrollo y la instalación de recursos mediante el acceso a recuerdos en los que se sentía competente y segura de sí misma. Estos recuerdos positivos le sirvieron de base y la motivaron a seguir adelante con un ritmo más realista.

Una vez estabilizada su situación laboral, se identificaron y reprocesaron recuerdos de la infancia relacionados con su sentimiento de incompetencia. También se trabajaron situaciones recientes en el trabajo (disparadores actuales) en las que se sentía especialmente insegura, y se instalaron patrones futuros para cada disparador. Su nivel de energía aumentó gradualmente y, en cinco meses, volvió a desempeñarse con normalidad. Con el tiempo, comenzó a participar en más actividades sociales con amigos y familiares, y cinco años después se casó nuevamente.

Este caso ilustra cómo la adaptación a la pérdida requiere abordar tanto el impacto traumático de la muerte (orientación a la pérdida, OP) como los factores estresantes que interfieren con la adaptación (orientación a la restauración, OR). Algunas sesiones se enfocaron en reprocesar el trauma de la pérdida, mientras que otras se centraron en afrontar los nuevos retos, como la reincorporación al trabajo y la gestión de las finanzas. Además, fue esencial tratar las inseguridades del presente a través del reprocesamiento de recuerdos de la infancia, abordar los disparadores actuales (dificultades en el trabajo) e instalar patrones futuros. La adquisición de nuevas habilidades también fue clave para su adaptación al nuevo mundo y su reinversión en la vida.

Cuando el procesamiento se bloquea

El duelo complicado o el procesamiento bloqueado pueden deberse a traumas previos, pérdidas no resueltas o recuerdos relacionados con el apego y el desarrollo. En estos casos, es necesario identificar estos recuerdos, reprocesar los disparadores actuales e instalar patrones futuros. El tratamiento debe ser más exhaustivo que en un duelo normativo, ya que implica abordar aspectos personales más profundos que influyen en la capacidad de adaptación.

EJEMPLO DE CASO 4

Dificultad para seguir adelante debido a problemas relacionados con el apego

Cloe tenía 32 años y dos hijos cuando su marido, soldado, murió en combate. Un año después de la pérdida, buscó tratamiento. Aunque no mostraba síntomas graves de depresión, su vida se había vuelto monótona y carente de emoción. Apenas pasaba tiempo con amigos o familiares, y su rutina se limitaba a trabajar y cuidar de sus hijos con el apoyo de su familia.

Después de tres sesiones centradas en la historia clínica y en estrategias de regulación de las emociones (ejercicios de respiración y el desarrollo de un lugar seguro), se inició el reprocesamiento del momento en que recibió la noticia de la muerte de su marido. Esta sesión se resolvió con éxito. Posteriormente, se trabajó con un disparador presente en el que Cloe sentía que su vida carecía de sentido. Se seleccionó un momento específico en el que esta sensación era intensa: mientras hacía la colada, reflexionando sobre la monotonía de su vida. Su cognición negativa era «Nunca podré ser feliz», mientras que la positiva hacia la que se trabajó era «Puedo volver a ser feliz». Sin embargo, el reprocesamiento se bloqueó y ella continuó sintiendo tristeza y creyendo que nunca recuperaría la felicidad. Para desbloquear el procesamiento, se utilizó la técnica de *floatback*: «Cierra los ojos, fíjate en el pensamiento "nunca podré ser feliz" y en las sensaciones asociadas, y regresa hasta un recuerdo anterior en el que hayas tenido pensamientos y sentimientos similares».

En ese momento, emergió un recuerdo de su infancia en el que su madre, que sufría depresión, les decía con dureza a sus hijos que se callaran cuando jugaban. En ese instante, Cloe tomó conciencia de la creencia limitante que había interiorizado: «Si mamá no era feliz, nadie podía ser feliz».

Este nuevo objetivo se trabajó en la misma sesión y, aunque no se procesó completamente, se retomó en la siguiente. Tras el reprocesamiento total de este recuerdo infantil, Cloe pudo volver a trabajar en el objetivo original: la sensación de vacío en su vida. Su cognición positiva evolucionó a «Puedo ser feliz en el futuro».

El tratamiento continuó con el reprocesamiento de otros recuerdos de la infancia y de disparadores actuales que le impedían comprometerse con la vida. Cada disparador presente se trabajó inmediatamente con la instalación de patrones futuros.

Este caso muestra cómo una persona puede seguir funcionando tras una pérdida significativa, pero sin encontrar sentido a la vida ni experimentar alegría. En el proceso de reprocesamiento EMDR, el bloqueo en la creencia de «Nunca podré ser feliz» condujo a recuerdos no resueltos relacionados con el apego. Una vez que estos recuerdos se procesaron, Cloe pudo recuperar el sentido de su vida y abrirse a nuevas posibilidades, integrando la idea de que «la vida tiene muchas cosas».

EJEMPLO DE CASO 5

Recuerdos relacionados con el trauma y el apego

Wendy tenía 46 años cuando su marido, con quien llevaba veintidós años casada, falleció a causa de un cáncer. Un año después, asistió a una reunión de la universidad en un restaurante. Al llegar, no había sitio para sentarse, lo que la llevó a marcharse inmediatamente a casa con el pensamiento: «No puedo llevar esta vida». Wendy decidió buscar tratamiento porque le costaba adaptarse a su vida sin su esposo.

Era la mayor de cinco hermanos y tuvo una infancia difícil debido a la pobreza y a un padre alcohólico que la maltrataba tanto emocional como físicamente. Su madre, aunque cariñosa, también era víctima del abuso de su marido. Durante su vida en común, su esposo fue una fuente de seguridad para Wendy. Tras su muerte, se sintió completamente desamparada y, como expresó en sesión: «No tengo un lugar…, no sé cómo encajar».

El tratamiento comenzó con el aprendizaje de habilidades de estabilización, como el uso del lugar seguro/tranquilo, el desarrollo de recursos y estrategias de resolución de problemas. También se trabajó en fomentar su interacción con amigos y hermanos, así como en su participación en un grupo de apoyo para personas en duelo.

Después de dos meses, la terapia EMDR se centró en reprocesar el trauma de la muerte de su esposo, específicamente la escena de su fallecimiento en el hospital. Posteriormente, se abordó el disparador presente del restaurante, con la cognición negativa de «No tengo un lugar» y la cognición positiva hacia la que se trabajó: «Sí tengo un lugar». Sin embargo, el reprocesamiento se bloqueó y Wendy experimentó una gran agitación y tensión. Al explorar lo que sentía, surgieron recuerdos angustiosos de su infancia relacionados con el comportamiento aterrador de su padre cuando bebía.

En ese punto, el tratamiento se centró en procesar el trauma infantil. Tras catorce sesiones, se retomó el reprocesamiento del disparador presente en la experiencia del restaurante. En esta ocasión, la cognición negativa inicial, «No tengo un lugar», evolucionó hacia la positiva «Puedo encontrar mi lugar», y el reprocesamiento fue exitoso. Finalmente, esta cognición positiva se utilizó para instalar su patrón futuro, en el que imaginó una situación similar en la que, en lugar de marcharse, hacía arreglos para sentarse y «encontrar su lugar».

Este caso ilustra cómo los traumas y pérdidas del pasado pueden interferir en la adaptación al nuevo mundo sin la persona fallecida. La situación del restaurante, aparentemente simple, representaba un desafío insuperable para Wendy. Exacerbaba su creciente sensación de «No puedo con esta vida», una percepción influenciada tanto por la pérdida de su esposo (quien representaba su principal fuente de seguridad) como por traumas infantiles no procesados. Reprocesar el trauma de la pérdida, junto con los traumas previos y los recuerdos de apego, fue esencial para que Wendy pudiera adaptarse a la vida sin su esposo y resolver conflictos emocionales del pasado.

RESUMEN

La terapia EMDR aplicada al duelo suele comenzar con el reprocesamiento del *shock* inicial o del momento en que la persona en duelo toma conciencia de la muerte de su ser querido. Sin embargo, el duelo puede complicarse por la existencia de pérdidas previas, traumas no resueltos y recuerdos relacionados con el apego y el desarrollo. En muchos casos, estos recuerdos son reactivados por la pérdida actual y pueden necesitar ser procesados antes de que la persona en duelo pueda afrontar plenamente su duelo reciente. El reprocesamiento puede ser intenso, ya que permite que la persona tome plena conciencia del trauma de la pérdida. Esto facilita la integración de información adaptativa, lo que a menudo da lugar a recuerdos significativos y sinceros. Estos recuerdos se convierten en la base de una representación interna adaptativa del ser querido fallecido, lo que genera una sensación de conexión positiva. En este proceso, la persona en duelo pasa del pensamiento «No puedo conectar» a «Puedo conectar». De este modo, la relación con la persona fallecida no desaparece, sino que se transforma. Cuando surgen recuerdos conflictivos, es fundamental reprocesarlos para que la persona en duelo pueda aceptar tanto la pérdida como la relación que tuvo con el fallecido.

Los disparadores actuales son aquellas situaciones, lugares y personas que evocan angustia y dificultan la adaptación. Al recordar al ser querido, la persona en duelo puede experimentar una intensa angustia por separación. El tratamiento de estos disparadores, junto con la instalación de un patrón futuro, facilita la integración progresiva de la pérdida. El reprocesamiento de los momentos difíciles en los que la persona en duelo tiene que abandonar su antiguo mundo y sus vínculos con el fallecido, que han cambiado a raíz de su muerte, es clave para la adaptación al nuevo mundo sin olvidar el antiguo. Los patrones futuros ayudan a enfrentar el miedo al futuro, identificar las habilidades necesarias para la adaptación y aplicar los logros terapéuticos del consultorio a la vida real. Es esencial instalar un patrón futuro para cada disparador presente.

El estilo de apego influye en la forma en que una persona vive su duelo. La pérdida puede activar estrategias de afrontamiento basadas en la activación o desactivación del sistema de apego.

- En el caso del apego evitativo, la persona en duelo puede recurrir a la supresión defensiva de sus emociones, lo que puede bloquear el procesamiento (Bowlby, 1980).

- En el caso del apego ansioso, la persona puede experimentar una intensificación o activación continua de la emoción, dificultando la plena aceptación de la realidad de la pérdida, lo que también puede bloquear el procesamiento.

Desde la perspectiva del modelo de Procesamiento Adaptativo de la Información (PAI), los recuerdos del pasado asociados con un estilo de apego evitativo o ansioso deben ser explorados y reprocesados para facilitar la adaptación.

También es fundamental equilibrar la orientación a la pérdida (OP) y la orientación a la restauración (OR). La terapia EMDR puede reprocesar el impacto emocional de la pérdida y, a la vez, eliminar los obstáculos que dificultan la capacidad de adaptación a la nueva realidad.

En algunos casos, la persona en duelo necesitará desarrollar ciertas habilidades, recibir psicoeducación, contar con asistencia práctica y orientación, así como atravesar el impacto emocional de la pérdida.

Una pérdida significativa puede ser un evento traumático, ya que supone la ausencia irreversible de una persona importante. La vida será diferente, pero no se detiene y puede recuperar su sentido.

El reprocesamiento del trauma de la pérdida permite que la persona en duelo atraviese los procesos necesarios para adaptarse a su nueva realidad.

La terapia EMDR facilita la transformación de la angustia por separación al permitir que la persona en duelo experimente un sentido de conexión a través de la construcción de una representación interna adaptativa de su ser querido.

El reprocesamiento de los disparadores presentes, que obstaculizan el proceso de duelo, y la instalación de patrones futuros para cada disparador, ayudan a la persona a reinvertir en la vida.

Por último, la terapia EMDR se inscribe en un enfoque integral que proporciona estrategias de regulación emocional, instalación de recursos según las necesidades del cliente, educación psicosocial, desarrollo de habilidades y resolución de problemas. Todo esto se lleva a cabo en un contexto terapéutico basado en una relación de confianza y colaboración, donde el terapeuta acompaña a la persona en duelo a lo largo de este proceso tan complejo y significativo.

CUARTA PARTE

LAS 8 FASES DE LA TERAPIA EMDR

CAPÍTULO 14

FASE 1: HISTORIA CLÍNICA Y PLANIFICACIÓN DEL TRATAMIENTO

Algunos enfoques de la terapia de duelo recomiendan una evaluación cuidadosa y sistemática de la persona en duelo antes de comenzar el tratamiento (Pearlman et al., 2014), mientras que otros, incluida la terapia EMDR, consideran que el tratamiento comienza en el momento en que el cliente entra por primera vez en la consulta y que la elaboración de la historia forma parte del proceso terapéutico. La entrevista clínica inicial no es un procedimiento independiente y previo a la terapia, sino que contribuye a construir seguridad en la relación terapéutica y a que la persona en duelo se sienta comprendida por el terapeuta. Kosminsky y Jordan (2016) señalan que la recopilación de la historia puede evolucionar en paralelo con el fortalecimiento de la alianza terapéutica, lo que proporciona una base segura. Inmediatamente después de una muerte, la recopilación de la historia debe integrarse con los primeros auxilios psicológicos (véase el anexo 3). La elaboración del historial incluye la identificación de:

- Experiencias pasadas que subyacen a los problemas actuales de la persona en duelo.
- Situaciones, recuerdos y personas que desencadenan síntomas en el presente (es decir, disparadores actuales).
- Objetivos futuros y habilidades necesarias para un afrontamiento eficaz (patrones futuros).

Las experiencias pasadas incluyen no solo los momentos angustiosos relacionados con la muerte (por ejemplo, recibir la noticia, escenas en el hospital, momentos del funeral), sino también traumas previos, pérdidas anteriores y experiencias no resueltas con el fallecido. Los disparadores actuales abarcan aquellas situaciones en las que se experimentan síntomas, y para cada uno de ellos se desarrollan patrones futuros que favorezcan una respuesta adaptativa. Es esencial que la recopilación del historial se adapte a las necesidades de cada persona. Para algunas, compartir detalles puede resultar abrumador y provocar una sobrecarga emocional. En cambio, otras pueden necesitar que el terapeuta sea testigo de su historia, relatándola con todo detalle. El ritmo de la historia clínica y la recopilación de información sobre el desempeño y los problemas actuales deben ajustarse a las necesidades individuales, ralentizándolo cuando las emociones sean intensas, respetando los silencios cuando la persona en duelo esté reflexionando y guiándola si tiene dificultades para expresarse.

En la terapia EMDR, evaluar la preparación de la persona en duelo para el reprocesamiento forma parte del proceso de recopilación de la historia clínica. Durante este proceso, el terapeuta debe evaluar:

- Estabilidad emocional.
- Capacidad para afrontar contenidos emocionales y mantener una conciencia dual.
- Habilidad para utilizar estrategias de autorregulación (por ejemplo, el uso de un lugar seguro o tranquilo).
- Capacidad para aplicar estrategias de afrontamiento ante dificultades que puedan surgir.
- Manejo de material emocional y síntomas entre sesiones.
- Estabilidad del entorno social, como presiones externas, apoyos disponibles y utilizados (o no) (Shapiro, 1995, 2001, 2018).

El terapeuta debe realizar siempre una historia psicosocial. A continuación, se presentan algunos aspectos clave que pueden complementar la historia clínica habitual. Estos no deben seguirse como una secuencia rígida de preguntas, sino adaptarse a cada persona en duelo. Una recopilación de la historia realizada con empatía contribuye a generar una relación terapéutica sólida.

CUESTIONES CULTURALES

En todas las fases del tratamiento EMDR, el terapeuta debe ser consciente de las diferencias culturales. La identidad cultural, social, religiosa o espiritual y la herencia familiar pueden influir en la forma en que la persona en duelo experimenta la muerte y el duelo. Es fundamental abordar estas cuestiones con sensibilidad y respeto a lo largo del proceso terapéutico.

CUESTIONES RELACIONADAS CON EL FALLECIMIENTO

Circunstancias del fallecimiento

Es importante explorar las circunstancias en las que ocurrió la muerte con preguntas como:

- ¿Cuáles fueron los acontecimientos previos y posteriores al fallecimiento?
- ¿La persona en duelo estuvo presente en la muerte o fue testigo de ella?
- Si no fue testigo, ¿cómo se enteró de lo sucedido?
- ¿Qué ocurrió inmediatamente después?
- ¿Cómo vivió la planificación del funeral o acto conmemorativo?

Explorar estos aspectos permite no solo recopilar información relevante, sino también brindar a la persona en duelo un espacio para compartir su historia de manera terapéutica.

Factores de alto riesgo de duelo complicado

Existen diversos factores que pueden aumentar el riesgo de desarrollar un duelo complicado (véase el capítulo 5). Entre ellos se encuentran:

- Muerte repentina o violenta.
- Muerte causada por otra persona.
- Sufrimiento del ser querido antes de fallecer.
- Características inesperadas, evitables o múltiples muertes simultáneas.
- Pérdida de un hijo.

Es fundamental que el terapeuta identifique estos factores y ajuste el tratamiento en consecuencia..

Impacto personal y significado de la pérdida

El vínculo con la persona fallecida influye en la experiencia del duelo. Es importante evaluar:

- La naturaleza de la relación, incluyendo seguridad, conflictos o cuestiones no resueltas.

- Factores de riesgo asociados a la relación, como ambivalencia, ira o dependencia.
- Pérdidas secundarias derivadas de la muerte, como la pérdida de estabilidad emocional o financiera.

Reacciones cognitivas, emocionales, fisiológicas y conductuales ante la muerte

Es importante indagar sobre posibles problemas médicos y síntomas físicos actuales. Si la persona en duelo presenta un agravamiento de su estado de salud o síntomas preocupantes, se recomienda que consulte con un médico. Para una descripción detallada de las posibles reacciones físicas y emocionales asociadas al duelo (véase el capítulo 2).

Manifestaciones del duelo y su impacto en la vida cotidiana

Una pregunta clave en la evaluación del duelo es: «¿Hasta qué punto interfieren las reacciones en la vida diaria y el desempeño personal?». Es fundamental analizar cómo la pérdida afecta el funcionamiento de la persona en duelo en distintas áreas de su vida:

- *Vida familiar*. Cambios en la dinámica familiar, responsabilidades y relaciones interpersonales.
- *Vida laboral*. Impacto en el desempeño, concentración y estabilidad en el entorno laboral.
- *Estructura de la vida cotidiana*. Capacidad para cumplir con las obligaciones diarias y afrontar los cambios provocados por la muerte (por ejemplo, asumir nuevas responsabilidades, manejar cambios financieros o la transición de esposo a viudo).
- *Pertenencia a una comunidad religiosa o espiritual*. Cambios en la relación con la fe y la espiritualidad.
- *Implicación en el sistema judicial*. En caso de que la muerte haya ocurrido en circunstancias legales complejas (como delitos o litigios).

Además, es crucial explorar las estrategias de afrontamiento utilizadas por la persona en duelo:

- ¿Qué estrategias de afrontamiento utiliza actualmente? ¿Son efectivas?
- ¿Qué estrategias ha utilizado en el pasado para superar otras situaciones difíciles?

- ¿Cómo percibe su capacidad de afrontamiento hasta el momento?
- ¿Cómo cree que se manejará en el futuro?
- ¿Qué dificultades anticipa y qué estrategias podría necesitar para afrontarlas?

Cambios en la vida tras la pérdida

La muerte de un ser querido puede provocar cambios significativos en la vida y en la perspectiva de la persona en duelo. Esto puede incluir modificaciones en su situación vital y laboral, en su manera de concebir la vida y la muerte, así como en sus relaciones familiares, sociales y afectivas. Algunas preguntas útiles para evaluar este aspecto son:

- ¿Cuáles de estos cambios le resultan más fáciles de afrontar?
- ¿Cuáles han sido especialmente difíciles?
- ¿Cuáles representan un desafío continuo en su proceso de adaptación?

Capacidad para gestionar problemas específicos de duelo

Es importante preguntar cómo la persona en duelo gestiona cuestiones prácticas relacionadas con la pérdida, tales como la administración de las pertenencias del fallecido, la resolución de trámites legales y la vivencia de fechas significativas como aniversarios o cumpleaños.

Capacidad para regular las emociones y mantener una conciencia dual

El procesamiento de la memoria con EMDR requiere que la persona en duelo sea capaz de mantener una conciencia dual, es decir, permanecer con un pie en el pasado y otro en el presente. Durante el reprocesamiento, pueden surgir emociones intensas y angustiosas, por lo que es esencial evaluar su capacidad de regulación emocional. Algunas preguntas que pueden orientar esta evaluación incluyen:

- ¿Cómo responde ante emociones intensas?
- ¿Es capaz de mantener la conexión con su experiencia interna y con su entorno cuando experimenta emociones fuertes?
- ¿Cuenta con estrategias eficaces para regular su estado emocional?
- ¿Ha recurrido a estrategias de afrontamiento problemáticas, como el consumo de alcohol, la alimentación compulsiva o el aislamiento?

Oscilación entre la orientación a la pérdida y la orientación a la restauración

Según el modelo de procesamiento dual (véase el capítulo 8), el duelo implica un equilibrio entre dos orientaciones:

- *Orientación a la pérdida (OP).* Permite a la persona en duelo experimentar, sentir y reflexionar sobre la pérdida.
- *Orientación a la restauración (OR).* Se centra en afrontar los cambios y desafíos prácticos derivados de la muerte, permitiendo la adaptación a una nueva realidad.

Es importante evaluar la capacidad de la persona en duelo para moverse entre estas dos orientaciones y adaptarse progresivamente a su nueva situación.

Reacciones del entorno y apoyo recibido

La calidad del apoyo social que recibe la persona en duelo es un factor determinante en su proceso de recuperación. Sin embargo, no siempre el entorno ofrece la comprensión y el respaldo que se necesita.

Algunas personas en duelo pueden encontrarse con amigos y familiares que evitan hablar de la pérdida o que emiten comentarios insensibles como «tienes que superarlo» o «debes seguir adelante». En otros casos, las personas cercanas pueden mostrarse incómodas o tener actitudes ambivalentes frente al duelo. La percepción de falta de apoyo emocional es un factor de riesgo para el desarrollo de un duelo complicado. Por ello, es esencial explorar la calidad de las relaciones de la persona en duelo con su entorno y su acceso a redes de apoyo que puedan contribuir a su proceso de adaptación.

TRAUMA, PÉRDIDA, APEGO Y PROBLEMAS PSICOLÓGICOS

Experiencias pasadas: historial de traumas y pérdidas

La pérdida actual puede activar traumas y pérdidas previas no resueltas, por lo que es imprescindible conocer el historial de la persona en duelo. Generalmente, el tratamiento se enfoca primero en la pérdida primaria y, posteriormente, en otras pérdidas o eventos traumáticos que influyen en la experiencia actual del cliente. No obstante, en algunos casos, puede ser necesario abordar un trauma o pérdida previa antes de tratar la principal, dependiendo de qué aspecto sea más relevante en el cuadro clínico.

Historial de relaciones con figuras de apego cercanas

Como se ha mencionado anteriormente, resulta especialmente importante evaluar la historia de apego del cliente con la persona fallecida, ya que la pérdida puede verse agravada y complicada por problemas y conflictos de apego no resueltos (Kosminsky y Jordan, 2016).

Por ejemplo, una persona en duelo puede sentirse perdida e indefensa sin su ser querido, y esta sensación puede estar vinculada a experiencias infantiles de vulnerabilidad o impotencia. El estilo de apego, que se forma a través de múltiples interacciones entre el niño y su cuidador, influye de manera significativa en cómo se afrontan el trauma y la pérdida. En este sentido, es posible identificar y reprocesar recuerdos significativos del pasado relacionados con un apego inseguro para facilitar la adaptación.

Problemas psicológicos previos a la pérdida y su impacto actual

No es raro que una persona en duelo presente síntomas de ansiedad o depresión que no asocie directamente con una pérdida anterior. Asimismo, una pérdida que el cliente considera superada puede haber pasado desapercibida en su impacto real, contribuyendo a la disfunción actual.

Por ejemplo, un hombre acudió a terapia debido a una creciente ansiedad tras sufrir un accidente de tráfico. Durante el tratamiento, se identificó que el miedo y la sensación de impotencia experimentados en el accidente estaban relacionados con la muerte de su hermano cuando tenía 8 años. Una vez procesada esta pérdida infantil, su ansiedad disminuyó significativamente, lo que le permitió afrontar el accidente de manera más adaptativa.

DISPARADORES ACTUALES Y PATRONES FUTUROS

Identificación de disparadores actuales y reacciones a los recuerdos

Es fundamental identificar qué situaciones, lugares, personas o circunstancias actuales activan reacciones emocionales en la persona en duelo. Para ello, además de las preguntas mencionadas anteriormente, se pueden formular las siguientes:

- ¿Cómo reaccionas cuando algo te recuerda a tu ser querido?
    - ¿Sientes tristeza y lloras?
    - ¿Experimentas impotencia o desesperanza?

- ¿Sientes rabia o frustración?
- ¿Te percibes emocionalmente insensible o desconectado?
- ¿Intentas evitar pensamientos y sentimientos sobre la persona fallecida para minimizar el dolor de la pérdida?
- ¿Cómo afrontas estas reacciones? ¿Consideras que tus estrategias de afrontamiento son eficaces?

Objetivos futuros para un desempeño adaptativo

Para cada problema identificado en el presente y cada disparador que afecta a la persona en duelo, es fundamental definir un objetivo que facilite un desempeño futuro adaptativo (patrón futuro). De este modo, el tratamiento con EMDR puede no solo reprocesar el impacto emocional de la pérdida, sino también ayudar a la persona en duelo a desarrollar estrategias que le permitan avanzar en su proceso de adaptación a la nueva realidad sin el fallecido.

CONCEPTUALIZACIÓN DEL CASO Y PLANIFICACIÓN DEL TRATAMIENTO: UNIR LAS PIEZAS

El siguiente marco de referencia (adaptada de la formación básica en EMDR) proporciona una forma estructurada de organizar la información recopilada durante la elaboración del historial.

Problemas, síntomas y dificultades actuales

1. El problema actual es el que ha llevado al cliente a buscar tratamiento: el «¿por qué ahora?». Se debe evaluar si la persona en duelo presenta dificultades en su vida diaria en áreas como la regulación de las emociones, la autoestima, las relaciones interpersonales u otros factores estresantes.
2. Es fundamental identificar los síntomas agudos derivados de la pérdida y diferenciarlos de los síntomas crónicos, que pueden haberse desarrollado a lo largo del tiempo.
3. También es necesario establecer una jerarquía de las cuestiones subyacentes al problema principal, priorizando aquellas que requieren una intervención más inmediata. Estas pueden incluir dificultades relacionadas con la autoestima, la seguridad, la gestión de las emociones, el

control (ya sea excesivo o insuficiente) o la sensación de desconexión y falta de pertenencia. Otros problemas pueden estar asociados con un duelo no resuelto, conflictos en las relaciones interpersonales o experiencias de abandono derivadas de pérdidas tempranas de figuras de apego.

4. Los objetivos del tratamiento deben definirse en colaboración con la persona en duelo, tomando en cuenta los problemas identificados, los síntomas presentes y los factores subyacentes que influyen en su experiencia.

Temas clínicos: responsabilidad, seguridad, control y opciones, y conexión y pertenencia

Los recuerdos procesados de forma inadecuada se almacenan sin acceso a la información necesaria para su resolución, lo que provoca distorsiones que dan lugar a temas clínicos centrales. Cada uno de estos temas puede presentar tanto un componente situacional como un aspecto de desarrollo.

1. *Responsabilidad.* Este aspecto incluye tanto la percepción defectuosa de uno mismo (vergüenza) como la acción o inacción (culpa). La persona en duelo puede culparse por lo que hizo o dejó de hacer (ya sea real o percibido). Algunos ejemplos de cogniciones negativas y sus contrapartes positivas incluyen:
   - «Es culpa mía, debería haber hecho más» / «Hice lo que pude».
   - «No merezco amor» / «Merezco amor».
   - «Soy inadecuado» / «Estoy bien como soy».

2. *Seguridad.* No solo se refiere a la sensación de seguridad física, sino también a la confianza en las propias emociones, pensamientos y decisiones. Algunos ejemplos de cogniciones incluyen:
   - «No estoy seguro» / «Estoy seguro (hoy)».
   - «No puedo confiar en nadie» / «Puedo elegir en quién confiar».
   - «No puedo protegerme» / «Puedo aprender a protegerme (o a afrontar la incertidumbre)».

3. *Control y opciones.* Se relaciona con la sensación de impotencia y desamparo, así como con la confusión respecto a qué estaba o no bajo el control de la persona en duelo (control interno frente a control externo). Ejemplos de cogniciones incluyen:

- «Estoy indefenso, no tengo control, no puedo seguir adelante» / «Tengo opciones, tengo cierto control, puedo seguir adelante».
- «No puedo confiar en mí mismo (o en mi juicio)» /«Puedo (aprender a) confiar en mí mismo (en mi juicio)».

4. *Conexión y pertenencia.* Hace referencia al sentimiento de pertenencia y conexión con los demás en contraste con la sensación de aislamiento, soledad o alienación. Esto puede convertirse en un tema recurrente en la vida de una persona en duelo, especialmente si la pérdida ha generado una profunda desconexión con su entorno. Además, la sensación de haber perdido el vínculo con el fallecido puede hacer que la persona se sienta aislada y sin sentido en su vida. Las pérdidas tempranas y los antecedentes de apego pueden influir en la capacidad de la persona en duelo para reconocer o aceptar el apoyo disponible. En consecuencia, algunas cogniciones negativas y sus contrapartes positivas pueden ser:
   - «No puedo conectar (con los demás)» / «Puedo conectar (con los demás)».
   - «Mi vida no tiene sentido» / «Mi vida tiene (o puede tener) sentido».
   - «Estoy solo» / «Puedo estar con los demás».

   En este contexto, la terapia EMDR suele facilitar la sensación de conexión con el ser querido a través de recuerdos positivos y significativos, lo que contribuye a un proceso de adaptación más saludable.

Redes de memoria adaptativas

Los recursos internos y externos de la persona en duelo se identifican durante la elaboración de la historia y se fortalecen en función de sus necesidades y su situación particular. Durante la fase de preparación y estabilización, así como a lo largo del tratamiento, se pueden reforzar estos recursos o desarrollar otros nuevos mediante procedimientos específicos (Korn y Leeds, 2002).

Las experiencias previas de superación de pérdidas, traumas o desafíos pueden formar parte de las redes de memoria adaptativa y contribuir a la resiliencia y la esperanza. Si se requieren recursos adicionales, estos pueden desarrollarse a través de estrategias de afrontamiento y técnicas de regulación emocional, que serán de utilidad tanto en la historia clínica como en las distintas fases del tratamiento

Conceptualización del caso

La conceptualización del caso proporciona una visión integral de la situación del cliente y orienta la planificación del tratamiento. En este proceso, el terapeuta evalúa los síntomas que presenta la persona en duelo, su estabilidad emocional, los recursos con los que cuenta y su capacidad de afrontamiento, además de identificar posibles déficits de habilidades y experiencias previas que hayan contribuido a su estado actual. A partir de esta información, se establecen las prioridades del tratamiento y se planifica la secuencia de intervenciones y objetivos de reprocesamiento.

Se presta especial atención a los objetivos y prioridades del cliente, tomando decisiones conjuntas sobre el orden óptimo de las intervenciones terapéuticas.

1. *Estabilidad y recursos*. Se identifican las necesidades de la persona en duelo en cuanto a estabilización emocional, regulación de las emociones y adquisición de habilidades que le preparen para el reprocesamiento de los recuerdos. Para ello, se deben considerar las siguientes preguntas:
   - ¿Tiene la capacidad de manejar emociones intensas?
   - ¿Dispone de suficientes estrategias de regulación emocional para afrontar su proceso de duelo?
   - ¿Cuenta con mecanismos de afrontamiento saludables para lidiar con los retos que conlleva la adaptación a la pérdida?

   Si la respuesta a alguna de estas preguntas es negativa, estas habilidades pueden enseñarse durante la fase de preparación y estabilización y reforzarse según sea necesario a lo largo del tratamiento. Asimismo, se debe evaluar a todos los clientes para detectar síntomas disociativos y descartar la presencia de un trastorno disociativo.
2. *Enfoque triple (pasado, presente, futuro)*. El tratamiento EMDR sigue una secuencia estructurada en tres tiempos:
   - *Pasado*. Se identifican recuerdos que han contribuido a la experiencia actual.
   - *Presente*. Se trabajan los disparadores actuales que generan angustia y dificultan la adaptación.
   - *Futuro*. Se establecen patrones futuros para cada disparador, definiendo respuestas adaptativas a los retos de la vida.

Los problemas actuales suelen estar vinculados a recuerdos almacenados de manera desadaptativa. Para los problemas de duelo, el pasado incluye recuerdos relacionados con la muerte del ser querido, como el momento en que se recibió la noticia. En casos más complejos, pueden abordarse experiencias previas que subyacen a los síntomas actuales, como traumas infantiles, pérdidas anteriores o recuerdos asociados al apego. Es importante identificar los disparadores actuales que activan el malestar emocional y definir objetivos para alcanzar respuestas más adaptativas en el futuro.

El capítulo 10 presentó un marco clínico para la secuenciación de objetivos, que se resume a continuación.

Pasado

- *Recuerdos relacionados con la muerte.* Los objetivos del tratamiento con EMDR pueden incluir momentos dolorosos o incluso traumáticos, tales como:
  - El impacto inicial o el momento en que la muerte se hizo «real», es decir, el instante en que la persona en duelo recibió la noticia o tomó conciencia de la pérdida. Suele ser uno de los recuerdos más intensos y con mayor carga emocional, y puede manifestarse en forma de imágenes intrusivas o sensaciones de *shock.*
  - Momentos angustiosos, que incluyen experiencias relacionadas con la enfermedad, el sufrimiento del ser querido, acontecimientos en el hospital, el funeral u otros eventos que hayan generado gran impacto emocional.
  - Síntomas intrusivos, que pueden manifestarse como pesadillas, escenas retrospectivas o imágenes angustiantes sobre el sufrimiento del fallecido, ya sean recuerdos reales o construcciones mentales imaginarias.
- *Recuerdos previos a la pérdida que influyen en el proceso de duelo.* En algunos casos, la persona en duelo puede experimentar reacciones emocionales que van más allá del duelo actual y que están relacionadas con experiencias pasadas. El terapeuta debe evaluar si hay paralelismos entre los patrones actuales de respuesta y vivencias previas, especialmente cuando las reacciones son intensas y afectan significativamente el desempeño diario. Los objetivos terapéuticos pueden incluir:

- Eventos traumáticos previos, como malos tratos o experiencias de abandono.
- Pérdidas anteriores no resueltas, que pueden intensificar el duelo actual y generar dificultades para procesar la nueva pérdida.
- Recuerdos basados en el apego, que pueden parecer insignificantes, pero que tienen un gran impacto emocional. En particular, aquellos que subyacen a la respuesta actual a la pérdida, como el miedo al abandono.

Por ejemplo, una persona en duelo puede sentirse desamparada sin su ser querido debido a experiencias infantiles en las que experimentó sentimientos de indefensión. El estilo de apego, moldeado por la interacción con las figuras de cuidado en la infancia, influye de manera significativa en la manera en que se afrontan el trauma y la pérdida. Identificar y reprocesar estos recuerdos puede ser fundamental para el tratamiento.

Presente

El duelo no solo implica la pérdida del ser querido, sino también la confrontación con una realidad distinta y no deseada. En este proceso, pueden surgir momentos en la vida cotidiana que evocan angustia y representan un obstáculo para la adaptación. Los disparadores actuales pueden incluir:

- Sitios, objetos o situaciones que recuerdan al fallecido.
- Momentos de soledad o eventos sociales en los que se percibe con más intensidad la ausencia del ser querido.
- Cambios de rol, como asumir responsabilidades que antes correspondían a la persona fallecida.
- Fechas significativas, como aniversarios o cumpleaños.

Estos disparadores pueden reprocesarse en la terapia EMDR para reducir la angustia que generan y facilitar la integración de la pérdida en la vida de la persona en duelo.

Futuro

Para cada disparador identificado, se imagina una situación similar en el futuro en la que la persona en duelo pueda afrontar la experiencia de una manera más adaptativa. Este proceso se denomina patrón futuro, y su objetivo es instalar una respuesta más funcional y menos angustiante ante situaciones que podrían activar el malestar. El patrón futuro puede incluir:

- Afrontar eventos sociales con una sensación de conexión y seguridad.
- Desarrollar nuevas rutinas o asumir roles con confianza.
- Manejar fechas significativas con una sensación de aceptación y serenidad.

Este enfoque permite que la persona en duelo transforme su relación con la pérdida y recupere la capacidad de vivir con propósito, sin que ello implique olvidar o desvincularse del ser querido.

Planificación del tratamiento

La planificación del tratamiento implica una evaluación integral del cuadro clínico del cliente, permitiendo identificar los recuerdos relevantes a reprocesar, establecer las prioridades terapéuticas y determinar el orden en que se abordarán. En este proceso, se consideran factores clave como la disposición de la persona en duelo para el reprocesamiento, la necesidad de aliviar síntomas, las limitaciones de tiempo y los desafíos vitales actuales.

Las prioridades del tratamiento pueden variar según las necesidades individuales. Para algunas personas, el objetivo principal será la reducción de síntomas, centrándose exclusivamente en el trauma de la pérdida. En otros casos, un enfoque más amplio puede ser más adecuado, abordando problemas de larga duración que afectan el proceso de duelo. En muchas situaciones, comenzar con el alivio de los síntomas inmediatos -como el impacto emocional del trauma reciente- facilita una transición natural hacia un tratamiento más profundo, en el que se reprocesan recuerdos subyacentes que contribuyen a las dificultades actuales.

Si la persona en duelo no está preparada para un reprocesamiento completo, puede beneficiarse de un enfoque más focalizado, como la desensibilización por movimientos oculares (EMD, siglas en inglés de *Eye movement desensitization*), que permite reducir la intensidad emocional de recuerdos específicos sin abordar de manera profunda la totalidad del trauma. Esta estrategia puede proporcionar un alivio significativo mientras se trabaja en fortalecer la estabilidad emocional del cliente.

A continuación, se presentan ejemplos breves de conceptualización de casos y planificación del tratamiento, ilustrando cómo adaptar el enfoque terapéutico a las necesidades particulares de cada cliente.

EJEMPLO DE CASO 1

Este caso ilustra un tratamiento centrado en el trauma derivado de una pérdida. Sharon está casada y es madre de dos hijos: Joe, quien falleció en un accidente de coche, y su hija menor, dos años más joven. En el momento en que solicitó terapia EMDR, tanto ella como su esposo estaban asistiendo a terapia de duelo para afrontar la pérdida de su hijo.

1. Presentación de problemas y cuestiones

- *Problema que se presenta.* Sharon, una mujer de 42 años, fue remitida a terapia EMDR doce meses después de la muerte de su hijo Joe, de 16 años, quien falleció en un accidente de tráfico. Tanto ella como su esposo asistían a terapia de duelo cuando su consejero le recomendó EMDR para abordar el trauma asociado a la pérdida.
- *Síntomas.* Sharon experimentaba un profundo malestar emocional. Lloraba al hablar de su hijo y sufría recuerdos intrusivos (*flashbacks*) sobre la noticia de su muerte y la experiencia de verlo en el hospital. Cualquier mención de Joe o recuerdo de él la angustiaba enormemente. Situaciones cotidianas, como ver a adolescentes de su edad, pasar en coche frente a su colegio o escuchar noticias sobre accidentes de tráfico, le provocaban un sufrimiento intenso. Además, sentía que su vida había perdido sentido y se percibía desconectada de su entorno. A pesar de su dolor, Sharon estaba motivada para seguir adelante por su esposo y su hija de 14 años. Antes de la pérdida, disfrutaba de actividades como coser, jugar a las cartas con sus amigas y cocinar, pero desde la muerte de su hijo, se había retraído y evitaba participar en estas actividades. En el ámbito laboral, tenía un historial estable como enfermera. Aunque su rendimiento se había visto afectado desde la pérdida de Joe, lograba cumplir con sus responsabilidades.
- *Problemas subyacentes.* Sharon creció en una familia de clase media como la segunda de tres hermanos. Sus padres trabajaban, y aunque su padre era estricto, también solía ser cariñoso y atento. Su madre, por otro lado, llegaba a casa agotada y no siempre podía dedicarle tiempo, lo que en ocasiones la hacía sentirse sola y ansiosa. A pesar de estos momentos de soledad, Sharon podía contar con sus padres en tiempos de angustia, lo que sugiere que desarrolló un estilo de apego relativamente seguro. Esta base le proporcionó recursos emocionales para afrontar desafíos,

aunque la muerte de su hijo representaba una crisis que ponía a prueba su capacidad de resiliencia.

- *Objetivos del tratamiento*:
  - Controlar sus reacciones de duelo.
  - Resolver el trauma de la muerte de su hijo.
  - Dejar de sentirse abrumada por los recuerdos de la pérdida, lo que incluye poder enfrentarse a situaciones que le recuerden a su hijo (ver a adolescentes de su edad, pasar por delante de su colegio o escuchar noticias sobre accidentes de tráfico) y recuperar la confianza en el futuro.
  - Recuperar el sentido de la vida y volver a comprometerse con ella, retomando sus aficiones y su vida social.

2. **Temas clínicos**

   Sharon experimenta un profundo anhelo por su hijo y una sensación de desconexión con la vida (tema de conexión y pertenencia). Además, su percepción de que la vida ha perdido sentido genera en ella sentimientos de impotencia y futilidad (tema de control y opciones).

3. **Redes de memoria adaptativas**

   Sharon cuenta con varios recursos internos y externos. A pesar de su retraimiento actual, antes de la pérdida disfrutaba de aficiones como coser, jugar a las cartas y cocinar. Su relación con su marido es estable, y han compartido su dolor a través de la terapia de duelo. También mantiene una buena relación con su hija. Su historial laboral es sólido y, aunque ha visto afectado su desempeño, sigue funcionando en su trabajo.

4. **Conceptualización del caso**

   - *Estabilidad y recursos*. Sharon experimenta síntomas de duelo moderados a graves debido a la muerte de su hijo. Antes de la pérdida, tenía un buen funcionamiento personal y laboral, lo que sugiere que sus síntomas están directamente relacionados con el trauma de la muerte repentina de su hijo. Cuenta con un sistema de apoyo sólido y ha adoptado estrategias activas para afrontar su duelo, como asistir a terapia junto con su marido.
   - *Protocolo triple (pasado, presente y futuro)*
     - Pasado – Recuerdos relacionados con la muerte:
       - La llegada de la policía a su casa por la noche para informarle de la muerte de Joe.
       - Ver a su hijo en la morgue del hospital.
       - La escena del funeral cuando el ataúd es bajado a la tierra.
     - Pasado – Recuerdos previos a la pérdida:

- A los 5 años, se sintió sola y angustiada cuando su madre le dijo que estaba demasiado ocupada para jugar con ella.
- A los 6 años, sintió tristeza al ver a su padre marcharse temprano al trabajo, perdiéndose el desayuno con la familia.

- Disparadores actuales:
  - Pensar en su hijo o que le recuerden su muerte.
  - Ver a adolescentes de su misma edad.
  - Pasar por delante de su colegio.
  - Escuchar noticias sobre accidentes de tráfico.
- Patrón futuro:
  - Poder pensar en su hijo con amor y con una sensación de conexión. Ser capaz de afrontar situaciones que le recuerdan a su hijo (por ejemplo, pasar por su colegio, sentarse a cenar en familia, irse a dormir).
  - Poder escuchar noticias sobre accidentes de tráfico sin sentirse abrumada, recordando a su hijo con cariño.
  - Volver a participar en actividades de su vida con un sentido positivo, retomando sus aficiones y la interacción con sus amigos.

5. **Planificación del tratamiento**

Sharon cuenta con una estructura familiar estable y utiliza su sistema de apoyo. Participa en terapia de duelo con su marido y tenía una vida social y aficiones significativas antes de la muerte de su hijo. Por ello, sus necesidades de estabilización son mínimas y parece estar preparada para la terapia EMDR enfocada en el trauma de su pérdida.

Plan de intervención:

- Fase de preparación y estabilización:
  - Proporcionar información psicoeducativa sobre la terapia EMDR y el duelo.
  - Enseñar estrategias de regulación de las emociones, como el lugar seguro/tranquilo y técnicas de afrontamiento.
- Fase de reprocesamiento con EMDR:
  - Trabajar en los recuerdos traumáticos asociados con la muerte de su hijo.
  - Abordar los disparadores actuales que le generan angustia.
  - Instalar patrones futuros para reforzar respuestas adaptativas ante situaciones relacionadas con la pérdida.

- Reprocesamiento de recuerdos de la infancia (si es necesario). En caso de que el reprocesamiento se bloquee o surjan dificultades, se pueden abordar recuerdos infantiles asociados con la soledad y la ansiedad, los cuales pueden estar influyendo en su respuesta actual al duelo.

EJEMPLO DE CASO 2

1. **Presentación de problemas y cuestiones**
   - *Problema que se presenta.* Betsy, una mujer casada de 48 años, solicitó tratamiento 18 meses después del fallecimiento de su madre a causa de un cáncer.
   - *Síntomas.* Betsy experimenta tristeza y desesperanza, además de sentirse culpable por no haber hecho más por su madre. Estos síntomas se intensifican especialmente en la fecha de su cumpleaños y en el aniversario de su muerte. Asimismo, presenta sentimientos significativos de inadecuación e impotencia, sobre todo cuando alguien se enfada con ella. Por ejemplo, se siente muy incompetente cuando su supervisor señala errores o hace comentarios negativos sobre su rendimiento laboral. Aunque su relación con su marido es estable, se siente indefensa y desvalorizada cuando discuten por cuestiones económicas. En general, le resulta difícil realizar tareas cotidianas, ha reducido el contacto con familiares y amigos, y su desempeño laboral ha disminuido.
   - *Problemas subyacentes.* Los problemas subyacentes de Betsy están relacionados con vínculos infantiles problemáticos. Su padre, que falleció por complicaciones de salud siete años antes, sufría de alcoholismo y solía enfadarse con frecuencia, gritando tanto a Betsy como a su madre. Desde la infancia y hasta la edad adulta, fue testigo de numerosas discusiones entre sus padres, siendo las más angustiantes aquellas en las que su padre gritaba a su madre y ella permanecía en silencio. Estos episodios la preocupaban enormemente por el bienestar de su madre. La madre de Betsy era su principal fuente de seguridad y a quien acudía en busca de apoyo. Sin embargo, su madre era una persona introvertida e intimidada por el temperamento del padre, lo que hacía que Betsy sintiera la necesidad de consolarla, incluso cuando ella misma necesitaba consuelo.
   - *Objetivos del tratamiento*:
     - Liberarse de los sentimientos de angustia y culpabilidad por la muerte de su madre.
     - Resolver el trauma de la pérdida materna.
     - Aumentar su autoestima y su confianza en sí misma.

- Aprender a gestionar de forma más constructiva situaciones conflictivas (por ejemplo, discusiones con su marido, supervisor y compañeros de trabajo).
- Reincorporarse a la vida cotidiana, retomando actividades como la jardinería y el contacto con amigos.

2. Temas clínicos

Los principales temas en el caso de Betsy incluyen la responsabilidad, manifestada en su sentimiento de culpa por no haber hecho más por su madre, y el control, reflejado en sus sentimientos de impotencia.

3. Redes de memoria adaptativas

Betsy disfruta de la jardinería y la lectura, y cuenta con un pequeño grupo de amigos con los que se siente cómoda. Su matrimonio es estable, y aunque existen algunos conflictos, se siente segura con su marido.

4. Conceptualización del caso

- *Estabilidad y recursos.* Betsy está emocionalmente abrumada por la muerte de su madre, con problemas subyacentes de la infancia que complican su duelo. Se beneficiaría de sesiones centradas en la gestión de las emociones y el fortalecimiento de su capacidad de integración antes del reprocesamiento de los recuerdos. Para ello, se recomienda trabajar estrategias como el lugar seguro/tranquilo, el desarrollo e instalación de recursos y técnicas de manejo del estrés.
- *Protocolo triple (pasado, presente y futuro)*
  - Pasado – Recuerdos relacionados con la muerte:
    - Estar junto a su madre en el momento de su muerte.
    - Recuerdos del sufrimiento de su madre.
    - La conversación con el médico cuando les comunicó que ya no había esperanza.
  - Pasado – Recuerdos previos a la pérdida:
    - Infancia (5 años en adelante): Se sentía insegura cuando veía a su madre angustiada, con recuerdos similares a lo largo de su crecimiento.
    - 5 años: Primeras experiencias de culpa por no haber podido ayudar a su madre, con recuerdos similares en la infancia y adolescencia.
    - 7 años: Ver a su padre gritarle a su madre mientras ella permanecía en silencio, lo que le generaba gran preocupación.
    - 8 años: Sentirse humillada cuando su padre se enfadaba con ella por no limpiar bien su habitación.
  - Disparadores actuales:

  - Sentimientos de tristeza y culpabilidad cuando le recuerdan a su madre, especialmente en su cumpleaños y en el aniversario de su muerte.
  - Escuchar hablar sobre personas con cáncer.
  - Conversaciones en las que alguien le levanta la voz o se enfada con ella (por ejemplo, desacuerdos con compañeros de trabajo, críticas de su supervisor por entregar tarde un informe o discusiones con su marido sobre el pago de facturas).
- Patrón futuro (para cada disparador):
  - Poder recordar a su madre con amor y sin angustia, especialmente en fechas significativas.
  - Sentir compasión por las personas con cáncer sin que ello le cause un sufrimiento intenso, recordando que su madre está en paz.
  - Afrontar con seguridad desacuerdos con colegas, su supervisor o su marido, sintiéndose competente y capaz.

5. **Planificación del tratamiento**

Tras trabajar en la fase de preparación y estabilización, la prioridad clínica será abordar los recuerdos de la infancia relacionados con el apego y sus sentimientos de inadecuación e impotencia, dado que estos aspectos complican su duelo. Posteriormente, el tratamiento se centrará en el trauma de la muerte de su madre, los disparadores actuales y los patrones futuros para cada uno de ellos.

Este plan podrá ajustarse si los recuerdos de la muerte de su madre se vuelven intrusivos o dominan su cuadro sintomático.

RESUMEN

Este capítulo presenta una guía para la elaboración de la historia clínica en el contexto del duelo y la aflicción. Los temas abordados incluyen las circunstancias de la muerte, los factores de riesgo para un duelo complicado, la naturaleza de la pérdida y su significado e impacto personal en la persona en duelo. También se exploran las reacciones a la muerte, la manifestación del duelo en la vida cotidiana, los cambios experimentados tras la pérdida y las estrategias de afrontamiento que emplea el cliente ante las dificultades específicas del duelo.

Además, se analiza la oscilación entre la orientación a la pérdida (OP) y la orientación a la restauración (OR), las reacciones del entorno y la capacidad de la persona en duelo para regular sus emociones y mantener la conciencia dual. La historia clínica también debe incluir la identificación de traumas y pérdidas previas, la relación con figuras de apego cercanas y la presencia de problemas psicológicos previos a la pérdida que puedan estar influyendo en su experiencia actual. Asimismo, es fundamental identificar los disparadores presentes y establecer objetivos y planes futuros para promover un funcionamiento adaptativo.

Este capítulo también aborda la conceptualización del caso y la planificación del tratamiento, lo que implica:

1. La identificación de los problemas actuales, los síntomas y las dificultades presentes.
2. La exploración de los temas clínicos subyacentes.
3. El análisis de las redes de memoria adaptativas.
4. La construcción de una conceptualización del caso basada en la información recopilada, que sirva como base para la intervención terapéutica.
5. La planificación del tratamiento, que incluye la determinación de las necesidades de estabilización, la identificación de los recuerdos a reprocesar y la secuenciación de estos, considerando la disposición del cliente, la urgencia de aliviar los síntomas, las limitaciones de tiempo y los desafíos que enfrenta en su vida actual.

Este enfoque integral permite estructurar el tratamiento de manera personalizada, asegurando que cada persona en duelo reciba la atención adecuada para facilitar su proceso de adaptación.

CAPÍTULO 15

FASE 2: PREPARACIÓN Y ESTABILIZACIÓN

La fase de preparación y estabilización es un componente esencial en la terapia EMDR, ya que permite preparar al cliente para el procesamiento de recuerdos traumáticos o dolorosos. En esta etapa, se proporcionan estrategias de regulación emocional y afrontamiento, se fortalece la alianza terapéutica –la cual comienza desde el primer contacto con el cliente– y se ofrece psicoeducación sobre el duelo y el proceso terapéutico con EMDR.

Esta fase no es un proceso aislado, sino que se integra con la elaboración de la historia clínica, proporcionando herramientas de estabilización y afrontamiento, así como información sobre el duelo y su impacto, de acuerdo con las necesidades específicas del cliente.

REGULACIÓN DE LAS EMOCIONES Y ESTRATEGIAS DE AFRONTAMIENTO

Una de las preguntas clave en esta fase es cuánta preparación o regulación emocional necesita un cliente antes de comenzar el procesamiento de los recuerdos. La respuesta no se mide en términos de tiempo, sino en función de su nivel de preparación. A continuación, se presentan los criterios de preparación que deben cumplirse para que el procesamiento EMDR pueda llevarse a cabo de manera eficaz. El cliente debe ser capaz de:

1. *Acceder a la experiencia y mantenerse presente.* Mantener una conciencia dual entre la experiencia pasada y la situación presente.

2. *Observar la experiencia y reflexionar sobre ella.* No quedar completamente absorbido por la experiencia, sino poder analizarla con cierta distancia.

3. *Tolerar la angustia durante un breve período.* Evitar la hiperactivación o la hipoactivación.
4. *Modificar los estados emocionales.* Poder transitar de la angustia a la calma y acceder a experiencias positivas y estados de recursos.
5. *Practicar estrategias de autocontrol y afrontamiento.* Utilizar técnicas de autorregulación, contención y afrontamiento adaptativo entre sesiones, según sea necesario.
6. *Contar con un entorno social estable y seguro.* Disponer de un ambiente que proporcione seguridad y apoyo durante el proceso terapéutico.
7. *Experimentar confianza y seguridad en la relación terapéutica.* Sentirse lo suficientemente seguro y respaldado por el terapeuta para abordar material emocionalmente intenso.

El cliente debe ser capaz de mantener un pie en el pasado (experimentando el recuerdo y las emociones relacionadas) y otro en el presente seguro, lo que le permitirá afrontar la intensidad emocional sin sentirse abrumado ni desconectado.

RELACIÓN TERAPÉUTICA

La relación terapéutica es un pilar fundamental en el tratamiento del duelo, especialmente en la terapia EMDR. Debe proporcionar un espacio seguro y un refugio emocional para que el cliente explore sus emociones y reacciones ante la pérdida, así como nuevas formas de adaptarse a la vida sin su ser querido. La confianza entre el terapeuta y el cliente es esencial para que este último se comprometa con el proceso terapéutico, que puede resultar intenso y desafiante.

El terapeuta juega un papel crucial al ayudar al cliente a mantener la conciencia dual, es decir, la capacidad de estar presente en el aquí y ahora mientras accede a recuerdos dolorosos. Esto se logra marcando el ritmo del procesamiento, proporcionando apoyo emocional y ayudando al cliente a permanecer anclado en el presente. Mientras que algunos clientes se sienten seguros y preparados para procesar recuerdos traumáticos relativamente rápido, otros requieren más tiempo para desarrollar una sensación de seguridad y confianza en la relación terapéutica.

CUESTIONES DE APEGO

La historia de apego del cliente influye significativamente en su disposición para abordar el duelo y participar en la terapia. La muerte de una figura de apego –o, en el caso de los padres, del receptor de sus cuidados– puede amenazar profundamente su sensación de control y seguridad. Los seres humanos estamos programados para apegarnos a los cuidadores en busca de protección, y la pérdida de una figura de apego puede reactivar patrones de comportamiento aprendidos en la infancia.

Tras una pérdida, el cliente puede reaccionar ante experiencias interpersonales percibidas como amenazadoras (incluida la terapia) con un estilo de apego aprendido (ansioso, evitativo o desorganizado). Estos estilos influyen en la manera en que experimenta y expresa el duelo, por lo que el terapeuta debe adaptar el ritmo y el enfoque de la terapia según la orientación del cliente.

Estilos de apego y su efecto en la alianza terapéutica

El cliente con un estilo de apego evitativo puede tender a negar la angustia emocional y, por lo tanto, evitar la activación del sistema de apego (Mikulincer, 2014). Puede estar excesivamente centrado en la orientación a la restauración (OR), donde la intensidad del duelo se esquiva activamente al evitar el contacto con los demás, lo que le genera una sensación de seguridad. A diferencia de la persona con apego ansioso, los individuos evitativos operan bajo la premisa de que las emociones negativas deben manejarse sin la ayuda de otros. En consecuencia, es posible que, al inicio de la terapia, el terapeuta deba explorar lentamente la relación del cliente con el ser querido fallecido y sus reacciones emocionales ante la pérdida. Por otro lado, las personas con apego ansioso pueden mantener o incluso exagerar las emociones negativas para atraer y conservar la atención y el cuidado de sus figuras de apego (Kosminsky y Ford, 2016; Mikulincer y Shaver, 2014). Esta estrategia, que implica una sobreactivación del sistema de apego, se observa en la tendencia del doliente a rumiar recuerdos dolorosos, preocuparse de manera persistente por el fallecido y magnificar su incapacidad para afrontar las dificultades de la vida actual. Además, puede existir dificultad para aceptar la realidad de la pérdida, ya que el impacto emocional de reconocer que el ser querido realmente no va a volver puede ser demasiado intenso. En estos casos, puede ser necesario combinar estrategias de regulación emocional con la exploración del impacto de la pérdida para evitar que el cliente se sienta abrumado. La persona con apego desorganizado suele experimentar dificultades para tolerar y gestionar las emociones, por lo que el enfoque terapéutico debe seguir un modelo orientado a fases. Primero, es necesario un proceso de estabilización, que incluya estrategias para calmarse, comprender su sistema de personalidad y lograr cierto grado de cooperación entre las distintas «partes» de su identidad. Posteriormente, se trabaja el reprocesamiento de los recuerdos traumáticos. Finalmente, en la tercera fase, se enfoca en la reintegración y rehabilitación de la personalidad.

PSICOEDUCACIÓN

Información sobre el duelo

Es fundamental recordar los principios de los primeros auxilios psicológicos (véase el anexo 3) al tratar con personas que acaban de perder a un ser querido. En las sesiones iniciales, la psicoeducación sobre las reacciones más comunes y las estrategias de afrontamiento puede ser de gran utilidad, ya que el duelo agudo puede resultar abrumador, y los clientes no siempre comprenden sus propias reacciones ni las razones de estas.

A menudo, las personas que han experimentado una pérdida reciente necesitan que se les valide que sus sentimientos y reacciones de angustia son respuestas normales ante una situación intensa. No es raro que los clientes refieran sentir una fuerte sensación de presencia del ser querido, tener conversaciones internas con él, ver señales que interpretan como su presencia, confundirlo con otras personas, experimentar dificultades para concentrarse o llorar sin un motivo aparente. Ante esto, algunos llegan a pensar: «Me estoy volviendo loco». Es crucial que el terapeuta les ayude a comprender que estas experiencias son reacciones naturales dentro del proceso de duelo.

Equilibrio entre la orientación a la pérdida y la orientación a la restauración

Es importante ayudar al cliente a lograr un equilibrio entre la orientación a la pérdida (OP), que implica afrontar los aspectos emocionales de la pérdida, y la orientación a la restauración (OR), que se centra en adaptarse a los cambios derivados de la muerte.

- Clientes con apego ansioso y un enfoque excesivo en la OP pueden beneficiarse de estrategias de resolución de problemas y métodos de regulación emocional, que les ayuden a afrontar los cambios y desafíos que conlleva la pérdida.

- Clientes con apego evitativo y un enfoque excesivo en la OR pueden necesitar técnicas de regulación emocional para enfrentar y procesar sus emociones de forma gradual, respetando su ritmo.

Tabla 15.1. Estrategias de afrontamiento

PARA EL CLIENTE CON APEGO ANSIOSO	
TÉCNICAS DE AUTORREGULACIÓN	• Lugar seguro o tranquilo como estrategia de regulación emocional. • Desarrollo e instalación de recursos internos para afrontar la angustia. • Ejercicios de respiración para reducir la activación fisiológica. • Imágenes contenedoras, como imaginar una «caja fuerte» donde guardar temporalmente las emociones angustiosas al final de la sesión.
TÉCNICAS SOMÁTICAS	• Focalizarse en sensaciones físicas que acompañan las emociones (por ejemplo, respiración acelerada, tensión en el pecho) sin atribuirles un significado negativo. • Pendulación, es decir, centrar la atención en una parte tensa del cuerpo y luego en una zona neutral (por ejemplo, la rodilla o el codo), alternando entre ambas. • Ejercicios de enraizamiento, como visualizar que las piernas se extienden hasta el centro de la Tierra para proporcionar una sensación de estabilidad. • Técnicas de observación sensorial, como describir lo que se ve, oye, huele, saborea y siente en el entorno para mantenerse presente.
ESTRATEGIAS CONDUCTUALES Y COGNITIVAS	• Establecer rutinas equilibradas, incluyendo alimentación, ejercicio y descanso. • Lograr un equilibrio entre OP y OR, ayudando al cliente a afrontar los retos actuales y aprender habilidades para afrontar los cambios vitales. • Tomarse descansos del duelo: explicar que hacer pausas en el proceso es saludable y necesario. Se pueden planificar momentos de desconexión, como ver una película, disfrutar de un hobby o compartir una actividad con un amigo.

PARA EL CLIENTE CON APEGO EVITATIVO Y BLOQUEADO EN OR	
COMPRENDER EL ORIGEN DEL APEGO EVITATIVO	Explicar que evitar los sentimientos pudo haber sido una estrategia de supervivencia en la infancia. En familias donde la expresión de necesidades emocionales era ignorada, criticada o castigada, reprimir las emociones pudo haber sido la única forma de adaptarse.
FOMENTAR LA CONEXIÓN INTERPERSONAL	Identificar personas de confianza con quienes hablar o a quienes pedir apoyo (amigos, familiares, médicos, consejeros religiosos, etc.).
ACEPTAR LA EXPERIENCIA EMOCIONAL	• Abrir espacio para los sentimientos, reconociendo que son información valiosa sobre el estado interior. Se puede sugerir que el cliente observe qué emociones experimenta durante la semana y cómo se habla a sí mismo sobre ellas. • Fomentar la autocompasión, promoviendo una actitud amable hacia sus emociones en lugar de tratarlas como intrusas indeseadas.
EXPLORAR LA MEMORIA EMOCIONAL DE MANERA PROGRESIVA	• Técnicas de mindfulness, enfocadas en observar las emociones y sensaciones físicas sin juzgarlas. • Uso de recuerdos tangibles, como llevar fotos o vídeos a la sesión para facilitar la conexión emocional con el fallecido.
FACILITAR LA CONEXIÓN CON EL SER QUERIDO FALLECIDO (VÍNCULO CONTINUO)	• Hablar del fallecido en terapia. • Revisar fotografías o vídeos. • Visitar la tumba o un lugar significativo. • Escribir cartas dirigidas al ser querido. • Realizar actividades simbólicas que refuercen la continuidad del vínculo.

Este tipo de intervenciones pueden ser eficaces para las personas con apego evitativo, ya que contrarrestan la tendencia a desviar defensivamente la atención del ser querido. No obstante, deben implementarse respetando el ritmo del cliente, asegurándose de que se siente preparado para afrontar las emociones que puedan surgir.

PREPARACIÓN PARA LA TERAPIA EMDR

El ejercicio de estado de calma/seguridad o el desarrollo e instalación de recursos (Korn y Leeds, 2002) pueden ser estrategias eficaces para introducir la terapia EMDR. Estos métodos permiten al cliente familiarizarse con la estimulación bilateral y experimentar sus efectos, al mismo tiempo que proporcionan al terapeuta información valiosa sobre la respuesta del cliente a la terapia EMDR y permiten prever cómo podría reaccionar al procesamiento de los recuerdos.

Si el cliente es capaz de mantener el estado de calma y seguridad en su mente, y este se fortalece con la estimulación bilateral, ello sugiere que cuenta con la capacidad necesaria para iniciar el procesamiento. En cambio, si emergen recuerdos perturbadores o material intrusivo, puede ser necesario reforzar la estabilización antes de proceder con el reprocesamiento, ya que esto indica que el material negativo podría aflorar rápidamente.

Si no hay movimiento o el cliente no experimenta cambios, es recomendable una evaluación más profunda de los factores subyacentes, como un posible apego evitativo, disociación o dificultades para acceder a las emociones. En estos casos, el terapeuta puede emplear estrategias para ayudar al cliente a reconocer y conectar con sus emociones de manera gradual.

Es importante considerar que un ejercicio de seguridad/calma basado en imágenes vinculadas a la relación con el ser querido (como su casa o un lugar especial compartido) podría aumentar la sensación de pérdida o soledad, dificultando su utilidad como recurso de estabilización. Por ello, en la recopilación de la historia clínica y la conceptualización del caso, es recomendable explorar momentos y lugares en los que el cliente se haya sentido tranquilo o seguro y que no estén necesariamente asociados al fallecido.

Además, es fundamental explicar al cliente el modelo PAI en términos accesibles. A continuación, se resumen sus aspectos clave:

- Los momentos y situaciones angustiosas pueden almacenarse de forma desadaptativa porque son emocionalmente abrumadoras y difíciles de procesar en el momento en que ocurren. Esto provoca que puedan activarse repetidamente cuando algo recuerda al fallecido o a su muerte, generando sufrimiento e interfiriendo en el proceso de duelo.

- La terapia EMDR permite reprocesar estos recuerdos perturbadores, reduciendo la intensidad de las imágenes, pensamientos y emociones angustiantes relacionadas con la pérdida.

- La terapia EMDR no elimina recuerdos ni emociones necesarias, sino que ayuda a procesar el impacto emocional de la pérdida, facilitando la adaptación y la integración del duelo.
- Es frecuente que las personas en duelo sientan que no pueden conectar emocionalmente con el fallecido, experimentando una sensación de vacío. La terapia EMDR ayuda a procesar la angustia emocional, lo que favorece el acceso a recuerdos más positivos y a una sensación de conexión con el ser querido.
- El procesamiento de recuerdos dolorosos puede ser intenso, ya que implica enfrentarse a la realidad de la pérdida. Sin embargo, este trabajo allana el camino para la integración del duelo y la construcción de un significado personal a través de los recuerdos y la conexión con el fallecido.
- El cliente tiene el control del proceso, pudiendo marcar el ritmo del reprocesamiento según sus necesidades. Tiene una señal de parada para detener la sesión en cualquier momento y puede pedir ajustes en la estimulación bilateral (acelerarla, ralentizarla, acercarla o alejarla, según lo necesite).
- Es fundamental explicar los procedimientos de la terapia EMDR, haciendo hincapié en que el cliente debe permitir que las experiencias emerjan sin intentar forzarlas o dirigirlas, y comunicarlas al terapeuta cuando sea necesario.
- Se debe discutir el plan de tratamiento, incluyendo los métodos de estabilización y regulación emocional que se emplearán, así como los recuerdos que se trabajarán y su posible secuenciación. Se debe mantener flexibilidad para realizar ajustes según las necesidades del cliente.

Estos puntos no tienen que explicarse en un orden específico y deben adaptarse al nivel de comprensión y a la situación emocional del cliente.

RESUMEN

La fase de preparación y estabilización en la terapia EMDR es clave para garantizar que el cliente esté preparado para el reprocesamiento de recuerdos perturbadores.

- El cliente debe cumplir ciertos criterios de preparación, asegurando que tiene suficiente capacidad para tolerar la intensidad emocional del proceso.
- Se proporcionan estrategias de regulación emocional según las necesidades del cliente, con el fin de que pueda gestionar su angustia de manera efectiva.
- La relación terapéutica es fundamental, ya que proporciona un espacio de seguridad y confianza para enfrentar recuerdos difíciles.
- Se ofrece psicoeducación sobre el duelo, las estrategias de afrontamiento y el proceso de la terapia EMDR, ayudando al cliente a comprender qué esperar del tratamiento.

El objetivo de esta fase es garantizar que el cliente cuente con los recursos necesarios para abordar el reprocesamiento de la pérdida de forma segura, estructurada y adaptativa.

CAPÍTULO 16

INTRODUCCIÓN A LAS FASES DE REPROCESAMIENTO

CUÁNDO EMPEZAR

En el capítulo anterior se analizaron los criterios de preparación para el reprocesamiento de recuerdos. Según la respuesta y el nivel de preparación del cliente, la terapia EMDR puede iniciarse en los días o semanas posteriores a una tragedia. Existen diversos protocolos de EMDR diseñados específicamente para el procesamiento de sucesos traumáticos recientes (Shapiro, 1995, 2001, 2018; Jarero y Artigas, 2011; Shapiro y Laub, 2008, 2013). Estos enfoques pueden resultar útiles inmediatamente después de un acontecimiento traumático, ayudando a reducir la angustia y a facilitar la integración adaptativa de la experiencia.

TERAPIA EMDR PARA SUCESOS RECIENTES

A continuación, se presentan breves descripciones y ejemplos de protocolos utilizados en el tratamiento de traumas recientes. Sin embargo, esta publicación no aborda cada uno en profundidad, por lo que se recomienda al lector investigar más sobre su aplicación específica.

Protocolo de acontecimiento reciente

Este protocolo se utiliza en los primeros meses posteriores al evento, cuando aún no ha transcurrido suficiente tiempo para que el recuerdo perturbador se consolide completamente en la memoria (Shapiro, 1995, 2001,

2018). Un recuerdo puede estar compuesto por varios momentos perturbadores. Por ejemplo, la muerte de un ser querido puede implicar:

1. La notificación del fallecimiento.
2. El trayecto hasta el hospital.
3. La identificación del cadáver.

El protocolo de acontecimiento reciente permite tratar cada uno de estos momentos de forma independiente, siguiendo estas pautas:

- Cada momento se aborda como un recuerdo separado, comenzando por el más perturbador y reprocesando después los demás en orden cronológico (excepto la identificación del cadáver, que se trata con especial precaución).
- Una vez procesados estos momentos, se realiza una revisión mental del suceso (la «película» del evento) para detectar posibles momentos perturbadores restantes, los cuales pueden reprocesarse si es necesario.
- Se identifica una cognición positiva general y se repite la película del suceso con dicha cognición en mente.
- Se realiza una exploración corporal general para detectar cualquier malestar residual.
- Se procesan los disparadores actuales y se instalan patrones futuros para cada disparador.

Es importante destacar que el protocolo de acontecimiento reciente puede aplicarse poco después de un evento perturbador con el objetivo de aliviar los síntomas. Sin embargo, el reprocesamiento puede requerir varias sesiones para abordar cada aspecto de la experiencia de manera efectiva.

Además, el terapeuta debe conocer a fondo la historia del cliente, incluyendo traumas y pérdidas previas, ya que el procesamiento de un evento reciente puede activar recuerdos no resueltos que excedan su capacidad actual de integración. Por esta razón, es fundamental que, antes de iniciar el reprocesamiento, el cliente aprenda ejercicios de contención y gestión emocional, como técnicas de respiración, visualización de un lugar seguro y estrategias de regulación emocional. Una vez que el cliente esté preparado y haya desarrollado suficientes recursos de estabilización, se podrá aplicar el protocolo estándar completo de EMDR para garantizar un reprocesamiento integral del recuerdo.

EJEMPLO DE CASO 1

Protocolo de sucesos recientes

Dos semanas después del fallecimiento de su esposa por cáncer, Gregory acudió a terapia buscando ayuda para manejar los pensamientos recurrentes sobre el sufrimiento que ella experimentó en su último día de vida.

Se aplicó el protocolo de acontecimiento reciente, identificando los siguientes momentos clave:

1. Cuando su estado de salud empeoró notablemente y le costaba respirar.
2. El sonido ronco de su respiración.
3. La expresión de su rostro al sentir dolor.
4. Su último aliento.

El peor momento identificado fue la última respiración de su esposa, por lo que se inició el reprocesamiento con este recuerdo. Posteriormente, se trataron los demás momentos en orden cronológico.

Tras reprocesar los momentos a y b, Gregory experimentó un alivio significativo y notó que el tercer objetivo (la expresión de dolor de su esposa) se había vuelto neutral, por lo que no requirió procesamiento adicional.

Luego, se instaló una cognición positiva general: «Lo hice lo mejor que pude, estuve allí todo el tiempo».

Al repetir mentalmente la «película» del evento con esta nueva cognición en mente, Gregory sintió una mejoría sustancial. Aunque el recuerdo seguía siendo doloroso, ahora podía sobrellevarlo de manera funcional.

Esta sesión tuvo una duración de dos horas. En las siguientes sesiones, se aplicó el protocolo estándar completo para abordar otros recuerdos perturbadores, así como los disparadores actuales y la instalación de patrones futuros.

Desensibilización por movimientos oculares (EMD)

El método EMD (siglas en inglés de *Eye Movement Desensitization*) se emplea cuando el cliente no está preparado para un reprocesamiento completo, pero necesita aliviar la intensidad de imágenes y momentos angustiantes (Shapiro, 1989, 1995, 2001, 2018).

En este enfoque, tras cada conjunto de estimulación bilateral, el terapeuta redirige al cliente a la imagen y la cognición negativa inicial, preguntándole: «¿Cómo de perturbador es ahora, siendo 0 la calma total y 10 la mayor perturbación posible?».

El objetivo es reducir la perturbación hasta el nivel más bajo posible, aunque no siempre se alcanza un 0. Una vez logrado esto, se instala la cognición positiva, pero sin realizar una exploración corporal final.

El EMD es especialmente útil cuando el cliente necesita contención, ya que evita la activación de asociaciones inesperadas o recuerdos intensos no previstos. De esta manera, ayuda a mantener el procesamiento dentro de límites manejables, proporcionando alivio sin sobrecargar al cliente emocionalmente.

EJEMPLO DE CASO 2

EMD

Después de una discusión, el esposo de Sally se suicidó disparándose en la cabeza. Ella presenció el acto y quedó expuesta a una estimulación sensorial extrema:

- *Visual.* La imagen del suceso.
- *Auditiva.* El sonido del disparo.
- *Cinestésica.* La sensación de la sangre en su piel.
- *Olfativa.* El olor a pólvora y sangre.

Su madre la llevó a terapia dos días después del evento. Sally presentaba síntomas de trastorno por estrés agudo, era incapaz de realizar sus actividades diarias y experimentaba imágenes intrusivas intensas y repetitivas del suicidio. Dado el nivel de perturbación, el terapeuta decidió utilizar EMD en la primera sesión (de dos horas y media de duración). Se abordaron los recuerdos en cada sistema sensorial por separado:

1. Se comenzó con la imagen visual, hasta que dejó de ser perturbadora.
2. Luego se trabajaron los recuerdos auditivos, desensibilizándolos de manera progresiva.
3. Se continuó con las impresiones cinestésicas (la sensación de la sangre en sus manos y ropa).
4. Finalmente, se reprocesaron las impresiones olfativas.

Después de una hora de trabajo con EMD, las imágenes intrusivas se redujeron significativamente en todos los sentidos. Sally salió del estado de *shock* y pudo retomar su funcionamiento adaptativo. El tratamiento continuó durante nueve meses, utilizando el protocolo estándar de EMDR para trabajar el duelo, los disparadores actuales y la instalación de patrones futuros.

EJEMPLO DE CASO 3

EMD

La EMD se utilizó con el hijo de 13 años de Gregory (mencionado en el ejemplo de caso 1), quien se sentía culpable por no haberle dicho «te quiero» a su madre antes de su fallecimiento. Durante su hospitalización, el niño la visitaba a diario y, al despedirse, simplemente le decía: «Hasta mañana». Sin embargo, su madre falleció antes de que llegara el día siguiente, lo que le generó un profundo sentimiento de culpa.

Para abordar esta angustia, se aplicó EMD, pidiéndole que se enfocara en la última vez que la vio y le dijo «adiós», aunque en su interior deseaba haberle expresado su amor de manera más explícita.

Tras cinco minutos de reprocesamiento, el niño sintió un gran alivio y expresó: «Cada vez que le decía 'adiós, hasta mañana', le estaba diciendo que la quería». Con esta nueva comprensión, su angustia se redujo significativamente.

La terapia EMD puede aplicarse con mayor flexibilidad según la respuesta del cliente durante el proceso. Si, tras una serie de estimulación bilateral, la reacción del cliente es adaptativa o positiva, el terapeuta puede continuar con las series sin necesidad de regresar repetidamente al objetivo inicial. Este enfoque permite que el procesamiento fluya de manera más natural y que la integración de la experiencia ocurra de forma progresiva.

Sin embargo, si durante el proceso emergen emociones intensas o material inesperado, es fundamental que el terapeuta redirija la atención al objetivo original. Esto ayuda a estructurar y contener la experiencia, evitando que el cliente se sienta abrumado y asegurando que el reprocesamiento se mantenga dentro de un marco seguro y manejable.

Esta flexibilidad ha sido incorporada en los protocolos más recientes para el tratamiento de sucesos traumáticos, desarrollados por Shapiro y Laub (2013), así como por Jarero, Artigas y Luber (2011). Estos enfoques permiten ajustar la intervención según las necesidades del cliente, garantizando una mayor eficacia en la reducción del malestar emocional.

Además de estos protocolos, existen otros dos modelos específicos diseñados para el tratamiento de acontecimientos recientes:

- El protocolo EMDR para incidentes críticos recientes y estrés traumático continuo (EMDR-PRECI, siglas en inglés de *EMDR Protocol for Recent Critical Incidents*) (Jarero, Artigas y Luber, 2011).

- El protocolo de episodios traumáticos recientes (R-TEP, siglas en inglés de *Recent Traumatic Episode Protocol*) (Shapiro y Laub, 2013).

El análisis detallado de estos protocolos queda fuera del alcance de este libro, pero se incluyen breves descripciones en el anexo 4.

SÉ PRUDENTE

No se insistirá lo suficiente en la importancia de evaluar la preparación del cliente, la posible disociación y la influencia de traumas o pérdidas pasadas en la reacción actual.

EJEMPLO DE CASO 4

Verónica acudió a terapia dos semanas después de la muerte de su marido en un accidente de moto. Su principal angustia era la imagen de su cuerpo ensangrentado en el hospital.

Durante la evaluación, Verónica negó haber vivido experiencias traumáticas previas pero mencionó que no tenía recuerdos claros anteriores a los 8 años.

El terapeuta intentó realizar un ejercicio de estado de calma/seguridad, pero Verónica no pudo visualizar un lugar seguro ni utilizar ninguna técnica de autocontrol emocional.

A pesar de estas señales, el terapeuta, con la intención de aliviar sus síntomas, decidió centrarse en la imagen del marido en el hospital. Sin embargo, este reprocesamiento activó recuerdos reprimidos de abusos físicos en la infancia, acompañados de una intensa reacción emocional.

Como resultado, Verónica quedó desestabilizada durante un mes, aunque continuó con el tratamiento.

Para restablecer su equilibrio emocional, el terapeuta se enfocó en:

- Desarrollar estrategias de regulación emocional.
- Manejar los factores estresantes de su vida diaria.
- Instalar recursos de apoyo antes de continuar con la terapia EMDR.

Solo después de este proceso se pudo abordar de manera adecuada el trauma complejo y la disociación (véase el capítulo 20).

En este caso, la incapacidad para acceder a un lugar seguro y la dificultad para regular sus emociones deberían haber sido señales de advertencia para el terapeuta. Además, la falta de recuerdos antes de los 8 años es un indicio importante de disociación, lo que sugiere la necesidad de una evaluación más profunda (Van der Hart, Nijenhuis y Steele, 2006). Se recomienda evitar la terapia EMDR tras una pérdida si el cliente presenta síntomas de entumecimiento, negación o disociación. Estas reacciones suelen ser defensas psicológicas que protegen a la persona en duelo de una realidad emocionalmente abrumadora. Forzar un procesamiento prematuro de los recuerdos puede provocar una sobrecarga emocional para la que el cliente no está preparado, bloquear la integración de la experiencia –impidiendo un avance real en el duelo– o generar un retraumatización innecesaria. En estos casos, se recomienda priorizar:

- Los primeros auxilios psicológicos (anexo 3).
- El apoyo de amigos y familiares.
- Un «tierno cuidado amoroso» (Solomon y Rando, 2007; Solomon, 2008; Young, 2016).

Una vez que el impacto emocional ha sido asimilado y el cliente cumple los criterios de preparación, el reprocesamiento con EMDR puede comenzar. El tiempo que esto lleva varía en cada persona:

- Algunos clientes pueden estar listos en días o semanas.
- Otros necesitan varios meses antes de sentirse preparados para abordar los recuerdos dolorosos.

CUANDO EL CLIENTE CUMPLE LOS CRITERIOS DE PREPARACIÓN

La decisión de cuándo comenzar el reprocesamiento depende de si el cliente cumple los criterios de preparación descritos en el capítulo 15 sobre fase de preparación y estabilización. Los criterios básicos (a un nivel «suficientemente bueno») incluyen permanecer presente con las emociones –mantener la conciencia dual con un pie en el pasado y otro en el presente–; tener la capacidad de autocalmarse y regular su activación emocional; ser capaz de articular y reflexionar sobre el impacto de la pérdida; y contar con un entorno externo estable. Cuando el duelo es complicado o crónico, y la desregulación emocional está afectando al cuadro clínico, la regla de «más despacio es más rápido» puede ser clave. El terapeuta debe tomarse el tiempo necesario para ayudar al cliente a comprender el impacto emocional de la pérdida y expresar su significado de forma clara y reflexiva antes de iniciar la terapia EMDR (Solomon y Rando, 2007, 2012, 2015).

EJEMPLO DE CASO 5

Dos agentes de policía murieron en un accidente de tráfico. Después de cuatro meses, una de las viudas se sintió emocionalmente preparada para abordar en terapia el momento en que recibió la noticia y procesar el trauma de la pérdida. Por otro lado, la segunda esposa oscilaba entre el entumecimiento y la ansiedad, y no se sintió lista hasta nueve meses después. En este último caso, antes de procesar el trauma, el terapeuta:

- Le enseñó estrategias de regulación emocional (por ejemplo, visualización de un lugar seguro, RDI).
- Le brindó psicoterapia de apoyo.
- Le ayudó a relacionar su ansiedad actual con inseguridades de su infancia (por ejemplo, padres que discutían con frecuencia y no le brindaban apoyo de forma consistente).

Este caso ejemplifica que cada cliente tiene su propio ritmo de procesamiento. No se debe forzar el reprocesamiento del trauma hasta que el cliente se sienta emocionalmente preparado y cumpla los criterios de estabilidad necesarios para afrontar el proceso terapéutico.

EMPIEZA CON UN RECUERDO CONCRETO

En el procesamiento de recuerdos, es recomendable comenzar con un recuerdo específico siempre que sea posible, en lugar de centrarse únicamente en emociones, sensaciones corporales o una impresión vaga. Un recuerdo concreto proporciona un punto de referencia claro, lo que facilita el reprocesamiento y evita que la experiencia se vuelva demasiado difusa o desorganizada.

Si durante la sesión emerge una carga emocional intensa o las asociaciones del cliente se diversifican en exceso, el terapeuta puede redirigir la atención al recuerdo inicial para contener y estructurar la experiencia, manteniendo así el proceso dentro de límites manejables.

Un terapeuta especializado en duelo compartió que el uso de EMDR estaba resultando muy beneficioso para sus clientes. Sin embargo, observó que las emociones seguían aflorando sin cesar, lo que dificultaba su contención. Tras analizar su enfoque, descubrió que su dificultad radicaba en que se estaba centrando exclusivamente en la emoción del cliente, sin vincularla a un recuerdo específico.

Al modificar su método y comenzar a seleccionar un recuerdo concreto, incorporando cada uno de los componentes de la fase de evaluación de objetivos, el reprocesamiento se volvió más estructurado, eficiente y contenido.

Comenzar con un recuerdo específico no solo facilita el procesamiento, sino que también permite al cliente regresar a él en diferentes momentos del tratamiento:

- Si se está saliendo de su ventana de tolerancia
- Cuando la sesión va a finalizar y es necesario un cierre.
- Si las asociaciones se están alejando del objetivo principal.
- Cuando las asociaciones dejan de surgir, indicando un posible bloqueo o el final de un canal.

Volver al recuerdo inicial permite identificar el siguiente canal de asociación, estructurar el proceso y mantener la contención emocional. Este tema se abordará con más detalle en el próximo capítulo.

DURACIÓN ADECUADA DE LAS SESIONES

En mi experiencia con múltiples sesiones de terapia EMDR aplicadas al duelo, he observado que la duración estándar de 60 minutos suele ser suficiente en muchos casos. Sin embargo, algunos clientes pueden requerir más tiempo debido a la intensidad emocional del proceso. No es inusual que las sesiones se extiendan entre 90 minutos y 2 horas, especialmente cuando el reprocesamiento es profundo.

Una vez que la emoción se activa, es fundamental que el terapeuta acompañe al cliente hasta que la integración emocional sea suficiente o hasta que la intensidad de la experiencia disminuya a un nivel manejable.

Francine Shapiro, en sus primeras formaciones, señalaba que el período de mayor intensidad emocional durante una sesión de EMDR solía durar entre 20 y 30 minutos. Si bien esto suele ser cierto para la fase más intensa del proceso, las sesiones pueden prolongarse hasta 90-120 minutos o más, dependiendo de varios factores:

- El tiempo que transcurre antes de que surjan las emociones.
- Las fases posteriores del reprocesamiento.
- La necesidad de técnicas de enraizamiento y cierre si el proceso no se ha completado.

¿Qué hacer si solo hay una hora disponible?

Muchos terapeutas solo pueden ofrecer sesiones de una hora de duración. En estos casos, es útil planificar la sesión de manera estratégica. Así, en una primera sesión se puede realizar la evaluación de objetivos (fase 3) y en la siguiente, el reprocesamiento del recuerdo.

Estrategias para sesiones de una hora

Para que el proceso sea eficaz, se recomienda:

1. Garantizar que el cliente tenga habilidades suficientes de regulación emocional.
2. Explicar que la sesión puede ser emocional, pero que dispone de técnicas de contención para regularse después de la sesión, en caso de ser necesario.
3. Definir un plan de seguridad para después de la sesión, incluyendo estrategias de autocuidado y apoyo emocional.
4. Aceptar que muchas sesiones quedarán incompletas, es decir, que la perturbación (SUD) no llegue a 0 o que la validación de la cognición positiva (VoC) sea inferior a 7.
5. Finalizar en un momento de estabilidad relativa:
6. Cuando el cliente experimenta cierto alivio, comprensión o resolución.
7. En un momento de calma o de pausa natural.
8. Volviendo con más frecuencia al recuerdo objetivo inicial para mantener el procesamiento contenido.
9. Conocer la estrategia de estabilización que funciona mejor para el cliente y aplicarla cuando sea necesario.
10. Realizar un seguimiento tras una sesión emocionalmente intensa, ya sea por correo electrónico o llamada más tarde en el mismo día o al día siguiente.

Planificación de la duración de las sesiones

Para definir la duración adecuada de una sesión, nada sustituye el conocimiento del cliente. El terapeuta puede anticipar la capacidad de procesamiento del cliente a partir de:

- La historia clínica.

- Ejercicios previos, como la visualización de un lugar seguro.
- La forma en que el cliente expresa sus emociones durante las sesiones.

RESUMEN

El reprocesamiento de los recuerdos debe iniciarse una vez que el cliente cumpla los criterios de preparación. No obstante, inmediatamente después de un suceso traumático, incluida una muerte, pueden aplicarse protocolos específicos para acontecimientos recientes con el objetivo de aliviar los síntomas. En cualquier caso, el terapeuta debe llevar a cabo una historia clínica completa, así como evaluar la presencia de disociación y el nivel de preparación del cliente antes de iniciar el reprocesamiento.

Si el cliente presenta síntomas disociativos, entumecimiento o negación, será necesario priorizar la estabilización o la aplicación de primeros auxilios psicológicos. Además, para estructurar y contener el proceso de reprocesamiento, se recomienda comenzar con un recuerdo específico.

Dado que trabajar con recuerdos vinculados a una pérdida puede resultar especialmente intenso, es fundamental disponer de tiempo suficiente (entre 90 y 120 minutos) para permitir un procesamiento adecuado y un cierre adecuado de la sesión.

CAPÍTULO 17

FASE 3: EVALUACIÓN DE OBJETIVOS

Antes de iniciar el reprocesamiento de los recuerdos, es necesario acceder a ellos y activarlos tal como están almacenados en el cerebro. Esto se logra en la fase de evaluación del objetivo, en la que se identifican los distintos componentes del recuerdo.

Tabla 17.1. Elementos de la fase de evaluación de objetivos

IMAGEN	Representación visual, auditiva, sensorial o conceptual del recuerdo más perturbador.
COGNICIÓN NEGATIVA	Creencia irracional y negativa sobre uno mismo asociada al recuerdo. Ejemplo: «No soy lo suficientemente bueno»; «Soy impotente».
COGNICIÓN POSITIVA	Creencia alternativa y adaptativa que representa el resultado deseado. Ejemplo: «Soy lo suficientemente bueno»; «Tengo cierto control».
VALIDEZ DE LA COGNICIÓN (VOC)	Medida de cuán verdadera percibe el cliente la cognición positiva en relación con el recuerdo, en una escala de 1 a 7 (1 = totalmente falso; 7 = totalmente cierto).
EMOCIÓN(ES)	Respuesta emocional actual asociada al recuerdo.
UNIDADES SUBJETIVAS DE PERTURBACIÓN (SUD)	Intensidad de la perturbación generada por el recuerdo en una escala de 0 a 10 (0 = calma total; 10 = máxima perturbación imaginable).
SENSACIONES CORPORALES	Localización y descripción de las sensaciones físicas vinculadas al recuerdo.

Existe un flujo terapéutico que transcurre desde la imagen más perturbadora hasta los componentes cognitivos (negativos y positivos), pasando por la carga emocional y la sensación corporal del recuerdo. Este proceso es esencial en la terapia EMDR, ya que no solo facilita el reprocesamiento, sino que promueve la integración emocional.

Es fundamental que el terapeuta dedique el tiempo necesario para identificar estos componentes de manera precisa, ya que la propia exploración de los significados asociados al recuerdo es terapéutica en sí misma.

IMAGEN

El reprocesamiento EMDR es más eficaz cuando el cliente se enfoca en un momento específico del recuerdo que le resulte más angustioso. La imagen puede provenir de cualquier modalidad sensorial:

- Visual (una escena específica).
- Auditiva (un sonido o conversación).
- Cinestésica (una sensación corporal).
- Gustativa u olfativa (un sabor o un olor asociado).

COGNICIONES NEGATIVAS Y POSITIVAS

Cognición negativa

La cognición negativa representa la creencia irracional que el cliente asocia al recuerdo y que genera una respuesta emocional disfuncional. Por ejemplo, ante la pérdida de un ser querido, puede aparecer la creencia de «Soy impotente» o «Debería haber hecho más».

En muchos casos, el cliente necesita ayuda para identificar la cognición negativa que mejor resuene con su experiencia emocional. El terapeuta puede facilitar este proceso mediante preguntas exploratorias como:

- «¿Qué dice esto sobre ti?»
- «Cuéntame más sobre cómo esta pérdida te ha impactado».

Esta exploración permite profundizar en el significado del suceso y acceder a cogniciones negativas más estructuradas, como «Soy indigno» o «Soy una mala persona».

Cognición positiva

La cognición positiva representa una creencia alternativa y adaptativa que ayuda a transformar la percepción del recuerdo y su impacto emocional. Funciona como un objetivo terapéutico, marcando la dirección del cambio. Suele ser un cambio radical respecto a la cognición negativa. Por ejemplo:

- Cognición negativa: «No soy lo suficientemente bueno».
- Cognición positiva: «Soy lo suficientemente bueno».

Sin embargo, si esta afirmación genera resistencia, el terapeuta puede proponer una alternativa más accesible, como «Puedo ser lo suficientemente bueno». Además, la exploración de la cognición positiva permite evaluar el acceso del cliente a información adaptativa y corregir posibles creencias erróneas. Por ejemplo, si el cliente cree que la muerte de su ser querido era predecible o prevenible, el terapeuta puede ayudarle a integrar información más realista.

Cuando existe una percepción errónea de responsabilidad en la muerte, puede ser útil proporcionar información objetiva (por ejemplo, de un médico o técnico de emergencias) que ayude al cliente a comprender que no había nada que pudiera haber hecho.

Validez de la cognición (VoC)

La VoC (siglas en inglés de *Validity of Cognition*) es una medida que permite evaluar hasta qué punto el cliente percibe como verdadera la cognición positiva en relación con el recuerdo. Se califica en una escala de 1 a 7, donde 1 representa «totalmente falso» y 7, «totalmente cierto».

Este indicador proporciona al terapeuta una referencia sobre la disposición del cliente para integrar la nueva creencia y permite monitorear el progreso del tratamiento.

Mesetas informativas (clínicas): Responsabilidad, seguridad, control y conexión y pertenencia

Las cogniciones negativas (es decir, las creencias irracionales sobre uno mismo que verbalizan la emoción almacenada) y las cogniciones positivas (que representan un objetivo terapéutico) son elementos fundamentales en la fase de evaluación de objetivos en la terapia EMDR.

Cuando los recuerdos se han procesado de manera inadecuada, pueden generar creencias negativas y disfuncionales sobre uno mismo. Estos no solo son temas de trabajo en la fase de evaluación de objetivos, sino que también, como se mencionó en el capítulo 10, pueden orientar la exploración de factores que complican el duelo o bloquean el reprocesamiento de los recuerdos.

Los temas clínicos clave en este contexto incluyen:

- Responsabilidad
- Seguridad y mortalidad
- Control y elección
- Conexión y pertenencia

A continuación, se describen en detalle estos temas y su relevancia en el proceso terapéutico.

Responsabilidad

El tema de la responsabilidad abarca tanto la culpa (atribuirse la responsabilidad de un suceso) como la indignidad (percibirse como defectuoso o inadecuado).

Es común que una persona en duelo se culpe irracionalmente por lo sucedido, asumiendo responsabilidad por factores que estaban fuera de su control. Algunas creencias recurrentes incluyen:

- «Es culpa mía».
- «Debería haber hecho más».
- «Soy una mala persona».

Esta autoinculpación puede ser un intento de mantener una ilusión de control sobre lo ocurrido. Pensamientos como «Si hubiera hecho algo diferente, no habría pasado» pueden ser psicológicamente más manejables que aceptar la realidad de que, en ocasiones, los sucesos trágicos ocurren sin que haya nada que se pueda hacer para evitarlos. En estos casos, la reestructuración cognitiva se centra en reemplazar estas creencias irracionales con alternativas más realistas y compasivas, como:

- «No fue mi culpa».
- «Hice lo mejor que pude con la información y los recursos que tenía».
- «Lo que podía hacer, lo hice».
- «Soy lo suficientemente bueno tal como soy».

La siguiente tabla muestra ejemplos de cogniciones negativas y sus correspondientes reestructuraciones positivas.

Tabla 17.2. Ejemplos de cogniciones negativas y positivas sobre responsabilidad

COGNICIONES NEGATIVAS	COGNICIONES POSITIVAS
Es culpa mía.	Hice lo que pude.
Debería haber hecho más.	Lo hice lo mejor que pude.
Soy imperdonable.	Puedo perdonarme.
Soy una persona horrible.	Estoy bien a pesar de mi error.
Soy mala persona.	Soy buena persona.
No soy lo bastante bueno.	Soy suficientemente bueno.
Soy incompetente.	Soy competente.
No importo.	Soy importante.
No merezco amar ni ser amado.	Merezco amor y felicidad.

En algunos casos, el cliente sí ha tenido un papel en la muerte de un ser querido, ya sea por negligencia, un error o una mala toma de decisiones.

Ejemplos de estas situaciones pueden ser:

Conducir bajo los efectos del alcohol y provocar un accidente mortal.

Tomar decisiones que, directa o indirectamente, contribuyeron a la muerte de alguien (situaciones comunes en equipos de primera respuesta o personal militar).

La terapia EMDR no busca eliminar la responsabilidad cuando esta existe, sino ayudar al cliente a evaluar realísticamente su papel en el suceso y fomentar una perspectiva más equilibrada. En estos casos, una cognición negativa común puede ser: «Soy una persona terrible».

La reestructuración cognitiva puede llevar al cliente hacia afirmaciones como: «Puedo aprender de esto», «Puedo enmendar mis errores» o «Soy una buena persona que cometió un error terrible».

EJEMPLO DE CASO

Michael, de 22 años, acudió a tratamiento dieciocho meses después de un accidente de tráfico en el que murió su hermano. Ambos volvían a casa en coche tras haber bebido en una fiesta. Michael conducía con exceso de velocidad cuando perdió el control del vehículo y chocó contra un árbol. Aunque él no sufrió lesiones graves, su hermano falleció.

Desde entonces, presentaba síntomas de depresión agitada, dificultad para concentrarse, agitación física, problemas para dormir y profundos sentimientos de culpa y vergüenza. Tras seis sesiones de historia clínica y enseñanza de estrategias de regulación emocional, se inició el reprocesamiento EMDR del accidente. El recuerdo inicial fue la imagen del accidente y la visión del cuerpo de su hermano. Su cognición negativa era «Soy una persona terrible», mientras que su cognición positiva era «Soy una buena persona que cometió un error terrible».

El reprocesamiento fue muy doloroso. Michael revivió el horror del accidente, la reacción de sus padres y su propio sentimiento de culpa y autorreproche por «haber hecho algo totalmente estúpido». Al final de la sesión, de 90 minutos y con el reprocesamiento aún incompleto, se emplearon estrategias de regulación emocional para el cierre y la estabilización.

En la siguiente sesión, Michael informó que, aunque ahora podía pensar en el accidente con mayor facilidad, seguía sintiéndose culpable. Se reanudó el reprocesamiento y reconoció que aquella noche simplemente se estaban divirtiendo, pero que su comportamiento había sido «estúpido y equivocado» al no considerar los riesgos. Al finalizar la sesión, expresó sentirse menos perturbado y afirmó con calma: «Lo hice, me equivoqué, y eso no se puede cambiar». Nuevamente, la sesión se cerró con técnicas de regulación emocional.

Una semana después, Michael explicó que ahora podía pensar en su hermano con mayor facilidad, pero aún experimentaba una profunda tristeza. Se retomó el reprocesamiento y, durante la sesión, mantuvo un diálogo imaginario en el que se disculpaba con su hermano y le pedía perdón, reconociendo su error al beber, conducir y acelerar. Esto lo llevó a una percepción espontánea: recordó cómo solían divertirse juntos y comprendió que, aunque lo que hizo estuvo mal, eso no definía su relación ni lo convertía en una mala persona.

A partir de ahí, surgieron asociaciones con recuerdos positivos de momentos compartidos con su hermano. La sesión concluyó con un SUD de 3, considerado ecológico en ese momento. Se instaló la cognición positiva «No soy malo y puedo seguir con mi vida».

El tratamiento continuó durante ocho sesiones más. Algunas se centraron en el reprocesamiento continuo del accidente, mientras que otras abordaron los disparadores presentes y el desarrollo de patrones futuros. Al finalizar, el recuerdo del accidente tenía un SUD de 1, y su cognición positiva «Soy una buena persona que cometió un terrible error, y puedo seguir con mi vida» alcanzó un VoC de 7.

Citando un dicho, Michael concluyó: «Estoy más triste, pero soy más sabio. Ahora valoro la vida y me comprometo a vivir de forma responsable». Aunque seguía sintiendo dolor por la muerte de su hermano y por su papel en ella, podía reconocer su sufrimiento sin quedar atrapado en la culpa y saber que «aún puedo seguir adelante».

Seguridad y mortalidad

Una muerte puede despertar sentimientos de vulnerabilidad y falta de seguridad. La pérdida de un ser querido nos enfrenta a la máxima vulnerabilidad: la consciencia de que también podemos morir. Esto es especialmente evidente si la muerte ha sido traumática –repentina, inesperada o violenta–, lo que puede generar pensamientos como «Podría haberme pasado a mí». En este contexto, las cogniciones negativas «Estoy inseguro» o «Soy vulnerable» y las positivas «Estoy a salvo (o estoy a salvo hoy)» reflejan un continuo entre lo desadaptativo y lo adaptativo.

Aceptar la propia mortalidad no es sencillo. Cuando la creencia negativa es «Soy vulnerable» o «Puedo morir (y no puedo afrontarlo)», una posible dirección terapéutica sería ayudar al cliente a adoptar una perspectiva más realista y adaptativa, como «Soy vulnerable (puedo morir), y eso forma parte de la condición humana», «Puedo afrontar mi mortalidad» o «Puedo morir, pero puedo estar plenamente vivo ahora».

La tabla 8 muestra ejemplos de cogniciones negativas y positivas relacionadas con la seguridad y la mortalidad.

Tabla 17.3. Ejemplos de cogniciones negativas y positivas sobre seguridad

COGNICIONES NEGATIVAS	COGNICIONES POSITIVAS
No estoy seguro.	Ahora estoy a salvo.
Voy a morir.	Puedo superarlo.
No puedo manejar mi vulnerabilidad.	Puedo aprender a manejar mi vulnerabilidad.
No puedo confiar en nadie.	Puedo elegir en quién confiar.
Soy vulnerable.	Puedo protegerme y afrontar la incertidumbre.

Control y elección

El cliente puede experimentar una profunda sensación de impotencia al ver sufrir y morir a un ser querido sin haber podido evitarlo o hacer más por él. Creencias como «Estoy desamparado», «Soy impotente», «No puedo confiar en mí mismo» o «No puedo confiar en mis elecciones» reflejan esta falta de control. Las cogniciones positivas pueden ayudar a recuperar una perspectiva más adaptativa y realista, permitiendo al cliente distinguir entre lo que estuvo bajo su control en el pasado y las elecciones que puede hacer en el presente y el futuro.

Aunque las cogniciones positivas suelen referirse al yo en tiempo presente, una afirmación adaptativa que aporta una perspectiva más realista puede ser «Puedo confiar en mí mismo o en mi criterio» o «Puedo aprender a confiar en mí mismo». Otras creencias adaptativas pueden ser «Estaba fuera de mi control» o «Hice lo que podía hacer», lo que refleja la creencia de que «Tengo cierto control (o capacidad para elegir)».

En otros casos, las creencias negativas pueden estar relacionadas con la incapacidad para seguir adelante sin la persona fallecida o el temor a enfrentar una pérdida futura. Pensamientos como «No puedo seguir viviendo», «No puedo soportarlo» o «No puedo o no quiero volver a amar» son frecuentes. Las cogniciones positivas, en cambio, deben reflejar una respuesta más adaptativa, como «Puedo seguir viviendo», «Hay esperanza en el futuro», «Puedo manejarlo» o «Puedo experimentar el amor ahora (o en el futuro)».

Tabla 17.4. Ejemplos de cogniciones negativas y positivas sobre control

COGNICIONES NEGATIVAS	COGNICIONES POSITIVAS
Me siento impotente.	Puedo hacer frente a...
No tengo el control.	Ahora tengo algo de control.
No puedo soportarlo.	Puedo gestionarlo.
No tengo vida, no tengo futuro, no puedo seguir.	Puedo tener una vida, un futuro, puedo seguir adelante.
No puedo confiar en mí ni en mi criterio.	Puedo (aprender a) confiar en mí o en mi criterio.

Conexión y pertenencia

Este tema se centra en la necesidad de conexión humana y pertenencia social, así como en el apego, que proporciona seguridad y sensación de integración en la vida. A diferencia de los temas anteriores, que se centran más en la experiencia individual, la conexión y la pertenencia son de naturaleza interpersonal.

Las experiencias negativas en el ámbito social o familiar –un ambiente de crianza hostil, exclusión social, discriminación o marginación– pueden generar una sensación de aislamiento, exclusión y alienación. En el contexto de la pérdida, este tema se manifiesta en sentimientos de soledad o inseguridad debido a la ausencia de un ser querido con quien existía un vínculo significativo.

Además, este tema suele estar relacionado con otros. Por ejemplo, la sensación de «No pertenezco» puede reforzar creencias de culpa, inadecuación, inseguridad o impotencia. En el duelo, no solo se pierde la conexión real con la persona fallecida, sino que también puede surgir la creencia de que será imposible volver a conectar con otras personas en el presente o en el futuro.

En algunos casos, tras la pérdida de una pareja, la persona en duelo puede sentirse aislada respecto a su grupo de amigos casados. Del mismo modo, la pérdida de un hijo puede hacer que los progenitores se sientan ajenos a otros padres. Una sensación generalizada de «Estoy solo» puede impedir que la persona en duelo reconozca y aproveche el apoyo que tiene a su disposición.

Un elemento central en el tratamiento del duelo es la transformación de la creencia «No puedo conectar» en «Puedo conectar». La primera refleja sentimientos de aislamiento y desconexión, mientras que la segunda se relaciona con la posibilidad de experimentar recuerdos positivos y significativos del ser querido, fomentando una representación interna adaptativa. Esta evolución suele surgir de forma natural con la terapia EMDR.

Algunas cogniciones negativas y positivas que reflejan este proceso incluyen «Estoy solo» y «Puedo estar con otros» o «No puedo ser feliz» y «Puedo tener una vida feliz o significativa».

Tabla 17.5. Ejemplos de cogniciones negativas y positivas sobre conexión

COGNICIONES NEGATIVAS	COGNICIONES POSITIVAS
No soy (o no puedo ser) parte de la vida.	Puedo formar parte de la vida.
Estoy solo.	No estoy solo.
No tengo futuro, no tengo vida.	Tengo un futuro, tengo una vida.
No puedo conectarme.	Puedo conectar o estoy conectado con el resto.

Retos para identificar una cognición negativa

En algunos casos, la cognición negativa no es evidente. Puede que la persona en duelo no exprese claramente sentimientos de culpa, pérdida de autoestima o falta de seguridad, elección o conexión. Ante esta dificultad,

Phyllis Strauss, psicóloga en Israel, sugiere explorar qué es lo que el cliente más echa de menos.

Por ejemplo, una mujer que había perdido a su esposo no lograba identificar una cognición negativa. Al preguntarle qué era lo que más extrañaba, respondió: «Su compañía». Al profundizar en su respuesta, terminó expresando: «Ya nunca habrá felicidad, nunca podré ser feliz». Esta afirmación se utilizó como cognición negativa, y su contraparte positiva fue: «Puedo encontrar la felicidad en la vida».

Otra pregunta útil puede ser: «¿Qué has perdido con la muerte?». Un cliente respondió: «Mi vida». En su caso, la cognición negativa identificada fue «No puedo tener una vida», y la cognición positiva trabajada fue «Puedo tener una vida».

Sin embargo, en algunas situaciones, incluso con una exploración cuidadosa, resulta difícil identificar una cognición negativa. Tras el atentado de Oklahoma City en 1995, trabajé con un hombre cuya hija había sido asesinada. Al preguntarle sobre sus pensamientos negativos, él respondió: «Sé que no es culpa mía, sé que estoy a salvo y sé que no estoy indefenso». Pero de repente, con una mezcla de tristeza y rabia, exclamó: «¡He perdido a mi hija, maldita sea!».

En ese momento, en lugar de insistir en encontrar una cognición negativa específica, iniciamos el reprocesamiento de la noticia de su muerte. Durante la sesión, el padre expresó una profunda tristeza y rabia, lo que finalmente le permitió conectar con su amor por su hija y desarrollar una representación interna más adaptativa de su pérdida.

Cuando un cliente experimenta una emoción intensa, puede resultarle difícil elaborar una cognición negativa de manera racional. En estos casos, el terapeuta debe evaluar si es conveniente seguir explorando las cogniciones o si es más apropiado iniciar el reprocesamiento directamente.

Si insistir en la búsqueda de una cognición negativa pone en riesgo la relación terapéutica, puede ser más útil centrarse en el dolor emocional y proceder con el reprocesamiento basándose en:

- La imagen relacionada con el duelo.
- La emoción predominante.
- El nivel de perturbación subjetiva (SUD).
- La localización de las sensaciones corporales.

Este enfoque permite avanzar en el procesamiento sin forzar una verbalización cognitiva que el cliente aún no está preparado para expresar.

PROFUNDIZANDO: EMOCIONES, UNIDADES SUBJETIVAS DE PERTURBACIÓN Y SENSACIONES CORPORALES

En la tercera fase de la terapia EMDR, se identifican las emociones, el nivel de perturbación subjetiva (SUD) y la localización de las sensaciones corporales. Estos elementos permiten acceder a la información almacenada de manera maladaptativa a un nivel somático más profundo, proporcionando al mismo tiempo una medición de referencia para evaluar el progreso del reprocesamiento.

Así como el significado de un recuerdo se profundiza cuando el cliente identifica la cognición negativa asociada, explorar las emociones y la perturbación subjetiva facilita una conexión más directa y profunda con el malestar.

- *Emociones*. El terapeuta pide al cliente que evoque la imagen y la mantenga en su mente junto con la cognición negativa, y luego le pregunta: «¿Qué emociones sientes ahora?». La combinación de la imagen más perturbadora con la cognición negativa intensifica el acceso al material almacenado de manera maladaptativa, permitiendo profundizar en la red de memoria.
- *Unidades subjetivas de perturbación (SUD)*. La escala SUD mide la intensidad de la perturbación global, no de cada emoción por separado. Su propósito es ofrecer una referencia tanto para el terapeuta como para el cliente. Incluso si un recuerdo perturbador no se reprocesa completamente al final de la sesión, su nivel de SUD suele disminuir. Como afirmó Francine Shapiro (2018): «Esto puede dar al cliente una sensación de logro, que es uno de los objetivos de cada sesión de terapia» (p. 130).
- *Sensaciones corporales*. Tras la medición del SUD, se pregunta al cliente en qué parte del cuerpo siente la perturbación. Las sensaciones físicas son una manifestación directa de la información almacenada de manera maladaptativa. Una vez que se accede a ellas, el cliente está mejor preparado para el reprocesamiento activo de los recuerdos.

RESUMEN

La tercera fase de la terapia EMDR, la evaluación de objetivos, activa los recuerdos tal y como están almacenados en ese momento, siendo un paso esencial para involucrar al sistema de procesamiento adaptativo de la información en el reprocesamiento.

El proceso comienza con una imagen inicial o la peor parte del recuerdo y avanza hacia la identificación del significado del suceso para el yo (cognición negativa). A partir de ahí, se trabaja en una dirección terapéutica mediante la formulación de una cognición positiva y su valoración (VoC). Posteriormente, se exploran las emociones asociadas, la intensidad de la perturbación (SUD) y, por último, la localización de la perturbación en el cuerpo.

Este proceso no solo permite acceder de manera óptima a los recuerdos para su reprocesamiento, sino que, en sí mismo, constituye una parte valiosa del trabajo terapéutico. Una vez que los recuerdos están activados, se procede inmediatamente a la fase de desensibilización (fase 4).

CAPÍTULO 18

FASE 4: DESENSIBILIZACIÓN

La fase de desensibilización comienza cuando el cliente se centra en la imagen, la cognición negativa y las sensaciones físicas asociadas con el recuerdo perturbador, mientras realiza simultáneamente series de estimulación bilateral. Si se produce un cambio después de una serie, el terapeuta se mantiene al margen diciendo simplemente: «Sigue con eso» o «Fíjate en eso», facilitando así el procesamiento natural del cliente.

Si no hay cambios durante dos series consecutivas (el final de un canal), el terapeuta guía al cliente de vuelta al objetivo. Una vez que este se percibe como positivo o neutro durante dos series consecutivas, se obtiene la puntuación de perturbación subjetiva (SUD). El tratamiento continúa con el objetivo de reducir el SUD a 0 o al nivel ecológicamente adaptativo para el cliente. A continuación, se pasa a la fase de instalación de la cognición positiva.

EMOCIONES INTENSAS

La fase de desensibilización puede ser emocionalmente intensa. En este punto, el cliente experimenta y comprende aquello que en su momento resultó demasiado angustioso. Procesar este dolor emocional derivado de la ausencia del ser querido sienta las bases para transformar la relación con él a través de la aparición de recuerdos sinceros. Este es un paso fundamental para adaptarse a una vida sin la persona fallecida.

En el anexo 3 se presentan ejemplos de cómo afrontar emociones intensas. Aunque las palabras no pueden transmitir completamente la profundidad del sufrimiento que experimenta el cliente (o que puede observarse en grabaciones de sesiones terapéuticas), se espera que el lector obtenga una comprensión clara sobre cómo interactuar con el cliente en momentos de alta intensidad emocional y ayudarle a mantenerse dentro de su ventana de tolerancia.

Debido a la intensidad del proceso, el cliente puede experimentar hiperactivación (es decir, ansiedad o sensación de estar abrumado) o hipoactivación (insensibilidad emocional o desconexión). Además, los bloqueos en el procesamiento suelen manifestarse con dolores de cabeza o molestias corporales que se intensifican con la estimulación bilateral continuada.

A continuación, se presentan estrategias para devolver al cliente a su ventana de tolerancia:

- *Ajustar la duración y velocidad de la estimulación bilateral.* Series más lentas y cortas (de 4 a 8 pases) pueden ayudar al cliente a gestionar mejor la intensidad del procesamiento y evitar que se deje arrastrar por la emoción. Por otro lado, si el cliente está tolerando bien la emoción intensa, el terapeuta puede aumentar la duración de las series. Shapiro (1995, 2001, 2018) utiliza la metáfora de un coche atravesando un túnel: la forma más rápida de cruzarlo es mantener el pie en el acelerador. Además, los movimientos verticales (hacia arriba y hacia abajo) pueden resultar calmantes y ayudar a reducir molestias físicas como dolores de cabeza. No obstante, Shapiro (2018) señala que la estimulación bilateral vertical suele emplearse más para estabilización que para reprocesamiento.
- *Apoyar al cliente.* En sesiones con alta carga emocional, el terapeuta puede animar al cliente a atravesar el proceso con un tono de voz tranquilo y relajante. Dos enfoques útiles son:
  - *Fomentar el distanciamiento del material emocional.* Se puede decir «Fíjate en la imagen que pasa», en referencia a la metáfora del tren de Shapiro (1995, 2001, 2018), en la que el cliente observa el contenido emocional como si estuviera en un tren viendo el paisaje pasar.
  - *Acompañar emocionalmente al cliente.* Es fundamental que el cliente se sienta comprendido y apoyado en su proceso. El terapeuta puede emplear frases como «Sé que duele», «Es muy doloroso» o «Estoy aquí contigo». Mantener una expresión compasiva y una postura abierta también puede resultar reconfortante. Algunos clientes han señalado que la actitud empática de su terapeuta les ayudó a atravesar los momentos más intensos.

- *Uso de imágenes relajantes o tranquilizadoras.* El terapeuta puede ayudar al cliente a acceder a un estado de calma previamente establecido o a un recurso interno (por ejemplo, una figura espiritual, un símbolo de fortaleza). También puede ser útil practicar respiraciones relajantes entre series.
- *Fomentar el diálogo terapéutico.* En algunos casos, hablar más entre series puede ayudar al cliente a estar más presente en la sesión y ralentizar el ritmo del procesamiento. Describir lo que está ocurriendo en su interior puede contribuir a regular la experiencia emocional.
- *Uso de la desensibilización por movimientos oculares (EMD).* En este procedimiento, el terapeuta devuelve al cliente a la imagen objetivo y a la cognición negativa, tomando el SUD después de cada serie. Esto ayuda a contener la experiencia y evitar que surjan asociaciones inesperadas.
- *Procesamiento focalizado.* Según el *EMDR Institute Training Manual* (2021), el procesamiento focalizado implica que el terapeuta lleve al cliente de vuelta al objetivo con mayor frecuencia para proporcionar estructura y contención. Este enfoque puede ser útil cuando el procesamiento de emociones intensas amenaza con desbordar al cliente.
- *Estimular recuerdos positivos sobre el ser querido (representación interna adaptativa).* Es común que durante el procesamiento el cliente experimente emociones sin filtro. Sin embargo, tras reprocesar suficiente dolor emocional, es frecuente que empiecen a surgir recuerdos positivos y significativos de la persona fallecida. Este fenómeno ocurre porque la evocación de recuerdos sinceros es el patrón natural de resolución cuando se reprocesa el dolor emocional de la pérdida. Pensar en el ser querido después de haber reprocesado parte del dolor facilita la integración de la pérdida. En algunos casos, cuando el cliente piensa en la persona fallecida, el dolor emocional persiste. Esto indica que aún hay emociones o recuerdos angustiosos que necesitan ser reprocesados. Como se ha señalado en capítulos anteriores, es crucial evaluar y trabajar con pérdidas previas, traumas o recuerdos negativos asociados a la figura fallecida o a vínculos tempranos de apego que puedan estar influyendo en el sufrimiento actual. Este enfoque puede ser especialmente útil cuando el procesamiento parece bloqueado.

CUANDO EL PROCESAMIENTO SE BLOQUEA

El bloqueo del procesamiento se manifiesta cuando el cliente queda atrapado en la misma red de memoria sin que se vincule información nueva o se genere una perspectiva diferente. Puede experimentar malestar tanto emocional como somático (por ejemplo, dolores de cabeza o de estómago) o, por el contrario, no sentir nada en absoluto (adormecimiento). En estos casos, continuar con la estimulación bilateral puede no generar cambios o incluso intensificar la angustia.

Indagar sobre lo que experimenta el cliente en ese momento o volver al objetivo para explorar lo que hay ahí suele ayudar a identificar la causa del bloqueo. El procesamiento puede verse bloqueado por diversas razones:

- Se activan recuerdos relacionados con traumas previos, pérdidas o recuerdos de apego (recuerdos alimentadores).
- La carga emocional resulta abrumadora (por ejemplo, enfrentarse a la realidad de que el ser querido ha muerto y no va a volver).
- Creencias limitantes (por ejemplo, creencias negativas que impiden avanzar en el proceso).
- Miedo a perder la conexión con la persona fallecida.

Recuerdos alimentadores: traumas previos, pérdidas o recuerdos relacionados con el apego

El reprocesamiento en EMDR puede estancarse o bloquearse cuando se activan traumas anteriores, pérdidas previas o recuerdos vinculados al apego y al desarrollo. Shapiro (1995, 2001, 2018) denominó estos recuerdos como recuerdos alimentadores, es decir, experiencias pasadas que contribuyen a la disfunción actual y dificultan el procesamiento del recuerdo objetivo.

Para identificar estos recuerdos subyacentes, pueden aplicarse técnicas como el *floatback* (el cliente se centra en pensamientos, sentimientos o sensaciones negativas y flota hacia atrás hasta un momento anterior) o la exploración afectiva (se centra en las sensaciones negativas y explora recuerdos pasados relacionados) puede revelar estos recuerdos subyacentes.

Una vez que se reprocesa el recuerdo alimentador, es común que el recuerdo objetivo pierda su carga emocional y pueda procesarse de manera más efectiva, facilitando la integración adaptativa de la experiencia.

EJEMPLO DE CASO 1

Recuerdo alimentador

Michelle experimentó un bloqueo al procesar la muerte de su hermana. Para explorar el origen de esta dificultad, se aplicó la técnica de *floatback*, lo que reveló un recuerdo de cuando tenía 5 años: «Estoy en el funeral de mi abuela y estoy sola». El reprocesamiento se centró inicialmente en esta experiencia infantil, lo que permitió, posteriormente, completar el procesamiento del recuerdo objetivo relacionado con su hermana.

En muchas ocasiones, identificar los recuerdos subyacentes a un bloqueo genera un efecto de desvinculación (Laliotis, 2020), es decir, ayuda a desconectar los recuerdos antiguos del recuerdo objetivo, permitiendo que el procesamiento avance con mayor fluidez.

Cuando esto ocurre, el terapeuta puede explicar al cliente que los recuerdos de la infancia están interfiriendo en el procesamiento actual. Una opción sería decir algo como: «Estos recuerdos son importantes y los abordaremos más adelante, pero ahora centrémonos en lo que estábamos trabajando».

Luego, con el consentimiento del cliente, se regresa al recuerdo objetivo para continuar con el reprocesamiento, asegurando que la sesión se mantenga enfocada en la meta terapéutica sin ignorar los recuerdos subyacentes que puedan requerir atención en el futuro.

EJEMPLO DE CASO 2

Desvinculación

La hermana de Emanuela murió de cáncer. Como médica, sentía que debería haber podido hacer más por ella. Durante el año siguiente, experimentó ira frecuente y conflictos con su entorno. Aunque racionalmente sabía que no se podía haber hecho más, continuaba sintiéndose culpable.

Cuando eran niñas, sus padres trabajaban muchas horas y Emanuela solía cuidar de su hermana. Durante la terapia, el procesamiento se bloqueó al revivir la escena de su hermana sufriendo antes de morir.

El terapeuta le preguntó qué estaba surgiendo en ese momento. Emanuela expresó su culpa por no haber podido hacer más, especialmente siendo médica. Una breve exploración vinculó esta preocupación con su infancia, y Emanuela comprendió la conexión.

El terapeuta le explicó que estos recuerdos eran importantes y que se abordarían más adelante, pero que por ahora podían dejarlos de lado. Con su consentimiento, la guió de vuelta al recuerdo objetivo, que pudo procesarse completamente.

Creencias limitantes

Ejemplos típicos de creencias que pueden bloquear el proceso son los siguientes: «Me merecía esta tragedia», «Siempre es culpa mía» o «No puedo vivir sin él o ella». Estas creencias surgen de redes de memoria que contienen recuerdos almacenados de forma desadaptativa y que son desencadenados por un suceso trágico, pudiendo emerger durante el procesamiento de los recuerdos.

Por ejemplo, si existe una creencia relacionada con el desamparo, la impotencia o la falta de seguridad, es importante explorar los recuerdos del pasado que subyacen a estas creencias. Como se ha comentado anteriormente, los recuerdos vinculados al apego pueden ser la raíz de estas creencias y es necesario identificarlos y procesarlos para liberar al cliente de su impacto. De esta forma, una persona que cree que todo es culpa suya (cuando en realidad la pérdida no lo es) puede tener dificultades para aceptar que los acontecimientos negativos pueden ocurrir fuera de su control. También puede pensar que debe hacerlo todo bien (por ejemplo, ser perfecto) o que podría o debería haber hecho más. En estos casos, puede resultar demasiado difícil afrontar los sentimientos de impotencia que acompañan a la realidad de que no había nada más que pudiera hacer. Para superar estos bloqueos, es necesario explorar y procesar los recuerdos del pasado que sostienen dichas creencias limitantes.

EJEMPLO DE CASO 3

Creencia limitante

Una unidad del ejército sufrió una emboscada en Afganistán y logró repeler al enemigo. El médico de la unidad tuvo que atender a dos compañeros gravemente heridos y elegir a cuál ayudar primero. Sabía que las heridas de uno eran mortales, mientras que el otro, aunque malherido, tenía posibilidades de sobrevivir. Optó por ayudar al soldado que podía vivir. Le dijo al otro soldado, que parecía inconsciente, que volvería enseguida tras atender a su compañero.

Este, con los ojos cerrados, gruñó, haciendo saber al médico que le había oído. Cuando el médico pudo volver a atenderle, el soldado ya había muerto.
A pesar de que sus compañeros, superiores y personal médico experto le aseguraron que había hecho un gran trabajo y que no se podía haber hecho nada más, el médico se sintió profundamente culpable. Tres años después, comenzó terapia EMDR. Durante el proceso, el reprocesamiento se bloqueó, entrando en un bucle de culpabilidad por no haber podido salvar a ambos compañeros. Al explorar el bloqueo, el terapeuta ayudó al cliente a identificar una creencia limitante: «Tengo que ser perfecto».
Al hablar de ello, el cliente recordó cómo, en su infancia, esforzarse por la perfección era una estrategia para complacer a sus padres. Dijo: «Mi padre nunca me dijo que me quería, y yo me esforcé mucho para que me quisieran». Esta fue la raíz de su creencia de que debía ser perfecto para ser digno de amor. Tras reflexionar sobre este insight y acordar dejarlo para más adelante en la terapia, se reanudó el procesamiento del recuerdo objetivo, que pudo reprocesarse con éxito con la cognición positiva: «Tomé una buena decisión e hice todo lo que pude». Terminó con un VoC de 7.
El tratamiento posterior se centró en el procesamiento de los recuerdos de apego y las experiencias infantiles que habían generado su necesidad de perfección».

EJEMPLO DE CASO 4

Tratamiento bloqueado

El hijo de Pierre, de 17 años, murió en un accidente de tráfico. Estuvo en el hospital durante ocho días antes de fallecer. Siete meses después de su muerte, Pierre buscó tratamiento EMDR para procesar el trauma de la pérdida. Las imágenes más perturbadoras incluían la notificación de la muerte por parte de la policía, las escenas en el hospital y el momento en que su hijo falleció.
Durante el procesamiento del momento en que su hijo murió, Pierre quedó bloqueado en la escena en la que intentaba hablarle y este no podía responder. Cuando se le preguntó qué era lo peor de aquello, respondió: «Le fallé». Las estrategias de integración cognitiva sobre su responsabilidad (por ejemplo, analizar qué estaba bajo su control y qué no) no le ayudaron.
Se exploraron entonces los orígenes de su creencia de ser un fracasado. Surgieron recuerdos de su infancia en los que su madre le regañaba y le decía, con enfado y disgusto: «Nunca lo haces bien». En las dos sesiones siguientes,

Pierre procesó estos recuerdos de la infancia. Solo después de ello pudo volver a la escena de la muerte de su hijo y reprocesarla por completo.

El impacto emocional es abrumador

El procesamiento EMDR puede evocar emociones intensas, al hacer consciente la realidad de que la muerte es irreversible y el ser querido no volverá jamás. Esta revelación puede hacer que el mundo del cliente se tambalee, resultando abrumador y bloqueando el procesamiento. Los padres, por ejemplo, pueden sentirse devastados al perder el objeto de su amor y cuidados.

Los clientes con un estilo de apego ansioso pueden experimentar hiperactivación, sintiéndose asustados e impotentes ante la idea de una vida sin su ser querido. En cambio, los clientes con un apego evitativo pueden reaccionar con hipoactivación, cerrándose emocionalmente ante el dolor que empieza a aflorar. En estos casos, se pueden aplicar estrategias para gestionar emociones intensas y, además, adaptar el ritmo de la terapia a la capacidad del cliente para mantenerse presente. Puede ser útil alternar sesiones de reprocesamiento con sesiones de estabilización (por ejemplo, utilizando el ejercicio del lugar seguro/tranquilo), escuchar de forma activa y de apoyo, enseñar habilidades de afrontamiento o resolución de problemas, según las necesidades y el nivel de preparación del cliente.

Miedo a que el procesamiento del dolor emocional lleve a la pérdida de la conexión

Algunos clientes pueden sentir que su dolor es la única forma de mantenerse conectados con su ser querido fallecido. Temen que la terapia EMDR les haga olvidar o que implique que ya no lo quieren. Para ellos, el dolor se ha convertido en el lazo que les une a la persona fallecida, y temen que dejarlo ir signifique perder esa conexión.

El terapeuta puede explicar, durante la fase de preparación y estabilización, y también como parte de la integración cognitiva, los siguientes puntos, según lo que resulte apropiado para el cliente:

- *EMDR como proceso natural.* Explicar que el reprocesamiento es un proceso natural y que el cliente no perderá lo que es importante o significativo.
- *Conexión a través de recuerdos positivos.* La experiencia clínica y la investigación (Sprang, 2001) han demostrado que la terapia EMDR

facilita la aparición de recuerdos positivos y significativos, lo que refuerza la sensación de conexión con el ser querido fallecido.

- *Transformación del dolor*. Procesar el dolor no significa olvidar ni dejar ir a la persona amada, sino transformar la relación con ella, pasando de una conexión a través del sufrimiento a una conexión a través del amor y los recuerdos sinceros.

EJEMPLO DE CASO 5

Conexión a través del dolor

El bebé de Anne murió cuando tenía dos semanas de vida. Doce años después, el trauma de esta pérdida seguía presente, a pesar de haber recibido terapia en varias ocasiones. Le habían dicho que «encontrara un significado» en la pérdida, pero esto no le resultaba útil.

Durante la terapia EMDR, surgió una emoción intensa que duró unos 30 minutos. El terapeuta le pidió entonces que pensara en su bebé (como se sugiere en la sección Pensar en el ser querido). Anne experimentó recuerdos positivos, como cuando lo sostenía en brazos o le daba de comer. Sin embargo, de repente sintió una avalancha de dolor.

Al explorar este sentimiento, expresó su temor de que, si dejaba ir el dolor, perdería la conexión con su bebé. Para abordar esto, el terapeuta le explicó que no perdería lo que era importante y, luego, le pidió que intentara centrarse tanto en los recuerdos y sentimientos positivos como en la avalancha de dolor. Al hacerlo, surgieron más recuerdos significativos y Anne se dio cuenta de que seguía siendo madre de su bebé. Aunque al principio le pareció confuso que pudiera tener una relación con alguien que había muerto, comprendió que la conexión seguía viva a través de sus emociones y recuerdos.

La transcripción de esta sesión se encuentra en el anexo 2.

Integraciones cognitivas

Según el modelo PAI, el procesamiento implica la conexión de información almacenada de forma adaptativa en redes de memoria que contienen información almacenada de forma desadaptativa. Cuando el procesamiento se bloquea y no se desarrollan nuevas asociaciones tras varias series, es probable que la información adaptativa no se esté vinculando.

Una integración cognitiva consiste en hacer una sugerencia, ofrecer información o formular una pregunta que evoque el siguiente nivel de información que el cliente necesita para procesar el recuerdo. Estas integraciones pueden ser útiles cuando el cliente se encuentra en un bucle (es decir, dando vueltas y vueltas en la misma red de memoria sin producirse un cambio sustancial), cuando la angustia emocional es excesiva, para favorecer la generalización a través del trabajo con la memoria o para ayudar a cerrar una sesión incompleta.

A continuación, se describen los temas que guían las integraciones cognitivas. Se trata de los mismos que se utilizan en las cogniciones negativas y positivas: responsabilidad, seguridad, control y elección, y apego/pertenencia.

Responsabilidad

Un cliente puede quedar atrapado en sentimientos de culpa por no haber estado presente en la muerte o por no haber sido un hijo, esposo o padre suficientemente bueno. De hecho, la culpa puede ser el precio que se paga por la sensación de control: aceptar que no es culpa mía puede implicar enfrentarse a la realidad de la vulnerabilidad humana y la falta de control ante una tragedia. Las integraciones cognitivas pueden ayudar a restablecer el equilibrio entre lo que estaba realmente bajo su control y lo que no.

EJEMPLO DE CASO 6

«Es culpa mía»

Rita se bloqueó al procesar la muerte de su marido, quien falleció de un infarto. Antes de salir a trabajar, él había sentido molestias leves en el pecho, pero no les dieron importancia, ya que no eran inusuales. Sin embargo, Rita quedó atrapada en la creencia: «Es culpa mía (debería haberlo sabido)/soy una mala esposa».

Preguntar «¿Qué pensabas en ese momento?» y «¿Tenía sentido entonces?» la ayudó a comprender que sus decisiones en ese momento eran razonables con la información que tenían. Esta perspectiva le permitió desbloquear el procesamiento y avanzar en la terapia.

No es raro que los clientes experimenten una gran culpa tras tomar la decisión de retirar el soporte vital de un ser querido. Pueden pensar: «Es culpa mía», «Soy malo» o «Yo maté a mi padre o a mi madre». En estos casos, puede ser útil una integración cognitiva que explore el origen de la decisión.

EJEMPLO DE CASO 7

Responsabilidad: «He provocado la muerte de mi madre»

Marian tomó la decisión de desconectar el soporte vital de su madre inconsciente, cuyo estado se había deteriorado gravemente debido al cáncer. Sabía que su madre habría querido esto, pero se sentía culpable, pues en última instancia pensaba: «Fue mi decisión que mi madre muriera, fui yo quien acabó con su vida».

Durante el procesamiento, al centrarse en el momento en el que tomó la decisión, las asociaciones la llevaban a los días previos, a la hospitalización de su madre y al instante en que le colocaron el soporte vital. Se quedó bloqueada en el pensamiento: «Yo tomé la decisión, ella murió por mi culpa».

Cuando el terapeuta le preguntó en qué se basó su decisión, Marian respondió: «El médico dijo que no había esperanza, y yo también lo intuía». Con un reprocesamiento posterior, pudo aceptar la realidad: «Era inevitable, y las personas que la querían estaban con ella cuando murió».

EJEMPLO DE CASO 8

Responsabilidad: «Soy una asesina»

En una situación similar, el marido de Josephina fue asesinado en un atraco. Tras recibir la noticia de que tenía muerte cerebral y que no había esperanza, Josephina tomó la decisión de retirar el soporte vital. Durante el procesamiento, se bloqueó con la idea de que ella era la responsable de su muerte: «Soy una asesina».

El terapeuta le preguntó: «¿En qué te basaste para tomar esa decisión?». Esta pregunta la ayudó a obtener una perspectiva más objetiva: comprendió que ella solo había respondido a la situación y que no la había provocado. Finalmente, llegó a una conclusión más realista: «Tomé la decisión correcta, pero eso no significa que tenga que gustarme».

Esto permitió que el procesamiento finalizara con un SUD de 2 (considerado ecológicamente apropiado, ya que la situación seguía siendo angustiosa), una cognición positiva de «Hice lo que tenía que hacer» y un VoC de 7.
Este ejemplo ilustra que la terapia EMDR no pretende eliminar las emociones apropiadas, sino facilitar su procesamiento.

El cliente también puede sentirse culpable por no haber podido evitar la muerte o haber hecho más, lo que genera una profunda sensación de impotencia. En estos casos, puede ser útil una intervención que le ayude a diferenciar entre lo que podía controlar y lo que escapaba a su control.

EJEMPLO DE CASO 9

Responsabilidad: «Debería haberlo evitado»

Michele era el padre de un agente de policía. Antes de entrar en servicio, su hijo le ayudó en su gasolinera, algo que hacía habitualmente. Ese día, le dijo que tenía que marcharse un poco antes. Horas más tarde, fue asesinado en un enfrentamiento. Michele quedó atrapado en la idea de que su hijo habría sobrevivido si le hubiera pedido que se quedara más tiempo. El terapeuta utilizó una estrategia útil en estos casos, en los que el cliente asume la responsabilidad de algo que estaba fuera de su control, lo que le genera culpa o impotencia. Le preguntó: «¿Quién tenía control sobre lo que le pasó a tu hijo?». Al darse cuenta de que la tragedia escapaba a su control, Michele experimentó un nivel más profundo de dolor. Tuvo que aceptar la dura realidad: su hijo había muerto y él no podía haberlo evitado. Tras esta sesión, Michele adoptó una perspectiva más equilibrada y comprendió que había ocurrido algo horrible que no podía haber previsto ni evitado. Las siguientes sesiones de EMDR le permitieron procesar la pérdida y construir una representación interna adaptativa de su hijo, centrada en los recuerdos amorosos del tiempo que pasaron juntos.
Al finalizar el tratamiento (ocho sesiones en total), Michele reflexionó: «Es lo peor que me ha pasado, pero no quita lo que mi hijo significaba para mí ni lo que compartimos juntos. Ahora puedo seguir adelante».

Seguridad

Las cuestiones de seguridad, incluida la conciencia de la propia mortalidad, pueden surgir cuando se activa la vulnerabilidad del cliente.

EJEMPLO DE CASO 10

Seguridad: Se desencadena la vulnerabilidad y la mortalidad

Alberto sintió una profunda sensación de vulnerabilidad tras la muerte de su padre. Durante el reprocesamiento del momento en que recibió la noticia, se quedó bloqueado al darse cuenta de que «A mí también me va a pasar. Me voy a morir». La integración que resultó efectiva fue: «Sí, a todos nos pasa, ahora le tocaba a tu padre». Esto le permitió responder: «Todavía no me ha tocado a mí, pero algún día me tocará. Sé que tengo que afrontarlo». Con esta perspectiva, pudo continuar con el procesamiento del recuerdo.

En sesiones posteriores, se trabajaron los recuerdos de miedo y falta de seguridad en su infancia, desencadenados por la muerte de su padre.

Una persona también puede sentirse vulnerable e insegura al tener que desenvolverse sin el ser querido, quien podría haber sido su fuente de seguridad. La ausencia de esta figura puede generar un profundo temor y sensación de desprotección. En estos casos, pueden resultar útiles las integraciones que refuercen las fortalezas, los recursos previamente establecidos y las habilidades adquiridas.

Como ilustra el ejemplo anterior, es necesario identificar y reprocesar los recuerdos previos (por ejemplo, pérdidas, traumas o recuerdos relacionados con el apego) que subyacen a la sensación de vulnerabilidad actual.

Control y elección

Las personas en duelo pueden quedar atrapadas en la sensación de impotencia y falta de control que experimentaron cuando no pudieron hacer nada para salvar a su ser querido o evitar su muerte.

Preguntas como «¿Había algo más que, siendo realistas, pudieras haber hecho?», «¿Había alguna forma realista en la que pudieras haberlo sabido?» o «¿Qué estaba bajo tu control y qué escapaba de él?» pueden ayudar a procesar estos sentimientos. Como se ha ilustrado anteriormente, este enfoque resulta útil cuando se tratan sentimientos de culpa derivados de una sensación de responsabilidad excesiva.

El terapeuta también puede ayudar al cliente a comprender que no siempre es posible tener el control. Una integración eficaz puede ser: «A veces, simplemente, somos vulnerables e indefensos». En casos de equipos de primera intervención o personal militar, una estrategia útil puede ser:

«Has encontrado el límite entre lo que un ser humano puede hacer y lo que está más allá de nuestro control». Otra forma de trabajar el bloqueo es recordar al cliente lo que sí hizo en la situación o pedirle que describa sus acciones momento a momento.

EJEMPLO DE CASO 11

Control: Atascado en el sentimiento de impotencia

Joan, de 38 años, fue testigo del sufrimiento prolongado de su padre antes de morir. Se sentía completamente impotente al verlo padecer, y en el procesamiento se quedó bloqueada en este sentimiento.
Cuando el terapeuta le preguntó qué hacía mientras veía a su padre sufrir, Joan describió cómo le hablaba, le cogía la mano e intentaba averiguar si necesitaba algo. Esta integración le permitió darse cuenta de que su presencia y sus acciones eran significativas y una expresión de su amor, lo que desbloqueó el procesamiento.

EJEMPLO DE CASO 12

Control: Atascado en el sentimiento de impotencia

Richard, de 15 años, intentó realizar maniobras de reanimación cardiopulmonar cuando su padre sufrió un infarto. A pesar de sus esfuerzos, su padre murió en la ambulancia.
Richard se sentía culpable y creía que su inexperiencia o una técnica inadecuada podían haber causado la muerte. Sin embargo, los médicos le informaron de que el infarto había sido masivo y que incluso un profesional experimentado no habría podido salvarlo.
Durante el tratamiento EMDR, al reprocesar la reanimación cardiopulmonar, Richard se bloqueó en la sensación de impotencia («Me sentía tan indefenso que nada de lo que hacía funcionaba»).
El terapeuta le pidió que repasara sus acciones y decisiones desde el momento en que su padre se desmayó (llamar a emergencias, iniciar la reanimación, seguir las indicaciones telefónicas). Además, le preguntó: «¿Te diste por vencido?».
Richard respondió: «No». Con estas integraciones, su sensación de impotencia disminuyó significativamente, permitiéndole continuar con el procesamiento.

Conexión y pertenencia

Cuando un cliente experimenta un dolor emocional intenso y recurrente, pedirle que piense en su ser querido puede evocar recuerdos positivos y significativos. Estos recuerdos pueden potenciarse durante el procesamiento. Esto se ilustró en el ejemplo 5 con Anne.

Los problemas de apego y pertenencia pueden manifestarse en poblaciones marginadas, donde la persona puede sentir que «No pertenezco» o «No puedo conectar». En estos casos, reprocesar los recuerdos relacionados con estas creencias puede ayudar a alcanzar una cognición positiva como «Puedo conectar con los demás» o «Pertenezco».

EJEMPLO DE CASO 13

Conexión: «No puedo conectar»

El padre de Atsa falleció debido a complicaciones por covid-19. Ocho meses después, Atsa buscó tratamiento.

Divorciado y con dos hijos adolescentes, había crecido en una gran ciudad lejos de su tribu. Su padre siempre había sentido un gran orgullo por su herencia, pero Atsa, al tener poco contacto con la comunidad, había sentido toda su vida que no pertenecía.

El tratamiento comenzó con el reprocesamiento del trauma agudo de la muerte de su padre, quien falleció tras siete semanas de enfermedad. En particular, se trabajó su última conversación online antes de que el padre fuera conectado a un respirador. Tras esta sesión, Atsa tomó mayor conciencia de su sensación de aislamiento. Aunque tenía amigos y una buena relación con sus hijos, la muerte de su padre había reactivado la sensación de vacío y de ser diferente, que lo acompañaba desde la infancia. Decidió centrarse en esta cuestión reprocesando recuerdos de su infancia asociados a su creencia de «Soy diferente».

Uno de los recuerdos elegidos fue de cuando tenía 8 años y vio una película sobre nativos americanos. Al reprocesarlo, surgieron otros recuerdos en los que se sentía ajeno a sus compañeros de colegio o a la iglesia a la que pertenecía.

Cuando el procesamiento de un recuerdo de la infancia se bloqueó en la sensación de aislamiento, el terapeuta aplicó una integración cognitiva preguntando: «Si tu padre estuviera aquí, ¿qué te diría sobre tu herencia y tu identidad?».

Atsa recordó una conversación con su padre en la adolescencia, en la que este le habló de sus antepasados y de su historia familiar. Al traer este recuerdo al presente, lo vio desde una nueva perspectiva: sí, tenía una herencia cultural y, sí, tenía un lugar en su vida actual. Esta comprensión le permitió completar el reprocesamiento del recuerdo con una cognición positiva: «Tengo un lugar y una herencia». Surgieron más recuerdos significativos sobre su padre, que le proporcionaron una sensación de conexión más profunda con él, lo que se reforzó con estimulación bilateral adicional.

Este ejemplo ilustra cómo una pérdida puede activar conflictos no resueltos del pasado. Identificar y reprocesar recuerdos relevantes es clave para desbloquear el procesamiento.

En el caso de Atsa, su sensación de aislamiento y diferencia había estado presente desde la infancia, pero fue la muerte de su padre la que reactivó estas cuestiones.

Cuando el procesamiento se bloqueó, una integración cognitiva basada en su relación con su padre facilitó la aparición de recuerdos significativos que reforzaron su sentido de conexión y pertenencia.

Si el procesamiento está bloqueado: «¿Qué quieres conservar?» o «¿Qué quieres soltar?»

Cuando el procesamiento se bloquea, preguntar al cliente «¿Qué quieres conservar?» o «¿Qué quieres soltar?» puede ser útil (Lazrove, citado en Shapiro y Forrest, 1977). Esta estrategia ayuda al cliente a conectar con un sentido positivo de vínculo y conexión.

Un cliente puede responder que desea conservar los recuerdos felices y dejar atrás la angustia, las pesadillas, etc. En ese caso, el terapeuta puede decirle: «Piensa en eso» y continuar con la estimulación bilateral.

Reflexionar sobre lo que se quiere conservar o soltar permite al cliente diferenciar el dolor de la pérdida de sus recuerdos positivos y significativos, facilitando el procesamiento.

EJEMPLO DE CASO 14

«¿Qué quieres conservar?»

La hija adolescente de Della murió por complicaciones derivadas de una intervención quirúrgica. Un año después, en el reprocesamiento del trauma de la muerte (cuando el médico le comunicó la noticia), Della experimentó una fuerte emoción.

Cuando expresó sentirse «atrapada en mis lágrimas», el terapeuta le preguntó: «¿Qué quieres conservar?». Della respondió que quería conservar el amor, el recuerdo de haberle cepillado el pelo mientras estaba en el hospital y los momentos en los que reían juntas viendo su programa de televisión favorito en casa.

Cuando se le preguntó «¿Qué quieres dejar ir?», respondió: «El dolor y el vacío». El terapeuta le pidió que se centrara en lo que quería conservar y soltar, y aplicó otra serie de estimulación bilateral. Della se sintió más conectada con el amor por su hija y con los recuerdos positivos, mientras que el dolor disminuyó. Con el procesamiento, surgieron más recuerdos y emociones reconfortantes. Aunque seguía echando de menos a su hija, ya no se sentía atrapada en la tristeza.

«¿Qué quieres decirle o qué te gustaría hacer por el fallecido?»

Las interacciones imaginarias pueden ser una herramienta útil en el duelo. Mantener una conversación simbólica, escribir una carta y leerla en voz alta o realizar un ritual de despedida pueden favorecer la integración emocional.

La estimulación bilateral puede ayudar a potenciar estos procesos, aunque en el protocolo EMDR estándar se emplea como una integración cognitiva para desbloquear el procesamiento.

Preguntar «¿Qué te gustaría decir o hacer por (nombre de la persona fallecida)?» puede ayudar a procesar emociones como tristeza, rabia, culpa o gratitud. Si se añade estimulación bilateral, el impacto de esta integración puede ser aún mayor.

EJEMPLO DE CASO 15

«¿Qué te gustaría decir o hacer con respecto al fallecido?»

La hija de 28 años de James, Jean, murió de covid. Su muerte fue repentina, sin que él pudiera estar físicamente presente en sus últimos momentos.

Catorce meses después, James solicitó tratamiento. Se sentía triste, culpable, entumecido, tenía dolores corporales y dificultades para dormir. Tras dos sesiones de historia clínica y preparación, se inició la terapia EMDR con el recuerdo de su hija inconsciente en el hospital y la toma de conciencia de que «no iba a sobrevivir».

Cuando el procesamiento se bloqueó, el terapeuta le preguntó: «¿Qué te gustaría decirle a Jean?». Durante los siguientes 25 minutos, James expresó amor, rabia por su muerte prematura, momentos de arrepentimiento y una disculpa entre lágrimas, así como recuerdos significativos.
Al final de la sesión, informó de una reducción significativa en la tensión corporal. Aunque la pérdida seguía siendo dolorosa, sentía que podía llevar mejor su duelo.

EJEMPLO DE CASO 16

«¿Qué querrías hacer por el fallecido?»

El hijo de Carrie, Peter, murió en combate. Buscó tratamiento un mes después, y la terapia EMDR comenzó a los tres meses. El primer objetivo fue una imagen intrusiva de su hijo muerto en el suelo. La imagen era gráfica: su rostro mostraba una mueca de dolor y estaba cubierto de sangre.
El reprocesamiento se bloqueó. Entonces, el terapeuta le preguntó: «¿Qué te gustaría decir o hacer por Peter?». Carrie se imaginó a sí misma a su lado, cogiéndole la mano, diciéndole que le quería y que ya no estaba solo. Entonces, la imagen de su rostro cambió, adoptando una expresión pacífica y sin sangre. Al final de la sesión, Carrie sintió más paz.

Nueva información o perspectivas

A veces, los clientes se sienten confundidos o incluso asustados por lo que experimentan durante el reprocesamiento y pueden necesitar información o explicaciones. Por ejemplo, es común que imaginen una conversación con el ser querido o que «escuchen» su voz de una manera muy vívida. Algunos clientes se preguntan: «¿Esto es real?».

EJEMPLO DE CASO 17

Nueva información

Durante el reprocesamiento EMDR de un recuerdo relacionado con la muerte de su padre, Oliver experimentó la sensación de que su padre le decía que estaba bien que siguiera adelante. Oliver relató que literalmente escuchó la voz de su padre, lo que le asustó.

El terapeuta le explicó que estas experiencias son habituales en el duelo y que, en nuestra mente, las conversaciones con los seres queridos fallecidos pueden parecer muy reales y significativas. Tras otra serie de estimulación bilateral, Oliver dijo: «Mi padre sigue ayudándome», y sintió una gran paz.

Evocar la representación interna adaptativa

Si el cliente experimenta una emoción intensa que no cambia después de varias series de estimulación bilateral o teme perder la conexión con su ser querido, se puede utilizar la siguiente estrategia:

- Pedirle que piense en el fallecido.
- Preguntar: «¿Qué sientes?» o «¿Qué surge?».
- Si emergen imágenes, recuerdos o emociones positivas, potenciarlas con estimulación bilateral.
- Si le preocupa perder la conexión, preguntarle: «¿Esto puede desaparecer algún día?».
- Si se evocan emociones angustiosas, continuar con el procesamiento o aplicar otras estrategias para el bloqueo.

Obtener un SUD

Cuando la respuesta del cliente no cambie durante dos series consecutivas, vuelve al recuerdo y pregúntale: «¿Qué notas ahora?».

- Si surge un nuevo canal de asociación, continúa el procesamiento.
- Si el recuerdo es positivo o neutro durante dos series consecutivas, mide la SUD: «Cuando vuelves al recuerdo, ¿cómo de perturbador es en una escala de 0 a 10, siendo 0 calma total y 10 la mayor perturbación posible?».

Si la SUD sigue siendo alta, puedes preguntar:

- «¿Dónde sientes la perturbación en tu cuerpo?», aplicando estimulación bilateral para evaluar si hay cambios.
- «¿Qué impide que baje?», lo que puede revelar una creencia limitante o abrir otra asociación.
- «¿Qué es diferente de cuando empezamos?», lo que puede ayudar a identificar un patrón de resolución.

EJEMPLO DE CASO 18

Llegar a 0 en la SUD

El hijo de Joseph sufrió quemaduras graves en combate. Pasó tres días en un hospital de campaña antes de morir. Joseph se sentía impotente y culpable por no poder hacer nada para aliviar su sufrimiento.

El recuerdo inicial fue una conversación por Skype en la que vio a su hijo sufrir, con un SUD de 10. A medida que el procesamiento avanzaba, la SUD bajó a 4, pero no disminuía más. Se le preguntó: «¿Qué es diferente de cuando empezamos?». Joseph respondió: «Creo que no podía hacer nada más».

Tras otra serie de estimulación bilateral, dijo: «Estaba fuera de mi control. Todo lo que podía hacer era estar con él cuando murió, y lo hice. Incluso por Skype, él sabía que yo estaba allí, y ahora está en paz». El SUD del recuerdo se redujo a 0.

SUD 0 no significa ausencia de emociones ni que uno se sienta bien por lo ocurrido

Al obtener una SUD, puede ser útil aclarar su significado al cliente con una explicación como la siguiente: «¿Cómo de perturbador es este recuerdo en una escala del 0 al 10, donde 0 significa tranquilidad, neutralidad o ausencia de perturbación, y 10 representa el mayor nivel de angustia posible? Recuerda que 0 no implica la ausencia de emociones ni significa que te sientas bien con lo que ocurrió, sino que puedes pensar en el momento sin angustia indebida. Mientras que 10 es lo peor que podrías sentir».

Una persona puede experimentar tristeza y, al mismo tiempo, sentirse tranquila, sin angustia extrema, al recordar un acontecimiento. Es importante explicar que la SUD no siempre tiene que llegar a 0, ya que en algunos casos puede haber emociones apropiadas y adaptativas relacionadas con un evento trágico. Con frecuencia, al volver al momento inicial del procesamiento, la SUD es baja porque ese recuerdo específico ha sido reprocesado e integrado, aunque se hayan activado otras asociaciones emocionales. Es decir, la aparición de nuevo material emocional puede haber tenido un efecto de desvinculación (véase el ejemplo 2) del recuerdo inicial.

Además, centrarse en el recuerdo original puede servir como un punto de contención, evitando que emerjan más asociaciones emocionales en ese momento. Mientras que algunos clientes pueden seguir sintiendo angustia cuando evocan el recuerdo original, muchos logran reducir su SUD a 0 en ese momento específico del reprocesamiento.

EJEMPLO DE CASO 19

0 ecológico

El hijo de Estella murió en un accidente de moto. Al comenzar el procesamiento, surgieron varios momentos perturbadores. Estella describió la escena en el hospital y los acontecimientos posteriores a la muerte. Cuando el terapeuta midió la SUD, le pidió que volviera al momento en que comenzó el procesamiento y evaluara la perturbación en la escala de 0 a 10, explicándole: «0 no significa la ausencia de emociones ni que uno se sienta bien con lo sucedido; solo implica calma o la ausencia de angustia indebida. Mientras que 10 representa el peor nivel de perturbación posible». Estella respondió: «Esto siempre será una tragedia horrible, pero puedo pensar en ese momento triste y sentirme tranquila». Se trataba de un «0» triste, un estado en el que la emoción sigue presente, pero sin una perturbación extrema.

Razones ecológicas por las que la SUD no puede llegar a 0

La SUD puede no alcanzar 0 debido a emociones que son ecológicamente apropiadas y adaptativas. Ejemplos de respuestas comunes incluyen:

- «Estoy más tranquilo, pero sigue siendo una tragedia».
- «Es muy triste».
- «Ha muerto una buena persona».
- «Un suceso así siempre será angustioso».
- «Echo de menos a mi pareja, a mi hijo, a mi padre o a mi madre».

Al preguntar qué impide que la SUD llegue a 0, es importante diferenciar entre:

- Clientes cuya SUD permanece por encima de 0 debido a una emoción ecológicamente adaptativa y apropiada.
- Clientes cuya SUD no baja debido a material emocional subyacente sin procesar o una creencia limitante (por ejemplo: «Si llego a 0, significa que olvido a mi ser querido»).

No siempre es fácil distinguir entre ambas situaciones. Si al preguntar «¿Qué impide que la SUD baje más?», el cliente responde con una emoción intensa, se puede aplicar otra serie de estimulación bilateral («Quédate con eso») para observar si surgen nuevas asociaciones o percepciones.

Muchas veces, los clientes creen que su SUD no disminuirá más, pero tras una serie adicional de estimulación bilateral, emergen nuevas asociaciones que pueden reducir la perturbación a 0 en el recuerdo específico que se está trabajando. Cuando la SUD no baja más por razones ecológicas, la estimulación bilateral adicional suele ayudar a que el cliente informe de que la emoción se siente más congruente y apropiada. Esto permite al terapeuta confirmar que la SUD es ecológicamente adaptativa.

EJEMPLO DE CASO 20

SUD ecológicamente adaptativa superior a 0

Louie estaba procesando un recuerdo en el que estaba junto a la cama de su esposa en el momento de su muerte.

La SUD descendió de 8 a 2 y Louie no quiso que bajara más. Cuando el terapeuta le preguntó qué impedía que la SUD disminuyera, Louie respondió: «Su sufrimiento terminó, pero sigue siendo un momento horrible».

Tras continuar con el procesamiento, Louie expresó: «Sigue siendo un 2 y está bien así. Sigo sintiendo la pérdida y eso nunca desaparecerá, pero puedo vivir con ello».

Una sesión incompleta sigue siendo útil

La integración de un recuerdo traumático puede requerir múltiples sesiones y ser emocionalmente dolorosa, pero sigue siendo valiosa. Algunos clientes expresan satisfacción incluso si su SUD no baja completamente a 0 en una sesión.

EJEMPLO DE CASO 21

Sesión incompleta pero útil

Casey, agente de policía, sufrió un accidente de tráfico en el que su compañero y mejor amigo falleció, mientras que él solo tuvo heridas leves. Al reprocesar este recuerdo, la SUD comenzó en 10 y descendió a 5, sin reducirse más.

Aunque el recuerdo seguía siendo angustiante, Casey dijo: «Estoy contento. No podría vivir con un 10, pero puedo vivir con un 5». Con más sesiones, el recuerdo se reprocesó por completo.

Surgimiento de recuerdos positivos

Como se ha comentado anteriormente y se ha ilustrado en los ejemplos de casos previos y en el anexo 3, la terapia EMDR suele dar lugar a la aparición de recuerdos positivos y sinceros. A medida que se desarrolla una representación interna adaptativa, la relación con el fallecido se transforma.

Es recomendable seguir proporcionando series de estimulación bilateral para reforzar estos recuerdos y el significado positivo que conllevan. Este tema se abordará en más detalle en el próximo capítulo. Es importante destacar que:

No es anormal ni patológico que no surjan recuerdos positivos.

La aparición de recuerdos positivos no siempre indica una adaptación saludable. Algunos clientes pueden centrarse en los recuerdos positivos para evitar enfrentarse a la realidad de la pérdida y sus implicaciones emocionales. Como se menciona en sobre los vínculos continuos, el vínculo con el fallecido solo es adaptativo si el cliente acepta plenamente la pérdida en todas sus dimensiones.

RESUMEN

La fase de desensibilización suele ser la más extensa del procesamiento, ya que durante este período pueden surgir emociones intensas que, con el tiempo, se transforman en recuerdos significativos y sinceros. A través de este proceso, se desarrolla una representación interna adaptativa que facilita la transición de amor en presencia a amor en ausencia. Es fundamental también abordar los recuerdos negativos relacionados con el fallecido, para lo cual existen estrategias que ayudan a gestionar tanto las emociones intensas como los bloqueos en el procesamiento. Además, la terapia EMDR no busca eliminar las emociones apropiadas, por lo que la SUD no siempre tiene que llegar a 0. Este capítulo ha detallado las estrategias necesarias para afrontar estos desafíos, garantizando que la terapia se adapte a las necesidades individuales de cada cliente.

CAPÍTULO 19

FASES 5-8: INSTALACIÓN, EXPLORACIÓN CORPORAL, CIERRE Y REEVALUACIÓN

Las fases de instalación y exploración corporal completan el procesamiento activo de los recuerdos, mientras que el cierre garantiza la estabilidad al final de la sesión y la reevaluación permite evaluar la efectividad del tratamiento y definir la dirección de las sesiones futuras.

FASE 5: INSTALACIÓN

La fase de instalación fortalece la resiliencia del cliente. Durante la fase de desensibilización, la información adaptativa se vincula a las redes de memoria que contienen la información almacenada de forma desadaptativa. El reprocesamiento continúa en esta fase con la cognición positiva vinculada al recuerdo original y reforzada a través de la estimulación bilateral, facilitando su integración en la red de memoria y proporcionando una base para comportamientos más adaptativos en el futuro. Este proceso se desarrolla a través de los siguientes pasos:

- *Vinculación de la cognición positiva con el recuerdo objetivo.* Se asocia la cognición positiva identificada en la fase de evaluación con el recuerdo original y se comprueba su adecuación. No es raro que, tras la desensibilización, surja una nueva cognición positiva más alineada con el estado actual del cliente. Por ejemplo, Sharon, cuyo hijo murió en un accidente de tráfico, comenzó con la cognición negativa «No puedo vivir con esto» y la positiva «Puedo seguir adelante y prosperar». Al finalizar la desensibilización, su cognición positiva evolucionó a «Puedo aprender a vivir con esto y honrar su vida».

- *Medición de la validez de la cognición (VoC).* Se evalúa la fortaleza de la cognición positiva mediante la escala VoC (de 1 a 7, donde 1 es «totalmente falso» y 7 es «totalmente cierto»), para determinar si se requiere más reforzamiento.
- *Asociación de la cognición positiva con el recuerdo y estimulación bilateral.* Se pide al cliente que mantenga el recuerdo junto con la cognición positiva mientras se aplica la estimulación bilateral.
- *Seguimiento y ajuste.* Después de cada serie de estimulación bilateral, el terapeuta pregunta: «¿Qué notas ahora?» y continúa el proceso hasta que la VoC deje de fortalecerse. El objetivo es alcanzar una VoC de 7 o un nivel ecológicamente apropiado.

Cuando la VoC es menor de 7

Si la VoC no alcanza el nivel esperado, puede deberse principalmente a dos factores:

1. *Presencia de tensión residual.* Si el cliente menciona que aún siente cierta tensión, el reprocesamiento debe continuar, ya que pueden surgir nuevas asociaciones. Si no emergen, el terapeuta puede explorar la tensión preguntando «¿Dónde la sientes en tu cuerpo?» o «¿Qué imágenes o pensamientos están relacionados con ella?», y aplicando técnicas como el *floatback* o la exploración afectiva para identificar creencias limitantes o recuerdos no resueltos que impidan el progreso.
2. *Creencias limitantes.* Si aparece una creencia limitante como «No merezco sentirme bien», es necesario explorar sus orígenes y su conexión con el recuerdo objetivo.

EJEMPLO DE CASO 1

Creencia limitante

Ilina presenció la muerte de su hermano por un infarto durante una reunión familiar, mientras los miembros de su familia intentaban reanimarlo sin éxito. Su cognición negativa era «Soy incompetente», aunque racionalmente sabía que no había nada que pudiera haber hecho para salvarlo.

Durante la desensibilización, la SUD (nivel de perturbación subjetiva) se redujo a un nivel ecológico de 1. Sin embargo, en la fase de instalación, la VoC (valoración de la cognición positiva) quedó estancada en 5. Al preguntarle qué lo impedía, Ilina respondió: «No merezco sentirme bien cuando mi hermano está muerto».

Intentar reforzar la cognición positiva con estimulación bilateral no produjo avances, por lo que el terapeuta aplicó la técnica de *floatback*. Surgió entonces un recuerdo de la infancia: su hermano había sido castigado por pegarle, aunque en realidad ella lo había provocado.

Tras reprocesar este recuerdo, la VoC de su cognición positiva finalmente alcanzó 7. Ilina comprendió que: «Es horrible que esté muerto, pero sé, y creo que él lo sabía, que yo estuve allí para él».

Es importante señalar que alcanzar una VoC de 7 no elimina la tristeza apropiada por la pérdida, sino que permite procesar el recuerdo sin culpa.

Presencia de otros recuerdos negativos

Durante la fase de instalación de la cognición positiva, pueden surgir recuerdos no procesados que interfieren en el fortalecimiento de la nueva creencia. En estos casos, puede ser necesario reprocesar estos recuerdos antes de continuar.

EJEMPLO DE CASO 2

Recuerdos adicionales no procesados

Giovanni perdió a su esposa debido a un ataque al corazón. El recuerdo de verla en el hospital se reprocesó con una cognición negativa de «Soy impotente» y una cognición positiva de «Hice todo lo que pude». Aunque la SUD había llegado a 0, la VoC solo alcanzaba 5. Al explorar qué impedía que aumentara, Giovanni mencionó otros recuerdos de su relación en los que sentía que «Podría haberlo hecho mejor. No lo hice lo mejor que pude». Esta respuesta reveló la apertura de una red de memoria más amplia.

Adecuación ecológica

En algunos casos, la VoC puede no alcanzar 7 debido a factores ecológicos. La tristeza, la ira, el miedo o la culpa pueden seguir presentes tras una pérdida, y el cliente puede necesitar más tiempo para reflexionar sobre su experiencia o para observar cómo se siente tras la sesión.

EJEMPLO DE CASO 3

VoC ecológicamente apropiada

María perdió a su hermano por suicidio tras años de lucha contra la depresión. Durante el reprocesamiento de un recuerdo en el que percibió su desesperación, su cognición negativa era «Soy incapaz», mientras que su cognición positiva era «Soy capaz».

La SUD se redujo a 1, acompañada de la aceptación de que: «Sé que no puedo hacer mucho y que no soy responsable de su acción, pero sigue siendo triste».

Sin embargo, su VoC solo alcanzó 6. Para María, llegar a 7 implicaría sentirse completamente libre de limitaciones, lo cual no era realista ni congruente con su experiencia. En su caso, una VoC de 6 representaba un punto de equilibrio adecuado, reflejando una integración ecológicamente apropiada de su proceso de duelo.

Este ejemplo demuestra que el objetivo del EMDR no es eliminar todas las emociones, sino permitir que la persona alcance una perspectiva más adaptativa y realista en relación con su pérdida.

FASE SEIS: EXPLORACIÓN CORPORAL

La exploración corporal es el último paso para identificar y transformar cualquier tensión o malestar residual asociado al recuerdo procesado, asegurando que la integración sea completa y adaptativa.

Una vez que la SUD ha alcanzado 0 y la VoC llega a 7 –o a un valor ecológicamente apropiado–, se pide al cliente que asocie el recuerdo original con la cognición positiva y que explore su cuerpo en busca de cualquier tensión o sensación inusual.

- Si aparecen sensaciones cálidas o positivas, estas pueden potenciarse con estimulación bilateral para reforzar la experiencia adaptativa.
- Si surgen tensiones o malestar, se puede continuar con el reprocesamiento hasta que la incomodidad disminuya.
- Si el malestar persiste, es importante explorar si existe una creencia limitante o un recuerdo alimentador subyacente que aún no ha sido procesado.

Si estos recuerdos emergen y hay suficiente tiempo en la sesión, se recomienda continuar el procesamiento. No obstante, si el tiempo es limitado y hay indicios de material emocional emergente, es preferible cerrar la sesión utilizando técnicas de gestión emocional, asegurando que el cliente se sienta seguro y estabilizado al finalizar.

EJEMPLO DE CASO 4

Exploración corporal y recuerdos asociados

El padre de Giorgio falleció tranquilamente en el hospital, pero presenciar su muerte le causó un impacto emocional significativo, recordándole su propia vulnerabilidad y la inevitabilidad de la muerte. Su cognición negativa era «No estoy a salvo», y su cognición positiva, «Hoy estoy a salvo». Tras la fase de desensibilización, la SUD se redujo a 0 y la VoC alcanzó 7. Sin embargo, durante la exploración corporal, Giorgio experimentó una sensación de tensión que identificó como miedo. Al profundizar en la sensación mediante la exploración afectiva, surgieron recuerdos de su infancia en los que sentía falta de seguridad. Como quedaba poco tiempo en la sesión, el terapeuta explicó que estos recuerdos podrían abordarse en la siguiente sesión y cerró con ejercicios de relajación y la instalación de un lugar seguro. En sesiones posteriores, se reprocesaron los recuerdos infantiles para abordar su origen.

Cuando la SUD y la VoC no alcanzan los valores óptimos, es importante distinguir entre emociones ecológicamente apropiadas –como la tristeza tras una pérdida– y tensiones que indican material pendiente de reprocesar. Una manera de hacerlo es preguntando: «Teniendo en cuenta las emociones y sensaciones corporales apropiadas, al pensar en el recuerdo y en las palabras positivas [repite la cognición positiva], ¿hay otras sensaciones o tensiones que notes?». Esto ayuda al cliente a diferenciar entre las emociones adaptativas del duelo y cualquier carga emocional residual asociada al recuerdo procesado.

Mejora de la representación interna adaptativa

Uno de los efectos más significativos de la terapia EMDR en el duelo es la construcción de una representación interna adaptativa, basada en recuerdos positivos y significativos del ser querido. Una vez finalizada la fase de exploración corporal, se puede reforzar esta representación para promover una integración más profunda, fomentar la sanación y fortalecer la sensación de conexión. Para ello, se invita al cliente a pensar en la persona fallecida. Si surgen imágenes, sentimientos o recuerdos positivos, se aplican series de estimulación bilateral. Al igual que en la instalación del lugar seguro o de recursos, estas series deben ser más lentas y menos numerosas (entre 4 y 8 series, ajustadas a la respuesta del cliente). Si las sensaciones y recuerdos siguen siendo positivos, se pueden realizar más series para consolidarlos. Este paso adicional es especialmente útil después de la fase de exploración corporal. No obstante, la representación interna también puede estar marcada por recuerdos dolorosos o angustiosos del fallecido. Estos recuerdos necesitan ser reprocesados no solo para permitir al cliente afrontar la pérdida de manera más saludable, sino también para mejorar su bienestar emocional y su desempeño general en la vida.

FASE 7: CIERRE

Al finalizar una sesión de EMDR –ya sea completa o incompleta–, el cliente puede experimentar una sensación de agotamiento físico y emocional, similar a la de haber corrido una maratón. La integración de recuerdos traumáticos o relacionados con la pérdida puede implicar una gran liberación de tensión acumulada, lo que hace imprescindible dedicar tiempo al enraizamiento y la estabilización antes de concluir la sesión.

Francine Shapiro solía afirmar: «El cliente debería poder salir de tu consulta y manejar maquinaria pesada», enfatizando la importancia de que el cliente se sienta seguro y funcional al finalizar la sesión. Por ello, el terapeuta debe asegurarse de que el cliente esté bien regulado antes de retomar sus actividades diarias. Para ello, se pueden aplicar estrategias de estabilización y manejo de efectos según sea necesario, además de realizar una comprobación de seguridad para verificar que el cliente está en condiciones de conducir o trabajar después de la sesión.

Finalizar una sesión completa

Si la sesión se ha completado exitosamente (con una SUD de 0, una VoC de 7 y sin malestar residual en la exploración corporal), se recomienda cerrar con una conversación integradora. Algunas preguntas útiles pueden ser:

- ¿Qué te ha parecido la sesión?
- ¿Qué ha cambiado para ti?
- ¿Qué has aprendido?

Una vez que el cliente ha logrado tomar distancia del recuerdo original, se le puede invitar a pensar en su ser querido y observar qué surge en su mente. En la mayoría de los casos, si el procesamiento ha sido completo, el cliente experimentará recuerdos positivos y una mayor sensación de conexión, los cuales pueden ser reforzados con estimulación bilateral.

EJEMPLO DE CASO 5

Transformación del recuerdo y conexión positiva

Chiara procesó un recuerdo de estar junto a su madre en sus últimos momentos, cuando sufría un dolor intenso. Tras la fase de desensibilización, su SUD alcanzó 0, su VoC 7 y la exploración corporal no evidenció ninguna tensión residual. Cuando el terapeuta le preguntó qué era diferente ahora, Chiara respondió: «Ahora está en paz y me alegro de haber podido estar con ella en sus momentos más dolorosos. Ella sabía que yo estaba allí, y cuando pienso en que le cogía la mano cuando sufría, ahora recuerdo que me miraba con gratitud en los ojos».

Para reforzar esta experiencia positiva, se aplicaron más series de estimulación bilateral, afianzando la sensación de conexión y tranquilidad con la imagen de su madre. Chiara pudo reinterpretar su presencia en los momentos difíciles no como un recuerdo traumático, sino como una experiencia valiosa que fortaleció su vínculo con ella.

Finalizar una sesión incompleta

Es común que algunas sesiones queden incompletas, es decir, con una SUD mayor a 0, una VoC inferior a 7 o con tensión residual en la exploración corporal. Incluso en sesiones largas, de 90 minutos o 2 horas, puede que no sea posible procesar todas las asociaciones en un solo encuentro, especialmente en casos de duelo con múltiples capas de trauma y pérdida.

Si se agota el tiempo, el terapeuta debe informar al cliente de que es momento de detenerse o de «bajar el ritmo» del proceso. A menudo, los clientes terminan la sesión dentro de su ventana de tolerancia y se benefician de una conversación integradora en la que reflexionan sobre lo aprendido y lo que ha cambiado. Este diálogo facilita la consolidación del trabajo realizado, ayuda a situar al cliente en el presente y le permite poner palabras a su experiencia.

Las percepciones positivas pueden reforzarse mediante series de estimulación bilateral más breves y pausadas (por ejemplo, de 4 a 8 series en lugar de las 20-30 habituales). El terapeuta puede destacar los avances logrados durante el reprocesamiento y ayudar al cliente a reconocer su propio esfuerzo al atravesar recuerdos difíciles.

EJEMPLO DE CASO 6

Cierre de sesiones incompletas con varios clientes

- Gina finalizó su sesión con una sensación de incompletitud, pero al reflexionar sobre lo que había cambiado, reconoció: «Empiezo a darme cuenta de que no podía hacer nada más». Esta percepción se reforzó con dos series breves de estimulación bilateral.
- George expresó que, aunque su sesión no había concluido completamente, sentía que ahora tenía una mayor comprensión de la situación: «Estoy comprendiendo mejor toda la situación». Se reforzó con varias series breves de estimulación bilateral.
- Wendy estaba reprocesando un recuerdo angustioso relacionado con la muerte de su hermana. Al final de la sesión, surgieron recuerdos positivos de su relación con ella. Cuando el terapeuta le preguntó cómo percibía la sesión, respondió: «Es agradable tener esos recuerdos». Al explorar si esto le daba una sensación de conexión positiva con su hermana, Wendy confirmó que «hace que la pesadez de mi pena sea más fácil de llevar». Esto también se reforzó con estimulación bilateral.

En los casos en los que el cliente siga experimentando malestar al final de la sesión, es recomendable realizar ejercicios de enraizamiento y estabilización. Aplicar estrategias aprendidas durante la fase de preparación ayuda a consolidar el proceso y a brindar un cierre adecuado.

El terapeuta puede explicar que la emoción intensa es una forma de comprensión, permitiendo que el cliente reconozca y experimente en el ahora lo que en su momento fue demasiado abrumador. Este proceso forma parte de la sanación y fortalece la capacidad de afrontamiento del cliente. Normalizar y validar las emociones que surgen es fundamental, ya que cada sesión puede representar un paso significativo hacia la integración de la pérdida.

Informar al cliente sobre la continuidad del procesamiento

Es importante que el terapeuta explique al cliente que el procesamiento de los recuerdos puede continuar después de la sesión. Steve Silver, formador del Instituto EMDR, utilizaba la analogía de una presa de castores: cuando un recuerdo se reprocesa, es como si se limpiara la presa, permitiendo que el agua fluya libremente.

Entre sesiones, pueden surgir nuevos recuerdos, percepciones, sueños o emociones, algunas de ellas perturbadoras. Después de una sesión emocional, es común que el proceso de duelo se desbloquee y emerjan recuerdos y sentimientos relacionados con el fallecido. Muchos terapeutas EMDR reportan que, tras el reprocesamiento, los clientes experimentan un incremento en los recuerdos positivos de sus seres queridos.

Es útil explicar que la aparición de emociones y recuerdos dolorosos no es un retroceso, sino una señal de integración y avance en el proceso de duelo. Sin embargo, si no surgen más recuerdos o emociones, también es normal. Algunos clientes experimentan una sensación de paz tras la sesión, marcada por una conexión más profunda con el ser querido fallecido.

El cliente debe confiar en que su cerebro seguirá procesando de manera natural. Se le puede sugerir llevar un diario o un registro de los pensamientos y emociones que surjan entre sesiones, ya que este material puede ser útil para trabajar en encuentros posteriores. Si en algún momento experimenta angustia, puede recurrir a las estrategias de enraizamiento y afrontamiento aprendidas durante la terapia.

FASE 8: REEVALUACIÓN

Francine Shapiro destacó la importancia de la reevaluación en la terapia EMDR afirmando:

> El término *reevaluación* refleja la necesidad de la atención clínica precisa y el seguimiento que enmarcan cualquier sesión de terapia EMDR dirigida a material perturbador. (Shapiro, 2018, p. 192)

Evaluación del desempeño general

Cada sesión debe comenzar con una evaluación sobre el desempeño general del cliente y la evolución del recuerdo tratado en la sesión anterior.

Según el modelo de procesamiento dual (analizado en el capítulo 8), es crucial observar el equilibrio entre la orientación hacia la pérdida (OP) y la orientación hacia la restauración (OR), asegurando que el cliente oscile entre ambos aspectos de forma adaptativa.

El terapeuta y el cliente pueden revisar el diario o registro de emociones y experiencias que el cliente haya llevado desde la última sesión. Se analizan los cambios en síntomas, reacciones ante disparadores actuales y cualquier preocupación emergente. También es importante explorar cómo ha afrontado la sesión anterior: ¿se sintió agotado, con mayor energía, más tranquilo o con un sentimiento de alivio? Algunos clientes experimentan un aumento en la intensidad emocional o recuerdan más momentos con el fallecido en los días posteriores a la sesión. En función de esta evaluación, se decide la dirección de la sesión:

- Si el cliente ha experimentado dificultades en la regulación emocional, se pueden dedicar más sesiones a la estabilización.
- Si han surgido nuevos recuerdos negativos, disparadores actuales o preocupaciones significativas, estos pueden abordarse en la sesión.
- Si el cliente está preparado, se puede continuar con el reprocesamiento de recuerdos relacionados con la pérdida.

Reevaluación del recuerdo objetivo

Si el reprocesamiento del recuerdo se completó en la sesión anterior, el terapeuta puede pedirle al cliente que vuelva a centrarse en él para verificar si los efectos terapéuticos se han mantenido (por ejemplo, SUD = 0, VoC = 7 y exploración corporal sin tensión residual, o lo que sea ecológicamente apropiado). Si la perturbación ha reaparecido o han surgido nuevas asociaciones, se retoma el reprocesamiento.

Si la sesión previa quedó incompleta, el reprocesamiento debe continuar, focalizándose en la peor parte del recuerdo, la emoción asociada, la SUD y las sensaciones corporales. No es necesario redefinir la cognición negativa y positiva, a menos que el cliente haya desarrollado nuevas creencias, lo cual puede ser una señal positiva de avance terapéutico.

Si el recuerdo original ya no genera perturbación, el terapeuta puede preguntar si han surgido otras asociaciones. Es habitual que emergan recuerdos vinculados o diferentes aspectos del mismo recuerdo, los cuales pueden convertirse en el nuevo foco del tratamiento.

EJEMPLO DE CASO 7

La hija adulta de Sherry falleció tras un cáncer prolongado. Aunque tenía recuerdos cálidos de su hija, la imagen de su muerte era intrusiva. 14 meses después, Sherry inició terapia EMDR y procesó con éxito la imagen de la muerte de su hija, alcanzando una SUD de 0, VoC de 7 y exploración corporal sin tensión residual, aunque mantuvo una tristeza adecuada.

En la siguiente sesión, la SUD aumentó a 5. Se evidenció que la angustia estaba relacionada con el sentimiento de impotencia al ver sufrir a su hija antes de morir. Continuar con el reprocesamiento permitió reducir la SUD a 3, pero no se completó la sesión. En la siguiente sesión, Sherry informó que la SUD seguía en 3 y, al explorar el origen de esta sensación, se identificó una creencia de «Soy un fracaso porque no pude aliviar su dolor».

Se descubrió que esta creencia estaba relacionada con recuerdos de la infancia, en los que su madre la regañaba por no cumplir sus expectativas académicas. Uno de esos recuerdos –cuando llevó unas notas mediocres a casa y su madre la miró con desaprobación– fue identificado y reprocesado. La cognición negativa «Soy un fracaso» evolucionó hacia «Hago lo mejor que puedo».

Después de procesar este recuerdo infantil, Sherry volvió a la imagen de la muerte de su hija. En esta ocasión, su SUD era 0, su VoC era 7 y la exploración corporal no presentaba tensión residual. En la siguiente sesión, confirmó que los efectos terapéuticos se habían mantenido. La terapia continuó, enfocándose en recuerdos pasados, disparadores presentes y patrones futuros relacionados con el tema del fracaso.

Este ejemplo ilustra varios aspectos importantes del proceso EMDR:

- Diferentes dimensiones del mismo recuerdo pueden surgir tras reprocesar su peor parte.
- El reprocesamiento incompleto suele estar vinculado a recuerdos previos no resueltos.
- Identificar y reprocesar recuerdos infantiles relacionados con creencias limitantes facilita el procesamiento completo del recuerdo objetivo.

Es habitual que una sesión de reprocesamiento se extienda a varias sesiones. Cuando el proceso se bloquea, esto puede deberse a creencias o recuerdos previos que necesitan identificarse y reprocesarse antes de completar la integración del recuerdo traumático inicial.

Opcional: Evaluar la representación interna

Para evaluar cómo está afrontando la persona en duelo su pérdida, se le puede preguntar qué experimenta al pensar en el fallecido. ¿Surgen emociones y recuerdos positivos y sinceros? ¿O aparecen recuerdos o emociones angustiosas, disparadores actuales que aún provocan malestar, o recuerdos del pasado conectados con la angustia? En general, pedir a la persona en duelo que piense en el ser querido ofrece información valiosa sobre su proceso de integración de la pérdida, así como sobre posibles dificultades o bloqueos. La presencia de recuerdos positivos suele indicar progresos en la adaptación, mientras que la aparición de material negativo puede sugerir la necesidad de un mayor reprocesamiento. Sin embargo, es fundamental recalcar que la tristeza y el hecho de extrañar al ser querido son reacciones normales y que la aparición de recuerdos positivos no elimina emociones apropiadas como la pena o la nostalgia.

EJEMPLO DE CASO 8

Joe tenía un vínculo muy estrecho con su tío, incluso más que con su propio padre. Un día, recibió una llamada informándole de que su tío estaba en estado crítico y probablemente no sobreviviría a la noche. Como Joe estaba a más de mil kilómetros de distancia, no logró llegar al hospital a tiempo para despedirse de él. Un año después de la muerte, seguía sintiéndose muy culpable por no haber estado presente y decidió buscar tratamiento. El primer recuerdo reprocesado fue el momento en que llegó al hospital y supo que su tío había fallecido. Al finalizar la sesión, Joe comprendió que había hecho todo lo posible por estar allí y dejó de sentirse culpable. Su SUD era 0 y su VoC, 7 («Hice todo lo que pude»). Sin embargo, en la exploración corporal se detectó tensión, ya que Joe aún sentía tristeza por la muerte. Cuando se le pidió que pensara en su tío, informó solo de una sensación de tristeza, sin pensamientos ni recuerdos específicos. En la siguiente sesión, Joe confirmó que ya no sentía culpa. No obstante, cuando volvió a pensar en su tío, describió una sensación de vacío y una extraña incomodidad por la ausencia de culpa. Estos indicadores llevaron al terapeuta a considerar que el reprocesamiento aún no estaba completo y que era necesario continuar con el trabajo. Durante el proceso, emergieron recuerdos significativos sobre los valores y enseñanzas que su tío le había transmitido. Joe sintió cómo esos recuerdos llenaban el vacío que experimentaba y, finalmente, encontró paz con la muerte de su tío.

Este caso muestra cómo evaluar la respuesta de la persona en duelo al pensar en el ser querido puede proporcionar información clave sobre su adaptación a la pérdida. En la primera sesión, Joe experimentó una disminución de la culpa, pero la ausencia de recuerdos significativos y la sensación de vacío en la sesión siguiente sugirieron que aún quedaba material desadaptativo sin reprocesar. A través del reprocesamiento continuado, surgieron recuerdos significativos que permitieron completar el proceso y transformar su relación con la pérdida. Es fundamental realizar una evaluación general del desempeño de la persona en duelo en su vida diaria para obtener una visión más amplia de su proceso de duelo. La respuesta emocional al recordar al fallecido es solo un dato dentro de una evaluación más completa.

RESUMEN

Este capítulo ha abordado las fases de instalación, exploración corporal, cierre y reevaluación.

- La fase de instalación concluye el procesamiento de los recuerdos y fortalece la resiliencia, proporcionando una perspectiva más adaptativa del pasado y facilitando un afrontamiento positivo en el futuro.
- La fase de exploración corporal es una comprobación final para asegurarse de que el recuerdo se ha procesado completamente y no quedan elementos residuales de malestar.
- La fase de cierre es crucial para garantizar que la persona en duelo finalice la sesión en un estado estable y preparado para gestionar cualquier material emocional que pueda surgir entre sesiones.
- La fase de reevaluación permite comprobar si los logros terapéuticos se han mantenido y determinar la dirección de las siguientes sesiones en función de la evolución de la persona en duelo.

Además, se ha introducido un paso adicional: potenciar la representación interna adaptativa. Durante el reprocesamiento suelen emerger recuerdos positivos que ayudan a transformar la relación con el ser querido, pasando de amor en presencia a amor en ausencia. Fortalecer esta representación mediante estimulación bilateral permite que la conexión con el fallecido se experimente de una manera positiva, facilitando la adaptación a la pérdida.

CAPÍTULO 20

TRAUMA COMPLEJO Y DISOCIACIÓN DE LA PERSONALIDAD GENERADA POR EL TRAUMA

Capítulo escrito por
Roger Solomon, Onno van der Hart y Kathy Martin

Es importante que el lector tenga una formación adecuada para tratar el trauma complejo y la disociación, así como para realizar las evaluaciones pertinentes antes de aplicar la terapia EMDR. La terapia EMDR puede ser muy poderosa; sin una evaluación adecuada, el reprocesamiento de los recuerdos puede derivar en una hiperactivación del individuo y resultar potencialmente perjudicial.

No es el objetivo de este capítulo proporcionar las directrices necesarias para tratar la disociación, sino ofrecer información útil a quienes ya cuentan con esta formación o introducir y motivar a quienes aún no la tienen a seguir este camino. Se puede encontrar material interesante sobre el uso de la terapia EMDR, el trauma complejo y los síntomas disociativos en los trabajos de Van der Hart et al. (2010, 2013, 2014); Mosquera (2018); Steele, Boon y Van der Hart (2016); Van der Hart, Nijenhuis y Steele (2006); Forgash y Copely (2008); Knipe (2009).

DISOCIACIÓN DE LA PERSONALIDAD

Como seres humanos, estamos programados para sobrevivir. Tal y como describe el modelo PAI, cuando una experiencia es demasiado intensa para asimilarla, se estanca en el tiempo, se almacena de forma desadaptativa y se evita, lo que permite a la persona centrarse, hasta cierto punto, en las tareas cotidianas importantes para la supervivencia. Si los acontecimientos traumatizantes se producen con una frecuencia e intensidad cada vez mayores y comienzan en una etapa más temprana de la vida –maltrato o abandono en la infancia–, la red de memoria de información almacenada de forma desadaptativa se agranda. La traumatización continuada, especialmente la que provocan los cuidadores, en la que la fuente de seguridad es también la fuente de terror («miedo sin solución»), puede dar lugar a una división cada vez mayor de la personalidad en partes disociativas, con algunas partes dedicadas a las tareas de supervivencia de la vida cotidiana y otras que guardan los recuerdos traumáticos que resultan «demasiado intensos» para asimilarse. En resumen, la naturaleza ha diseñado un mecanismo en el que, si algo es demasiado intenso, la disociación de la personalidad generada por el trauma permite a la persona centrarse en su vida diaria y sobrevivir.

Bowlby (1973) analizó cómo una muerte puede ser tan abrumadora emocionalmente que se bloquea el trabajo del duelo. Se evita la realidad de que el ser querido ha muerto. Las implicaciones (por ejemplo, que el ser querido no va a volver) pueden ser excluidas de la experiencia de manera defensiva. Con la incapacidad de aceptar la pérdida, los pensamientos y las emociones se disocian, operando, en palabras de Bowlby, como «sistemas segregados» (Bowlby, 1980). Bowlby explicó que los individuos pueden poseer múltiples sistemas del yo y que la integración de éstos en un único sistema puede variar entre personas. Esto explicaría por qué algunas personas en duelo oscilan entre un estado mental en el que son conscientes de que su ser querido se ha ido permanentemente y otro en el que no pueden aceptar la realidad de su muerte.

EJEMPLO DE CASO 1

Fobia a reconocerlo

Una madre, cuyo hijo murió en un accidente de tráfico hace un año y medio, cuando tenía 21 años, afirma:

—La idea de que no volverá a estar ahí nunca más... No dejo que se me meta en la cabeza. De lo contrario, me volvería loca. Si no, no querría seguir viviendo.

—¿No te permites reconocerlo?

—Esa es mi salvación, creo... que en algún lugar de mí todavía hay un atisbo de esperanza de que él volverá.

(De *Volkskrant Magazine*, 24 de diciembre de 2011).

Teoría de la disociación estructural de la personalidad

Van der Hart, Nijenhuis y Steele (2006) ofrecen una teoría exhaustiva de la personalidad y la disociación: la teoría de la disociación estructural de la personalidad (TSDP, siglas en inglés de *Theory of structural dissociation of the personality*). La TSDP describe la personalidad como íntimamente relacionada con los sistemas de acción, sistemas psicobiológicos (por ejemplo, sistemas operativos motivacionales, conductuales, funcionales y emocionales) o adaptaciones que dan forma a la personalidad (Van der Hart, Nijenhuis y Steele, 2006). Se denominan sistemas de acción porque implican una disposición o tendencia innata a actuar con un objetivo concreto. Van der Hart, Nijenhuis y Steele señalan lo siguiente:

> Los sistemas de acción no determinan de manera rígida las acciones, sino que proporcionan una predisposición a mostrar ciertos patrones de comportamiento, pensamiento, sentimiento, emoción, sensación y percepción. [...] Definen en gran medida lo que nos atrae o nos repele, y luego generan tendencias para que nos acerquemos o lo evitemos. [...] Nos dirigen para aprender lo que es relevante para la adaptación [...] y se modifican mediante el aprendizaje. (Van der Hart, Nijenhuis y Steele, 2006, p. 32)

Por tanto, los sistemas de acción implican redes de memoria. Existen dos grandes categorías de sistemas de acción:

- Los sistemas de defensa, que incluyen la huida, el ataque, la inmovilización y la sumisión total ante amenazas inminentes (Porges, 2001, 2003).
- Los sistemas de acción para la vida cotidiana, que engloban funciones como la regulación de los niveles de energía (alimentación, sueño, etc.), el apego y el cuidado de otros, la exploración, la socialización (Porges, 2001), el juego y la reproducción (Panksepp, 1998).

El trauma puede entenderse como un «punto de ruptura», en el que se produce un fracaso en la integración de la experiencia, que da lugar a una disociación de la personalidad (Ross, 1941). La TSDP plantea que los trastornos relacionados con el trauma (incluidos el trauma complejo y la disociación) se caracterizan por una división de la personalidad del cliente en diferentes subsistemas o partes disociativas. Cuando un individuo está traumatizado, se produce una fragmentación en su personalidad, no al azar, sino a lo largo de la metafórica «línea de fractura» en los dos principales sistemas de acción psicobiológica preparados evolutivamente: la vida cotidiana y la defensa. Las partes de la personalidad dedicadas a las acciones de la vida cotidiana se denominan *partes de la personalidad aparentemente normales* (PAN). En este estado, la persona se dedica a la vida diaria y parece ser «normal», pero puede presentar ciertos síntomas (por ejemplo, síntomas intrusivos, evitación, amnesia, síntomas somáticos), de modo que la normalidad es solo «aparente». Las partes de la personalidad implicadas en la defensa se denominan *partes emocionales* (PE). Las PE viven en el tiempo del trauma, ancladas en las recreaciones sensoriomotoras y altamente cargadas de la experiencia traumática. Esto incluye tendencias de acción de defensa contra la amenaza percibida o real (como lucha, huida, paralización y sumisión total) que se activaron durante el trauma (Van der Hart et al., 2006, 2010).

Cada parte disociativa tiene su propia base psicobiológica (Nijenhuis et al., 2002; Nijenhuis y De Boer, 2009; Van der Hart et al., 2006) y se caracteriza por una perspectiva subjetiva única. Poseen distintos niveles de autonomía mental y separabilidad, con pensamientos, emociones y percepciones diferenciadas sobre sí mismas, los demás y el mundo.

Según la TSDP, la disociación de la personalidad se mantiene gracias a una serie de fobias disociativas, así como a la falta de capacidad de integración y de apoyo social (Van der Hart et al., 2006). El término «fobia» suele describir los trastornos de ansiedad, entendidos como un miedo persistente a elementos externos (animales, situaciones sociales, etc.) que el individuo trata de evitar. Sin embargo, Janet (1904) describió reacciones fóbicas dirigidas hacia recuerdos traumáticos; la fobia puede ir más allá e incluir experiencias internas como pensamientos, sentimientos, fantasías, etc. (Van der Hart et al., 2006). Los individuos crónicamente traumatizados pueden ser extremadamente temerosos de su vida mental interna y de las señales externas que desencadenan las experiencias traumáticas (Van der Hart et al., 2006). De hecho, la fobia central que mantiene la disociación de la personalidad es la fobia a los recuerdos traumáticos, cuya esencia consiste en evitar darse plenamente cuenta del trauma y sus efectos en la propia vida (Janet, 1904; Van der Hart et al., 2006). En la traumatización crónica, la evitación conductual y mental es necesaria para evitar que las

PAN experimenten la dureza de ser conscientes de sí mismas, de los demás y del mundo.

La disociación de la personalidad relacionada con el trauma puede variar en complejidad. La primaria implica una PAN y una PE, y se aplica al TEPT de episodio único. La secundaria implica una PAN y dos o más PE, y se aplica al TEPT complejo, al trastorno límite de la personalidad y al trastorno disociativo no especificado. La terciaria se caracteriza por más de una PAN y más de una PE, y se aplica al trastorno de identidad disociativo.

MODELO DE PROCESAMIENTO ADAPTATIVO DE LA INFORMACIÓN (PAI) Y TSDP: ENFOQUES COMPLEMENTARIOS

Según la teoría del modelo de Procesamiento Adaptativo de la Información (PAI), los acontecimientos traumatizantes generan recuerdos almacenados de forma disfuncional. Es decir, estos recuerdos quedan aislados, sin integrarse adecuadamente en las redes de memoria global del individuo (Shapiro, 1995, 2001). Shapiro explica lo siguiente:

> La estructura patológica es inherente a la información estática, insuficientemente procesada, almacenada en el momento del acontecimiento perturbador. [...] La falta de asimilación adecuada significa que el cliente todavía está reaccionando emocional y conductualmente de manera constante con el evento perturbador anterior. (Shapiro, 2018, p. 15)

La información almacenada de forma disfuncional incluye recuerdos «bloqueados en el tiempo» y contiene las acciones mentales y conductuales desadaptativas que estaban presentes en el momento del evento, incluidas las respuestas sensoriomotoras y afectivas –por ejemplo, emociones intensas, como señala Janet, tales como miedo abrumador, vergüenza o culpa–, pensamientos, sensación de amenaza y predicciones –es decir, expectativas basadas en peligros pasados y amenazas experimentadas durante el evento traumático–. Janet escribió lo siguiente:

> El recuerdo (traumático) era patógeno porque estaba disociado. Existía aislado, separado de la totalidad de las sensaciones y las ideas que componían la personalidad del sujeto; se había desarrollado aislado, sin control y sin contrapeso; los

> síntomas patogénicos desaparecían cuando el recuerdo volvía a formar parte de la síntesis que constituye la individualidad. (Janet 1919, p. 674)

El término «disociado» de Janet y el «aislado» de Shapiro se refieren al mismo fenómeno. Aunque el modelo PAI no es una teoría elaborada de la personalidad, señala la importancia del aprendizaje y, por tanto, de las redes de memoria como determinante principal de las características de la personalidad y del comportamiento (Shapiro, 1995, 2001; Solomon y Shapiro, 2008). Así, los recuerdos almacenados de forma disfuncional (especialmente en poblaciones traumatizadas crónicamente) pueden conceptualizarse como disociados del resto de la personalidad, que incluye el sistema más amplio de redes de memoria de información almacenada de forma adaptativa.

La TSDP no habla en términos de «información almacenada», sino que afirma que las acciones mentales y conductuales implicadas en los recuerdos traumáticos pertenecen a algunas partes disociativas conscientes y autoconscientes de la personalidad, cada una de las cuales tiene su propia perspectiva en primera persona. En términos del modelo PAI, entonces, la PE y la PAN tienen sus propias redes de memoria, y es la PE la que contiene los recuerdos traumáticos almacenados de forma desadaptativa («atrapados en el tiempo»). Destacando el hecho de que una parte disociativa tiene una perspectiva en primera persona, la PE puede entenderse como redes de memoria que «viven en el tiempo del trauma» con su propio sentido del yo. La PAN necesita evitar la PE, ya que esta resulta demasiado abrumadora para ser integrada y se entromete en el presente.

Los terapeutas EMDR deben comprender que se necesita más preparación y estabilización cuando se trabaja con clientes cuyos trastornos van más allá del trauma simple, cuando la disociación de la personalidad es más compleja, cuando las PE tienen un alto grado de autonomía y cuando existen fobias intensas entre la PAN y la PE.

TRATAMIENTO ORIENTADO POR FASES

El tratamiento debe seguir un enfoque por fases (Janet,1898; Van der Hart et al.,1989, 2006): estabilización, tratamiento de las memorias traumáticas y reintegración de la personalidad, y rehabilitación. En los casos más complejos, estas fases pueden alternarse varias veces. Por ejemplo, tras la estabilización comienza el trabajo con la memoria, pero esto podría generar tanto estrés que sea necesario regresar a la fase de estabilización. Del mismo modo, se podría llevar a cabo con éxito una intervención sobre las memorias, permitiendo al cliente experimentar nuevos comportamientos que podrían hacer emerger recuerdos adicionales que necesiten ser reelaborados, lo que hipotéticamente requeriría una nueva fase de estabilización.

Fase 1: Estabilización

La primera fase del tratamiento orientado por fases consiste en la reducción de los síntomas, la estabilización, el desarrollo de capacidades y el tratamiento de la disociación en la medida suficiente como para proceder con la intervención sobre las memorias. Esto también ocurre en la fase 2 del EMDR: preparación y estabilización.

Este proceso implica aumentar la capacidad del cliente para regular sus emociones, promover la capacidad integradora (incluida la habilidad de mantener una doble conciencia, es decir, la capacidad de estar presente en el aquí y ahora mientras se evoca una memoria) y abordar los síntomas actuales.

Esta fase del tratamiento también implica trabajar con las partes disociativas para mejorar la cooperación y la colaboración en el adulto (liderazgo de la PAN). Por ejemplo, se puede trabajar en reorientar en el tiempo a las partes (ayudar a las PE a comprender que lo que ocurrió en la infancia no está ocurriendo ahora), reducir los conflictos entre ellas y fomentar la compasión y la comprensión mutuas, ayudándolas a entender su función en términos de supervivencia.

Fase 2: Tratamiento de los recuerdos traumáticos

Esta fase se solapa con las fases 3-8 del EMDR:

- Evaluación
- Desensibilización
- Instalación
- Exploración corporal
- Cierre
- Reevaluación

El objetivo es integrar los recuerdos traumáticos de manera adaptativa, reduciendo la sintomatología disociativa y permitiendo que el individuo experimente nuevas formas de respuesta y afrontamiento.

Fase 3: Reintegración de la personalidad y reelaboración

Esta fase se superpone con la terapia EMDR en varios aspectos clave, incluido el desarrollo de recursos y la instalación (Korn y Leeds, 2002), el protocolo estructurado pasado-presente-futuro que enfatiza el reprocesamiento de memorias negativas subyacentes, la exposición a escenarios que desencadenan síntomas y el fomento de estrategias adaptativas para afrontar futuros eventos estresantes.

El objetivo general de la terapia es lograr una mayor adaptación a los retos de la vida y una integración progresiva de la personalidad, lo que implica dos procesos fundamentales: síntesis y concienciación.

La síntesis consiste en conectar y reorganizar los recuerdos traumáticos, integrando la información, las emociones y las sensaciones corporales en una narrativa coherente. Este proceso permite que las diferentes partes de la personalidad accedan a los recuerdos desde sus propias perspectivas y los integren en la identidad general del individuo.

La integración final del trauma posibilita que la persona pueda acceder a los recuerdos sin quedar atrapada en las respuestas emocionales del pasado, alcanzando un estado de mayor estabilidad, flexibilidad y resiliencia frente a experiencias futuras.

La concienciación es la capacidad de asimilar la realidad, darle sentido y significado, y adaptarse a ella. Este proceso implica dos componentes esenciales:

- La personificación: «Me ocurrió a mí y soy consciente de cómo afectó a mi vida, a mi sentido de mí mismo y a mi forma de ver el mundo» (apropiación personal).
- La presentificación: «Soy consciente del presente y de cómo mi pasado me afecta en el presente y en el futuro imaginado. Lo que pasó ya ha terminado y está en el pasado».

APEGO DESORGANIZADO Y TRAUMA COMPLEJO

Brown y Elliot (2018) señalan la importancia del apego desorganizado en el desarrollo del TEPT complejo y los trastornos disociativos:

> El TEPT simple se asocia con eventos traumáticos específicos únicos o acumulativos, mientras que el complejo se asocia principalmente con el apego inseguro agravado por el maltrato o el trauma en la infancia tardía o en la edad adulta. Hay escaso respaldo para la idea de que el trauma complejo sea una consecuencia del trauma temprano en sí mismo o una consecuencia de trauma por eventos múltiples o maltrato continuado; más bien, el apego inseguro en la infancia temprana es un componente clave en el posible desarrollo del trauma complejo, en combinación con maltrato o trauma posterior en la infancia. (Brown y Elliot 2018, p. 219)

Dado el papel primordial que desempeña el estilo de apego en el duelo, las personas con apego desorganizado que han sufrido una pérdida pueden ser particularmente vulnerables a desarrollar duelos complicados. La aplicación de la terapia EMDR para reprocesar recuerdos traumáticos debe realizarse después de una preparación y estabilización adecuadas. Brown y Elliot (2018) apuntan lo siguiente:

> Un enfoque constante en el procesamiento del trauma en pacientes con trastornos complejos relacionados con el trauma corre el riesgo de agravar la desorganización de la mente, que es una característica del apego inseguro. (Brown y Elliot 2018, p. 220)

Por lo tanto, en el tratamiento del trauma complejo y la disociación, el terapeuta debe aumentar la capacidad integradora del cliente para permitir la conciencia dual.

TERAPIA EMDR Y TRAUMA COMPLEJO

El terapeuta que trabaja con trauma complejo y disociación de la personalidad generada por el trauma debe contar con formación especializada y estar familiarizado con la bibliografía sobre este tratamiento. Es fundamental que realice una evaluación de la disociación del cliente.

El Cronograma de Entrevistas sobre Experiencias Disociativas (*SCID-D*, siglas en inglés de *Dissociative Disorders Interview Schedule*) es un instrumento de cribado utilizado con frecuencia (Carlson y Putnam, 1993), aunque incluye preguntas sobre fenómenos que no son en sí mismos de naturaleza disociativa. La *Entrevista de Síntomas de Trauma y Disociación* (TADS-I, siglas en inglés de *Trauma and Dissociative Symptoms Interview*) (Boon y Mathes, 2016) y el *SCID-D* (Steinberg y Hall, 1997) son instrumentos diagnósticos más exhaustivos.

Fase 1. Historia clínica

Dependiendo del nivel de disociación, puede ser necesario realizar la historia de manera progresiva. Con los clientes más graves, puede ser útil comenzar con ejercicios de estabilización y anclaje antes de llevar a cabo una historia detallada.

Fase 2. Preparación y estabilización

La preparación para el procesamiento de los recuerdos se determina no tanto por el tiempo, sino por el cumplimiento de ciertos criterios a un nivel «suficientemente bueno» (Steele, Boon y Van der Hart, 2017). Algunos de estos criterios son:

- *Capacidad para reducir la activación o acceder a los recursos.* La habilidad para calmarse y acceder a estados de ánimo enriquecidos en recursos es una de las primeras competencias esenciales que requiere el cliente para regular sus emociones e iniciar el proceso de superación del trauma.
- *Estabilizar comportamientos perjudiciales.* Conductas como autolesionarse, abusar de sustancias u otras acciones sustitutivas (realizadas para evitar experimentar emociones y recuerdos dolorosos) deben estar controladas.
- *Entorno social estabilizado.* Es fundamental que el cliente se ocupe de las tareas de la vida diaria y que no se encuentre en un modo de crisis.
- *Compasión de la PAN hacia las partes.* Se debe trabajar con la PAN (por ejemplo, el yo con funcionamiento ejecutivo que se ocupa de la vida diaria) para fomentar la compasión hacia las partes emocionales.
- *Desarrollo de la coconsciencia, la cooperación y la colaboración entre las partes de la personalidad.* La PAN debe liderar el funcionamiento ejecutivo. Técnicas como la tabla disociativa de Fraser (Fraser, 1991), en la que las partes se reúnen en una sala de conferencias imaginaria, pueden facilitar la comunicación y la cooperación.

- *Reducción o eliminación de las fobias entre partes.* A menudo, estas fobias se identifican por conflictos entre partes o grupos de partes. Por ejemplo, una parte que se defiende contra el llanto de apego y los sentimientos de impotencia (que puede experimentarse como una parte enfadada o crítica) culpa a la parte atrapada en el llanto (que puede experimentarse como una parte «niño vulnerable», percibida como débil o incluso como un «bebé»). Esto mantiene a la persona centrada en el conflicto interno, en lugar de abordar el dolor subyacente no procesado de heridas de apego anteriores. Dichos conflictos, si no se tratan, bloquearán el procesamiento en fases posteriores de la terapia EMDR. Comprender que las partes, en términos del modelo PAI, son redes de memoria que «viven en el tiempo del trauma» con su propio sentido del yo, permite alinear las diferentes redes de memoria. Las partes que pudieran bloquear el procesamiento o activarse en exceso deben tratarse antes del reprocesamiento de los recuerdos, lo que facilita el proceso y ayuda a mantener al cliente dentro de la ventana de tolerancia.
- *Aumento de la ventana de tolerancia.* A medida que la PAN desarrolla mayor autoliderazgo y capacidad para permanecer presente con la emoción, la ventana de tolerancia se amplía.
- *Conciencia dual dentro del sistema.* Es necesaria antes de comenzar el reprocesamiento: se trata de mantener un pie en el pasado y otro en el presente. El liderazgo y la presencia de la PAN dentro del sistema son fundamentales para sostener la conciencia dual.
- *Orientación temporal de las partes (en la medida de lo posible).* Se debe trabajar con las partes para que comprendan que lo ocurrido en la infancia no se repite en el presente; el peligro de la infancia ya ha pasado.
- *Personificación.* La capacidad de afirmar «esta es mi historia y soy una sola persona» es esencial para un reprocesamiento completo. Las distintas partes deben llegar a comprender que lo que le ocurrió a una de ellas, en realidad, le ocurrió a toda la persona. Por ejemplo, una parte enfadada que culpa al «niño interior» por el maltrato puede no reconocer que ella también lo vivió. Facilitar esta comprensión –que hay una sola persona con un cerebro y una personalidad fragmentada– favorece el reprocesamiento de los recuerdos y permite al cliente man-

tenerse dentro de su ventana de tolerancia. Las partes que no estén personificadas pueden bloquear el reprocesamiento. Aunque la integración total de la personalidad no es posible antes de las fases de procesamiento de los recuerdos, es necesario alcanzar cierto grado de personificación para avanzar. La orientación temporal, el desarrollo de la compasión entre las partes y la comprensión de su función de supervivencia ayudan a aliviar los conflictos internos y permiten la personificación del recuerdo («me pasó a mí»).

- *Información adaptativa para hacer frente a las creencias desadaptativas.* Los clientes pueden creer que el maltrato o la negligencia que sufrieron fue culpa suya, que se lo merecían o que el mundo es siempre peligroso. Es necesario que dispongan de información adaptativa realista, al menos a nivel cognitivo, para contrarrestar estas distorsiones cognitivas.
- *Mayor capacidad de integración.* Las PAN y las PE deben ser capaces de permanecer presentes con las emociones experimentadas durante el reprocesamiento. El cliente debe poder hablar sobre el recuerdo (sin necesidad de detallar en exceso) e identificar los núcleos patológicos (los momentos o aspectos más críticos), manteniéndose dentro de la ventana de tolerancia frente al recuerdo traumático (por ejemplo, evitando entrar en hiper o hipoactivación).

Para lograr un reprocesamiento efectivo, es fundamental establecer una relación terapéutica basada en la confianza y la colaboración. En personas con un estilo de apego desorganizado, puede manifestarse un patrón disociativo en el que se alterna rápidamente entre la búsqueda de apego y la defensa, según la parte de la personalidad que esté activada.

Dado que la infancia no proporcionó la seguridad necesaria, la relación terapéutica debe transformarse en ese espacio seguro que facilite el proceso de cambio. Esta relación no solo es el vehículo para la transformación, sino que resulta esencial para garantizar la seguridad del cliente y fortalecer su capacidad para reprocesar recuerdos angustiantes. Por ello, es crucial que el terapeuta se mantenga presente, ofreciendo apoyo y ayudando al cliente a sostener o recuperar la sensación de seguridad cuando sea necesario.

Fases 3-8: Reprocesamiento de los recuerdos

Antes de iniciar el reprocesamiento de los recuerdos, es fundamental identificar qué partes pueden estar presentes y cuáles no deben participar en ese momento, asegurándose de que estas últimas permanezcan en sus lugares seguros internos. Por ejemplo, un recuerdo traumático puede resultar demasiado abrumador para algunas partes, como el «niño» o el «bebé», mientras que la parte adulta (PAN) y, quizás, una parte adolescente, pueden estar en condiciones de manejarlo. Más adelante, el mismo recuerdo puede reprocesarse nuevamente con la participación de las demás partes.

Otra estrategia clínica consiste en seguir trabajando con aquellas partes que no pueden estar presentes hasta que adquieran la capacidad de participar en el reprocesamiento. En última instancia, lo que le ocurrió a una parte, le ocurrió a todas, ya que existe un solo cerebro y una personalidad fragmentada en partes (Kathy Martin, 2018). La decisión de reprocesar el recuerdo con las partes disponibles o esperar hasta que todas las partes relevantes puedan participar es una elección terapéutica. Sin embargo, en el caso de clientes con trastorno de identidad disociativo, la primera opción suele ser imprescindible (Van der Hart, 2020, comunicación personal).

Dado que las partes pueden considerarse redes de memoria con su propio sentido del yo, trabajar con el sistema disociativo es un proceso integrador. Fomentar la coconsciencia, la cooperación y la personificación bajo el liderazgo de la PAN puede prevenir la irrupción inesperada de partes durante el reprocesamiento, lo que podría bloquear el proceso o resultar abrumador para el cliente. Preparar el sistema de personalidad –trabajando previamente con las partes– hace que el reprocesamiento sea más fluido, contenido y que ayude al cliente a mantenerse dentro de su ventana de tolerancia.

En la formación básica de terapia EMDR se recomendaba realizar series más largas y aumentar la estimulación bilateral cuando un cliente experimentaba una emoción intensa, con el fin de facilitar el reprocesamiento. Sin embargo, al trabajar con una cliente con síntomas disociativos significativos, utilicé la tabla disociativa de Fraser para ayudar a las partes a orientarse al presente antes del reprocesamiento, lo que resultó en un proceso mucho más estable. La cliente expresó que, aunque solía necesitar una preparación previa debido a la intensidad del reprocesamiento EMDR, en esta ocasión la experiencia fue mucho menos abrumadora y pudo abordar las sesiones con mayor confianza.

Una metáfora útil para explicar este enfoque a clientes con disociación generada por el trauma es la de un dentista que taladra un diente sin anestesia: sin la preparación y estabilización adecuadas de las partes, el reprocesamiento puede resultar demasiado doloroso y difícil de manejar.

EJEMPLO DE CASO 2

Rose, una clienta con disociación secundaria

Rose, una mujer de 42 años y madre de un niño de 7, había sufrido dos abortos espontáneos y la muerte de su madre en un periodo de diez meses. En sus palabras, estaba «sobrepasada por el duelo». Se encontraba deprimida y su desempeño, tanto en el trabajo como en casa, era, en el mejor de los casos, aceptable. Alternaba entre la tristeza y el entumecimiento por los abortos. La muerte de su madre le generaba un fuerte conflicto emocional: se sentía triste y enfadada a la vez. Su historia estaba marcada por el alcoholismo materno, que se agravó cuando Rose tenía 5 años. La familia vivía en una comunidad sin acceso a tratamiento y, además, buscar ayuda se consideraba una gran vergüenza. Cuando cumplió 10 años, la adicción de su madre había avanzado hasta dejarla completamente incapacitada. Un día, su padre le dijo que, a partir de entonces, ella era la «mujer de la casa» y le encomendó el cuidado de sus dos hermanos pequeños, además de las tareas del hogar. Rose hizo lo que pudo, pero se sentía inadecuada e incapaz de asumir un rol que no le correspondía. También intentó cuidar de su madre, que seguía bebiendo. Esta experiencia reforzó en ella la creencia limitante de «No puedo soportarlo». Otro recuerdo traumático tuvo lugar a los 15 años, cuando encontró a su madre inconsciente por un coma etílico junto a su novio. La llevaron al dormitorio. Dos años después, a los 17, Rose se marchó de casa y se trasladó a otro país. Desde entonces, rara vez volvió a ver o hablar con sus padres.

Rose presentaba disociación secundaria, con una PAN y varias PE. Durante los primeros cuatro meses de terapia, el trabajo se centró en la estabilización y el reconocimiento de las distintas partes de su personalidad. A través de la técnica de la tabla disociativa de Fraser, se identificaron cuatro PE:

- Una PE de 5 años, percibida como «asustada y vulnerable».
- Una PE de 10 años, que llevaba consigo la vivencia de «No puedo afrontarlo».
- Una PE adolescente, caracterizada por la «ira».
- Una parte protectora, representada por un dragón, que la distraía de las emociones mediante conductas sustitutivas, como el consumo excesivo de alcohol, el ejercicio compulsivo y el adormecimiento emocional.

A medida que fue conociendo sus distintas partes y comprendiendo que estaban ancladas en el pasado, se introdujeron intervenciones de orientación temporal. Por ejemplo: «¿La parte experimentada como de 5 años sabe que la infancia ha terminado y que ahora eres una mujer adulta?». Ayudar a la PAN a entender la función de supervivencia que cada parte había desempeñado en su infancia fomentó su compasión hacia ellas. También le permitió desarrollar la capacidad de permanecer presente con estas partes y ofrecerles apoyo en el momento en que lo necesitaran, tanto durante como después de las sesiones. En general, estos primeros cuatro meses de tratamiento favorecieron la comunicación, la cooperación, la colaboración y la autocompasión dentro del sistema, con la PAN adulta ejerciendo el liderazgo. Finalmente, Rose cumplió los criterios para avanzar a la fase de reprocesamiento de los recuerdos.

El sistema aceptó comenzar esta fase con el recuerdo de cuando su padre le dijo que era la «mujer de la casa». Todas las partes acordaron participar y reconocieron que el recuerdo había sucedido. Siguiendo el protocolo estándar de la terapia EMDR, el reprocesamiento fue exitoso. Posteriormente, se trabajó el recuerdo de cuando, a los 15 años, encontró a su madre desmayada en el suelo. En este punto del tratamiento, las partes infantiles estaban más conectadas con la PAN y el resto del sistema, y ya no se sentían tan «solas». El siguiente paso fue abordar la muerte de su madre, ocurrida diez meses antes. Se llevó a cabo una evaluación de la personificación de su madre y de su fallecimiento en cada parte del sistema con dos preguntas clave:

1. ¿Sabe cada parte que su madre era su madre?
2. ¿Sabe cada parte que su madre ha muerto?

Todas coincidieron en que su madre era su madre. Sin embargo, la parte de 10 años no sabía que había fallecido. Durante la sesión, Rose, en su rol de PAN, expresó: «No quiero que lo sepa porque quiero preservar el poco apego infantil que tiene esa parte. De niña, no tuve mucha infancia. No tuve madre. No quiero que la parte de 10 años pierda a la única madre que tuvo». Al decir esto, sintió internamente cómo esa parte suya, la PE de 10 años, manifestaba un llanto de apego: «Mamá, no me dejes, no me dejes». El diálogo terapéutico continuó, reconociendo que la pérdida de la madre era demasiado intensa para que esa parte lo asimilara en ese momento. Tras aplicar más orientación temporal, el terapeuta pidió a Rose que volviera al recuerdo previamente reprocesado en el que su padre le decía que era la «mujer de la casa». En esta ocasión, Rose informó que la PE de 10 años no estaba sola: todas las partes estaban juntas en un «abrazo grupal». Le resultó reconfortante. El terapeuta, reconociendo la importancia de este logro, le pidió que mantuviera la sensación de conexión con todas sus partes, incluidas la PE de 10 años y la PAN adulta. Se realizó una breve serie de movimientos oculares para reforzar la sensación de bienestar. Rose expresó que la niña de 10 años estaba bien porque «nos tiene a las demás, no está sola». Este sentimiento se reforzó con otra serie de movimientos oculares. Finalmente, Rose informó de que la PE de 10 años ahora sabía que su madre había muerto. Al sentirse conectada y reconfortada dentro del sistema, pudo afrontar la realidad de su pérdida. A partir de ahí, se trabajó con éxito en la elaboración del duelo, comenzando por el momento en que recibió la noticia.

El siguiente tema fueron sus abortos espontáneos. Gracias al trabajo previo sobre la muerte de su madre, la personificación de las partes, el aumento de la ventana de tolerancia y la mejora de la comunicación y la cooperación dentro del sistema, esta parte del proceso resultó menos difícil de lo que Rose había imaginado. Expresó que sentía dolor, pérdida y rabia, pero ya no lo vivía como algo «demasiado». Al inicio del tratamiento, sentía que todo se acumulaba y la sobrepasaba. Ahora, en cambio, los abortos eran una experiencia dolorosa pero comprensible, algo que «a veces ocurre». Como ella misma dijo: «Es triste, pero ya no es destructivo como antes».

La terapia continuó con el reprocesamiento de recuerdos infantiles relacionados con el abandono materno y la ira hacia su padre por haberle impuesto demasiadas responsabilidades, así como con el trabajo sobre los abortos espontáneos. Un año después, la terapia concluyó con una mayor integración de su personalidad, lo que supuso la unificación de sus partes.

Este caso ejemplifica la importancia de trabajar con el sistema de personalidad antes de abordar el reprocesamiento de los recuerdos. La parte de 10 años no sabía que su madre había muerto, y la PAN temía que esa parte lo descubriera porque creía que sería demasiado para ella. En realidad, esto reflejaba que la pérdida seguía siendo demasiado abrumadora para la persona en su conjunto. Sin este trabajo previo, empezar el reprocesamiento por la muerte de su madre podría haber resultado demasiado intenso o haber bloqueado el proceso. En cambio, al fortalecer primero la conexión entre las partes, el sistema pudo integrar esta pérdida y, con ello, generalizar el aprendizaje a otros traumas, como los abortos espontáneos. Como resultado, Rose alcanzó una perspectiva más adulta de su historia, arraigada en el presente, capaz de reflexionar sobre el pasado con tristeza, pero también con compasión y aceptación.

EJEMPLO DE CASO 3 (OFRECIDO POR KATHY MARTIN)

Jill, una cliente con disociación secundaria

Jill, una mujer de 38 años, inició tratamiento para afrontar el duelo por la muerte de su esposo, ocurrida doce años antes. En la primera sesión, se presentó como si la pérdida hubiera sido reciente: estaba angustiada, lloraba con frecuencia y se sentía sola y desorientada. Recordaba vívidamente cómo recibió la noticia y reconocía que nunca había procesado su duelo. Ahora, al comenzar una nueva relación, sentía la necesidad de sanar para poder estar emocionalmente disponible.

Su esposo falleció repentinamente en un accidente con maquinaria pesada cuando llevaban apenas dos años y medio de casados. En ese momento, Jill tenía un bebé y un niño de 1 año. La urgencia de mantener a su familia la llevó a enfocarse en su trabajo y en su rol de madre soltera, lo que, según ella, le impidió llorar la pérdida. Aunque hablaba de su esposo con dolor, se mostraba emocionalmente cerrada y cumplía con los criterios de una depresión clínica. Desde su muerte, tomaba un antidepresivo ISRS. Decía sentir que simplemente «cumplía con el rol» de madre sin estar realmente presente. Quería a sus hijos, pero no disfrutó su tiempo con ellos, especialmente cuando tenían entre 4 y 10 años.

Jill era la única hija de una familia de clase media. Su infancia fue relativamente estable hasta la separación de sus padres cuando tenía 4 años y medio, tras una infidelidad paterna. Su padre entraba y salía del hogar hasta que, cuando Jill tenía 10 años, el divorcio se hizo definitivo y él desapareció de su vida. Su madre, sumida en la depresión, le prohibió hablar de él y le pidió que lo olvidara. Para mantener el vínculo con su madre, Jill obedeció.

Durante la primera sesión, el terapeuta notó un tono infantil en su llanto y la escuchó decir, con voz de niña pequeña: «Papá volverá por mí». En sesiones posteriores, se trabajaron técnicas de autorregulación, lo que le permitió gestionar mejor sus emociones y disfrutar más de sus hijos. Con el tiempo, su depresión comenzó a disminuir y su desempeño laboral mejoró.

Una vez preparada, se utilizó la técnica de la tabla disociativa de Fraser. Aunque no cumplía con los criterios de un trastorno disociativo según el DSM-5, presentaba síntomas de TEPT complejo y un proceso disociativo evidente en su comportamiento infantil al llorar. A través de esta técnica, se identificaron tres partes emocionales diferenciadas:

- Una parte de 5 años, atrapada en el llanto de apego por su padre, sin saber que él nunca regresaría ni que ella era ahora una mujer adulta.
- Una parte de 9 años, que protegía a la de 5 años del dolor al bloquear su acceso a la realidad de la pérdida.
- Una parte de 24 años, que actuaba como un escudo para evitar que las otras dos tomaran conciencia de todo lo sucedido.

Jill, como su yo adulto, al principio pensó que se estaba «inventando» estas partes, pero reconoció que siempre se sentía como una niña pequeña al llorar. Este darse cuenta la motivó a comprometerse con su proceso terapéutico.

La parte de 5 años idealizaba a su padre y mantenía la esperanza de que algún día volvería, aferrándose a la idea de una infancia feliz con dos padres amorosos. Este mecanismo de defensa le impedía afrontar la ira, la decepción y la impotencia que sintió de niña cuando sus padres no supieron acompañarla emocionalmente. En particular, guardaba un profundo resentimiento hacia su madre por prohibirle hablar de su padre.

Conforme avanzó el tratamiento, Jill comprendió que su incapacidad para hacer el duelo por su esposo estaba ligada a la disociación de sus pérdidas infantiles. Su mente había reforzado mecanismos de defensa para evitar enfrentar ese dolor, bloqueando también la muerte de su marido. Sin superar el miedo a conectar con su sufrimiento infantil, el duelo por su esposo resultaba imposible.

La reorientación temporal de sus partes internas fue clave en el proceso. La parte de 5 años fue la más difícil de actualizar, pues su llanto de apego implicaba una idealización del padre. Con el tiempo, todas sus partes pudieron integrar la realidad: el padre se había ido, la madre la había dejado emocionalmente sola y su esposo realmente había muerto.

Cuando Jill consiguió suficiente orientación temporal y personificación, inició la fase de procesamiento de recuerdos. Se eligió un episodio ocurrido a los 4 años: una pelea entre sus padres por la infidelidad de su padre, en la que su madre, furiosa, amenazaba con llevársela y no dejarle que la volviera a ver. En medio de la discusión, su madre le dijo: «Si realmente te quisiera, no nos habría hecho esto».

Todas sus partes aceptaron participar en la sesión de reprocesamiento, pero cuando emergió la ira, la parte de 5 años retrocedió a su mecanismo de defensa: llorar para que su padre volviera. Esto bloqueó el proceso y Jill se cerró emocionalmente. Se realizaron sesiones adicionales para fortalecer su capacidad de regulación y profundizar en la integración de su historia.

Con el tiempo, Jill logró procesar las memorias traumáticas de su infancia: las peleas de sus padres, el abandono de su padre y el cierre emocional de su madre. La ira, la impotencia y el miedo fueron disminuyendo. También comprendió por qué la crianza de sus hijos entre los 4 y 10 años había sido tan difícil: esos años despertaban en ella su propio trauma infantil. Ahora se lamentaba por no haber estado emocionalmente presente, pero se sentía más conectada con ellos y más disponible para su nueva pareja.

El último tramo del tratamiento se enfocó en procesar la muerte de su esposo. Gracias al trabajo previo, este proceso fue mucho más fluido. Aunque surgieron emociones intensas, Jill pudo reconocer que provenían de sus recuerdos y no de una nueva amenaza de abandono. A medida que avanzaba, emergió un nivel más profundo de ira y decepción vinculada a sus duelos infantiles, que también pudo reprocesar con éxito.

Después de año y medio de terapia, Jill había integrado su historia y superado el dolor de sus pérdidas. Había dejado los antidepresivos seis meses antes con aprobación médica y se mantenía estable. Se sentía satisfecha con la relación que tenía con sus hijos y, orgullosa, anunció que había aceptado la propuesta de matrimonio de su pareja.

El tratamiento concluyó con éxito con una última revisión de sus miedos al abandono y la integración de sus partes internas. Jill se marchó sabiendo que, si en el futuro enfrentaba otra pérdida, contaba con las herramientas para afrontarla y salir adelante. Ya no temía el porvenir ni estaba atrapada en su pasado.

RESUMEN

Los ejemplos de casos anteriores subrayan la importancia de trabajar con el sistema de personalidad antes de iniciar el reprocesamiento de los recuerdos. Para evitar abrumar a la persona en duelo y favorecer la integración, es fundamental alcanzar un nivel «suficientemente bueno» de co-consciencia, cooperación y colaboración con un liderazgo adulto. Este proceso incluye la toma de conciencia de la pérdida a través de la personificación y presentificación. Un paso esencial en la preparación para el reprocesamiento de la memoria es evaluar si las diferentes partes emocionales han asimilado la muerte del ser querido.

En casos de trauma complejo, la pérdida puede reactivar traumas de apego pasados que deben abordarse antes de centrarse en el duelo propiamente dicho. En estos casos, el reprocesamiento de experiencias traumáticas de apego previas puede facilitar la asimilación de la pérdida y permitir un abordaje terapéutico más eficaz.

Nota final sobre el duelo y la aflicción en el tratamiento

Todo proceso integrador conlleva un encuentro con el duelo, aunque no implique la muerte de un ser querido. Cada avance y cada logro pueden traer consigo alegría, pero también dolor, al confrontar lo que se ha perdido y quizá nunca se recupere (Steele, Boon y Van der Hart, 2017). Estas pérdidas también requieren reprocesamiento.

Por ejemplo, una mujer que sufrió abusos sexuales en su infancia utilizaba una estrategia calmante en la que se imaginaba como un pulpo, pues estos animales pueden escapar de espacios cerrados. Tras una sesión particularmente integradora, afirmó: «No soy un pulpo, (el abuso) me ocurrió a mí y me perdí a mí misma, y nunca podré recuperarlo». La terapia EMDR se enfocó en el reprocesamiento de sus pérdidas, incluyendo la pérdida de la inocencia infantil, la sensación de seguridad y la confianza en los demás. Con el desarrollo de su capacidad de integración y el fortalecimiento de sus recursos internos, logró enfrentarse a la impotencia derivada del abuso y, finalmente, «recuperarse a sí misma».

CAPÍTULO 21

REFLEXIONES FINALES

La pérdida es una experiencia dolorosa que puede afectar a todas las facetas de la vida. La terapia EMDR no busca eliminar el dolor, sino reprocesar los obstáculos que complican el duelo, facilitando su progreso y permitiendo la adaptación al nuevo mundo sin la persona fallecida. A través de este proceso, la persona en duelo puede pasar de la sensación de «No puedo conectar» a «Puedo conectar» mediante la formación de una representación interna adaptativa basada en recuerdos sinceros y significativos.

Este libro ha explicado cómo el modelo de procesamiento adaptativo de la información guía al terapeuta en la identificación de los recuerdos del pasado que subyacen a la disfunción actual, en el abordaje de los disparadores presentes y en el desarrollo de un patrón futuro adaptativo. Sin embargo, para lograr una representación interna precisa, también es necesario tratar los recuerdos negativos. Si la respuesta a la pérdida es complicada o el procesamiento se encuentra bloqueado, es fundamental evaluar y tratar traumas pasados, otras pérdidas, recuerdos relacionados con la persona fallecida y aquellos basados en el apego.

La terapia EMDR se sustenta en distintos marcos teóricos. La teoría del apego ayuda a identificar los recuerdos del desarrollo que pueden estar influyendo en los bloqueos y en una respuesta complicada al duelo. La teoría de los vínculos permanentes nos recuerda que el lazo con la persona fallecida no desaparece, sino que se transforma y continúa. El modelo de procesamiento dual proporciona una perspectiva global del duelo, permitiendo evaluar el equilibrio entre la orientación a la pérdida y la orientación a la restauración. Por su parte, los procesos R ofrecen un marco para comprender los mecanismos psicológicos necesarios para adaptarse a una pérdida traumática.

LA TERAPIA EMDR Y LA ADAPTACIÓN POSITIVA

Más que una herramienta para el tratamiento del trauma, la terapia EMDR fomenta la adaptación positiva. En consonancia con el modelo de reconstrucción del significado de Neimeyer (2013), esta terapia puede ayudar a la persona en duelo a integrar recuerdos traumáticos, reconstruir su sistema de creencias y encontrar significado a través de la aparición de perspectivas adaptativas.

Por muy dolorosa que sea una pérdida, existe la posibilidad de experimentar crecimiento postraumático (Tedeschi y Calhoun, 2008), lo que implica que la persona en duelo pueda alcanzar nuevas perspectivas que enriquezcan su vida y promuevan un cambio positivo. Este concepto, ampliamente validado, se define como la experiencia de transformación positiva más allá de la mera recuperación del desempeño previo, que surge como resultado de una experiencia traumática. Tedeschi, Orejuela-Dávila y Lewis (2018) señalan:

> El duelo puede introducir en la vida de una persona nuevas consideraciones sobre cómo vivir, ya que una pérdida requiere cambios de perspectiva, hábitos y relaciones. (Tedeschi, Orejuela-Dávila y Lewis, 2008, p. 31)

A lo largo de la historia, el ser humano ha enfrentado la pérdida, encontrando desafíos en su proceso de adaptación. La gestión de estos cambios puede derivar en un mayor desarrollo personal, una mayor resiliencia y crecimiento postraumático. La terapia EMDR, al centrarse en el reprocesamiento de recuerdos traumáticos, la gestión de disparadores presentes y la instalación de patrones futuros adaptativos, ofrece un marco eficaz para fomentar el crecimiento postraumático y la integración del duelo.

LA TERAPIA EMDR ES UN PARADIGMA DE LA RESILIENCIA

La resiliencia es la capacidad de las personas para afrontar el estrés y adaptarse positivamente ante la adversidad o un trauma significativo (Luthar, Cicchetti y Becker, 2000). Como señalaron Solomon y Shapiro:

> En términos del modelo de procesamiento adaptativo de la información, la resiliencia, la coherencia y los recursos son respuestas basadas en los afectos y las perspectivas que carac-

> terizan los recuerdos estimulados por la experiencia actual. Cuando las personas enfrentan la adversidad, la información adaptativa almacenada en sus redes de memoria está disponible para afrontar el reto. Un alto nivel de resiliencia, sentido de coherencia y recursos es el resultado de la capacidad humana para hacer pleno uso de la información almacenada funcionalmente y de las habilidades adquiridas a lo largo de su vida. (Solomon y Shapiro, 2013, p. 286-287)

Tras una pérdida importante, la vida puede no volver a ser la misma. Es necesario integrar las circunstancias adversas y construir una nueva normalidad. Como afirma Greitens:

> Lo que nos ocurre se convierte en parte de nosotros. Las personas resilientes no se recuperan de las experiencias duras; encuentran formas saludables de integrarlas en su vida. (Greitens, 2015, p.23)

Solomon y Shapiro (2013) explican que la terapia EMDR está diseñada para identificar y procesar los recuerdos del pasado que subyacen a las dificultades de afrontamiento, abordar las situaciones presentes que desencadenan alteraciones y desarrollar patrones de memoria positiva para futuros comportamientos adaptativos. Este procesamiento facilita un aprendizaje acelerado que transforma perspectivas y emociones negativas en respuestas neutras o incluso positivas, convirtiéndose en la base de la resiliencia. Así, la terapia EMDR permite a la persona en duelo acceder a todo su potencial funcional y a los recursos disponibles para afrontar futuras adversidades (Solomon y Shapiro, 2013).

Este libro está repleto de ejemplos que ilustran cómo la terapia EMDR facilita el crecimiento postraumático, la búsqueda de sentido y el fortalecimiento de la resiliencia. Estos casos no solo ofrecen una base didáctica, sino que también reflejan la profunda humanidad de la terapia EMDR en la integración de recuerdos angustiosos y el apoyo a las personas en duelo para que enfrenten los retos de la vida de manera adaptativa.

CUIDARSE A UNO MISMO COMO TERAPEUTA

Trabajar con el duelo y la aflicción puede ser doloroso también para el terapeuta. La primera vez que trabajé con un grupo numeroso de supervivientes de policías fallecidos en acto de servicio, me impactó profundamente. El «muro de dolor» que encontré era inmenso. De hecho, trabajar con la pérdida activa nuestra propia vulnerabilidad. ¿Cómo afrontarlo? A continuación, comparto lo que me ha sido útil:

1. *Aceptar el dolor del cliente.* Es fundamental mantener una separación saludable entre el dolor del cliente y el propio. Nuestro papel es formar parte de su equipo de apoyo, acompañándolo en su proceso de sanación.
2. *Ver a la persona, no solo su dolor.* Identificarse en exceso con la experiencia del cliente puede dificultar estar plenamente presente para él.
3. *Atender nuestra propia vulnerabilidad.* Es nuestra responsabilidad trabajar nuestras propias emociones para evitar que interfieran en la terapia.
4. *Tener una red de apoyo.* Contar con colegas, amigos o un terapeuta con quien compartir las dificultades de nuestra labor es clave para el autocuidado.
5. *Trabajar en equipo.* La colaboración con otros profesionales puede ayudar a amortiguar el impacto emocional del trabajo con el duelo y el trauma.
6. *Buscar el equilibrio en la vida.* Realizar actividades placenteras y significativas ayuda a mantener el bienestar personal y profesional.
7. *Cuidar el cuerpo.* La terapia puede ser mental y emocionalmente agotadora, por lo que mantener una rutina de ejercicio y descanso adecuado es fundamental.
8. *Creer en la capacidad de sanación del ser humano.* Mantener la curiosidad, la esperanza y una visión optimista de la vida ayuda a sostener el trabajo terapéutico a largo plazo.

Charles Figley, experto en fatiga por compasión (Figley, 1995, 2002), me preguntó una vez qué me había permitido evitar el desgaste profesional. Reflexionando al respecto, creo que lo esencial es ver a la persona más allá de su dolor. En cada sesión, busco la chispa de resiliencia en mis clientes y los acompaño en su camino hacia la sanación. La terapia EMDR no deja de sorprenderme, pues permite acceder a la fuerza interna de cada persona.

Para mí, acompañar el proceso de sanación de mis clientes no solo es una labor profesional, sino una fuente de aprendizaje y crecimiento personal. Algunas personas, por diversas razones, no progresan rápidamente en la terapia. Factores físicos, genéticos o traumas tempranos pueden hacer que el proceso sea lento. Sin embargo, para algunas personas, la única expectativa de la semana es su sesión de terapia. Esto, en sí mismo, es valioso y terapéutico, y nunca lo pierdo de vista.

Me gustaría preguntarte a ti, lector, ¿cuál es tu visión personal de lo que haces y qué es lo que te motiva a seguir adelante?

UNA ADVERTENCIA FINAL

Este libro se centra en el protocolo estándar EMDR para el tratamiento del duelo. Sin embargo, existen muchas otras intervenciones útiles para las personas en duelo, como escribir cartas a la persona fallecida, mantener conversaciones imaginarias con ella, visualizarse en el lugar del fallecimiento para ofrecer consuelo o realizar rituales conmemorativos. La estimulación bilateral puede potenciar estos procesos y ayudar a avanzar en el duelo.

El duelo no solo implica reprocesar recuerdos negativos. También implica aprender a afrontar la soledad, encontrar un nuevo propósito de vida y desarrollar estrategias para seguir adelante. En este sentido, los terapeutas de EMDR deben proporcionar un enfoque integral que incluya el desarrollo de habilidades, la búsqueda de nuevas motivaciones y la construcción de esperanza.

El acompañamiento terapéutico no se trata solo de aliviar el sufrimiento, sino de estar presente con el cliente, ofreciéndole apoyo y herramientas para transformar su dolor en una oportunidad de crecimiento y reconstrucción.

ANEXOS

ANEXO 1

TRATAMIENTO CON TERAPIA EMDR DEL DUELO DEBIDO A COVID-19

La muerte causada por la covid-19 puede intensificar el trauma de una pérdida. La persona en duelo no solo debe afrontar la ausencia del ser querido, sino también lidiar con factores de riesgo adicionales que pueden derivar en un duelo traumático, como la muerte repentina e inesperada o la interrupción de la vida cotidiana causada por la pandemia. Además, el duelo puede verse aún más complicado por la reactivación de pérdidas y traumas previos no resueltos, así como por experiencias traumáticas relacionadas con el apego.

A nivel individual, comunitario, nacional e internacional, la pandemia ha generado múltiples capas de pérdidas que interactúan y se potencian entre sí. Estas incluyen la amenaza de contraer una enfermedad potencialmente mortal, la pérdida de contacto físico con seres queridos, la pérdida de empleo y seguridad financiera, la sensación de pérdida de control, las restricciones a las libertades personales, la alteración de rutinas familiares y planes futuros, así como la pérdida de seguridad y previsibilidad. Un estudio de Wang et al. (2020) sobre el impacto psicológico del brote de covid-19 reveló que el 53,8 % de los encuestados calificaron el impacto psicológico como moderado o grave; el 16,5 % reportó síntomas de depresión de moderados a graves; el 28,8 % informó síntomas de ansiedad de moderados a graves, y el 8,1 % presentó niveles de estrés de moderados a graves.

La pérdida de un ser querido en este contexto puede resultar particularmente devastadora debido a las restricciones impuestas por la pandemia. El distanciamiento social y las cuarentenas impidieron a muchas personas estar físicamente presentes en los últimos momentos de sus seres queridos, limitando la posibilidad de brindar consuelo o despedirse. Las ceremonias funerarias y rituales conmemorativos tuvieron que realizarse en línea o postergarse durante semanas o meses, privando a las familias del apoyo emocional necesario en el proceso de duelo. Además, la pandemia ha impactado profundamente la vida personal, alterando creencias fundamentales sobre la seguridad, el control y la previsibilidad del mundo, lo que agrava el trauma de la pérdida.

FACTORES DE RIESGO ESPECÍFICOS EN EL DUELO POR COVID-19

- *Muerte repentina e inesperada.* La progresión de la covid-19 puede ser rápida y desconcertante. La esperanza de recuperación puede hacer que la muerte resulte aún más impactante.
- *Muerte no natural y restricciones en la despedida.* Las visitas a pacientes con covid-19 han estado estrictamente limitadas o prohibidas, impidiendo que familiares y amigos brinden apoyo en los momentos finales. Los funerales y rituales tradicionales se han visto restringidos, dificultando la expresión del duelo y la conexión con la comunidad de apoyo.
- *Sufrimiento físico y emocional.* La persona en duelo puede experimentar una intensa sensación de impotencia y desesperación al saber que su ser querido sufrió sin poder ofrecerle consuelo en persona.
- *Percepción de muerte evitable.* La muerte por covid-19 puede ser percibida como evitable, lo que intensifica la ira y la frustración. Las personas en duelo pueden culpar a la respuesta tardía del gobierno, a la falta de equipos de protección en hospitales o al incumplimiento de medidas preventivas por parte del fallecido o de terceros.
- *Carácter aleatorio de la enfermedad.* La covid-19, al ser un virus invisible, puede generar una sensación de falta de control. Las personas pueden haber contraído la enfermedad en actividades esenciales como ir al supermercado o trabajar, lo que puede generar sentimientos de injusticia.
- *Muertes múltiples en un mismo hogar.* La pandemia ha provocado la pérdida simultánea de varios miembros de una familia, generando una sobrecarga de duelo (Rando, 1993, 2013), lo que hace que el proceso de adaptación sea aún más complejo.

- *Amenaza para la propia vida.* Algunas personas en duelo también han padecido covid-19 y sobrevivido, lo que puede generar sentimientos de culpa por haber vivido mientras su ser querido falleció.
- *Muerte inoportuna.* La muerte de personas jóvenes o en etapas tempranas del ciclo vital (niños, adolescentes, adultos jóvenes) puede generar una profunda sensación de injusticia, intensificando la rabia y la tristeza.
- *Falta de apoyo social.* La cuarentena y el distanciamiento social han impedido la realización de rituales presenciales como funerales o visitas de familiares y amigos, lo que ha privado a muchas personas en duelo del apoyo emocional fundamental para el proceso de adaptación.

CONSIDERACIONES PARA EL TRATAMIENTO EMDR DEL DUELO POR COVID-19

La terapia EMDR puede ayudar a las personas en duelo a reprocesar los recuerdos traumáticos relacionados con la muerte del ser querido y a integrar la pérdida en su vida. En el contexto de la pandemia, es esencial evaluar y abordar no solo la pérdida en sí, sino también el impacto de los factores adicionales que la rodean.

Algunas estrategias clave incluyen:

- Identificar los recuerdos más perturbadores relacionados con la pérdida (por ejemplo, la imagen del ser querido en el hospital, la llamada con la noticia del fallecimiento o la imposibilidad de despedirse).
- Explorar las creencias negativas asociadas a la pérdida, como sentimientos de culpa, impotencia o falta de control.
- Reprocesar experiencias traumáticas previas que puedan estar interfiriendo con la adaptación a la pérdida actual.
- Trabajar la sensación de desconexión y aislamiento, ayudando a la persona en duelo a fortalecer su red de apoyo y encontrar formas significativas de recordar y honrar a su ser querido.
- Ayudar a la persona en duelo a reconstruir su sentido de seguridad y control, abordando la incertidumbre y la vulnerabilidad que ha traído consigo la pandemia.

El duelo por covid-19 presenta desafíos únicos que requieren una adaptación en la intervención terapéutica. La terapia EMDR ofrece un enfoque integral que permite a la persona en duelo procesar su pérdida, mitigar el trauma y encontrar formas de reconectar con su vida y su entorno, incluso en medio de la incertidumbre.

CONCEPTUALIZACIÓN DE CASOS PARA LA PÉRDIDA EN TIEMPOS DE COVID-19

La terapia EMDR facilita el procesamiento de recuerdos negativos subyacentes a dificultades presentes, el abordaje de disparadores actuales que evocan angustia y la instalación de patrones futuros positivos. En el contexto de la covid-19, la pérdida de un ser querido puede generar tres niveles de problemáticas interconectadas:

1. La propia pérdida del ser querido.
2. Circunstancias traumáticas o complicadas derivadas de la pandemia, como la muerte súbita e inesperada, el sufrimiento del fallecido o traumas y pérdidas previas no resueltas, incluido el trauma basado en el apego.
3. El impacto de la covid-19 en el desempeño personal, afectando el bienestar emocional, la funcionalidad laboral y las relaciones interpersonales.

La combinación de estos factores puede bloquear el proceso de duelo, dificultando la adaptación a la pérdida y afectando la capacidad de la persona para afrontar el estrés cotidiano.

Por ello, el tratamiento debe abordar tanto la pérdida como las circunstancias traumáticas asociadas y los efectos de la pandemia en la vida diaria.

Aunque este libro se centra en la pérdida de un ser querido, los principios de tratamiento también pueden aplicarse a la angustia derivada de la covid-19 en general. Las dificultades actuales pueden exacerbarse debido a pérdidas no resueltas y traumas pasados. Por ejemplo, la soledad y el aislamiento social pueden intensificarse si existen recuerdos previos de abandono, y la percepción de vulnerabilidad frente a la enfermedad puede activar memorias de impotencia y falta de seguridad.

Identificar estos patrones y abordarlos con EMDR permite que el individuo procese no solo la pérdida reciente, sino también las experiencias pasadas que amplifican su sufrimiento en el presente

EJEMPLO DE CASO

Fase 1: Historia clínica y planificación del tratamiento

Jerry es un hombre de 46 años cuyo padre falleció debido a la covid-19.

Tras la imposición de las restricciones por la pandemia, Jerry se confinó en casa junto con su esposa y sus dos hijos adultos jóvenes. Su padre contrajo la enfermedad, fue hospitalizado una semana después y falleció al cabo de otra semana. Como Jerry y su familia llevaban más de tres semanas sin verle, consideraron que no corrían riesgo de contagio.

Tres semanas después del fallecimiento, la familia buscó apoyo terapéutico con un especialista en terapia familiar, lo que llevó a la derivación de Jerry a tratamiento individual.

Si bien era consciente de que su padre podía morir, su fallecimiento le resultó un *shock*, pues mantenía la esperanza de que se recuperara. La distancia física hizo que la experiencia resultara aún más angustiosa, ya que solo pudo verlo a través de la pantalla de su ordenador, presenciar su rápido deterioro y evidente malestar, y despedirse sin poder expresar plenamente sus emociones y su amor. El funeral también se llevó a cabo de forma virtual, con la única presencia del capellán y algunos familiares que vieron el ataúd cerrado. En el cementerio, la familia presenció el entierro desde el coche, sin contacto cercano con otras personas. Aunque las ceremonias virtuales y las conversaciones en línea con amigos y familiares resultaron reconfortantes hasta cierto punto, para Jerry y su familia también fueron perturbadoras, ya que la falta de proximidad física les hizo sentirse distantes y despersonalizados.

Jerry experimentó imágenes intrusivas de su padre en el hospital, en especial de su sufrimiento y de estar conectado al respirador. Además, la enfermedad de su padre reactivó recuerdos de la apoplejía y posterior fallecimiento de su abuelo, con quien Jerry había tenido un vínculo estrecho, pues vivía con su familia y murió cuando él tenía 6 años.

Jerry describió su relación con su padre como ambivalente. Aunque era un hombre cariñoso y proveedor, también tenía un temperamento irascible. Durante el duelo, comenzaron a aflorar recuerdos en los que su padre le gritaba, lo que reactivó en él la creencia negativa recurrente «No soy lo suficientemente bueno». Jerry entendió que esta percepción estaba vinculada a experiencias infantiles con su padre.

En la adultez, su relación había mejorado, especialmente tras su matrimonio y el nacimiento de sus hijos. Sin embargo, la irrupción de estos recuerdos intrusivos le generaba confusión, pues él mismo reconocía: «Sé que esto quedó en el pasado y que ahora es diferente, pero no puedo evitarlo».

Jerry reportó ansiedad, dificultades para concentrarse en su trabajo y un marcado refuerzo de su creencia negativa de «No soy lo suficientemente bueno». Desde la muerte de su padre, se sentía inseguro en el ámbito laboral y dudaba de sus capacidades. Además, trabajar en su ordenador le evocaba las imágenes del sufrimiento de su padre, ya que fue el mismo dispositivo que utilizó para comunicarse con él antes de su fallecimiento. En su vida familiar, se aislaba cada vez más y participaba menos en las conversaciones y actividades con su esposa e hijos.

Conceptualización del caso de Jerry

Jerry presentaba un duelo traumático, con múltiples factores de riesgo:

- Muerte súbita e inesperada.
- Carácter no natural de la muerte.
- Sufrimiento del fallecido.
- Aleatoriedad de la enfermedad.
- Muerte prematura.

Además, tenía un vínculo ansioso con su padre. Su inseguridad y su creencia de «No soy lo suficientemente bueno» se originaban en experiencias infantiles que, tras la muerte de su padre, se agudizaron, afectando su desempeño laboral y su disponibilidad emocional para su familia.

Jerry mostraba un desequilibrio en la oscilación entre la orientación a la pérdida (OP) y la orientación a la restauración (OR), ya que estaba atrapado en la OP, sin poder adaptarse a la vida cotidiana. Su sufrimiento se vio complicado por la reactivación de pérdidas anteriores, como la muerte de su abuelo y recuerdos de la infancia relacionados con su padre gritándole. En consecuencia, su capacidad de desempeñarse en la vida diaria (OR) –como concentrarse en su trabajo y relacionarse con su familia– se redujo considerablemente.

Plan de tratamiento

Preparación y estabilización:

El objetivo era equilibrar la OP y la OR mediante:

- Regulación de las emociones para disminuir la ansiedad.

- Desarrollo e instalación de recursos (RDI) para mejorar su desempeño laboral.
- Estructuración de una rutina que incluyera tiempo en familia de forma regular.

Recuerdos objetivo relacionados con la muerte:

1. Última vez viendo a su padre en el hospital conectado al respirador.
2. Imágenes del sufrimiento de su padre.
3. Circunstancias atípicas del funeral (velatorio virtual, falta de contacto físico con familiares y amigos, entierro visto desde el coche).

Recuerdos objetivo derivados de pérdidas previas y traumas de apego:

1. Muerte de su abuelo por apoplejía.
2. Recuerdos de su padre gritándole a él y a su hermano.

Disparadores presentes:

1. Trabajar en su ordenador (pues lo asociaba con la última interacción con su padre).
2. Dificultad para interactuar con su familia.
3. Ver fotografías de su padre.

Patrones futuros:

1. Poder trabajar en su ordenador sin distracciones.
2. Relacionarse con su familia de manera más fluida.
3. Recordar a su padre con una sensación de paz y amor.

Fase 2: Preparación y estabilización

Durante esta fase, se explicó a Jerry el proceso de la terapia EMDR, incluyendo el uso de la estimulación bilateral (BSL). Para las sesiones virtuales, se utilizaron dos métodos de BSL: el abrazo de mariposa –que consiste en cruzar los brazos sobre el pecho con los pulgares bloqueados mientras se realiza *tapping* bilateral en el pecho (Jarero y Artigas, 2010)– y el *tapping* en las rodillas. Jerry utilizó el *tapping* en el pecho durante los ejercicios de lugar seguro/tranquilo y de activación de recursos, mientras que el *tapping* en las rodillas se empleó para el reprocesamiento. Esta diferenciación permitió asociar el abrazo de mariposa con seguridad, comodidad y estabilidad.

Se le informó de que el terapeuta indicaría cuándo comenzar y detener el procesamiento, así como de su derecho a interrumpir la sesión en cualquier momento por cualquier motivo.

Jerry tuvo cuatro sesiones de preparación y estabilización en línea en un período de dos semanas, durante las cuales se realizó la elaboración de la historia clínica y el desarrollo de estrategias para la gestión emocional. El ejercicio de lugar seguro/tranquilo y las técnicas de respiración consciente fueron herramientas clave en la regulación emocional.

Además, se implementó el desarrollo e instalación de recursos (RDI) (Korn y Leeds, 2002) para ayudar a Jerry a gestionar la ansiedad en el ámbito laboral. Se utilizó un recuerdo en el que, dos años atrás, Jerry enfrentó con éxito una situación laboral desafiante, lo que le permitió conectar con su capacidad de reunir fuerza y valentía en momentos difíciles. Otro recurso fue un recuerdo de cuando recibió un premio, lo que le ayudó a reforzar sentimientos de competencia y autoconfianza en la afirmación «Soy lo suficientemente bueno».

A medida que el terapeuta realizaba un ensayo sobre el futuro, Jerry logró imaginarse a sí mismo enfrentando situaciones desafiantes con valor, fortaleza y confianza en sus capacidades.

Se diseñó también una rutina diaria estructurada, que incluía:

- Un horario de trabajo con pausas planificadas.
- Ejercicio diario, siguiendo un programa en línea que realizaba junto con su esposa.
- Tiempo de convivencia familiar para fomentar la conexión con sus seres queridos.

Estas estrategias ayudaron a Jerry a equilibrar la oscilación entre la orientación a la pérdida (OP) y la orientación a la restauración (OR), cumpliendo así con los criterios necesarios para iniciar el procesamiento de los recuerdos.

Junto con las instrucciones habituales que se proporcionan a los clientes para el procesamiento de recuerdos en EMDR, se hizo especial hincapié en la importancia de la colaboración con el terapeuta durante las sesiones virtuales. Se le pidió que informara de inmediato si experimentaba cualquier molestia física o emocional y que comunicara abiertamente sus necesidades.

Fase 3-8: Evaluación del objetivo, desensibilización, instalación, exploración corporal, cierre y reevaluación

Inicialmente, el terapeuta y Jerry habían acordado comenzar el reprocesamiento con el recuerdo de la última vez que vio a su padre con el respirador, sin poder ofrecerle consuelo. No obstante, mientras se centraba en este recuerdo, emergió de forma recurrente otro recuerdo infantil: su abuelo sufriendo un derrame cerebral. Ante la interferencia de este recuerdo, se decidió abordarlo primero.

Jerry describió la escena con detalle: «Mi abuelo está tumbado en su cama, de repente se levantó, hizo un ruido, escupió sangre y volvió a tumbarse».

Evaluación inicial

- *Imagen.* El abuelo haciendo ruido y con sangre en la boca.
- *Cognición negativa.* Al traer el recuerdo a la mente, Jerry experimentó sensaciones de impotencia, miedo y una fuerte sensación de insuficiencia personal. Inicialmente, pensó en la afirmación «No soy capaz», pero luego se dio cuenta de que la emoción más intensa era el terror. En consecuencia, la cognición negativa seleccionada fue «No estoy seguro».
- *Cognición positiva.* «Estoy seguro».
- *VoC (validez de la cognición positiva).* 3.
- *Emoción predominante.* Miedo.
- *SUD (puntuación de perturbación subjetiva).* 8.
- *Localización de la sensación corporal.* Zona del pecho.

Proceso de desensibilización y reprocesamiento

El procesamiento comenzó con Jerry enfocándose en la imagen de su abuelo, su cognición negativa («No estoy seguro») y las sensaciones físicas asociadas. Durante la primera serie, su miedo aumentó y se mantuvo en el mismo nivel en las series posteriores. Ante este aparente bloqueo, el terapeuta introdujo una integración cognitiva: «Mientras sientes este miedo, ¿sabes que hoy estás a salvo?». Jerry respondió afirmativamente. El terapeuta continuó: «¿Puedes llevar esa conciencia a este recuerdo?».

Jerry asintió y, tras una nueva serie de estimulación bilateral, informó: «Parece que ya no estoy tan asustado. Es un poco extraño... la imagen de mi abuelo en la cama está desapareciendo gradualmente. Su muerte ya no me aterroriza».

A medida que avanzaba el procesamiento, Jerry expresó una nueva percepción: «Mi abuelo era muy importante en mi vida. Podía reír y llorar con él. Siento gratitud hacia él».

Cuando el terapeuta volvió a evaluar el recuerdo inicial, Jerry reportó un cambio en su percepción visual: «Puedo ver su cabeza... está brillante, y ya no hay sangre en su cara».

En la siguiente serie, surgieron espontáneamente recuerdos positivos de su abuelo, como momentos en los que le leía cuentos o comían manzanas juntos.

Tras completar otra serie de estimulación bilateral, la imagen inicial se desvaneció por completo, y Jerry expresó que solo sentía amor y gratitud por su abuelo.

El terapeuta evaluó el SUD, que había descendido a 0, y permaneció en ese nivel tras una nueva serie. Posteriormente, se instaló la cognición positiva «Estoy seguro», con una VoC de 7.

La exploración corporal no mostró signos de tensión. Como paso final, se pidió a Jerry que pensara en su abuelo. De inmediato, surgieron recuerdos positivos con una fuerte carga afectiva positiva, que fueron reforzados con series cortas de estimulación bilateral.

Cierre de la sesión

Al finalizar la sesión, Jerry se mostró contento, aunque conmovido hasta las lágrimas.

El terapeuta reforzó las estrategias de regulación emocional y las herramientas de afrontamiento, además de recordarle la importancia de utilizar su lugar seguro en caso de ser necesario.

Con esta preparación, la sesión concluyó.

Siguientes sesiones

Jerry informó de que, durante la semana, se estuvo más tranquilo, fue más capaz de concentrarse en el trabajo y disfrutaba más de la interacción con su familia. El recuerdo de su abuelo ya no le perturbaba y, además, se sentía más cómodo al pensar en su padre.

El objetivo de esta sesión fue el recuerdo de la última vez que vio a su padre conectado al respirador. Como solo pudo verlo a través del ordenador y no estuvo presente físicamente para ofrecerle consuelo, esto le generaba angustia.

- *Imagen.* Su padre conectado al respirador, con un aspecto débil y demacrado.
- *Cognición negativa.* Jerry sentía impotencia por no haber podido hacer más, lo que resonaba con la afirmación «Soy impotente».
- *Cognición positiva.* Inicialmente, Jerry tuvo dificultades para encontrar una cognición positiva. Tras reflexionar sobre lo que estaba bajo su control y lo que no, propuso: «Hice todo lo que pude».
- *VoC.* 3.
- *Emociones.* Tristeza y un sentimiento de resignación.
- *SUD.* 7.
- *Localización de la sensación corporal.* Zona del pecho.

Tras la primera serie de estimulación bilateral, Jerry comenzó a llorar. Con las series continuas, las lágrimas fueron disminuyendo. Recordó la última conversación que tuvo con su padre antes de que le retiraran el respirador y, a medida que el procesamiento avanzaba, su malestar cambió. Jerry expresó que, en un nivel profundo, sabía que su padre no se sintió solo y que entendió cuánto lo quería.

Cuando el terapeuta le pidió que volviera al recuerdo inicial, Jerry informó de que su padre ya no sufría. Con el procesamiento continuado, surgieron recuerdos positivos y sinceros de su padre en vida, como pícnics familiares y momentos jugando con sus nietos.

El SUD disminuyó hasta 2, pero no bajó más con las siguientes series. En una conversación con Jerry, se identificó que ese nivel de perturbación era ecológicamente apropiado, ya que se trataba de un evento trágico y triste. La cognición positiva evolucionó a «Estuve allí de la mejor manera que pude» y se instaló con una VoC de 7.

La exploración corporal no mostró ninguna tensión residual. Cuando se le pidió que pensara en su padre, surgieron recuerdos positivos que se potenciaron con breves series de estimulación bilateral. Ahora, podía recordar a su padre con una sensación de paz y conexión. También informó de que los recuerdos del sufrimiento de su padre, aunque tristes, ya no le perturbaban. Ahora podía imaginarlo en paz.

Este caso ilustra cómo los efectos del tratamiento se generalizaron a otros recuerdos negativos relacionados con su padre.

Procesamiento de recuerdos de la infancia

En la siguiente sesión, Jerry informó de que experimentaba una mayor sensación de paz y conexión con su padre, aunque los recuerdos de sus gritos seguían presentes en su mente. Explicó que se relacionaba más con su familia y trabajaba con mayor eficiencia, pero que seguía sintiendo tristeza por la pérdida de su padre.

Uno de los recuerdos que antes le resultaba perturbador –el funeral, al que solo asistió su familia– ya no le generaba angustia. Ahora lo sentía como un momento tranquilo y pacífico, una oportunidad para recordar a su padre en compañía de sus seres queridos.

En esta sesión, el objetivo fue un recuerdo de la infancia en el que su padre le gritaba.

- *Imagen.* Su padre con una voz airada y fuerte.
- *Cognición negativa.* «No soy lo suficientemente bueno».
- *Cognición positiva.* «Soy lo suficientemente bueno».
- *VoC.* 4.
- *Emoción predominante.* Tristeza e ira.

- *SUD.* 5.
- *Localización de la sensación corporal.* Zona del pecho.

Con el procesamiento, surgieron otros recuerdos asociados, como episodios en los que su padre gritaba a su hermano y a él cuando eran niños. Jerry se emocionó y expresó: «No merecía que me trataran así». A medida que el procesamiento continuaba, emergió una perspectiva más adulta: «Tuvimos nuestros momentos difíciles, y sé que él también se sentía mal por ello».

Con el reprocesamiento, Jerry reconoció los esfuerzos de su padre por mejorar la relación y su papel como buen abuelo para sus hijos.

Cuando se volvió al recuerdo objetivo, la sensación de angustia había desaparecido. Ahora, el recuerdo se percibía como algo superado y perteneciente al pasado, con un SUD de 0.

La cognición positiva «Soy lo suficientemente bueno» se instaló con un VoC de 7, y la exploración corporal no mostró ninguna tensión residual.

Procesamiento de disparadores presentes

En la siguiente sesión, Jerry dijo sentirse bien y más comprometido con su familia. Explicó que su desempeño laboral había mejorado y que, aunque seguía sintiendo tristeza por su padre, ahora podía recordarlo con paz. Los recuerdos negativos ya no le generaban angustia, e incluso podía mirar fotos suyas con calidez y evocar recuerdos positivos.

En esta sesión, se abordaron momentos en los que Jerry experimentaba sentimientos de incompetencia.

El objetivo fue un disparador presente, un recuerdo reciente en el que, mientras trabajaba en su ordenador, se enfrentó a una situación laboral difícil.

- *Imagen.* Mirando la pantalla del ordenador con un correo electrónico detallando una situación laboral angustiante.
- *Cognición negativa.* «Soy incompetente».
- *Cognición positiva.* «Soy competente».
- *VoC.* 5.
- *Emoción predominante.* Ansiedad.
- *SUD.* 4.
- *Localización de la sensación corporal.* Zona del pecho.

Durante el procesamiento, Jerry se dio cuenta de que el problema laboral había sido uno de los más difíciles que había enfrentado. Sin embargo, también reconoció que había logrado resolverlo.

Con una nueva perspectiva, afirmó: «Estoy a la altura del reto». Al final del procesamiento, el SUD se redujo a 0, y surgió una nueva cognición positiva: «Estoy a la altura del desafío». Esta se instaló con un VoC de 7. La exploración corporal no mostró ninguna tensión residual.

Para reforzar la sensación de seguridad y competencia, se instaló un patrón de futuro en el que Jerry se visualizó enfrentando situaciones laborales similares con la cognición positiva «Estoy preparado para el reto».

Durante la estimulación bilateral, su sensación de confianza aumentó y la cognición positiva se consolidó con un VoC de 7.

Al pensar en futuras situaciones laborales desafiantes, surgieron imágenes espontáneas en las que se veía gestionando los retos con éxito.

Además, se identificó otro desafío potencial: el manejo de intentos fallidos en su desempeño laboral. Para ello, se creó un patrón futuro adaptativo, en el que Jerry se imaginó pidiendo ayuda a colegas para obtener diferentes perspectivas y estrategias.

Finalización

Tras completar el procesamiento de los recuerdos relacionados con la muerte de su abuelo y su padre, así como los recuerdos de la infancia, los disparadores presentes y la instalación de patrones futuros, Jerry logró alcanzar una oscilación equilibrada entre la orientación a la pérdida (OP) y la orientación a la restauración (OR). Aunque seguía sintiendo tristeza y extrañaba a su padre, ahora podía recordarlo con una sensación de paz y reflexionar sobre recuerdos significativos y positivos de su vida. Además, Jerry estaba más comprometido con su familia, se había adaptado a su nuevo horario y había recuperado su capacidad de concentración en el trabajo. El tratamiento concluyó con un acuerdo de volver a consulta en caso de que sintiera que su equilibrio emocional se veía afectado.

Debate

La terapia EMDR se utilizó para abordar las tres capas de pérdida que Jerry experimentó:

- La pérdida de su padre.
- Los factores agravantes derivados de la covid-19.
- La angustia causada por los cambios de vida durante la pandemia.

La fase de preparación y estabilización se enfocó en fortalecer la orientación a la restauración, ayudando a Jerry a enfrentar los cambios de vida generados por la pandemia. Para ello, se implementaron estrategias de regulación de las emociones y una rutina diaria más estructurada, lo que le permitió retomar el control sobre su día a día. El impacto de la pérdida y su carga traumática se abordó mediante el procesamiento de los siguientes aspectos:

- Pérdidas infantiles no resueltas.
- Recuerdos relacionados con traumas de apego.
- El recuerdo más doloroso asociado a la muerte de su padre.
- Los disparadores presentes que mantenían la angustia.
- La instalación de patrones futuros para cada disparador, con el fin de fomentar una adaptación más efectiva a la pérdida y a su realidad actual.

Como resultado del procesamiento de los recuerdos dolorosos, surgieron de manera espontánea recuerdos positivos y sinceros, lo que facilitó la formación de una representación interna adaptativa. Esta nueva perspectiva permitió a Jerry sentirse conectado de manera positiva con su padre, ayudándolo en la transformación de su relación de amor en presencia a amor en ausencia.

CONCLUSIÓN

La pérdida de un ser querido es profundamente dolorosa, y cuando está acompañada de circunstancias angustiosas como las generadas por la covid-19, su impacto puede verse considerablemente agravado. Por esta razón, el tratamiento debe enfocarse en ayudar a los clientes a afrontar tanto la pérdida en sí misma como las circunstancias actuales que pueden intensificar su sufrimiento. Además, las pérdidas previas no resueltas y los recuerdos perturbadores del pasado pueden contribuir a la angustia presente, por lo que es fundamental identificarlos y tratarlos dentro del proceso terapéutico. La terapia EMDR ofrece una vía efectiva para el reprocesamiento del dolor, permitiendo a las personas en duelo integrar su pérdida de manera saludable, transformar su relación con el ser querido fallecido y seguir adelante con mayor resiliencia.

ANEXO 2

TRANSCRIPCIONES DE SESIONES DE TERAPIA EMDR*

Las siguientes son transcripciones parciales de sesiones de terapia EMDR con madres cuyos hijos murieron en distintas circunstancias. Cada una de estas sesiones fue altamente emotiva, y es importante destacar que las palabras escritas no pueden captar completamente la carga emocional de la clienta ni la implicación del terapeuta.

Durante la sesión, la presencia del terapeuta se expresa a través de la comunicación no verbal –como la expresión facial y el lenguaje corporal– así como mediante un apoyo emocional nutritivo. Este apoyo se brinda a través de estrategias como ayudar a la clienta a tomar distancia con frases del tipo: «Solo nótalo», o bien, mostrando acompañamiento con expresiones como «Sé que te duele», «Estoy contigo».

En algunos casos, el terapeuta utiliza integraciones cognitivas para ayudar a la clienta a atravesar el proceso. Las notas en las transcripciones ilustran el razonamiento del terapeuta y destacan puntos didácticos clave. En estos tres casos, los terapeutas elicitan la representación interna –véase el capítulo 19 sobre las fases 5-8 (instalación, exploración corporal, cierre y reevaluación)– al final de la sesión de reprocesamiento.

Para ello, solicitan a la clienta que piense en su ser querido y potencian los recuerdos y sentimientos positivos que surgen con estimulación bilateral adicional.

*. Convención en las transcripciones: «**» indica una serie de movimientos oculares, en la que el terapeuta dice: «Sigue con eso», seguido de la pregunta: «¿Qué notas?».

TRANSCRIPCIÓN 1: MUERTE DE UN BEBÉ

El hijo pequeño de Anabia murió cuando tenía tres meses. Ella buscó terapia EMDR seis años después de la pérdida.

Historia de la clienta

Anabia, de 28 años, creció en una familia profundamente religiosa, y la fe siempre fue una parte central de su vida. Ser madre era uno de sus mayores propósitos, por lo que se casó a los 20 años y tuvo a su primer hijo a los 21. Sin embargo, su hijo falleció a los tres meses. Aunque posteriormente tuvo dos hijos más, el dolor por la muerte de su primogénito nunca desapareció. A pesar de haber recibido terapia de duelo –tanto individual como grupal– a través de diferentes fuentes, su sufrimiento persistía.

A lo largo de los años, le habían aconsejado «encontrar un sentido» a su pérdida, pero nunca pudo hacerlo. Sentía una gran culpa y experimentaba un conflicto profundo con su fe:

- Por un lado, si Dios era bueno, entonces ella debía haber hecho algo malo y estaba siendo castigada.
- Por otro lado, si Dios no era bueno, entonces no había sentido en su sufrimiento.

Este conflicto generó en Anabia sentimientos de rabia hacia Dios. Aunque racionalmente comprendía lo que líderes religiosos y allegados le habían dicho repetidamente –que no había hecho nada para merecer un castigo divino y que las razones de lo que sucede a veces escapan a nuestra comprensión–, su culpa persistía. Anabia expresaba su dolor con frases como: «Dios no da tanto dolor a alguien que no se lo merece».

Dado que su sufrimiento no cesaba, Anabia y el terapeuta decidieron enfocar inicialmente la terapia EMDR en el trauma de la muerte de su hijo

Fase 3: Evaluación de objetivos

- *Imagen.* Sujetando a su bebé que no respira.
- *Cognición negativa.* Estoy indefensa.
- *Cognición positiva.* Hice lo que pude.
- *Validez de la cognición.* 1.
- *Emoción.* Tristeza y culpa.
- *SUD.* 10.

Fases 4 y 5: Desensibilización e instalación

TERAPEUTA.— Trae la imagen, las palabras «Estoy indefensa», nota las sensaciones en tu cuerpo y sigue mis dedos.

Comienzan los movimientos oculares. Anabia estaba muy emocionada durante el reprocesamiento. Al cabo de 38 minutos, empezaron a surgir recuerdos positivos. Recordó el día en que fue madre.

ANABIA.— Fue... ya sabes, el día más feliz que recuerdo. Fue un día tan bonito... Sentí tanta gratitud, tanto amor, tanta calidez. Y luego todo dio un vuelco en un segundo.
TERAPEUTA.— **

Con el procesamiento continuado de lo repentino de la pérdida, surgen sentimientos más positivos.

ANABIA.— Siento ese amor, esa paz, esa calma en mí... Siento calor, esa sensación de cuidado... Siento esa conexión, siento la conexión con él.
TERAPEUTA.— **. *(Entonces, Anabia se bloqueó, sintiendo un intenso dolor «opresivo»).* ¿Qué tiene de bueno la opresión?
ANABIA.— Supongo que mantiene vivo el recuerdo.
TERAPEUTA.— Así que, si dejas ir la opresión...
ANABIA.— Puede que lo olvide... Aunque es una parte tan importante de mí... Tengo tan pocos recuerdos de él, solo tenía tres meses.

En este punto, el terapeuta proporciona una integración cognitiva, explicando que la terapia EMDR no le quitará lo que necesita, incluida la conexión con su hijo. Además, realiza otra integración cognitiva pidiéndole que reconozca tanto el dolor como la sensación de conexión al mismo tiempo. El propósito es fomentar la coconsciencia y la integración de ambos aspectos importantes de su experiencia.

TERAPEUTA.— La terapia EMDR no te quitará nada de lo que necesitas. Piensa en la conexión que sientes ahora, no la perderás. Hay que distinguir que, por un lado, hay una «opresión» y, por otro, un temor a que, si la pierdes, pierdas este sentimiento positivo. Pero, ¿puedes reconocer que sientes algo positivo y cálido cuando piensas en tu hijo?
ANABIA.— Sí.

TERAPEUTA.— ¿Puedes sentir tanto el dolor como la sensación de conexión que tienes?
ANABIA.— Sí... y puedo sentir el calor.
TERAPEUTA.— **
ANABIA.— El dolor disminuye. Es una sensación mucho mejor.
TERAPEUTA.— **
ANABIA.— Sentí... estaba... abrazando a mi hijo, simplemente sintiendo ese vínculo, sintiendo ese calor y ese amor, y ni siquiera me centraba en el dolor.
TERAPEUTA.— **
ANABIA.— Sigo concentrada en esa sensación positiva de abrazar a mi hijo.
TERAPEUTA.— **
ANABIA.— Puedo sentir esa fuerza. La fuerza de nuestro corazón uniéndose... Esto es maravilloso, no me he sentido así en mucho tiempo. Solo disfrutar de esa sensación de abrazarlo de nuevo. No he sentido esto en mucho tiempo... antes solo estaba el dolor opresivo.

Realizando más series de estimulación bilateral, surgen más recuerdos positivos.

ANABIA.— Esto es increíble... Estoy recordando el nacimiento, recordando lo positivo, recordando los momentos buenos y felices con él, que nunca había recordado. Que había olvidado... Recuerdo cuando nació, la primera vez que lo sostuve, la alegría que sentí cuando lo tuve en mis brazos por primera vez. Ya sabes, aunque por poco tiempo, tres meses... Pero las tomas nocturnas, solo estar allí, envolverlo, abrazarlo, simplemente mirarlo...

La siguiente parte de la sesión muestra la transformación de la relación con Anabia, que ahora siente una conexión con su hijo. Es sorprendente y confuso para ella cómo puede sentir que aún puede ser su madre y amarlo, aunque él no esté físicamente presente.

TERAPEUTA.— **
ANABIA.— Me siento muy agradecida. Aunque solo vivió tres meses... Tuve ese tiempo con él, e hice todo lo que pude. Siempre seré su madre.
TERAPEUTA.— **
ANABIA.— Ya no puedo hacer nada físicamente por él, no puedo satisfacer ninguna necesidad física... Pero aún puedo ser su madre.
TERAPEUTA.— **

ANABIA.— No sé por qué la relación tiene que ser de esta manera... Que soy madre de un niño que no está aquí... Pero voy a hacer lo que pueda. Todavía puedo ser su madre.

TERAPEUTA.— **

ANABIA.— Es un concepto difícil... Amar a un niño que no está aquí, no físicamente aquí... Pero, aun así, la relación existe.

En estas dos últimas series, se produce la transformación de la relación de amar en presencia a amar en ausencia. Su sentimiento de conexión con su hijo que ya no vive surge de forma natural, aunque ella se sienta confundida sobre cómo puede ser. Dado que no tenía ninguna idea previa de cómo se podía sentir esa sensación de conexión y parecía surgir de forma orgánica, se plantea la hipótesis de que el desarrollo de una representación interna a través de recuerdos positivos y significativos con sentimientos asociados es la forma inherente de la naturaleza para integrar una pérdida. No se trata solo de la vivencia de recuerdos sinceros, sino de un fortalecimiento de su identidad como madre. En el siguiente intercambio, Anabia describe cómo el trauma repentino e inesperado de la muerte de su hijo interfirió en la adaptación.

ANABIA.— Es un concepto difícil de entender... Supongo que cuando sucede tan rápido... Fue literalmente de un segundo a otro. De cuidar físicamente a un niño a amarlo de repente como un espíritu... y no sabía cómo hacerlo. Es como... no tenía ninguna preparación para esto. No sé cómo ni qué hacer. ¿Cómo puedes amar a un niño que no está aquí?

(El terapeuta realiza una integración cognitiva para ayudarla a entrar en contacto con su sentido de conexión. Procesar el trauma de la muerte de su hijo le permitió tener un sentido de conexión, como se ilustra en el siguiente diálogo).

TERAPEUTA.— Hmm... ¿Y qué es diferente ahora para ti? ¿Qué experimentas cuando piensas en tu hijo?

ANABIA.— Entiendo que se puede querer a un hijo aunque no esté aquí. Ya no siento ese *shock*, esa loca sensación de impotencia. Creo que está bien... Voy a estar bien. Puedo hacerlo. Sé que será difícil, y habrá momentos en los que estaré confundida sobre cómo tener esta relación, pero puedo hacerlo, puedo hacerlo. Puedo amar a un niño que simplemente no está aquí. Y darme cuenta de que atender sus necesidades físicas no es mi única forma de conectar con él.

Tras otra serie en la que Anabia reitera que siente una sensación positiva de conexión, el terapeuta regresa al objetivo y toma una SUD.

TERAPEUTA.— Cuando vuelves al recuerdo original, ¿cómo de perturbador es, del 0 al 10?

ANABIA.— Se trata de un 1. Mi cuerpo está tranquilo, aunque siempre será algo horrible. Pero tengo una sensación de paz… Sigue siendo mi hijo, y yo sigo siendo su madre.

TERAPEUTA.— ¿Las palabras «Hice lo mejor que pude» son apropiadas o hay otras palabras que encajen mejor?

ANABIA.— Esas palabras encajan… Pero me gusta más «Todavía soy su madre».

La cognición positiva instalada fue «Todavía soy su madre», reflejando su conexión sentida con su hijo.

Fase 6: Exploración corporal

El recuerdo y la cognición positiva «Sigo siendo su madre» se mantuvieron unidos, con la exploración de Anabia en busca de tensión. El resultado fue una sensación de calidez, que se potenció con otra serie de estimulación bilateral. A continuación, el terapeuta obtiene la representación interna.

TERAPEUTA.— Cuando piensas en tu hijo, ¿qué te viene a la mente?

ANABIA.— Siento el amor, la conexión.

TERAPEUTA.— **

En este punto, el terapeuta pregunta a Anabia sobre Dios.

TERAPEUTA.— Me gustaría preguntarte ahora sobre Dios. ¿Qué pasa cuando piensas en Dios, ahora que sientes la conexión y sabes que puedes amar a tu hijo sin el dolor?

ANABIA.— Sí… la ira ya no está ahí.

TERAPEUTA.— ¿Puedes decirme algo más?

ANABIA.— Todavía estoy confundida y quiero que Dios me ayude, que me guíe.

TERAPEUTA.— Bien, ¿es diferente de antes?

ANABIA.— Absolutamente. Antes me enfadaba y sentía que yo tenía la culpa, que me merecía ese castigo, porque no le encontraba sentido. Ahora es más como que entiendo que estas cosas pueden pasar por la razón que sea -aunque yo no la comprenda- y estoy bien con eso. Mi hijo tenía solo tres meses… Pero todavía tengo una relación con él. Todavía estoy tratando de entender esta relación, pero tengo la esperanza de que Dios será capaz de guiarme, que Dios será capaz de ayudarme a través de él.

Terapeuta.— Vamos con eso. **

Anabia.— Puedo rezar para que Dios me ayude.

Fase 7: Cierre

Anabia se sintió enraizada al final de la sesión y describió que se sentía conectada con su hijo. Ahora experimentaba una sensación de significado al darse cuenta de que seguía siendo madre de su hijo, aunque él hubiera fallecido.

Fase 8: Reevaluación

En la siguiente sesión, Anabia informó que seguía sintiéndose la madre de su hijo y que tenía una sensación de conexión con él. También expresó tristeza por su pérdida. Ahora comprendía cómo el trauma de la muerte la mantenía atrapada en la impotencia e incapaz de darse cuenta plenamente de la pérdida.

El reprocesamiento EMDR continuó con el siguiente objetivo: la ceremonia en su tumba tras la muerte. Ya no sentía ira hacia Dios y podía pedirle que la guiara.

Análisis

Este caso ilustra tres puntos clave que interfirieron en la integración de la pérdida:

- El trauma de la pérdida provocó sentimientos de impotencia.
- Anabia temía que la pérdida de su dolor significara perder cualquier conexión con su hijo.
- Su creencia religiosa le hacía pensar que estaba siendo castigada por Dios.

La terapia EMDR trató primero el trauma de la muerte de su hijo. Fue una sesión muy emotiva. Tras 32 minutos de reprocesamiento emocional, surgieron recuerdos positivos. Sin embargo, el reprocesamiento se estancó debido a su creencia limitante de que, si dejaba ir su dolor, perdería su conexión con su hijo.

No es raro que la conexión con un ser querido fallecido se establezca a través del dolor. La integración cognitiva de que no perdería nada de lo que necesitaba -y el reconocimiento de que podía experimentar tanto los sentimientos positivos como el dolor- permitió que afloraran recuerdos positivos y significativos de su hijo. Entonces se produjo un momento trascendental: Anabia sintió una sensación de conexión con su hijo y se dio cuenta de que aún podía tener una relación con él. Se asombró al darse cuenta de que seguía siendo su madre: «Puedo amar a un hijo que simplemente no está aquí y darme cuenta de que atender sus necesidades físicas no es mi única forma de conectar con él». Esto resultó confuso para Anabia, ya que hasta entonces no había concebido esa posibilidad. Su experiencia señala un patrón inherente y natural de sanación de la pérdida, y demuestra el potencial que tenemos todos de pasar del «No puedo conectar» al «Puedo conectar» a través de los recuerdos sinceros. Por último, Anabia recuperó su fe en Dios. Con el procesamiento del trauma y el sentimiento de conexión con su hijo, su ira hacia Dios se disipó. Su nueva percepción de la conexión con su hijo, aunque confusa, le permitió sentir que podía pedir ayuda a Dios.

TRANSCRIPCIÓN 2: MUERTE DE UN HIJO ADOLESCENTE EN UN ACCIDENTE

El caso de Sharon ya se presentó en el capítulo 14 sobre la historia clínica y la planificación del tratamiento. Su hijo adolescente, Joe, murió en un accidente de coche. Sharon y su marido estaban recibiendo terapia de duelo. Ella fue remitida a tratamiento EMDR para abordar el trauma de la muerte de Joe. En esta sesión, que tuvo lugar en el segundo aniversario del fallecimiento, se centró en su dificultad para pensar en Joe. En la mayoría de los casos, cuando lo hacía, se daba cuenta de que había muerto y quedaba destrozada. Un ejemplo reciente -un disparador actual- fue conducir mientras intentaba pensar en él.

Fase 3: Evaluación de objetivos

- *Imagen.* Conducir pensando en la «hermosa cara sonriente» de Joe.
- *Cognición negativa.* No puedo seguir viviendo.
- *Cognición positiva.* Puedo seguir adelante y prosperar.
- *VoC.* 2.
- *Emoción.* Tristeza.

- *Localización.* Opresión en el pecho.

Fase 4: Desensibilización

Sharon estaba llorando mientras describía la opresión en el pecho, el terapeuta comenzó la estimulación bilateral diciendo: «Solo sigue mis dedos». Tras una serie le pregunta: «¿Qué notas?».

SHARON.— *(Llorando).* Creo que lo único que surge es como una gran resistencia.
TERAPEUTA.— **. *(Sharon sigue llorando durante el minuto siguiente mientras la estimulación bilateral continúa. El terapeuta le habla con amabilidad para apoyarla en los momentos difíciles).*
TERAPEUTA.— Simplemente observa. Sé que duele. Estoy contigo mientras procesamos esto.
SHARON.— Es pura desesperación.
TERAPEUTA.— **. *(Sharon sigue llorando y le cuesta seguir el movimiento de los ojos. El terapeuta, habiéndole pedido permiso, empieza a hacerle tapping en las manos y continúa).* Sé que duele, simplemente nótalo. *(Después de un set de 90 segundos).* Hagamos una pausa, respira y dime qué notas.
SHARON.— Me siento mejor ahora.
TERAPEUTA.— **. *(Sharon sigue llorando y el terapeuta continúa acompañándola).* Sé que duele… pero nótalo. *(Después de aproximadamente un minuto de estimulación bilateral, Sharon sigue llorando).*
SHARON.— Lo que aparece es que puedo ver la cara sonriente de Joe, con sus rizos.
TERAPEUTA.— **

Sharon empieza a llorar de nuevo y el movimiento ocular continúa durante unos cuarenta segundos más. En las sesiones de EMDR relacionadas con la pérdida, es habitual que surjan oleadas de dolor emocional que se reprocesan, seguidas de otra oleada más intensa. Este flujo y reflujo es bastante común y ocurre a medida que se desarrollan niveles más profundos de comprensión de la pérdida. En las siguientes series de estimulación bilateral, Sharon informa que se siente mejor, pero luego experimenta otra oleada de dolor.

SHARON.— Va mejor.
TERAPEUTA.— **

SHARON.— No es tan profundo ni desesperanzador.
TERAPEUTA.— **. *(Sharon sigue llorando, y el terapeuta la apoya).* Sé que duele, pero lo superaremos...
SHARON.— Acabo de darme cuenta de que es como si me lo hubieran robado por segunda vez. Porque cuando miraba su cara, pensaba en su hermosa cara sonriente, en lugar de ser capaz de experimentar ese amor y esa persona que es Joe... Es simplemente horrible. *(Sharon llora).* El universo ni siquiera me permite disfrutar de eso.
TERAPEUTA.— **
SHARON.— Siento que podría tener más confianza en que podré curarme. Vale la pena hacer el esfuerzo, aunque todavía me siento triste. *(El llanto continúa).*
TERAPEUTA.— *(Continuando con el movimiento ocular y apoyándola).* Lo sé... Simplemente quédate con ello.
SHARON.— Estaba pensando que quizá podría echarle de menos sin sentirme destrozada, y entonces llegó la siguiente oleada.

La declaración anterior de Sharon ilustra lo devastadora que ha sido la pérdida para ella. Sin embargo, su progreso se nota mientras se plantea si puede echar de menos a su hijo sin sentirse completamente destrozada. Justo después, la siguiente ola de dolor la golpea.

TERAPEUTA.— **
SHARON.— Estoy triste, pero siento mucha más paz de la que tenía antes. No sé si será verdad dentro de diez minutos, pero siento mucha más paz respecto a que, si sigo sanándome, eso no significa que vaya a perderle de nuevo.

Sharon sentía que, si sanaba, perdería a su hijo otra vez. Ahora, sin embargo, empieza a darse cuenta de que la sanación le permitirá conectar más con él.

TERAPEUTA.— **
SHARON.— Siento que, si me sano, podré conectar más con él.
TERAPEUTA.— **
SHARON.— Se me acaba de ocurrir que no tengo que gastar tanta energía luchando contra el hecho de que Joe esté muerto. Supongo que tal vez podría volver a confiar un poco en el universo.
TERAPEUTA.— **
SHARON.— No siento tanta carga emocional.
TERAPEUTA.— **

SHARON.— Es la primera vez que puedo pensar en la imagen y la cara sonriente de Joe sin que me duela tanto.

Varias series después.

SHARON.— Me siento más relajada, como si me hubieran quitado un peso de encima.
TERAPEUTA.— **
SHARON.— Me siento más en paz. Sé que puedo seguir sanando.
TERAPEUTA.— **
SHARON.— No puedo decir que haya aceptado totalmente su muerte, pero me siento más dispuesta a seguir adelante con el proceso porque quiero honrarle.

Ahora se da cuenta de que avanzar en el proceso es una forma de honrar a Joe, de conectar con él, como se verá después de la siguiente serie.

TERAPEUTA.— **
SHARON.— Puedo aprender a vivir con esto y honrar su vida.
TERAPEUTA.— **
SHARON.— Sí, puedo pensar en Joe, y la sanación es una forma de honrarle.

En este punto, Sharon vuelve al objetivo y se le pregunta por las SUD.

TERAPEUTA.— ¿Cómo de angustioso es el recuerdo de conducir, de 0 a 10? 0 no es ausencia de emoción o que te sientas bien al respecto, sino calma o ausencia de angustia.
SHARON.— Es un 1 o un 2.
TERAPEUTA.— Sigue con esa sensación.
SHARON.— Puedo pensar en Joe, en su amor, y puedo sentirme feliz, pero también triste… Es agridulce.
TERAPEUTA.— **
SHARON.— Me siento bastante bien y en paz en este momento.
TERAPEUTA.— **
SHARON.— Me siento mejor.

El terapeuta lleva a Sharon de vuelta al objetivo, incluyendo pensar en él:

Sharon.— Tengo una sensación de calidez, amor y tristeza mezclados.
Terapeuta.— **

El terapeuta lleva a Sharon de vuelta al objetivo, y como ella responde que se siente más en paz, toma una SUD, que sigue siendo un 1. La SUD de 1 se considera apropiada, por lo que se inicia la fase de instalación.

Fase 5: Fase de instalación

TERAPEUTA.— ¿Las palabras «Puedo seguir adelante y prosperar» siguen encajando o hay otras palabras que puedan ser más apropiadas?
SHARON.— Puedo aprender a vivir con esto y a honrar su vida.
TERAPEUTA.— Cuando piensas en aquel recuerdo y en las palabras «Puedo aprender a vivir con esto y eso es honrar su vida», ¿qué valoración le das en una escala de 1 a 7, siendo 1 totalmente falso y 7 totalmente verdadero?
SHARON.— Parecen bastante ciertas. Un 5 o un 6 o 7, en ese rango.
TERAPEUTA.— Mantén esa sensación... ¿Cómo de ciertas son las palabras «Puedo aprender a vivir con esto y eso es honrar su vida» en una escala de 1 a 7, siendo 1 totalmente falso y 7 totalmente cierto?
SHARON.— Parecen muy ciertas. Sé que es lo que Joe querría, y yo estaría honrando su vida.
TERAPEUTA.— Mantén esa sensación. ** *(Le pide la VoC de nuevo).* **
SHARON.— Es un 6, parece bastante cierto.

La VoC se quedó en un 6, porque para Sharon seguía siendo una tragedia y aún había otros recuerdos dolorosos que la atormentaban. Se omitió la exploración corporal porque se pensó que podrían aflorar otros recuerdos dolorosos y era el momento de terminar la sesión.

TERAPEUTA.— Cuando piensas en Joe, ¿qué notas?
SHARON.— Puedo verlo tan guapo y sonriente, y sentir amor.
TERAPEUTA.— **.

Fase 7: Cierre

El terapeuta y Sharon comentan la sesión.

TERAPEUTA.— ¿Cómo ha sido esto para ti?
SHARON.— Bueno, en general, es difícil pensar en estas cosas, pero lo hago todo el tiempo de todos modos. Pero lo bueno fue poder superarlo... Siento una especie de restauración, ya sabes. Un poco de, no sé, una sensación de logro.

Esta última afirmación muestra que el reprocesamiento de un trauma aumenta el sentido de resiliencia de una persona, generando una sensación de logro que puede fortalecer al cliente para afrontar futuros retos.

SHARON.— He leído que mucha gente no quiere abandonar su duelo por miedo a perder ese pequeño remanente de conexión. Y creo que definitivamente a mí me sucede algo así. Fui capaz de darme cuenta internamente durante la sesión. Pero ahora sé que no es verdad. De hecho, es justo lo contrario. Aferrarme es lo que me impedía conectar.

Fase 8: Reevaluación

Esta sesión cambió la vida de Sharon. Ahora podía pensar en la «cara sonriente» de Joe con amor, y su creencia adaptativa de que la curación era una forma de honrar a Joe se mantuvo a lo largo del tiempo.

Análisis

La muerte repentina e inesperada de Joe fue traumática para Sharon, quien no podía asimilar plenamente su pérdida. Intentar pensar en su hijo la llevaba a sentir que «se lo robaban por segunda vez» y quedaba destrozada. Curiosamente, durante la sesión comentó cuánta energía emocional necesitaba para evitar darse cuenta de la muerte de Joe, algo que resultaba agotador. Con el reprocesamiento del trauma, pudo imaginarse a su hijo y darse cuenta de que atravesar el proceso de duelo era una forma de honrarle.

Al igual que en otros ejemplos de este libro, Sharon comprendió durante el reprocesamiento que quería aferrarse al dolor por miedo a que desapareciera «ese pequeño resto de conexión». Sin embargo, a medida que avanzó en el proceso, se dio cuenta de que la verdadera conexión con Joe no radicaba en el dolor, sino en el amor y en la capacidad de seguir adelante honrando su memoria. Este proceso de toma de conciencia ilustra el crecimiento postraumático.

CASO 3: SUICIDIO DE UNA HIJA

La hija de Fiona, Jean, tenía 14 años cuando se suicidó ahorcándose. Sufría un trastorno psicótico debido a un efecto secundario de una medicación, algo que no se supo hasta después de su muerte. Fiona buscó tratamiento con EMDR ocho años después del fallecimiento de su hija. Anteriormente había recibido terapia para afrontar el duelo. Sin embargo, aún no había superado el peor momento: descubrir a su hija ahorcada, bajarla e intentar resucitarla haciéndole el boca a boca.

Fiona sabía que su hija tenía tendencias suicidas y, durante 12 días, se quedó con ella todo el tiempo, incluso durmiendo en un colchón en su habitación. Cuando salió de la habitación durante 10 minutos para ver a sus otros hijos, Jean se había ahorcado.

Fase 3: Evaluación de objetivos

- *Imagen.* Mi hija en el suelo y yo a su lado, intentando hacer algo por ella.
- *Cognición negativa.* Esto es demasiado grande, demasiado... ¿Cómo ha podido ocurrir? Me siento impotente.
- *Cognición positiva.* Puedo gestionarlo.
- *VoC.* 3.
- *Emoción.* Es demasiado grande para ponerle un nombre... Abrumador.
- *SUD.* 10.
- *Localización.* Muy profundo en mi estómago.

Fase 4: Desensibilización

TERAPEUTA.— Trae a la mente la imagen, las palabras «Me siento impotente», nota las sensaciones en tu cuerpo y sigue mis dedos. *(Comienza el movimiento ocular).*

Durante la estimulación bilateral, la clienta llora y verbaliza lo que piensa. No le habla directamente al terapeuta, pero, como muchos clientes, está reprocesando mientras se expresa. El terapeuta continúa la estimulación bilateral mientras ella habla. Fiona menciona: «La dejé sola», refiriéndose a que había permanecido con su hija durante 12 días, sabiendo que tenía pensamientos suicidas, y se ausentó solo 10 minutos para ver a sus otros hijos

FIONA.— *(Llorando).* Esto es horrible... Jean es mi niña, es Jean. Es tan malo... Es espantoso. He estado viviendo con esto. Y no pude, no pude salvarla; hice todo lo que pude. No sabía lo suficiente, no sabía lo suficiente para salvarla. No sabía lo suficiente para salvarla. Simplemente no sabía lo suficiente para salvarla. Hice lo que pude, hice todo lo que pude. No sabía lo suficiente... y la dejé, la dejé, la dejé, la dejé. Diez minutos, y eso fue todo lo que necesitó. Estaba cansada de observarla; llevaba 12 días sin perderla de vista. Dormía en el colchón de su habitación con una camiseta enrollada en la espalda para no dormirme. El psiquiatra me decía que tenía que dejar de vigilarla. Le dije: «Usted no lo entiende».

El terapeuta no comprende lo que Fiona quiere decir y, pensando que puede ser importante, le pide más detalles.

TERAPEUTA.— ¿Quién dijo eso?
FIONA.— El psiquiatra me dijo que tenía que dejar de vigilarla, y yo le contesté: «Usted no lo entiende». Jean le dijo a su hermano un par de días antes de morir que la estaba volviendo loca con tanta vigilancia, pero al mismo tiempo estaba muy contenta de que lo hiciera. Sabía que yo la quería. No creía que pudiera seguir con todo esto. No sé si alguna vez irá a mejor.
TERAPEUTA.— Puedo apreciarlo; reconozcámoslo. **
FIONA.— Voy a vivir el resto de mi vida sin ella, y vivo con mis hijos, que también la han perdido. Es duro. Hay una parte de mí que me dice –y no sé qué parte es–: «¿Por qué no dejas de luchar? ¿Por qué no dejas de vivir con ella? ¿Por qué no te rindes al dolor? Es demasiado duro».
TERAPEUTA.— **
FIONA.— Esto es demasiado difícil.

Al repetir dos veces que es «demasiado difícil», el terapeuta la devuelve al objetivo, lo que también le ofrece estructura y contención.

TERAPEUTA.— Volvamos al recuerdo, ¿qué notas?
FIONA.— Ella, en el suelo... Cuadros escoceses, jersey, calcetines, pelo... Su cara ha cambiado, sí, pero es ella. Eso es lo que vuelve. Me quedé con ella, me quedé con ella hasta que llegaron los sanitarios. Me quedé con ella. Y eso es bastante bueno, bastante grande... Ahora puedo quedarme con ella.
TERAPEUTA.— **
FIONA.— *(Llorando).* Tuve que intentar reanimarla y no sabía si seguía viva o muerta. No lo sabía. Una parte de mí quería huir, otra quería abrazarla, y tenía que hacer lo que sabía: intentar salvarla.
TERAPEUTA.— **
FIONA.— Tomé la decisión correcta. Hice lo que tenía que hacer. Otra cosa extraña de quedarme con ella es que está muerta... y también está ahí. Y sabe lo

que estoy haciendo y está como... aprobándolo. Es bastante tonto, pero esa es la sensación que tuve.

La clienta tiene una sensación de presencia mientras intenta reanimar a su hija, lo que experimenta como positivo («Ella está como aprobándolo...»). El terapeuta ofrece una respuesta de apoyo antes de continuar con la estimulación bilateral.

TERAPEUTA.— Lo entiendo. **

Con la siguiente serie, Fiona describe con más detalle lo que estaba sucediendo. Es bastante habitual que, al reprocesar un incidente traumático, el cliente empiece a ponerse en contacto con lo sucedido y a describir los detalles.

FIONA.— En cierto modo, veo que hice lo correcto, pero mientras estaba haciéndolo, mis hijos estaban en tres sitios distintos. Mi hija estaba en su cama, escuchando lo que pasaba. Mi hijo pequeño estaba abajo, sabiendo que algo muy malo había sucedido pero sin entenderlo. Mi hijo mayor, que me ayudó a bajarla, estaba llamando a la ambulancia y avisando a mi marido: «Ven a casa ahora». Así que todos estaban haciendo algo... y yo no les estaba ayudando, los había abandonado. No podía estar en cuatro sitios a la vez. Ni siquiera me acordé de mi hija pequeña hasta mucho después. Eso me duele... Es comprensible, pero está mal. Fue demasiado, pero hice lo que pude. Aun así, me pesa porque no pude salvarla.

TERAPEUTA.— **

FIONA.— No la salvé y está muerta; tardé mucho en darme cuenta. Yo solo... Ojalá no lo estuviera, ojalá no lo estuviera... Daría cualquier cosa. Pero lo está.

TERAPEUTA.— Sé que lo deseas... **

FIONA.— La echo tanto de menos... ¿Puedo preguntarte algo? Vivo con esto siempre, y cada vez lo llevo mejor... Pero lo que no entiendo de trabajar con el dolor es cómo puede estar bien. ¿Cómo podría cambiar?

La clienta hace una pregunta al terapeuta: ¿cómo puede estar bien la pérdida? En lugar de darle una explicación que podría interrumpir el flujo del procesamiento, el terapeuta considera que, con el reprocesamiento continuado de la «emoción sentida sin filtrar», podrá volver al objetivo y provocar recuerdos positivos y significativos que representen la formación de una representación interna adaptativa. Le pide que continúe el procesamiento durante unos minutos más.

TERAPEUTA.— Sé cómo se hace, pero sigamos procesando un poco más primero. Reconozcamos lo horrible que es esto.
FIONA.— Y es el resto de mi vida. Para siempre. Para mis hijos también. Para mi exmarido también.
TERAPEUTA.— *(Al comenzar el movimiento ocular, el terapeuta hace afirmaciones de apoyo).* Sí, realmente puedes sentir ese dolor, quédate con eso.
FIONA.— Y estoy cansada de esto, estoy realmente cansada de esto.
TERAPEUTA.— **
Después de tres minutos de reprocesamiento continuado.
FIONA.— Es justo así, es justo así.

El terapeuta, al escuchar una sensación de aceptación con la afirmación anterior, plantea la hipótesis de que, con una parte importante del trauma procesado, pensar en su hija ahora le traerá recuerdos positivos.

TERAPEUTA.— Piensa en tu hija… ¿qué te viene a la cabeza?
FIONA.— Era genial, tan genial… Me encantaba, era increíble. Jean. Yo solía hablar de la alegría y el dolor de criar a los hijos. Mis hijos eran un trabajo duro, ya sabes… Pero Jean era sobre todo alegría, y puedo decir honestamente que ella era mucha alegría.
TERAPEUTA.— **
FIONA.— En un partido de fútbol, la gente me preguntaba: «¿Cuál es tu hija?». Yo les decía: «La de la gran sonrisa». Y así era, era la de la gran sonrisa.

Las series de estimulación bilateral continúan, describiendo recuerdos felices con Jean. A continuación, el terapeuta lleva a Fiona de vuelta al objetivo.

TERAPEUTA.— Volvamos al recuerdo con el que empezamos, ¿qué surge?
FIONA.— Todavía puedo verla… No es tan angustioso, no es tan angustioso. Me siento mal diciendo esto, pero no es tan angustioso. Siento que puedo estar allí; es mi hija, ha muerto.
En la siguiente serie, surge otra oleada de angustia, algo bastante común en el trabajo de duelo, como se vio con Sharon en el ejemplo anterior. Se reprocesa.
TERAPEUTA.— **

FIONA.— Y yo no estaba allí. *(Se refiere a que no estaba allí cuando su hija se suicidó).* Todavía duele. Es que eso es real, eso es lo que pasó... y estará ahí para siempre. Es horrible.

TERAPEUTA.— **

FIONA.— Lo intenté con todas mis fuerzas. En la investigación, el forense me miró a los ojos y me dijo: «No podías haber hecho más, has hecho más de lo que debías, no podías haber hecho más».

El proceso continúa y, más tarde, Fiona describe lo que encontró en el diario de su hija.

FIONA.— Al final, estaba muy mal. Leí su diario en febrero y murió en mayo. Fue terrible lo que pasó. Estaba realmente psicótica y muy mal. Pensaba que tenía un espíritu maligno dentro que la obligaba a hacer daño a la gente. Por lo que entendí en los diarios –es una locura, pero lo creo–, ella pensaba que podría matar a su hermana pequeña. Y creo que eso es posiblemente lo que podría haber hecho. Ella la adoraba cuando era ella misma. Y lo que pasó fue terrible. Dejó una nota... Debió escribirla antes de que yo me fuera y luego la pegó en la ventana. Dijo que lo hizo para no hacerle daño a nadie más.

Ahora la información adaptativa y la comprensión empiezan a conectarse, como se observa en la sesión, y durante las próximas series de estimulación bilateral.

TERAPEUTA.— **

FIONA.— Estaba equivocada... No era algo maligno en ella, era ese veneno que ya conoces, la medicación que la cambió. Fue lo que el forense llamó una «reacción adversa diferente». Es un medicamento que ya han retirado.

El terapeuta lleva a la clienta de vuelta al objetivo.

FIONA.— Sé que hice lo que pude. Hay cosas que no puedes evitar, cosas que no puedes saber y cosas que no puedes prevenir.

En los minutos siguientes, Fiona describe cómo llegó a comprender los efectos secundarios de la medicación que estaba tomando Jean. A continuación, el terapeuta la lleva de nuevo al objetivo.

TERAPEUTA.— Bien, ahora, cuando vuelves a donde empezamos, ¿qué notas?

Fiona comprende más profundamente la muerte.

FIONA.— Estoy viendo la imagen de manera menos intensa. Veo la parte de ella que no se vio afectada por lo que le pasó. Así que solo el cuerpo y las piernas, y... es verdad, está muerta. Me llevó mucho tiempo darme cuenta. Es horrible, es cierto, y ahora hago lo que puedo para vivir con ello.
TERAPEUTA.— **
FIONA.— Vale, este es un pensamiento un poco nuevo, y no muy agradable. Hubo momentos después de su muerte en los que podría haber aprovechado para abrazarla. Una fue cuando tuve que identificarla formalmente en el hospital, y la otra fue con mi entonces marido para mirarla en el ataúd... No pude, porque me horrorizaba su cuerpo, y odio no haberlo hecho. Mi padre estaba conmigo cuando la identifiqué, se acercó y le dio un beso en la frente. Me alegro de que lo hiciera, pero ojalá hubiera podido...
TERAPEUTA.— **
FIONA.— Sabes que tienes que darles la ropa que quieres que lleven, y ella tenía un abrigo que le encantaba. Se lo abrocharon y yo sabía que eso no le hubiera gustado. Y yo dije: «No, se lo han abrochado, no deberían haberlo hecho», y mi marido se lo desabrochó. Yo no podía hacerlo.
TERAPEUTA.— Sí, lo entiendo. **
FIONA.— Esto es difícil, pero creo que, tal vez por primera vez, estoy realmente admitiendo que era ella la del ataúd.

A continuación, Fiona toma más conciencia y es más capaz de estar presente con el horrible recuerdo de su hija en el ataúd.

TERAPEUTA.— **
FIONA.— Es duro volver a ver esto... Ojalá me hubiera quedado. Ahora puedo quedarme.
TERAPEUTA.— **
FIONA.— Casi no puedo recordar su cara en esa imagen, pero puedo ver el resto de ella.

Después de unos minutos, el terapeuta lleva a Fiona de vuelta al objetivo.

FIONA.— Y la perdí. Ella ya se había ido. Ya se había ido para entonces. Siento que trabajé en algo de esto antes, pero supongo que es más profundo, está yendo más profundo.
TERAPEUTA.— **

FIONA.— Sí, y supongo que tuve una visión de, ya sabes, la perspectiva más amplia. Y eso es probablemente bueno, eso es probablemente bueno.
TERAPEUTA.— **
FIONA.— Está bien, está bien ahora.

De vuelta al objetivo.

TERAPEUTA.— Así que ahora, cuando vuelves al recuerdo...
FIONA.— Veo a Jean como era antes de morir. Veo su habitación, las cortinas que le hice, la colcha que compramos juntas... La habitación. Así que el recuerdo es más grande, no es solo ella, se ha hecho un poco más grande.
TERAPEUTA.— **
FIONA.— Ahora está mejor.
TERAPEUTA.— Dame entonces una valoración ahora de 0 a 10; 0 no es la ausencia de emoción, no significa que te sientas bien al respecto. 0 es ser capaz de pensar en ello sin angustia y con tranquilidad. No tiene por qué ser un 0.
FIONA.— Entiendo lo que dices, sí. No sé qué decir... Ciertamente hay calma. He llegado a este punto en el que he sido capaz de quedarme en su habitación y hacer que creciera, y sentir esa calma y estar allí todo el tiempo que necesitara; y siento que estoy haciendo eso otra vez, y me siento, ya sabes, bien. Pero entonces sé que, aunque lo he hecho antes, todavía tengo esa angustia masiva, así que no sé si es 0 o no. ¿Tiene sentido? No sé cuándo llegas ahí, no lo sé. Así que no sé cómo calificarlo, no sé cómo calificarlo.
TERAPEUTA.— ¿Qué tal solo en este momento, solo en términos de nivel de angustia?
FIONA.— Estoy bien, estoy bien.
TERAPEUTA.— Por eso insisto mucho en que 0 no es la ausencia de emoción, solo significa que puedes estar tranquila en este momento. **
FIONA.— Puedo estar tranquila ahora y acceder a ese recuerdo, y no va a golpearme de nuevo. Estoy bien, estoy tranquila cuando accedo a ese recuerdo.
TERAPEUTA.— **
FIONA.— Sí, puedo estar bastante tranquila y permanecer conectada con el recuerdo.

Fase 5: Instalación

El terapeuta entiende la calma de Fiona como 0, o cerca de 0, y no quiere insistir en que le dé un número. A continuación, viene la fase de instalación.

TERAPEUTA.— ¿Qué te parece la expresión «Puedo arreglármelas»?
FIONA.— Sí, son las palabras adecuadas.
TERAPEUTA.— Así que, cuando evocas el recuerdo y las palabras «Puedo arreglármelas», ¿cómo de ciertas te parecen ahora, siendo 1 totalmente falso y 7 totalmente cierto?
FIONA.— Un 6; he sentido cierta emoción, así que probablemente un 6.
TERAPEUTA.— Bien, trae a la mente el recuerdo y «Puedo arreglármelas» juntos y sigue mis dedos.
FIONA.— Que surja no significa que no pueda gestionarlo, lo he estado gestionando durante mucho tiempo. Me senté aquí y me las arreglé.
TERAPEUTA.— **
FIONA.— Me las arreglo, me las arreglo, no sé cómo, pero lo hago. Es un 7.
TERAPEUTA.— **
FIONA.— Supongo que es más sobre quién era ella. Ella no era quien era al final. Estaba recordando al psiquiatra que me ayudó con mucho de esto diciéndome -y tenía toda la razón- que la perdí mucho antes de perderla. Y eso es triste.

El terapeuta, queriendo comprobar si existe una representación interna adaptativa, pide a Fiona que piense en su hija.

TERAPEUTA.— Y ahora piensa de nuevo en ella, ¿qué surge?
FIONA.— Ella era mucho más de lo que le pasó al final. Sí, y esa es la Jean que quiero conservar.

Fase 6: Exploración corporal

TERAPEUTA.— Por lo tanto, probablemente hay más. Vamos a la exploración corporal.

La exploración corporal se completa con Fiona sintiéndose tranquila.

FIONA.— Puedo pensar en Jean y saber que no fue culpa mía.

El siguiente intercambio ilustra una integración hermosa y reconfortante en la que se experimenta la transformación del dolor en amor.

FIONA.— ¿Sabes? En muchos sentidos, no quiero ir allí otra vez. Siempre ha sido muy difícil para mí conectar con ella, tengo pequeños destellos de ella aquí y allá, ya sabes. Y algo que realmente quiero hacer es conectarme más con ella. Y creo que es posible, y esto probablemente está ayudando.

TERAPEUTA.— ¿Puedes conectar con ella?

FIONA.— Sí...Ya sabes, haces crecer a ese niño dentro de ti y se queda dentro, simplemente ya no está ahí. Pero sigue dentro de ti.

El terapeuta potenció la representación interna, la conexión sentida con Jean, que aún estaba «dentro», simplemente pidiéndole que se centrara en su experiencia.

TERAPEUTA.— ¿Puedes sentirlo?

FIONA.— Sí.

TERAPEUTA.— **

FIONA.— *(Muy entusiasmada).* Mi amor por ella no tiene una persona ahí fuera en la que aterrizar, pero supongo que puede aterrizar en lo que aún hay dentro de mí. Y eso es bueno, pero triste. Pero está bien, puedo amar... Está bien, puedo hacerlo, ¿no? Puedo hacerlo.

TERAPEUTA.— Sí

FIONA.— No pasa nada, aún puedo quererla. Eso es grande. Es realmente grande; es realmente grande. Y tal vez no tenga sentido que todavía pueda amarla.

TERAPEUTA.— Tiene todo el sentido. **

FIONA.— Pero tiene sentido que me haga sentir bien.

TERAPEUTA.— Así es, aún puedes amarla. Vuelve a eso otra vez. **

Fase 7: Cierre

FIONA.— Me doy cuenta de que aún puedo querer a mi hija, de que aún puedo tener una conexión con ella. He luchado por encontrar una conexión con ella, he envidiado a la gente que sentía que tenía una conexión con la persona que había perdido. He estado buscando y no he encontrado nada en lo que apoyarme. Ahora puedo apoyarme en ella; eso es lo que ha cambiado, y está bien, y creo que va a mejorar.

TERAPEUTA.— Eso es, el sentido de conexión con el amor.

FIONA.— Sí, y con ella a través del amor.

Fase 8: Reevaluación

El trauma quedó procesado, y el sentimiento interno de amor y conexión se mantuvo con Fiona a lo largo del tiempo.

Análisis

Fue una sesión muy emotiva con una clienta valiente que se enfrentaba a un momento horrible que había estado evitando durante años. En un momento de gran intensidad, la clienta preguntó si el dolor o la pérdida podrían cambiar alguna vez. En lugar de interrumpir el flujo, el terapeuta la animó a continuar con el reprocesamiento, intuyendo que esto la llevaría a vincular información adaptativa.

Al continuar con el reprocesamiento y pedirle a la clienta que pensara en su hija, surgieron recuerdos y pensamientos positivos. Esto demuestra que la estrategia de hacer que el cliente piense en su ser querido, después de haber experimentado una emoción angustiosa suficiente, puede ayudarle a salir de un bucle de emociones negativas y suscitar recuerdos positivos y significativos. Si surge material negativo, el reprocesamiento puede continuar al ritmo adecuado para el cliente.

El final de la sesión fue quizás el momento más significativo. Cuando Fiona habló de llevar a su hija dentro antes de que naciera, se puso en contacto con el amor por su hija. Entonces pudo, por fin, sentir una conexión amorosa con ella, algo que había estado buscando desde su muerte. Para estos clientes, la estimulación bilateral se utilizó para potenciar su sensación de amor y conexión, lo que facilitó la creación de una representación interna adaptativa.

RESUMEN

En el caso de las dos primeras madres, existía cierto temor a que la pérdida del dolor supusiera la pérdida de la conexión. Al procesar la emoción intensa y sentida, surgieron y se vincularon recuerdos positivos y significativos, lo que permitió una transformación de la conexión del dolor al amor.

En el tercer ejemplo, después de procesar con éxito el trauma de encontrar a su hija, se experimentó la representación interna adaptativa: una sensación de amor y conexión que antes estaba ausente.

Siendo realistas, se trata de sesiones excepcionales con clientes excepcionales. Por supuesto, no todas las sesiones son tan transformadoras. Generalmente, los cambios son sutiles, el progreso es más lento que el ilustrado en los casos anteriores, el procesamiento a menudo se bloquea y hay muchas sesiones incompletas. Sin embargo, estos casos ilustran cuestiones didácticas e informativas sobre el proceso de la terapia EMDR para el duelo.

ANEXO 3

PRIMEROS AUXILIOS PSICOLÓGICOS

Las ocho fases de la terapia EMDR se desarrollan siempre en un contexto de apoyo y calidez. La muerte de un ser querido puede ser un acontecimiento traumático que deja a quien la sufre en estado de *shock*, desorientación, incredulidad y entumecimiento. Inmediatamente después de una pérdida traumática, las personas no necesitan «terapia» ni «intromisiones», sino primeros auxilios psicológicos (PAP). Estos consisten en asistencia, apoyo, consuelo, normalización y disponibilidad en caso de necesidad, evitando cualquier tipo de intervención intrusiva. En este estado, una indagación psicológica profunda puede resultar contraproducente.

Personalmente, veo los primeros auxilios psicológicos como una especie de «sopa de pollo» emocional: algo reconfortante. ¿Qué hacer cuando alguien está muy alterado y sensible? La mejor respuesta me la dio un capellán del ejército que ayudó a la familia de un veterano que se suicidó poco después de volver de la guerra. La familia estaba muy alterada y dirigía su ira contra él. Me respondió: «Lo único que puedes hacer es amarlos». Para mí, eso significa estar presente, con respeto y aceptación. A veces, una presencia atenta y en silencio dice mucho más que las palabras. Esta actitud es esencial en todas las fases de la terapia EMDR.

PRINCIPIOS DE LOS PRIMEROS AUXILIOS PSICOLÓGICOS

Contacto y compromiso

Mostrar disponibilidad para la persona en duelo de manera compasiva, respetuosa y no intrusiva. Es fundamental aceptar su respuesta emocional sin presionarla. Si quiere hablar, hay que escucharla; si prefiere el silencio, hay que respetarlo.

Seguridad y confort

Después de un trauma, la persona puede sentirse asustada, confundida y desorientada. En la medida de lo posible, hay que ofrecerle consuelo tanto físico como emocional:

- Un entorno seguro.
- Alimentos y agua.
- Comodidades básicas (por ejemplo, una ducha, ropa limpia o un objeto reconfortante como un osito de peluche, independientemente de la edad).

Crear una atmósfera de seguridad y tranquilidad favorece la calma.

Estabilización (según sea necesario)

Muchas personas, aunque alteradas, logran adaptarse a la situación sin necesidad de intervención. Sin embargo, algunas pueden sentirse emocionalmente abrumadas o desorientadas, y necesitar apoyo para recuperar el equilibrio.

Señales de alerta

- Desorientación o confusión.
- Agitación, pánico o ansiedad extrema.
- Irritabilidad o enfado excesivo.
- Retraimiento, apatía o desconexión.
- Preocupación constante o extrema.

En estos casos, es útil:

- Facilitar un ambiente tranquilo para la desescalada emocional.
- Proporcionar apoyo físico y emocional.
- Ayudar con la planificación inmediata.
- Ofrecer estrategias de reducción del estrés, que se desarrollan en el capítulo 15 sobre la fase 2 de EMDR (preparación y estabilización):
  - Hablar con una persona de confianza (amigos, familia, médicos, clérigos).

- Descansar adecuadamente.
- Mantener una alimentación equilibrada.
- Hacer ejercicio moderado para aliviar el estrés.
- Realizar actividades que generen bienestar.
- Mantener rutinas diarias para recuperar una sensación de control y estructura.
- Aplicar estrategias de afrontamiento que hayan funcionado en el pasado.
- Contactar con grupos de apoyo y compartir experiencias con personas que han pasado por situaciones similares puede ayudar a comprender el proceso de duelo y sentirse acompañado.

Recopilación de información

Evaluar las necesidades y preocupaciones inmediatas de la persona en duelo para adaptar el apoyo de manera efectiva.

Asistencia práctica

Ofrecer ayuda tangible y directa para gestionar necesidades inmediatas, especialmente en personas en estado de *shock* que tienen dificultades para tomar decisiones. Algunas áreas en las que se puede ofrecer apoyo incluyen:

- Organización de arreglos funerarios.
- Contacto con familiares y amigos.
- Gestión de las responsabilidades cotidianas.
- Satisfacción de necesidades básicas y de cuidado personal.
- Planificación de los próximos días y semanas.

Conexión con apoyos sociales

El apoyo social es esencial en el proceso de duelo. Hay que facilitar la conexión con familiares, amigos, profesionales de la salud, clérigos o recursos comunitarios según la preferencia de la persona en duelo.

Información y orientación

Después de una pérdida traumática, las personas suelen necesitar dos tipos de información (Dyregrov y Kristensen, 2019):

1. *Hechos sobre lo ocurrido.* Las dudas sobre qué pasó y cómo sucedió pueden generar angustia. Obtener información a través de fuentes fiables, como las fuerzas del orden o los hospitales, puede ser crucial. Es recomendable que una persona de confianza acompañe a la familia cuando reciba estos datos.
2. *Información sobre duelo y afrontamiento.* Comprender las reacciones normales tras una pérdida ayuda a procesarlas con mayor claridad. Como describió un padre que perdió a su hijo de 13 años: «Me sentí abrumado, no entendía mis reacciones y, en retrospectiva, me habría beneficiado la información sobre reacciones y afrontamiento».

Conexión con servicios asistenciales

Es fundamental facilitar el acceso a recursos comunitarios y servicios profesionales según las necesidades de la persona en duelo, tanto en el momento inmediato como a largo plazo. Contar con apoyo externo puede marcar una diferencia significativa en el proceso de adaptación a la pérdida.

Capacitar al cliente

El objetivo es fomentar una relación de colaboración y autonomía, evitando generar dependencia del terapeuta o del entorno asistencial. Para ello, se busca movilizar los recursos internos de la persona en duelo, reforzar su autoeficacia. ayudándola a reconocer su capacidad de afrontar la pérdida, y brindarle apoyo sin dirigir su proceso, permitiéndole avanzar a su propio ritmo.

Es muy importante recordarle que no está sola y que existen personas dispuestas a acompañarla en su camino de recuperación.

Esperanza

Tras una tragedia, muchas personas sienten que la vida se ha detenido y que nunca mejorará. En estos casos, es clave transmitirles que, aunque su dolor sea profundo, hay posibilidades de transformación y recuperación.

Cuando escucho expresiones de desesperanza, suelo responder: «Entiendo que ahora la vida parezca oscura. He oído esto muchas veces de personas en situaciones similares. Sin embargo, si se planta la semilla, con el tiempo las cosas mejoran. Puede que ahora no lo parezca, pero el futuro es prometedor».

INFORMACIÓN SOBRE CÓMO AFRONTAR UNA TRAGEDIA

- *Has sufrido una tragedia.* La vida ha cambiado y puede resultar difícil afrontar la pérdida de un ser querido y adaptarse a las nuevas circunstancias. Estoy aquí para acompañarte y ofrecerte apoyo.
- *Todas las reacciones y sentimientos son normales.* Es habitual experimentar conmoción, tristeza, ira, culpa, desesperación o incluso alivio (en determinadas circunstancias). Algunas personas pueden sentirse insensibles, como si la muerte no fuera real, mientras que otras pueden estar profundamente alteradas. Las emociones pueden alternar entre oleadas de dolor y entumecimiento. Cada persona reacciona de manera diferente, y es importante respetar tanto las propias emociones como las de los demás.
- *Es normal pensar en la persona fallecida*, añorarla y sentir su ausencia. Este proceso forma parte de la asimilación de la pérdida y de la adaptación a la nueva realidad.
- *Las reacciones físicas también son comunes*, como tensión muscular, llanto, alteraciones en el sueño o el apetito, fatiga o dificultad para concentrarse.
- *El duelo no es algo que se resuelva, sino algo a lo que nos adaptamos.* Con el tiempo y con estrategias de afrontamiento adecuadas, la intensidad del dolor suele disminuir. Se necesita tiempo para aceptar la muerte, elaborar la pérdida y aprender a vivir sin la presencia física del ser querido.
- *La oscilación entre el dolor y la adaptación es normal.* Es común alternar entre momentos de profunda tristeza y otros en los que la atención se centra en las tareas diarias y la vida cotidiana.
- *El apego y la conexión con el ser querido no desaparecen con su muerte.* El amor y el vínculo permanecen a través de los recuerdos sinceros. Si estos son negativos o dolorosos, pueden abordarse con terapia, especialmente con EMDR, para reprocesarlos y fomentar la resiliencia.

AFRONTAR EL ESTRÉS

Las siguientes estrategias pueden ser útiles para gestionar el duelo y el impacto emocional de la pérdida:

- *Identifica y atiende tus necesidades.* Descansa lo que necesites, reconoce tus límites y prioriza las tareas más importantes. Si es necesario, reprograma compromisos o ajusta tu horario laboral.
- *Busca apoyo en los demás.* Aunque al principio puedas sentir el impulso de aislarte, el contacto con personas cercanas -amistades, familiares, terapeutas o figuras religiosas- puede ayudarte a procesar el duelo. Es fundamental volver a participar en el ámbito social.
- *Expresa tus emociones.* Escribir una carta al ser querido, llevar un diario o expresarte a través del arte puede ayudarte a canalizar lo que sientes.
- *Evita tomar decisiones importantes en momentos de angustia.* En momentos de crisis y angustia emocional, puede resultar difícil ver más allá del propio dolor. Las decisiones impulsivas, tomadas en estados de angustia, no siempre son las más acertadas. Si es imprescindible tomar una decisión importante de inmediato, consúltalo con una o varias personas de confianza.
- *Honra la memoria de tu ser querido.* Recuerda a la persona fallecida de formas reconfortantes y significativas: crea un collage de fotos o un álbum con cartas y recuerdos, organiza una actividad conmemorativa, planta un árbol o una flor en su honor, visita lugares con recuerdos especiales o haz una donación a una causa benéfica en su nombre. En fechas señaladas, como aniversarios o festividades, se puede recordar a la persona con una oración, un brindis o un gesto simbólico.
- *Cuida de tu bienestar físico.* El estrés del duelo puede afectar tanto a nivel físico como emocional. Descansa lo suficiente e incluye momentos para relajarte. Mantén una alimentación equilibrada con comidas y tentempiés nutritivos. La actividad física, incluso una caminata rápida, puede mejorar el estado de ánimo. También puede ser útil informar al médico sobre la pérdida, en caso de que sea necesaria una intervención médica en el presente o en el futuro.
- *Evita el consumo excesivo de alcohol o sustancias.* Aunque en ocasiones pueda parecer un alivio temporal, el abuso de sustancias puede complicar el proceso de duelo.
- *Retoma actividades de ocio y recreación.* Un proceso de duelo saludable implica un equilibrio entre expresar el dolor y permitirse momentos de distracción. En la medida de lo posible, continúa con las actividades

de ocio que disfrutabas antes de la pérdida. Leer, jugar a las cartas con amigos, ir al cine o ver una serie pueden ser formas de tomar un respiro del duelo y ayudar a sobrellevarlo mejor.

- *Anticipa los días especiales.* Fechas como cumpleaños, aniversarios o festividades pueden resultar especialmente difíciles tras la pérdida de un ser querido, sobre todo durante el primer año. Hablar con familiares o amigos sobre cómo afrontar esos días y planificar un ritual o una nueva tradición puede ayudar a gestionarlos mejor.
- *Mantén, en la medida de lo posible, tus rutinas.* Tras un suceso traumático, es habitual sentir tristeza, falta de energía o deseos de aislarse. Sin embargo, las rutinas diarias aportan estructura, control y previsibilidad. Seguir con las actividades habituales, realizando los ajustes necesarios (por ejemplo, reduciendo la carga de trabajo o posponiendo tareas exigentes), puede contribuir a la adaptación a la pérdida.
- *Adapta tu vida a los cambios.* La muerte de un ser querido puede implicar modificaciones drásticas en la vida cotidiana, como una mudanza o ajustes económicos. Aunque no siempre se puede controlar lo que debe cambiar, sí es posible decidir el ritmo de esos cambios. Tomarse el tiempo necesario para planificarlos y llevarlos a cabo de forma pausada, en lugar de reaccionar impulsivamente, puede reducir el impacto emocional y facilitar la adaptación.

El duelo es un proceso único para cada persona. Aunque puede parecer abrumador, con el tiempo y con estrategias adecuadas, es posible encontrar formas de seguir adelante manteniendo el vínculo con el ser querido desde el amor y la memoria.

ANEXO 4

PROTOCOLO EMDR PARA INCIDENTES CRÍTICOS RECIENTES Y ESTRÉS TRAUMÁTICO CONTINUO

El protocolo EMDR para eventos críticos recientes y estrés traumático continuo (EMDR-PRECI; Jarero, Artigas y Luber, 2011) es un enfoque de ocho fases y tres etapas diseñado específicamente para tratar experiencias adversas recientes, presentes o pasadas que se prolongan en el tiempo. Se aplica en situaciones en las que los eventos estresantes persisten y no existe un periodo de seguridad postraumático para la consolidación de la memoria traumática, como en casos de violencia sexual o física, violencia interpersonal, pandemias o estrés traumático prolongado.

El modelo teórico en el que se basa el EMDR-PRECI considera que estas experiencias adversas prolongadas constituyen un evento extendido, lo que impide que los recuerdos traumáticos se consoliden de manera integrada. Como resultado, se genera una memoria de exposición al trauma con recuerdos patogénicos vinculados a información emocional, somática, sensorial y cognitiva similar, lo que puede derivar en preocupaciones desadaptativas o catastrofistas sobre el futuro (Jarero y Artigas, 2020).

EJEMPLO DE CASO 1

EMDR-PRECI, presentado por Ignacio Jarero

María, enfermera de 38 años, trabajó en un hospital atendiendo a pacientes con covid-19 durante ocho meses. Presentaba síntomas significativos de trastorno de estrés postraumático (TEPT), depresión y ansiedad. Entre los recuerdos traumáticos que se abordaron en el tratamiento estaban la imagen de sus hijos

enfermando de covid-19, la expresión de terror de los pacientes al ser intubados y los incesantes sonidos de las máquinas respiratorias.
Siete días después, en su segunda sesión, María informó de una reducción significativa de los síntomas de TEPT, ansiedad y depresión. Identificó un nuevo disparador presente: las filas de cadáveres acumulados en el hospital, que permanecían días a la espera de ser reclamados por sus familiares. Este recuerdo se reprocesó con EMDR, y al finalizar, no encontró otros recuerdos perturbadores. El terapeuta procedió entonces a trabajar con el enfoque de patrón futuro.
Quince días después de finalizar el tratamiento, María reportó niveles subclínicos en sus síntomas de TEPT, ansiedad y depresión, lo que indica una notable mejoría.

PROTOCOLO EMDR PARA EPISODIOS TRAUMÁTICOS RECIENTES

El protocolo EMDR para episodios traumáticos recientes (R-TEP), desarrollado por Shapiro y Laub (2013), es un enfoque estructurado basado en las ocho fases del EMDR e integrado con tres vertientes clave. Estas incluyen el método EMD, que permite modular la intensidad emocional del recuerdo, el procesamiento focalizado, que garantiza un reprocesamiento controlado, y la estrategia EMDr, que mantiene el enfoque en el evento actual, evitando una sobrecarga emocional.

El proceso comienza con una evaluación inicial y preparación, donde se determina la disposición del cliente para el reprocesamiento y se enseñan habilidades de regulación emocional. Posteriormente, se lleva a cabo una revisión del episodio traumático, explorando el suceso desde su inicio hasta el presente, incluyendo pensamientos sobre el futuro. Durante esta fase, se identifican los momentos de mayor perturbación, conocidos como *puntos de perturbación*, los cuales se trabajan de manera individual para abordar los efectos acumulativos y continuos del trauma en la vida del cliente.

En la fase de desensibilización, se permite el flujo de asociaciones, siempre que estén vinculadas al episodio actual. Sin embargo, si surgen conexiones con eventos pasados, estas se reconocen, pero no se procesan en ese momento. En su lugar, el terapeuta redirige al cliente al objetivo presente, evitando la sobrecarga emocional, lo que se conoce como estrategia EMDr. Adicionalmente, el método EMD se utiliza para regular la intensidad de recuerdos particularmente perturbadores, volviendo al objetivo inicial después de cada serie de estimulación bilateral o con mayor frecuencia si es necesario.

Este protocolo ofrece múltiples beneficios. Permite un procesamiento controlado, evitando la activación excesiva de recuerdos antiguos, lo que reduce la carga emocional asociada a eventos recientes y previene la consolidación del trauma. Además, facilita una integración gradual de la experiencia traumática, promoviendo una adaptación más saludable. En este sentido, el R-TEP es especialmente útil en el tratamiento temprano del trauma, ayudando a mitigar los síntomas de estrés postraumático antes de que se cronifiquen.

EJEMPLO DE CASO 2

Estrategias EMD y EMDr del protocolo EMDR R-TEP, presentado por Elan Shapiro

Una mujer de 35 años recibió tratamiento diez días después de haber encontrado a su pareja ahorcado en su dormitorio. La intensidad del evento la había dejado con una amplia gama de síntomas de estrés agudo.

Tras confirmar que cumplía los criterios para el reprocesamiento del trauma, la cliente narró detalladamente el episodio. El primer objetivo seleccionado fue la imagen intrusiva de su pareja ahorcado, que la retraumatizaba constantemente. Para este recuerdo, se utilizó la estrategia EMD, con un enfoque estrecho y controlado.

Después de doce series de estimulación bilateral, la cliente pasó del estado de *shock* y disociación en el que estaba atrapada a un sentimiento de tristeza, alcanzando una SUD de 2. La imagen intrusiva se volvió más distante y menos perturbadora, lo que le permitió iniciar un proceso de duelo más natural.

En la segunda sesión, realizada seis días después, se abordó otro recuerdo clave: una escena de la noche anterior al suicidio, que en su mente se había integrado como parte del acontecimiento traumático. La cliente sentía una intensa culpa por haberse ido a dormir temprano aquella noche, creyendo que si hubiese actuado de otra manera, el desenlace habría sido distinto.

Este recuerdo se reprocesó mediante EMDr, utilizando una estrategia focalizada para limitar asociaciones con eventos pasados y centrarse en el episodio actual. Durante la sesión, la culpa dio paso rápidamente a un perdón racional hacia sí misma y a la aceptación de que, aunque estaba cansada y decidió acostarse temprano, no era responsable de la decisión de su pareja de suicidarse.

La sesión, que duró 90 minutos, concluyó con una SUD ecológicamente baja y la instalación de una cognición positiva, en la que la cliente reconocía su falta de culpa.

En total, recibió tres sesiones adicionales en los siguientes 40 días para seguimiento y detección de posibles bloqueos, asegurando que su duelo pudiera continuar de manera adaptativa.

Un año después, en una visita de seguimiento, la cliente había iniciado una nueva relación y había orientado su trabajo hacia la sanación personal, demostrando una recuperación significativa y una reintegración positiva en su vida.

ANEXO 5

RECURSOS ADICIONALES

Aunque este libro se centra en la muerte de un ser querido, el marco terapéutico que se presenta es aplicable a cualquier pérdida. Se ofrece un enfoque de tratamiento integrador para el uso de la terapia EMDR en el duelo. No obstante, aquí no se cubre toda la bibliografía, métodos, guías y estrategias terapéuticas que pueden ser útiles. La terapia EMDR puede integrarse dentro de marcos terapéuticos más amplios que incluyen recursos y estrategias de afrontamiento disponibles en línea. Por ejemplo:

- *What's Your Grief* (whatsyourgrief.com) ofrece apoyo e información tanto para quienes están en duelo como para terapeutas.
- *Grief Counselor Resources* (griefcounselor.org/resources/helpful-websites/) enumera muchos de estos sitios web.
- El sitio web https://nymag.com/strategist/article/best-books-grief.html contiene una lista de libros maravillosos sobre el duelo que servirán tanto al cliente como al terapeuta.
- Las conmemoraciones, los rituales de duelo y los métodos de afrontamiento son una parte importante del proceso de sanación del duelo, y se describen en muchos libros y recursos disponibles en línea, pero quedan fuera del alcance de este libro. Algunas de estas conmemoraciones en línea se describen en https://www.everplans.com/articles/the-top-10-online-memorial-websites.

Asimismo, está fuera del alcance de este libro describir todas las visualizaciones guiadas y conversaciones imaginarias con el ser querido fallecido que pueden ser útiles. Existen numerosos recursos de meditación e imágenes guiadas disponibles en plataformas como *YouTube*. Algunas estrategias incluyen:

- Imaginar una conversación con el ser querido fallecido, y luego cambiar de perspectiva e imaginar la respuesta del ser querido. La estimulación bilateral puede ser útil para mejorar los recursos de mediación.
- Escribir una carta al ser querido fallecido y leerla durante la sesión. Mientras el cliente lee, el terapeuta puede aplicar estimulación bilateral para facilitar la integración emocional (comunicación personal con Helene Delucci).

Me gustaría terminar este apartado con un ejercicio de imágenes guiadas descrito por Francine Shapiro:

> Imagina a tu ser querido en el cielo, con una luz que conecta su corazón con el tuyo... Siente esa conexión en tu cuerpo (y si es positiva)... «Ve con eso».

Gracias, Francine.

BIBLIOGRAFÍA

AFIFI, T.O., MOTA, N.P., DASIEWICZ, P., MACMILLAN, H.L., y SAREEN, J. (2012). «Physical punishment and mental disorders: Results from a nationally representative us sample». *Pediatrics*, 130, 2, pp. 184-192.

AINSWORTH, M.D.S. (1969). «Object relations, dependency, and attachment: A theoretical review of the infant-mother relationship». *Child Development*, pp. 969-1025.

AINSWORTH, M.D.S. (1978). «The Bowlby-Ainsworth attachment theory». *Behavioral and Brain Sciences*, 1, 3, pp. 436-438.

AINSWORTH, M.D.S., BLEHAR, M.C., WATERS, E., y WALL, S.N. (2015). *Patterns of attachment: A psychological study of the strange situation*. Psychology Press, Hove, Reino Unido.

ATTIG, T. (2000). «Anticipatory mourning and the transition to loving in absence». En T. A. Rando (ed.), *Clinical dimensions of anticipatory mourning*. Reseach Press, Champaign, IL.

BECKER, C. B., DARIUS, E., y SCHAUMBERG, K. (2007). «An analog study of patient preferences for exposure versus alternative treatments for posttraumatic stress disorder». *Behaviour Research and Therapy*, 45(12), pp. 2861-2873.

BOELEN, P. A., y PRIGERSON, H. G. (2013). «Prolonged grief disorder as a new diagnostic category in DSM-5». *Complicated grief: Scientific foundations for health care professionals*, pp. 85-98.

BOELEN, P. A., VAN DEN HOUT, M. A., y VAN DEN BOUT, J. (2006). «A cognitive-behavioral conceptualization of complicated grief». *Clinical Psychology: Science and Practice*, 13(2), pp. 109-128.

BONANNO, G. A., WORTMAN, C. B., y NESSE, R. M. (2004). «Prospective patterns of resilience and maladjustment during widowhood». *Psychology and aging*, 19(2), p. 260.

BONANNO, G. A., WORTMAN, C. B., LEHMAN, D. R., TWEED, R. G., HARING, M., SONNEGA, J., CARR, D., y NESSE, R. M. (2002). «Resilience to loss and chronic grief: a prospective study from preloss to 18-months postloss». *Journal of personality and social psychology*, 83(5), p. 1150.

Boon, S., y Matthess, H. (14 de abril de 2016). «The Trauma and Dissociation Symptoms Interview». Workshop presented at the Fifth Biennial Conference of the European Society for the Study of Trauma and Dissociation. Ámsterdam, Países Bajos.

Bowlby, J. (1969). *Attachment and loss. Vol. I.* Basic Book, New York, NY.

Bowlby, J. (1973). *Attachment and loss: Vol. II. Separation, anxiety and anger.* Basic Book, New York, NY.

Bowlby, J. (1980). *Attachment and loss. Vol. III. Loss, Sadness and depression.* Basic Book, New York, NY.

Brico, E. (2018). «Mental Fog, Stress, and Posttraumatic Stress Disorder (PTSD)», *HelthyPlace.* Recuperado de: https://www.healthyplace.com/blogs/traumaptsdblog/2018/02/mental-fog.

Brown, D. P., y Elliott, D. S. (2016). *Attachment disturbances in adults: Treatment for comprehensive repair.* WW Norton & Company.

Carlson, E. B., y Putnam, F. W. (1993). «An update on the dissociative experiences scale». *Dissociation: Progress in the Dissociative Disorders*, 6, 1, pp. 16-27.

Carr, D. (2008). «Factors that influence late-life bereavement: Considering data from the changing lives of older couples study». En Stroebe, M. S., Hansson, R.O., Schut, H., Stroebe, W. (eds.), *Handbook of Bereavement Research and Practice: Advances in Theory and Intervention.* American Psychological Association, Washington D. C., pp. 417-440.

Carr, D., House, J. S., Kessler, R. C., Nesse, R. M., Sonnega, J., y Wortman, C. (2000). «Marital quality and psychological adjustment to widowhood among older adults: A longitudinal analysis». *The Journals of Gerontology Series B: Psychological Sciences and Social Sciences*, 55(4), pp. S197-S207.

Cleiren, M. P. (1991). *Adaptation after bereavement: A comparative study of the aftermath of death from suicide, traffic accident and illness for next of kin.* DSWO Press, Universidad de Leiden.

Cleiren, M. P. (1993). *Bereavement and adaptation: A comparative study of the aftermath of death.* Taylor and Francis, Nueva York.

Cleiren, M., Diekstra, R. F., Kerkhof, A. J., y Van Der Wal, J. (1994). «Mode of death and kinship in bereavement: Focusing on 'who' rather than 'how'». *Crisis: The Journal of Crisis Intervention and Suicide Prevention*, 15(1), pp. 22-36.

Djelantik, A. M. J., Smid, G. E., Mroz, A., Kleber, R. J., y Boelen, P. A. (2020). «The prevalence of prolonged grief disorder in bereaved individuals following unnatural losses: Systematic review and meta regression analysis». *Journal of affective disorders*, 265, pp. 146-156.

Dyregrov, A. (2008). *Grief in Children: A Handbook for Adults* (2.ª ed.). Jessica Kingsley, Londres, RU.

Dyregrov, A., Gjestad, R., y Dyregrov, K. (2020). «Parental relationships following the loss of a child». *Journal of Loss and Trauma*, 25, 3, pp. 224-244.

Dyregrov, A., y Kristensen, P. (2020). «Information to bereaved families following catastrophic losses. Why is it important?». *Journal of Loss and Trauma*, 25, 5, pp. 472-487.

Dyregrov, K. (2003). «The loss of a child by suicide, sids, and accidents: Consequences, needs and provisions of help». Tesis doctoral, Facultad de Psicología, HEMIL, Universidad de Bergen, Bergen, NO.

Dyregrov, K. (2004). «Bereaved parents' experience of research participation». *Social Science and Medicine*, 58, 2, pp. 391-400.

Dyregrov, K., Nordanger, D., y Dyregrov, A. (2003). «Predictors of psychosocial distress after suicide, sids and accidents». *Death Studies*, 27, 2, pp. 143-165.

Felitti, V. J., Anda, R. F., Nordenberg, D., Williamson, D. F., Spitz, A. M., Edwards, V., y Marks, J. S. (1998). «Relationship of childhood abuse and household dysfunction to many of the leading causes of death in adults: The Adverse Childhood Experiences (ace) Study». *American Journal of Preventive Medicine*, 14, 4, pp. 245-258.

Field, N. P., Gao, B., y Paderna, L. (2005). «Continuing bonds in bereavement: An attachment theory based perspective». *Death Studies*, 29, 4, pp. 277-299.

Figley, C.R. (ed.) (1995). *Compassion fatigue: Coping with secondary traumatic stress disorder in those who treat the traumatized*. Brunner/Mazel, Nueva York.

Figley, C. R. (ed.) (2002). *Treating compassion fatigue*. Brunner-Rutledge, Nueva York.

Forgash, C. E., y Copeley, M. E. (eds.) (2008). *Healing the heart of trauma and dissociation with EMDR and ego state therapy*. Springer, Nueva York.

Fraley, R. C., y Bonanno, G. A. (2004). «Attachment and loss: A test of three competingmodels on the association between attachment-related avoidance and adaptation to bereavement». *Personality and Social Psychology Bulletin*, 30, 7, pp. 878-890.

Fraser, B. J. (1991). «Two decades of classroom environment research». En Fraser, B. J., Walberg, H. J. (eds.), *Educational environments: Evaluation, antecedents and consequences*. Pergamon Press, Oxford, RU, pp. 3-27.

Freud, S. (1917). *Mourning and Melancholia*. SE 14: 237-258. Londres, Hogarth.

Gallagher-Thompson, D., Futterman, A., Farberow, N., Thompson, L. W., y Peterson, J. (1993). «The impact of spousal bereavement on older widows and widowers». En Stroebe, M.S., Stroebe, W., Hansson, R. O. (eds.), *Handbook of Bereavement: Theory, Research and Intervention*. Cambridge Press, Nueva York, pp. 227-239.

Germain, A., Caroff, K., Buysse, D.J., y Shear, M.K. (2005). «Sleep quality in complicated grief». *Journal of Traumatic Stress: Official Publication of The International Society for Traumatic Stress Studies*, 18, 4, pp. 343-346.

Greitens, E. (2015). *Resilience: Hard-Won Wisdom for Living a Better Life*. Houghton Mifflin Harcourt, Nueva York.

GRIMBY, A. (1993). «Bereavement among elderly people: Grief reactions, post-bereavement hallucinations and quality of life». *Acta Psychiatrica Scandinavica*, 87, 1, pp. 72-80.

HEIM, C., PLOTSKY, P. M., y NEMEROFF, C. B. (2004). «Importance of studying the contributions of early adverse experience to neurobiological findings in depression». *Neuropsychopharmacology*, 29, 4, pp. 641-648.

HOLLAND, J. M., y NEIMEYER, R. A. (2011). «Separation and traumatic distress in prolonged grief: The role of cause of death and relationship to the deceased». *Journal of Psychopathology and Behavioral Assessment*, 33, 2, pp. 254-263.

HORNSVELD, H. K., LANDWEHR, F., STEIN, W., STOMP, M. P., SMEETS, M. A., y VAN DEN HOUT, M. A. (2010). «Emotionality of loss-related memories is reduced after recall plus eye movements but not after recall plus music or recall only». *Journal of EMDR Practice and Research*, 4, 3, p. 106.

HULL, A. M., y CORRIGAN, F. M. (2019), «The Comprehensive Resource Model: Overview of basic affects in adversity and effective treatment for complex reactions to trauma». *Counselling and Psychotherapy Research*, 19, 2, pp. 130-137.

JANET, P. (1898). «Le traitement psychologique de l'hysterie». En Robin, A. (ed.) *Traité de thérapeutique appliquée. Vol. 15. Traitement des maladies du système nerveux. Deuxième partie. Névroses; troubles trophiques; maladies des nerfs*. Rueff, París, pp. 140-216.

JANET P. (1904). «L'amnésie et la dissociation des souvenirs par l'émotion». *Journal de Psychologie*, 1, pp. 417-453.

JANET, P. (1919). «Les médications psychologiques: études historiques, psychologiques et cliniques sur les méthodes de la psychothérapie». *International Journal of Psycho-Analysis*, 2, pp. 123-141.

JANOFF-BULMAN, R. (1989). «Assumptive worlds and the stress of traumatic events: Applications of the schema construct». *Social cognition*, 7, 2, pp. 113-136.

JANOFF-BULMAN, R. (1992). *Shattered Assumptions: Towards a New Psychology of Trauma*. Free press, Nueva York

JARERO, I., y ARTIGAS, L. (2011). «Protocolo grupal e integrativo con EMDR». *Revista Iberoamericana de Psicotraumatología y Disociación*, 2, 2.

JARERO, I., y ARTIGAS, L. (2020). «The EMDR therapy butterfly hug method for self-administer bilateral stimulation». *Revista Iberoamericana de Psicotraumatología y Disociación*, 11, 1.

JARERO, I., ARTIGAS, L., y LUBER, M. (2011). «The EMDR protocol for recent critical incidents: Application in a disaster mental health continuum of care context». *Journal of EMDR: Practice and Research*, 5, 3, pp. 82-94.

JORDAN, A. H., y LITZ, B. T. (2014). «Prolonged grief disorder: Diagnostic, assessment, and treatment considerations». *Professional Psychology: Research and Practice*, 45, 3, pp. 180-187.

KAMP, K. S., O'CONNOR, M., SPINDLER, H., y MOSKOWITZ, A. (2018). «Bereavement hallucinations after the loss of a spouse: Associations with psychopathological measures, personality and coping style». *Death Studies*, 43, 4, pp. 260-269.

KIMIKO, S. (2010). «The effect of PTSD treatments after still birth: Eye Movement Desensitization and Reprocessing (EMDR) combined with hypnotherapy». *Journal of Psychosomatic Obstetrics and Gynecology*, 31, p. 98.

KLASS, S., SILVERMAN, P. R., y NICKMAN, S. (eds.) (1996). *Continuing Bonds: New Understandings of Grief*. Taylor and Francis, Nueva York.

KNIPE, J. (2009). *Shame is my safe place. EMDR Solutions II: For Depression, Eating Disorders, Performance, and More*. W.W. Norton and Co., Nueva York.

KNIPE, J. (2014). *EMDR Toolbox: Theory and Treatment of Complex PTSD and Dissociation*. Springer, Nueva York.

KORN, D. L., y LEEDS, A. M. (2002). «Preliminary evidence of efficacy for EMDR resource development and installation in the stabilization phase of treatment of complex posttraumatic stress disorder». *Journal of Clinical Psychology*, 58, 12, pp. 1465-1487.

KOSMINSKY, P. S., y JORDAN, J. R. (2016). Attachment-Informed Grief Therapy: The Clinician's Guide to Foundations and Applications. Routledge, Nueva York.

KÜBLER-ROSS, E., y KESSLER, D. (2005). *On Grief and Grieving: Finding the Meaning of Grief Through the Five Stages of Loss*. Simon and Schuster, Nueva York.

KÜBLER-ROSS, E., y KESSLER, D. (2014). *On Grief and Grieving. Finding the Meaning of Grief through the Five Stages of Loss*. Simon and Schuster, Londres, Reino Unido.

LALIOTIS, D. (2020). «Letting steam out of the pressure cooker: The EMDR life stress protocol». *Journal of EMDR: Practice and Research*, 13, 4, pp. 150-162.

LANG, P. J. (1995). «The emotion probe: Studies of motivation and attention». *American Psychologist*, 50, 5, pp. 372-385.

LAZARUS, R. S., y FOLKMAN, S. (1984). *Stress, Appraisal, and Coping*. Springer, Nueva York.

LEE, S. A. (2015). «The persistent complex bereavement inventory: A measure based on the DSM-5». *Death Studies*, 39, 7, pp. 399-410.

LENFERINK, L. I., VAN DENDEREN, M. Y., DE KEIJSER, J., WESSEL, I., y BOELEN, P. A. (2017). «Prolonged grief and post-traumatic stress among relatives of missing persons and homicidally bereaved individuals: A comparative study». *Journal of Affective Disorders*, 209, pp. 1-2.

LIOTTI, G. (1992). «Disorganized/disoriented attachment in the etiology of the dissociative disorders». *Dissociation*, 5, 4, pp. 196-204.

LUTHAR, S. S., CICCHETTI, D., y BECKER, B. (2000). «The construct of resilience: A critical evaluation and guidelines for future work». *Child Development*, 71, pp. 543-562.

MAIN, M. (1995). «Recent studies in attachment: Overview, with selected implications for clinical work». En Goldberg, S., Muir, R., y Kerr, J. (eds.), *Attachment theory: Social, developmental, and clinical perspectives*. Analytic Press, pp. 407-474.

MAIN, M., y SOLOMON, J. (1990). «Procedures for identifying infants as disorganized/disoriented during the Ainsworth Strange Situation. Attachment in the preschoolyears». *Theory, Research, and Intervention*, 1, pp. 121-160.

MARTIN, K. M. (2018). «Structural dissociation in the treatment of trauma and eatingdisorders». En Seibert, A., y Virdi, P. (eds.), *Trauma-Informed Approaches to Eating Disorders*. Springer, Nueva York, pp. 221-233.

MARWIT, S. J., y KLASS, D. (1996). «Grief and the role of theinner representation of the deceased». En Klass, D., Silverman, P. R., Nickman, S. (eds.), *Continuing bonds*. Taylor and Francis, Milton Park, RU, pp. 297-309.

MAXFIELD, L. (2019). «A clinician's guide to the efficacy of EMDR therapy». *Journal of EMDR Practice and Research*, 13, 4, pp. 239-246.

MEIER, A. M., CARR, D. R., CURRIER, J. M., y NEIMEYER, R. A. (2013). «Attachment anxiety and avoidance in coping with bereavement: Two studies». *Journal of Social and Clinical Psychology*, 32, 3, pp. 315-334.

MEYSNER, L., COTTER, P., y LEE, C. W. (2016). «Evaluating the efficacy of EMDR with grieving individuals: A randomized control trial». *Journal of EMDR Practice and Research*, 10, 1, p. 2.

MIKULINCER, M., y SHAVER, P. R. (2016). *Attachment in adulthood: Second edition: Structure, dynamics, and change*. Guilford Press, Nueva York.

MIKULINCER, M., y SHAVER, P. R. (2008). «An attachment perspective on bereavement». En Stroebe, M. S., Hansson, R. O., Schut., y H., Stroebe, W. (eds.), *Handbook of Bereavement Research and Practice: Advances in Theory and Intervention*. American Psychological Association, Washington D. C., pp. 87-112.

MIKULINCER, M., y SHAVER, P. R. (2013). «An attachment perspective on loneliness». En Coplan, R. J., Bowker, J. C., y Nelson, L. J. (eds.), The Handbook of Solitude Psychological Perspectives on Social Isolation, Social Withdrawal, and Being Alone. John Wiley and Sons, Hoboken, NJ, pp. 34-50.

MIKULINCER, M., y SHAVER, P. R. (2014). «An attachment perspective on loneliness». En Coplan, R. J., Bowker, J. C. (eds.), *The handbook of solitude: Psychological perspectives on social isolation, social withdrawal, and being alone*. Wiley Blackwell, pp. 34-50.

MIKULINCER, M., y SHAVER, P. R. (2016). *Attachment in adulthood: Second edition: Structure, dynamics, and change*. Guilford, Nueva York.

MIKULINCER, M., y SHAVER, P. R. (2017). *An attachment perspective on compassion and altruism. Compassion: concepts, research and applications*. Routledge, Milton Park, Reino Unido, pp. 187-202.

MOL, S. S. L., ARNTZ, A., METSEMAKERS, J. F. M., DINANT, G., VILTERS-VAN MONTFORT, P. A. P., y KNOTTNERUS, A. (2005). «Symptoms of post-traumatic stress disorder after non-traumatic events: Evidence from an open population study». *British Journal of Psychiatry*, 186, pp. 494-499.

MOSQUERA, D., y KNIPE, J. (2018). «EMDR therapy and physical violence injury: 'Best moments' protocol». En Luber, M. (eds.), *EMDR Therapy: Scripted Protocols and Summary Sheets*. Springer, Nueva York, pp. 251-260.

MURPHY, S. A., CHUNG, I. J., y JOHNSON, L. C. (2002). «Patterns of mental distress following the violent death of a child and predictors of change over time». *Research in Nursing and Health*, 25, 6, pp. 425-437.

MURPHY, S. A., CLARK JOHNSON, L., y LOHAN, J. (2003). «The effectiveness of coping resources and strategies used by bereaved parents 1 and 5 years after the violent deaths of their children». *Omega-Journal of Death and Dying*, 47, 1, pp. 25-44.

MURPHY, S. A., CLARK JOHNSON, L., WU, L., FAN, J. J., y LOHAN, J. (2003). «Bereaved parents'outcomes 4 to 60 months after their children's deaths by accident, suicide, or homicide: A comparative study demonstrating differences». *Death Studies*, 27, 1, pp. 39-61.

MURRAY, K. (2012). «EMDR with grief: Reflections on Ginny Sprang's 2001 study». *Journal of EMDR Practice and Research*, 6, 4, pp. 187-191.

NEIMEYER, R. A. (2006). «Narrating the dialogical self: Toward an expanded toolbox for the counselling psychologist». *Counselling Psychology Quarterly*, 19, 01, pp. 105-120.

NEIMEYER, R. A. (2013). «The staging of grief: Toward an active model of mourning». En Kreitler, S., Shanun-Klein, H. (eds.), *Studies of Grief and Bereavement*. Nova Science Publishers, Hauppauge, Nueva York, pp. 1-17.

NEIMEYER, R. A. (2017). «Complicated grief: Assessment and intervention». En Gold, S. N. (ed.), *APA handbook of trauma psychology: Trauma practice*. American Psychological Association, pp. 343-362.

NEIMEYER, R. A., PRIGERSON, H. G., y DAVIES, B. (2002). «Mourning and meaning». American Behavioral Scientist, 46, 2, pp. 235-251.

NEIMEYER, R. A., y SANDS, D. C. (2015). «Containing the story of violent death». En Neimeyer, R. A. (ed.), *Techniques of Grief Therapy: Assessment and Intervention*. Routledge, Nueva York.

NEIMEYER, R. A., VAN DYKE, J. G., y PENNEBAKER, J. W. (2009). « Narrative medicine: Writing through bereavement». *Handbook of psychiatry in palliative medicine*, pp. 454-469.

NIJENHUIS, E. R., y DEN BOER, J. A. (2009). «Psychobiology of traumatization and trauma-related structural dissociation of the personality». En Dell, P., O'Neill, J.A. (eds.), *Dissociation and Dissociative Disorders: DSM-V and Beyond*. Routledge, Nueva York, pp. 337-365.

NIJENHUIS, E. R., VAN DER HART, O., y KRUGER, K. (2002). «The psychometric characteristics of the Traumatic Experiences Checklist (tec): First findings among psychiatric outpatients». *Clinical Psychology and Psychotherapy: An International Journal of Theory and Practice*, 9, 3, pp. 200-210.

NOLEN-HOEKSEMA, S. (2001). «Gender differences in depression». *Current Directions in Psychological Science*, 10, 5, pp. 173-176.

NOLEN-HOEKSEMA, S., y LARSON, J. (1999). *LEA Series in Personality and Clinical Psychology. Coping with Loss*. Lawrence Erlbaum, Mahwah, NJ.

O'CONNOR, M., LASGAARD, M., SHEVLIN, M., y GULDIN, M.-B. (2010). «A confirmatory factor analysis of combined models of the Harvard Trauma Questionnaire and the Inventory of Complicated Grief-Revised: Are we measuring complicated grief or posttraumatic stress?». *Journal of Anxiety Disorders*, 24, 7, pp. 672-679.

O'CONNOR, M. F., y SUSSMAN, T. J. (2014). «Developing the yearning in situations of loss scale: Convergent and discriminant validity for bereavement, romantic breakup, and homesickness». *Death Studies*, 38, 7, pp. 450-458.

OSTERWEIS, M., SOLOMON, F., y GREEN, M. (1984). *Bereavement: Reactions, Consequences, and Care*. National Academy Press, Washington D. C.

PANKSEPP, J. (1998). «The periconscious substrates of consciousness: Affective states and the evolutionary origins of the self». *Journal of Consciousness Studies*, 5, 5-6, pp. 566-582.

PARK, C. L., y HALIFAX, R. J (2011). «Religion and spirituality in adjusting to bereavement: Grief as burden, grief as gift». En Neimeyer, R. A., Harris, D. L., Winokuer, H. R., y Thornton, G. F. (eds.), *Grief and Bereavement in Contemporary Society: Bridging Research and Practice*. Routledge, Nueva York, pp. 355-363.

PARKES, C. M. (1972). *Bereavement: Studies of Grief in Adult Life*. International Universes Press, Nueva York.

PARKES, C. M. (1988). «Bereavement as a psychosocial transition: Processes of adaptation to change». *Journal of Social Issues*, 44, 3, pp. 53-65.

PARKES, C. M. (1993). «Attachment, bonding, and psychiatric problems after bereavement in adult life». En Parkes, C.M., Stevenson-Hinde, J., y Marris, P. (eds.), *Attachment Across the Life Cycle*. Routledge, Londres, RU, pp. 276-300.

PARKES, C. M. (2006). *Love and Loss: the roots of Grief and its Complications*. Routledge, Londres, RU, Nueva York.

PARKES, C. M. (2011). «Introduction. The historical landscape of loss: Development of bereavement studies». En Neimeyer, R. A., Harris, D. L., Winokuer, H. R., Thornton, G.F. (eds.), *Grief and Bereavement in Contemporary Society: Bridging Research and Practice*. Routledge, Londres, RU.

PARKES, C. M. (2013). *Love and loss: The roots of grief and its complications*. Routledge/Taylor and Francis Group, Nueva York.

PARKES, C. M. (2015). *The price of love: The selected works of Colin Murray Parkes*. Routledge, Hove, RU, Nueva York.

PARKES, C. M., LAUNGANI, P., y YOUNG, W. (1997). (eds.), *Death and Bereavement Across Cultures*. Routledge, Londres, RU, Nueva York.

PARKES, C. M., y PRIGERSON, H.G. (2010). *Bereavement: Studies of grief in adult life* (4.ª ed.). Routledge, Londres, Reino Unido.

PEARLMAN, L. A., WORTMAN, C. B., FEUER, C. A., FARBER, C. H., y RANDO, T. A. (2014). *Treating Traumatic Bereavement: A Practitioner's Guide*. Guilford Press, Nueva York.

PEARLMAN, W., y CUNNINGHAM, K. (2012). «Nonstate actors, fragmentation, and conflict processes». *Journal of Conflict Resolution*, 56, 1, pp. 3-15. doi: 10.1177/0022002711429669.

PORGES, S. W. (2001). «The polyvagal theory: Phylogenetic substrates of a social nervous system». *International Journal of Psychophysiology*, 42, 2, pp. 123-146.

PORGES, S. W. (2003). «The polyvagal theory: Phylogenetic contributions to social behavior». *Physiology and Behavior*, 79, 3, pp. 503-513.

PORGES, S. W. (2014). *Polyvagal Theory: Neurophysiological Foundations of Emotion, Attachment, Communication, and Self-Regulation*. W.W. Norton and Company, Nueva York.

PRIGERSON, H. G., BOELEN, P. A., XU, J., SMITH, K. V., y MACIEJEWSKI, P. K. (2021). «Validation of the new DSM-5-TR criteria for prolonged grief disorder and the pg-13-revised (pg-13-r) scale». *World Psychiatry*, 20, 1, pp. 96-106.

PRIGERSON, H. G., FRANK, E., KASL, S. V., REYNOLDS, C. F., ANDERSON, B., ZUBENKO, G. S., KUPFER, D. J. et al. (1995). «Complicated grief and bereavement-related depression as distinct disorders: Preliminary empirical validation in elderly bereaved spouses». *American Journal of Psychiatry*, 152, 1, pp. 22-30.

PRIGERSON, H. G., HOROWITZ, M. J., JACOBS, S. C., PARKES, C. M., ASLAN, M., GOODKIN, K., RAPHAEL, B., MARWIT, S. J., WORTMAN, C., NEIMEYER, R. A., BONANNO, G. A., BLOCK, S. D., KISSANE, D., BOELEN, P., MAERCKER, A., LITZ, B. T., JOHNSON, J. G., FIRST, M. B., y MACIEJEWSKI, P.K. (2009). «Prolonged grief disorder: Psychometric validation of criteria proposed for DSM-V and ICD-11». *Plos Medicine*, 6, 8. https://doi.org/10.1371/journal.pmed.1000121

PRIGERSON, H. G., y JACOBS, S. C. (2001). «Traumatic grief as a distinct disorder: A rationale, consensus criteria, and a preliminary empirical test». En Stroebe, M. S., Hansson, R. O., Stroebe, W., y Schut, H. A. W. (eds.), *Handbook of Bereavement Research: Consequences, Coping, and Care*. American Psychological Association, Washington D. C., pp. 613-647.

PRIGERSON, H. G., MACIEJEWSKI, P. K., REYNOLDS, C. F., BIERHALS, A. J., NEWSOM, J. T., FASICZKA, A., FRANK, E., DOMAN, J., y MILLER, M. (1995). «Inventory of complicated grief: A scale to measure maladaptive symptoms of loss». *Psychiatry Research*, 59, 1-2, pp. 65-79.

RANDO, T. A. (1993). *Treatment of Complicated Mourning*. Research Press, Champaign, IL.

RANDO, T. A. (1995). «Anticipatory grief and the child mourner». En Adams, D. W., y Deveau, E. J. (eds.), *Beyond the innocence of childhood: vol. 3. Helping children and adolescents cope with death and bereavement*. Baywood Publishing Company, Amityville, Nueva York, pp. 5-41.

RANDO, T. A. (2000). *Clinical Dimensions of Anticipatory Mourning: Theory and Practice in Working with the Dying, Their Loved Ones, and Their Caregivers*. Research Press, Champaign, IL.

RANDO, T. A. (2000). «On the experience of traumatic stress in anticipatory and postdeath mourning». En Rando, T. A. (ed.), *Clinical Dimensions of Anticipatory Mourning: Theory and Practice in Working with the Dying, Their Loved Ones, and Their Caregivers*. Research Press, Champaign, IL, pp. 155-221.

RANDO, T. A. (2008). *Twelve insights into grieving after the death of your loved one*. Folleto para quienes han sufrido una pérdida reciente ofrecido a través de la serie de orientación de Dignity Memorial. Se distribuye a través de más de 1600 proveedores de servicios funerarios, cremación y cementerio en América del Norte. (Originalmente publicado en 2004 por Alderwoods Group, Toronto, Ontario, Canadá).

RANDO, T. A. (2013). «On achieving clarity regarding complicated grief: Lessons from Clinical Practice». En Stroebe, M., Schut, H., y Van den Bout, J. (eds.), *Complicated Grief: Scientific Foundations for Health Care Professionals*. Routledge, Milton Park, RU, pp. 40-54.

RANDO, T. A. (1995). «Grief and mourning: Accommodability to loss». En Wass, H., y Neimeyer, R. A. (eds.), *Dying, Facing the Facts* (3.º ed.). Taylor and Francis, Washington D. C., pp. 211-241.

ROSS, J. M. (1941). «Haemorrhage into the lungs in cases of death due to trauma». *British Medical Journal*, 1, 4176, pp. 79-80.

RYNEARSON, E. K., y SALLOUM, A. (2011). «Restorative retelling: Revisiting the narrative of violent death». En Neimeyer, R. A., Harris, D. L., Winokuer, H. R., y Thornton, G. F. (eds.), *Grief and Bereavement in Contemporary Society: Bridging Research and Practice*. Routledge, Milton Park, RU, pp. 177-188.

SCHUT, H. A., STROEBE, M. S., VAN DEN BOUT, J., y DE KEIJSER, J. (1997). «Intervention for the bereaved: Gender differences in the efficacy of two counselling programmes». *British Journal of Clinical Psychology*, 36, 1, pp. 63-72.

SHAPIRO, E., y LAUB, B. (2013). «The Recent Traumatic Episode Protocol (R-TEP): An integrative protocol for early EMDR intervention (EEI)». En Luber, M. (eds.), *Implementing EMDR Early Mental Health Interventions for Man-Made and Natural Disasters: Models, Scripted Protocols, and Summary Sheets*. Springer, Nueva York, pp. 193-207.

SHAPIRO, E., y LAUB, B. (2008). «Early EMDR intervention (eei): A summary, a theoretical model, and the Recent Traumatic Episode Protocol (R-TEP)». *Journal of EMDR Practice and Research*, 2, 2, pp. 79-96.

Shapiro, F. (1989). «Eye movement desensitization: A new treatment for post-traumatic stress disorder». *Journal of Behavior Therapy and Experimental Psychiatry*, 20, 3, pp. 211-217.

Shapiro, F. (1995). *Eye Movement Desensitization and Reprocessing: Basic Principles, Protocols and Procedures*. Guilford Press, Nueva York.

Shapiro, F. (1999). «Eye Movement Desensitization and Reprocessing (EMDR) and the anxiety disorders: Clinical and research implications of an integrated psychotherapy treatment». *Journal of Anxiety Disorders*, 13, 1-2, pp. 35-67.

Shapiro, F. (2001). *Eye Movement Desensitization and Reprocessing: Basic Principles, Protocols and Procedures, (2.ª ed.)*. Guilford Press, Nueva York.

Shapiro, F. (2002). *EMDR as an integrative psychotherapy approach: Experts of diverse orientations explore the paradigm prism*. American Psychological Association.

Shapiro, F. (2018). *Eye movement desensitization and reprocessing (EMDR) Therapy: Basic principles, protocols and procedures, 3.ª ed.* Guilford Press, Nueva York.

Shapiro, F., y Forrest, M. S. (1997). *EMDR: The breakthrough therapy for overcoming anxiety, stress, and trauma*. Basic Books, Nueva York.

Shapiro, F., y Solomon, R. M. (2010). «Eye Movement Desensitization and Reprocessing». *The sage Encyclopedia of Theory in Counseling and Psychotherapy*. doi:10.1002/9780470479216.corpsy0337.

Shapiro, R. (2005). *EMDR solutions: Pathways to healing*. W.W. Norton and Co., Nueva York.

Shaver, P. R., y Mikulincer, M. (2002). «Attachment-related psychodynamics». *Attachment and human development*, 4, 2, pp. 133-161.

Shaver, P. R., y Mikulincer, M. (2011). «An attachment-theory framework for conceptualizing interpersonal behavior». En Horowitz, L. M., y Strack, S. (eds.), *Handbook of interpersonal psychology: Theory, research, assessment, and therapeutic interventions*. John Wiley and Sons, Hoboken, NJ, pp. 17-35.

Shear, K., Monk, T., Houck, P., Melhem, N., Frank, E., Reynolds, C., y Sillowash, R. (2007). «An attachment-based model of complicated grief including the role of avoidance». *European Archives of Psychiatry and Clinical Neuroscience*, 257, 8, pp. 453-461.

Shear, K., y Shair, H. (2005). «Attachment, loss, and complicated grief». *Developmental Psychobiology: The Journal of the International Society for Developmental Psychobiology*, 47, 3, pp. 253-267.

Shear, M. K., Boelen, P. A., y Neimeyer, R. A. (2011). «Treating complicated grief converging approaches». En Neimeyer, R. A., Harris, D. L., Winokuer, H. R., y Thornton, G.F. (eds.), *Grief and Bereavement in Contemporary Society: Bridging Research and Practice*. Routledge, Nueva York.

Shear, M. K., Simon, N., Wall, M., Zisook, S., Neimeyer, R. A., Duan, N., Reynolds, C., Lebowitz, B., Sung, S., Ghesquiere, A., Gorscak, B., Clayton, P., Ito, M. et al. (2011). «Complicated grief and related bereavement issues for dsm-5». *Depression and Anxiety*, 28, 2, pp. 103-117.

Smith, A. J., Abeyta, A. A., Hughes, H., y Jones, R. T. (2014). «Persistent grief in the aftermath of mass violence: The predictive roles of posttraumatic stress symptoms, self-efficacy, and disrupted worldview». *Psychological Trauma: Theory, Research, Practice, and Policy*, 7, 2, pp. 179-186.

Solomon, R. M., y Shapiro, F. (2013). «EMDR and adaptive information processing: The development of resilience and coherence». En Gow, K., y Celinski, M. (eds.), *Trauma: Recovering from Deep Wounds and Exploring the Potential for Renewal.* Nova Science, Nueva York.

Solomon, R. M. (2008). «Critical incident interventions». *Journal of EMDR Practice and Research 2*, 2, pp. 160-165.

Solomon, R. M. (2018), «EMDR treatment of grief and mourning. Clinical Neuropsychiatry». *Journal of Treatment Evaluation*, 15, 3, pp. 173-186.

Solomon, R. M., y Hensley, B.J. (2020). «EMDR Therapy Treatment of Grief and Mourning in Times of covid-19 (Coronavirus)». *Journal of EMDR Practice and Research.* Vol 14,(3)1-13. doi: 10.1891/EMDR-d-20-00031.

Solomon, R. M., y Rando, T. A. (2007). «Utilization of EMDR in the treatment of grief and mourning». *Journal of EMDR Practice and Research,* 1, 2, pp. 109-117.

Solomon, R. M., y Rando, T. A. (2012). «Treatment of grief and mourning through EMDR: Conceptual considerations and clinical guidelines». *European Review of Applied Psychology*, 62, 4, pp. 231-239.

Solomon, R. M., y Rando, T. A. (2015). «EMDR therapy and grief and mourning». En Luber, M. (eds.), *Eye Movement Desensitization and Reprocessing (EMDR) Therapy Scripted Protocols and Summary Sheets: Treating Trauma and Stressor Related Conditions.* Springer, Nueva York, pp. 230-252.

Solomon, R. M., y Shapiro, F. (1997). «Eye movement desensitization and reprocessing: An effective therapeutic tool for trauma and grief». En Figley, C., Bride, B., y Nicholas, M. (eds.), *Death and Trauma: The Traumatology of Grieving.* Taylor and Francis, Washington D. C., pp. 231-247.

Solomon, R. M., y Shapiro, F. (2008). «EMDR and the adaptive information processing modelpotential mechanisms of change». *Journal of EMDR Practice and Research*, 2, 4, pp. 315-325.

Solomon, R. M., y Shapiro, F. (2017). «Eye Movement Desensitization and Reprocessing (EMDR) Therapy». En Gold, S.N. (ed.), *APA handbook of trauma psychology: Trauma practice.* American Psychological Association.

Sprang, G. (2001). «The use of Eye Movement Desensitization and Reprocessing (EMDR) in the treatment of traumatic stress and complicated mourning: Psychological and behavioral outcomes». *Research on Social Work Practice*, 11, 3, pp. 300-320.

Steele, K., Boon, S., y Van der Hart, O. (2016). *Treating Trauma-Related Dissociation: A Practical, Integrative Approach (Norton Series on Interpersonal Neurobiology)*. W.W. Norton and Co., Nueva York.

Steinberg, M., y Hall, P. (1997). «The scid-d diagnostic interview and treatment planning in dissociative disorders». *Bulletin of the Menninger Clinic*, 61, 1, pp. 108-120.

Stroebe, M. S., y Schut, H. (1999). «The dual process model of coping with bereavement: Rationale and description». *Death Studies*, 23, 3, pp. 197-224.

Stroebe, M. S., y Schut, H. (2010). «The dual process model of coping with bereavement: A decade on». *Omega: Journal of Death and Dying*, 61, 4, pp. 273-289.

Stroebe, W., Schut, H., y Stroebe, M. S. (2005). «Grief work, disclosure and counseling: Do they help the bereaved?». *Clinical Psychology Review*, 25, 4, pp. 395-414.

Stroebe, W., Stroebe, M. S., y Abakoumkin, G. (1999). «Does differential social support cause sex differences in bereavement outcome?». *Journal of Community and Applied Social Psychology*, 9, 1, pp. 1-12.

Stroebe, W., Stroebe, M. S., Abakoumkin, G., y Schut, H. (1996). «The role of loneliness and social support in adjustment to loss: A test of attachment versus stress theory». *Journal of Personality and Social Psychology*, 70, 6, pp. 1241-1249.

Sveen, C. A., y Walby, F. A. (2008). «Suicide survivors' mental heath and grief reactions: A systematic review of controlled studies». *Suicide and Life-Threatening Behavior*, 38, 1, pp. 13-29.

Tedeschi, R., Orejuela-Dávila, A. I., y Lewis, P. (2018). «Posttraumatic growth and continuing bonds». En Klass, D., y Steffen, E.M. (eds.), *Continuing Bonds in Bereavement: New Directions for Research and Practice*. Routledge, Milton Park, RO, pp. 31-42.

Tedeschi, R. G., y Calhoun, L. G. (2004). «Posttraumatic growth: Conceptual foundation and empirical evidence». *Psychological Inquiry*, 15, 1, pp. 1-18.

Tedeschi, R. G., y Calhoun, L. G. (2006). «Time of change? The spiritual challenges of bereavement and loss». *Omega-Journal of Death and Dying*, 53, 1, pp. 105-116.

Tedeschi, R. G., y Calhoun, L. G. (2008). «Beyond the concept of recovery: Growth and the experience of loss». *Death Studies*, 32, 1, pp. 27-39.

Van der Hart, O., Groenendijk, M., Gonzalez, A., Mosquera, D., y Solomon, R. (2014). «Dissociation of the personality and EMDR therapy in complex trauma-related disorders: Applications in phases 2 and 3 treatment». *Journal of EMDR Practice and Research*, 8, 1, pp. 33-48.

Van der Hart, O., Groenendijk, M., Gonzalez, A., Mosquera, D., y Solomon, R. M. (2013). «Dissociation of the personality and EMDR therapy in complex trauma-related disorders: Applications in the stabilization phase». *Journal of EMDR Practice and research*, 7, 2, pp. 81-94.

Van der Hart, O., Nijenhuis, E.R., y Solomon, R. (2010). «Dissociation of the personality in complex trauma-related disorders and EMDR: Theoretical considerations». *Journal of EMDR Practice and Research*, 4, 2, pp. 76-92.

Van der Hart, O., Nijenhuis, E.R., y Steele, K. (2006). *The haunted self: Structural dissociation and the treatment of chronic traumatization.* W.W. Norton and Co, Nueva York.

Van der Hart, O., Van der Kolk, B. A., y Boon, S. (1998). «Treatment of dissociative disorders». En Bremner, J.D., y Marmar, C.R. (eds.), *Trauma, Memory, and Dissociation.* American Psychiatric Press, Washington, D. C., pp. 253-283.

Wallin, D. J. (2007). *Attachment in psychotherapy.* Guilford press, Nueva York.

Wang, C., Pan, R., Wan, X., Tan, Y., Xu, L., Ho, C. S., Ho, R.C. et al. (2020). «Immediate psychological responses and associated factors during the initial stage of the 2019 coronavirus disease (covid-19) epidemic among the general population in China». *International Journal Environmental Research Public Health*, 17, 5, p. 1729. doi:10.3390/ijerph17051729.

Wayment, H. A., y Vierthaler, J. (2002). «Attachment style and bereavement reactions». *Journal of Loss and Trauma*, 7, 2, pp. 129-149.

Wijngaards-de Meij, L., Stroebe, M., Schut, H., Stroebe, W., van den Bout, J., Van der Heijden, P. G., y Dijkstra, I. (2007). «Patterns of attachment and parents' adjustment to the death of their child». *Personality and Social Psychology Bulletin*, 33, 4, pp. 537-548.

Winnicott, D. W. (1965). «A clinical study of the effect of a failure of the average expectable environment on a child's mental functioning». *International Journal of Psycho-Analysis*, 46, pp. 81-87.

Worden, J. W. (2008). *Grief counseling and grief therapy: A handbook for the mental health practitioner.* Springer, Nueva York.

Worden, J. W. (2009). *Grief Counseling and Grief Therapy: A Handbook for the Mental Health Practitioner (4.ª ed.).* Springer Publishing Company, Nueva York.

Worden, J. W. (2018). *Grief Counseling and Grief Therapy: A Handbook for the Mental Health Practitioner (5.ª ed.).* Springer Publishing Company, Nueva York.

World Health Organization (2013). *Guidelines for the management of conditions that are specifically related to stress.* Ginebra, OMS.

Wortman, C. B., y Pearlman, L. (2016). «Traumatic bereavement». En Neimeyer, R.A., (eds.), *Techniques of Grief Therapy: Assessment and Intervention.* Routledge/ Taylor and Francis, Nueva York, pp. 25-29.

Wortman, C. B., y Silver, R. C. (1989). «The myths of coping with loss». *Journal of Consulting and Clinical Psychology*, 57, pp. 349-357.

Wortmann, J. H., y Park, C. L. (2008). «Religion and spirituality in adjustment following bereavement: An integrative review». *Death Studies*, 32, 8, pp. 703-736.

YASAR, A. B., ABAMOR, A. E., USTA, F. D., TAY-CAN, S. E., y EROGLU, M. Z. (2017). «A case study: Effects of EMDR therapy on a patient with persistent complex bereavement disorser (PCBD)». *European Psychiatry*, 41, S728.

YOUNG, B. H. (2006). «The immediate response to disaster: Guidelines for adult psychological first aid». En Ritchie, E. C., Watson, P. J., y Friedman, M. J. (eds.), *Interventions Following Mass Violence and Disasters: Strategies for Mental Health Practice*. Guilford Press, Nueva, pp. 134-154.

YOUNG, I. T., IGLEWICZ, A., GLORIOSO, D., LANOUETTE, N., SEAY, K., ILAPAKURTI, M., y ZISOOK, S. (2012). «Suicide bereavement and complicated grief». *Dialogues in Clinical Neuroscience*, 14, 2, pp. 177-186.

ZECH, E. (2016). «The dual process model in grief therapy». En Neimeyer, R.A., *Techniques of grief therapy Assessment and intervention*. Routledge, Londres, RO, pp. 19-24.

ZHANG, B., EL-JAWAHRI, A., y PRIGERSON, H. G. (2006). «Update on bereavement research: Evidence-based guidelines for the diagnosis and treatment of complicated bereavement». *Journal of Palliative Medicine*, 9, 5, pp. 1188-1203.

ZISOOK, S., y SHUCHTER, S. R. (1993). «Uncomplicated bereavement». *The Journal of Clinical Psychiatry*, 54, 10, pp. 365-372.

ŽVELC, G. (2010). «Relational schemas theory and transactional analysis». *Transactional Analysis Journal*, 40, 1, pp. 8-22.

ÍNDICE ANALÍTICO

A

B

C

D

E

F

G

H

W